U0949570

《中国农村贫困监测报告—2008》
指导委员会、专家委员会及编委会人员名单

指导委员会

主　任：马建堂　范小建

副主任：张为民

成　员：潘胜洲　韩　俊　王新怀　乐长虹　褚利明　张淑英　崔宗河　徐　晖
刘北桦　饶克勤　米勇生　王振耀　刘金富　崔　郁　尚英春　李守山

专家委员会

主　任／严瑞珍

成　员／（按姓氏笔划排序）

李　实　李小云　张晓山　朱　玲
汪三贵　吴国宝　黄季焜　蔡　昉

编　委　会

主　任／张淑英

副主任／盛来运　赵建华　徐志全　王萍萍

编辑人员／（按姓氏笔划排序）

于百川　毛　磊　尹英希　刘庆华　刘建杰　刘　诚　关　冰　李聪敏　李　枫　李　实　李新海
阳俊雄　朱勋克　陈洪玲　房亚明　吴国宝　吴树林　吴　伟　张洪波　张冬梅　罗　旭　苗　梅
赵红梅　郝彦宏　胡熳华　柏先红　侯　锐　唐　平　阎　芳　袁　彦　高华俊　韩永贵　彭丽荃
彭　莹　谭清香

执行编辑／关　冰

中国农村贫困监测报告

POVERTY MONITORING REPORT OF RURAL CHINA

2008

国家统计局农村社会经济调查司 编

Rural Survey Department of National Bureau of Statistics

（京）新登字041号

图书在版编目(CIP)数据

中国农村贫困监测报告—2008
/国家统计局农村社会经济调查司编
—北京：中国统计出版社
ISBN 978-7-5037-5617-7

Ⅰ.中…
Ⅱ.国…
Ⅲ.农村—贫困—调查报告—中国—2008
Ⅳ.F323.8
中国版本图书馆CIP数据核字(2009)第007091号

中国农村贫困监测报告—2008
作　　者/国家统计局农村社会经济调查司
责任编辑/许立舫
版式设计/艺编广告·张 冰
图文制作/艺编广告·黄 晨
E-mail：cbsebs@stats.gov.cn
出版发行/中国统计出版社
通信地址/北京市西城区月坛南街57号
邮政编码/100826
办公地址/北京市丰台区西三环南路甲6号
网　　址/www.stats.gov.cn/tjshujia.
电　　话/邮购(010)63376907　书店(010)68783172
印　　刷/科伦克三莱印务(北京)有限公司
经　　销/新华书店
开　　本/880×1230mm　1/16
字　　数/610千字
印　　张/19.5
印　　数/1—1800册
版　　别/2009年2月第1版
版　　次/2009年2月第1次印刷
书　　号/ISBN 978-7-5037-5617-7/F·2812
定　　价/148.00元

前　言

自2000年起，国家统计局定期公开出版《中国农村贫困监测报告》，向社会各界发布我国农村贫困状况，展示贫困变化的宏观背景，介绍各部门和全社会的扶贫实践及其扶贫效果。

2008年度报告继续秉承其一贯风格，用数据说话，用事实说话，向国内外展示中国最新反贫困成果。不仅以翔实的资料反映了全国农村总体的贫困人口规模、分布和特点，还介绍了国家扶贫开发重点县的扶贫投资、扶贫活动和扶贫成效，介绍了少数民族扶贫重点县、陆地边境县扶贫重点县和革命老区扶贫重点县的贫困状况、社会经济发展情况以及政府和社会各界的扶持力度和效果、村民参与式扶贫情况。同时，针对农村扶贫开发面临的问题，对农村低保制度全面建立后扶贫开发工作进行了研究，面对当前经济形势变化，研究了物价上涨对贫困地区农户的影响，针对中央实施的一系列支农惠农政策，对贫困地区国家粮食补贴政策实施有效性及减贫影响进行了初步评价，并介绍了部分国家和社会的扶贫项目执行情况。

在本报告的编辑过程中，国家发改委、国家民委、财政部、国务院扶贫办、农业银行、教育部、科技部、民政部、水利部、农业部、卫生部、国家林业局、全国妇联、全国残联等有关部委和扶贫基金会、中华慈善总会、中国扶贫开发协会等社会团体以及在华的国际机构给予了大力的支持和帮助，在此表示衷心感谢。

限于水平和经验，本报告难免会有许多缺点和不足，诚恳欢迎大家提出批评和建议。希望关心中国扶贫事业的各界朋友，继续关注《中国农村贫困监测报告》，让我们一起努力，把报告越做越好。

编者

2008年11月

Contents

第一部分 农村经济发展

第二部分 全国农村贫困状况

第三部分 国家扶贫开发工作重点县贫困监测结果

Contents

第六部分 贫困问题调查研究

Contents

Contents

第一部分：农村经济发展

2007 年，各地认真贯彻落实中央一号文件精神，不断加大“三农”投入力度和工作力度，粮食继续增产，农民继续增收，农业与农村经济形势良好，农村全面建设小康实现程度达到 42.1%。总体特点：一是粮食生产连续四年增产，总产量突破 1 万亿斤；二是生猪生产呈现恢复势头；三是农产品价格大幅上涨；四是农民收入增长速度继续加快。

一、全年农业与农村经济发展良好

（一）全年粮食总产量超过 1 万亿斤

2007 年，继全国夏粮增产、早稻持平后，秋粮生产也获得了好收成。全年粮食总产量达到 10032 亿斤，比上年增加 71 亿斤，增长 0.7%。全国粮食生产连续四年获得丰收，近 9 年首次突破 1 万亿斤。

近 10 年粮食总产量变化情况

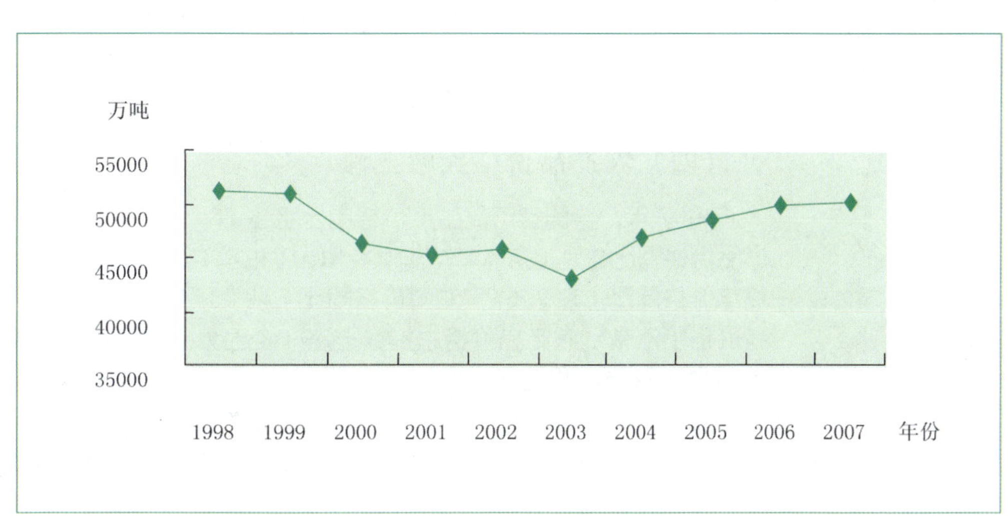

数据来源：《2008 年中国农村统计年鉴》

粮食增产的主要原因：一是良好的市场价格和政策进一步刺激了农民种粮积极性。2007 年全国粮食播种面积 15.82 亿亩，比上年扩大 1000 多万亩，增长 0.6%。因面积扩大增产粮食60亿斤，占粮食增产总量的87%。二是粮食单产水平保持稳定。2007年全国粮食亩产316公斤，与上年相比基本稳定。虽然2007年我国干旱和台风洪涝等灾害偏重发生，对粮食单产造成一定负面影响，但由于粮食中玉米等高产作物种植面积大幅度增加，对粮食单产起到明显拉动作用，从而保证了全年粮食单产基本稳定。2007年，因单产提高增加粮食10亿斤，占粮食增产总量的13%。

（二）生猪生产呈现恢复势头

2007年，针对生猪供应紧张、价格不断上涨的局面，党中央国务院及时出台了一系列促进生猪生产的政策措施，生猪生产有所恢复。

据对15个生猪主产省（区、市）的110个县约1.2万户生猪养殖户的生产情况调查， 2007年11月末与上年同期比较，生猪存栏增长5.3%，扭转了前三季度末下降的趋势。同时，能繁母猪继续增长，占存栏比例基本稳定。11月末能繁殖母猪占生猪存栏比例由11.5%提高到11.7%，比3季度末提高0.2个百分点。

（三）农村经济稳定增长

2007年农林牧渔业增加值28627亿元，可比增长3.7%，比上年回落1.3个百分点。其中，农业增加值15989亿元，增长3.8%，林业增加值1273亿元，增长7.2%，牧业增加值7797亿元，增长2.1%，渔业增加值2724亿元，增长4.9%。

近10年农林牧渔增加值变化情况

数据来源：《2008年中国农村统计年鉴》

（四）农产品价格大幅上涨

2007年，全国农产品生产价格同比上涨18.5%，种植业、林业、畜牧业和渔业产品价格同比分别上涨9.8%、4.4%、31.4%和8.1%。其中，粮食价格同比上涨10.3%，棉花价格同比上涨9.6%，油料价格同比上涨33.4%，生猪价格同比上涨45.9%，生猪价格上涨带动农产品价格总指数上涨9个百分点。畜产品价格加速大幅上涨成为带动全年农产品价格上涨的主要因素。

从环比情况看，一季度主要农产品生产价格环比上涨9.2%，二季度环比上涨2.5%，三季度环比上涨5.4%，四季度环比上涨3.6%。其中，粮食价格一、二、三、四季度环比上涨分别为2.2%、1.5%、2.4%和6.7%；活猪价格一、二、三、四季度环比上涨分别为1 5 %、6.2 %、16.1%和10.2%。

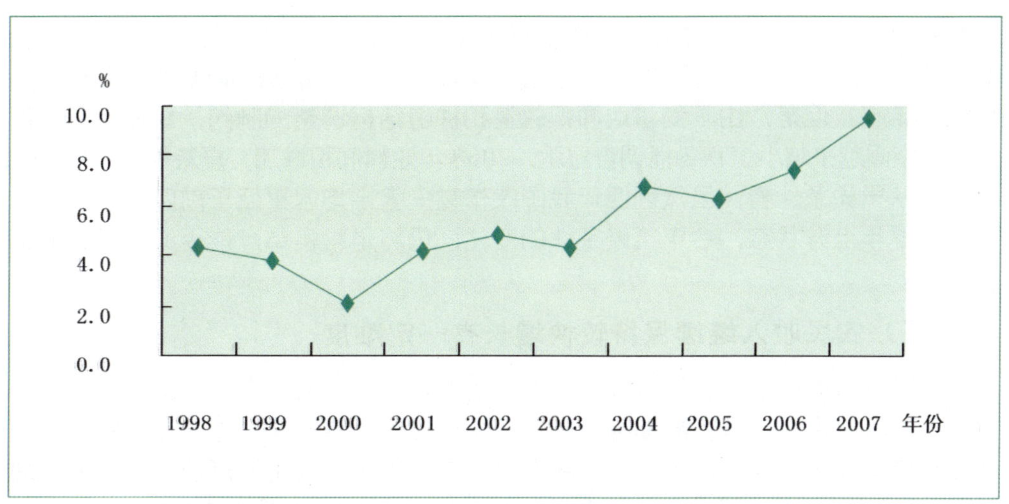

近10年农民人均纯收入增长情况

数据来源：《2008年中国农村统计年鉴》

（五）农民纯收入增长速度继续加快

据对全国31个省（区、市）6.8万个农村住户的抽样调查，2007年农村居民纯收入人均4140元，比上年增加553元，增长15.4%，扣除价格因素的影响，实际增长9.5%，增速比上年加快2.1个百分点。2007年农民纯收入增长速度创1985年以来新高。

一是工资性收入保持较快增长。2007年农村居民的工资性收入人均1596元，比上年增加221元，增长16.1%。工资性收入的增加额占全年农村居民纯收入总增量的39.9%，比上年下降20.3个百分点。其中，外出务工收入人均651元，比上年增加97元，增长17.5%。外出务工收入增加主要原因在于工资水平提高。2007年，农民外出务工的月工资水平增长12%。

二是家庭经营收入是增收的最主要来源。2007年农村居民家庭生产经营纯收入人均2194元，比上年增加263元，增长13.6%，增速提高8.8个百分点。家庭经营纯收入对全年农村居民纯收入增加的贡献率为47.6%，高于上年21.1个百分点。家庭经营收入大量增加的主要来源是第一产业经营收入大幅增长。2007年，农村居民家庭经营第一产业纯收入人均1746元，比上年增加224元，增长14.7%，增速提高11.1个百分点。其中，农业纯收入人均1304元，增加115元，增长12.5%，增速提高6.8个百分点；牧业纯收入人均335元，增加70元，增长26.2%，增速提高32.5个百分点。

二、面临的主要问题

（一）农业生产的基础薄弱

主要表现为农田水利设施老化。新疆反映，10年来全区水库数量已经减少近100座，且目前尚存的水库大都是上世纪50-70年代建成的，水利设施老化失修，损毁现象十分严重。湖南反映，湖南大部分地区现有的水利灌溉设施是上世纪六七十年代修建的，蓄水能力和有效灌溉能力下降，农业用水得不到有效保障。农田水利设施老化突出表现为农业抗风险能力不强。2006年四川、重庆因干旱减产粮食100多亿斤，2007年黑龙江、吉林两省因干旱减产粮食也在100亿斤以上。

（二）粮食继续增产难度加大

粮食继续增产的难度主要来自两个方面：一是粮食生产播种面积增加的空间

受到制约，二是存在影响粮食单产增加的不确定因素。2004 年以来，由于各项利农政策的实施，农民种粮积极性不断提高，4 年间粮食播种面积不断扩大，实现了连续四年丰收。但是，由于受耕地面积总量和种植结构调整的制约，粮食播种面积增加的空间越来越小。秋冬播调查显示，2008 年油料面积增加，夏粮播种面积稳中略减。从气象条件看，虽然近四年我国农作物受害平均水平低于前四年，但自然灾害呈逐年上升状态，今年气候条件的变化，仍将是粮食单产能否继续提高的重要因素。

（三）农民收入继续保持较快增长有一定难度

一是虽然近几年国家和各级政府不断加大对农民工的工作力度，农民工就业环境不断改善，工资率不断提高，但是，由于农民工增量不断递减，靠农民外出务工规模增加来提高农民收入的难度增大。二是农民来自第一产业的收入大幅增加有一定难度。2007 年农民来自第一产业的收入大幅增加主要得益于农产品价格大幅上涨，如果 2008 年国内农产品价格保持稳定，农民来自第一产业收入的增加空间也会受到限制。

（四）城乡差距继续扩大

最近几年，农民收入增长速度连续 4 年保持在 6% 以上，2007 年达到了 9% 以上，创 20 多年来最高。但是，与城镇居民相比，城乡居民收入的差距不断扩大。统计显示，2007 年城乡居民收入差距由上年的 3.28: 1 扩大到 3.33:1。

三、几点建议

（一）进一步加强农田基本建设，确保粮食安全

要以建设旱涝保收的高标准农田为目标，设计、建立和完善农田基础设施。要继续深化农田基本建设的投资体制改革，建立多元化的投入体系和机制，充分调动地方政府和广大农民加强农田基本建设的积极性，不断提高农业生产的抗风险能力，尤其要提高基本农田的旱涝保收能力。

（二）进一步完善农业支持保护体系，特别要建立农业保险制度

鉴于农业自然灾害风险和市场风险对稳定农业生产和农民增收关系极大，今后对农业支持的重点应逐渐转向建立和健全农业保险制度，尤其要逐步完善政策性农业保险。一方面，国家财政要增加对农业保险的资金支持和政策支持，另一方面，保险公司也要为农民提供低保费、低保额、手续简单的投保服务，不断扩大农民投保比率，最终形成国家、保险企业、地方政府和农民共同参与、共同承担农业风险损失的有效的农业风险承担机制，增强农业经济的稳定性。

（三）进一步加强农民培训，不断拓展增收渠道

实践证明，只有进一步提高农民文化水平和整体素质，才能进一步解放和发展农村生产力，才能进一步加快农村劳动力转移，不断推动农业与农村经济再上台阶。因此，各级政府都应该积极开展农民科技培训和农民转移培训，不断拓展农村劳动力就业渠道，加快农村劳动力转移速度。

第二部分：全国农村贫困状况

2007年我国农村扶贫工作取得进一步进展，农村低收入标准以下人口减少到4320万人，占农村人口的比重为4.6%。其中：贫困人口由2006年末的2148万人减少到2007年末的1479万人，低收入人口由3550万人减少到2841万人。

一、贫困标准及规模

（一）贫困标准

根据农村居民生活消费价格指数，2007年农村贫困人口标准由上年的693元调整为785元；低收入人口标准由上年的958元调整为1067元。

（二）贫困人口和低收入人口大量减少

根据2007年贫困人口和低收入人口标准测算，2007年末，农村贫困人口1479万人，比上年减少669万人，下降31.2%，贫困发生率为1.6%，比上年降低0.7个百分点。低收入人口2841万人，比上年减少709万人，下降20%，低收入人口占农村人口的比重为3.0%，比上年下降0.7个百分点。贫困人口和低收入人口合计为4320万人，比上年减少1378万人，下降24.2%，占农村人口的比重为4.6%，下降1.4个百分点。

表2–1　2000—2007年贫困和低收入人口规模

年　份	贫困人口		低收入人口	
	规模（万人）	贫困发生率（%）	规模（万人）	低收入人口比重（%）
2000年	3209	3.5	6213	6.7
2001年	2927	3.2	6103	6.6
2002年	2820	3	5825	6.2
2003年	2900	3.1	5617	6.0
2004年	2610	2.8	4977	5.3
2005年	2365	2.5	4067	4.3
2006年	2148	2.3	3550	3.7
2007年	1479	1.6	2841	3.0

数据来源：中国农村住户抽样调查

二、贫困人口分布

（一）贫困人口地域分布

1、半数以上贫困人口分布于山区

分地势来看，2007年全国农村贫困人口中，山区占53.9%，比上年下降3.3个百分点；低收入人口中，山区占53.5%，比上年提高0.8个百分点。

图2-1 贫困人口地势分布

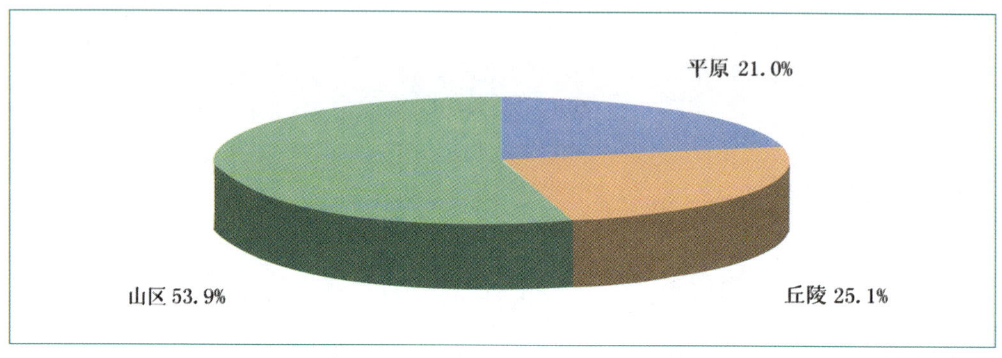

数据来源：全国农村住户抽样调查

图2-2 低收入人口地势分布

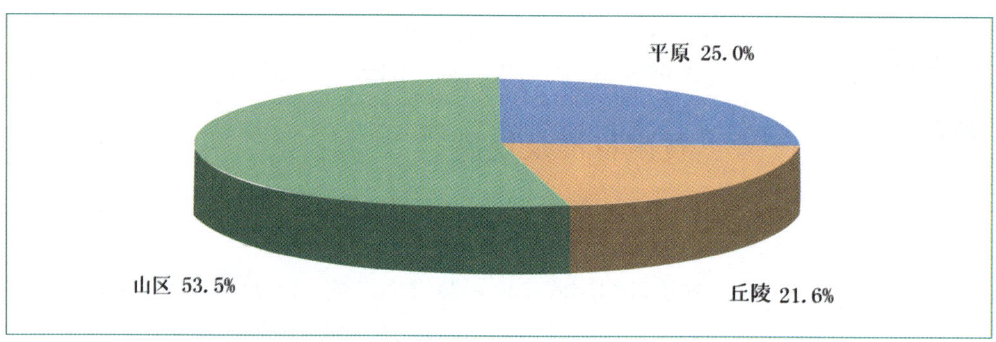

数据来源：全国农村住户抽样调查

2、西部地区仍是贫困人口主要集中地

分地区看，西部地区仍是贫困人口的主要集中地，2007年末，东部、中部、西部、东北地区贫困人口分别为54万、372万、989万、64万人，三分之二的贫困人口分布于西部地区；同时，东部、中部、西部、东北地区的贫困发生率分别为0.2%、1.3%、3.5%、1.1%，西部地区大大高于其他地区。

2007年末，东部、中部、西部、东北地区低收入人口分别为199万、695万、1876万、72万，西部地区占66%；东部、中部、西部、东北地区低收入人口 占其农村人口的比重分别为 0.6%、2.4%、6.6%、1.3%。

表2-2 2007年农村贫困人口地区分布

单位：万人，%

地 区	贫困人口			低收入人口		
	数量	同比减少	贫困发生率	数量	同比减少	低收入人口比重
东部地区	54	58	0.2	199	27	0.6
中部地区	372	188	1.3	695	346	2.4
西部地区	989	381	3.5	1876	320	6.6
东北地区	64	43	1.1	72	15	1.3

数据来源：全国农村住户抽样调查

3 、贫困人口省际分布

从省际分布看，贫困发生率在 1% 以下的省份有 12 个；在 1%-5% 之间的有 15 个，5% 以上的有 4 个。最高的是青海省，贫困发生率为 9.2%。

低收入人口占农村人口比重在 1% 以下的有 10 个；1%-5% 之间的有 13 个；5% 以上的有 8 个。最高的是甘肃，为 17.6%。

（二）贫困人口群体分布

1 、老人和儿童贫困发生率下降较快，但仍高于其他年龄段人群

2007 年末，12 周岁以下儿童贫困发生率为 2.6%，比上年下降 1.2 个百分点；65 岁以上老人贫困发生率为 2.2%，比上年下降 0.7 个百分点。但儿童和老人的贫困发生率均明显高于其他年龄段人群的贫困发生率，究其原因，主要是儿童和老人不具备劳动能力，需要依靠家庭其他成员供养。一个家庭中，儿童和老人越多，劳动力需要负担的人口也越多，负担就越重，2007 年，农村贫困家庭中每个劳动力平均需要负担 1.58 口人，高于 1.42 口的全国平均水平[1]。

2007 年末，12 岁以下儿童中低收入人口比重为 4.6%，比上年下降 1.1 个百分点；65 岁以上老人中低收入人口比重为 3.9%，比上年下降 1 个百分点。低收入人口家庭平均每个劳动力需要负担 1.55 口人，比全国平均水平高 0.13 人。

2 、家庭人口规模与贫困发生率成正相关

家庭人口规模与贫困发生率密切相关，人口越多的家庭，其贫困发生率也越高。2007 年末，2 人及以下户的贫困发生率和低收入人口比重分别仅为 0.3% 和 0.7%，而 9 人及以上户的贫困发生率和低收入人口比重分别高达 10.7% 和 10.3%。

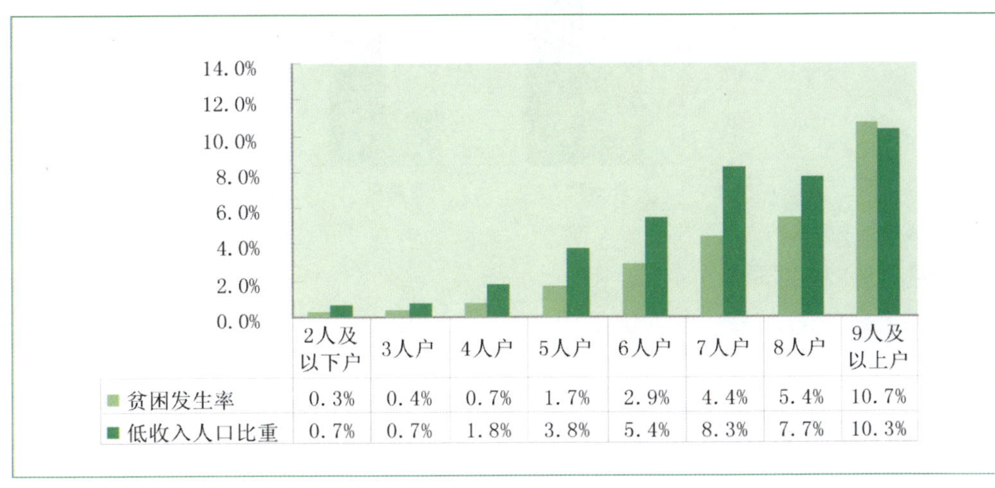

	2人及以下户	3人户	4人户	5人户	6人户	7人户	8人户	9人及以上户
贫困发生率	0.3%	0.4%	0.7%	1.7%	2.9%	4.4%	5.4%	10.7%
低收入人口比重	0.7%	0.7%	1.8%	3.8%	5.4%	8.3%	7.7%	10.3%

图 2–3 家庭规模与贫困发生率

数据来源：全国农村住户抽样调查

3、户主文化程度越高贫困发生率越低

劳动技能的高低不仅仅依赖于身体素质，在科技日益发达的今天，劳动者的文化素质起着越来越重要的作用。作为在家庭生产生活决策中起着主导作用的户主，其文化程度的高低对家庭经济状况影响是不言而喻的。2007 年末，户主文化程度为文盲或半文盲的家庭其贫困发生率达 3.5%，低收入人口比重达 7.2%；户主文化程度为小学的家庭其贫困发生率为 2.4%，低收入人口比重为 4.3%；户主文化程度为高中的家庭其贫困发生率 1.2%，低收入人口比重为 2.5%；户主文化程度为中专及以上的家庭其贫困发生率为 0.4%，低收入人口比重为 0.9%。

1．本文全国平均水平指全国农户平均水平，下同。

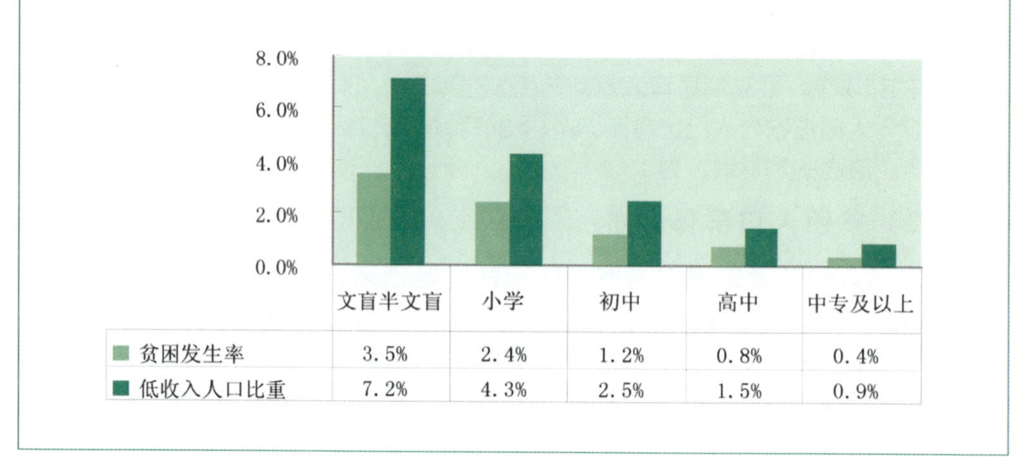

图2-4 户主文化程度与贫困发生率

数据来源：全国农村住户抽样调查

4、纯农户贫困发生率相对较高

按收入来源的不同，可将农户分为纯农户、兼营户和非农户，相对于非农户而言，纯农户贫困发生率明显较高。2007年末，纯农户贫困发生率为2.7%，低收入人口比重为4.4%；兼营户贫困发生率为1.4%，低收入人口比重为2.9%；非农户贫困发生率和低收入人口比重均仅为0.3%。

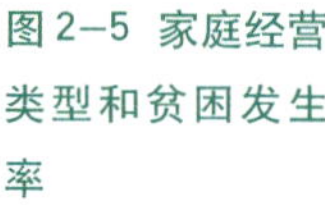

图2-5 家庭经营类型和贫困发生率

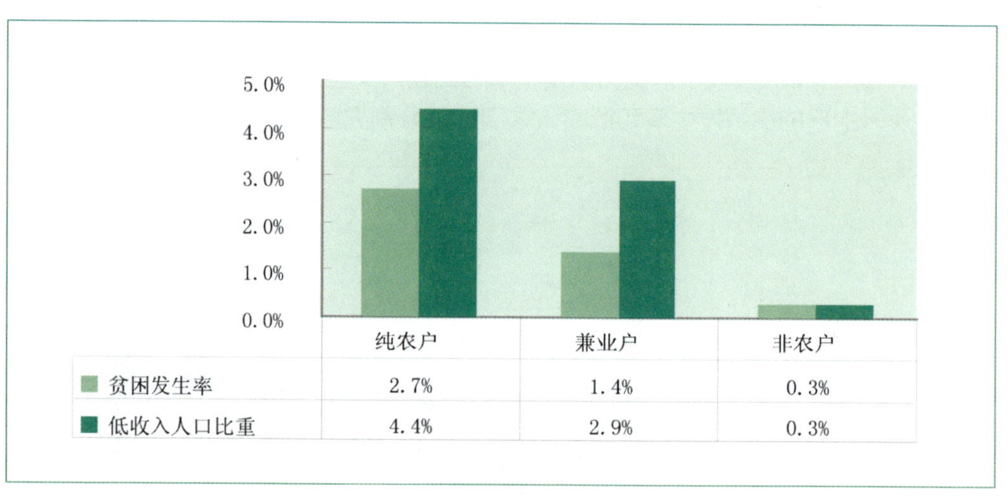

数据来源：全国农村住户抽样调查

三、农户经济贫困状况

（一）收入状况

2007年，我国农村居民人均纯收入4140.4元，比上年增加553.3元，增长15.4%，扣除价格因素影响，实际增长9.5%，增速比上年提高2.1个百分点。农民收入能保持较快增长，一是由于工资性收入增长较快，2007年农村居民的工资性收入人均1596.2元，比上年增加221.4元，增长16.1%，工资性收入的增加额占全年农村居民纯收入总增量的39.9%；二是由于家庭经营收入增速提高，2007年农村居民家庭生产经营纯收入人均2193.7元，比上年增加262.7元，增长13.6%，增速提高8.8个百分点，家庭经营纯收入的增加额占全年农村居民纯收入总增量的47.6%，而家庭经营收入的大量增加得益于第一产业经营收入大幅增长。农民收入的较快增长有力地推动了贫困人口的减少。

2007年农村贫困和低收入人口收入与全国平均水平的差距在扩大，贫困人口人均纯收入652.6元，仅相当于全国平均水平的15.7%。比上年相当于全国17.1%的水平又有所下降；低收入人口人均纯收入977.3元，仅相当于全国平均水平的23.6%，比上年相当于全国24.2%的水平还低。贫困和低收入人口收入的主要特征是：

表2–3 2007年农村居民纯收入及其构成

指标名称	收入水平（元）			收入构成（%）		
	全国	贫困人口	低收入人口	全国	贫困人口	低收入人口
人均纯收入	4140.4	652.6	977.3	100.0	100.0	100.0
一、工资性收入	1596.2	180.2	289.3	38.6	27.6	29.6
二、家庭经营收入	2193.7	394.8	603.0	53.0	60.5	61.7
1、第一产业	1745.1	361.9	548.8	42.1	55.5	56.2
种植业	1303.8	323.6	479.9	31.5	49.6	49.1
2、非农产业	448.6	32.9	54.2	10.8	5.0	5.5
三、财产性收入	128.2	14.7	12.4	3.1	2.3	1.3
四、转移性收入	222.3	62.8	72.5	5.4	9.6	7.4

数据来源：全国农村住户抽样调查

1、种植业是贫困农户收入主要来源，占其收入的一半

贫困和低收入农户非农就业机会少，传统的种植业是其主要收入来源，2007年贫困和低收入农户种植业收入分别为323.6元和479.9元，占纯收入的比重分别为49.6%和49.1%，分别比全国平均水平高18.1和17.5个百分点。

2、贫困农户工资性收入比重低

2007年贫困和低收入农户工资性收入分别为180元和289元，占纯收入的比重分别为27.6%和29.6%，基本与上年持平，但比全国平均水平分别低11个和9个百分点。

3、贫困农户转移性收入比重继续提高

2007年贫困人口转移性收入为人均62.8元，占纯收入的比重为9.6%，比上年提高0.2个百分点；低收入人口转移性收入为人均72.5元，占纯收入的7.4%，比上年提高1.3个百分点。其中，贫困和低收入人口人均获得的四项补贴（包括退耕还林还草补贴、粮食直补、购置和更新大型农机具补贴、良种补贴）分别为39.0元和45.5元，分别比上年增加9.6元和13.6元。

（二）生活消费

2007年，我国农村居民人均生活消费支出3224元，比上年增加395元，增长14%，扣除价格因素影响，实际增长8.1%。贫困人口人均生活消费支出人均737.3元，比上年增长10.9%，但仅为全国平均水平的22.9%；低收入人口生活消费支出人均990.3元，比上年增长9.7%，但仅为全国平均水平的30.7%。主要特征是：

1、贫困及低收入农户满足衣食住等基本生存需要的消费结构明显

2007年贫困和低收入农户用于食品、衣着、居住等基本生存需要的生活消费支出分别为人均620.5元和804.7元，分别占生活消费支出的84.1%和81.3%。

除衣食住消费外，贫困和低收入农户用于其他消费的支出很少，尤其是体现生活质量的消费更少。2007年贫困人口家庭设备用品及服务支出人均23.8元，相当于全国平均水平的16.0%；交通通讯支出人均33.7元，相当于全国平均水平的10.3%；文教娱乐支出人均20.5元，相当于全国平均水平的6.7%；医疗保健支出人均29.1元，相当于全国平均水平的13.8%。低收入人口家庭设备及服务支出人均33.2元，相当于全国平均水平的22.3%；交通通讯支出人均53.3元，相当于全国平均水平的16.2%；文教娱乐支出人均40.7元，相当于全国平均水平的13.3%；医疗保健支出人均45.8元，相当于全国平均水平的21.8%。

表2-4 2007年农村居民消费情况

单位：元、%

指标名称	消费水平（元）			消费结构（%）		
	全国	贫困农户	低收入农户	全国	贫困农户	低收入农户
生活消费支出	3223.9	737.3	990.3	100.0	100.0	100.0
# 服务性支出	950.3	92.3	149.1	29.5	12.5	15.1
1.食品支出	1389.0	513.7	652.7	43.1	69.7	65.9
2.衣着支出	193.5	39.4	61.5	6.0	5.3	6.2
3.居住支出	573.8	67.3	90.4	17.8	9.1	9.1
4.家庭设备和服务支出	149.1	23.8	33.2	4.6	3.2	3.4
5.交通和通讯费支出	328.4	33.7	53.3	10.2	4.6	5.4
6.文教娱乐支出	305.7	20.5	40.7	9.5	2.8	4.1
7.医疗保健支出	210.2	29.1	45.8	6.5	3.9	4.6
8.其他商品和服务	74.2	9.7	12.7	2.3	1.3	1.3

数据来源：全国农村住户抽样调查

2、贫困农户自给性消费比重高，服务性支出比重低

贫困和低收入农户生活消费商品化程度低，自给性消费仍占相当比重。2007年贫困农户自给性消费占生活消费的比重达40.9%，比上年下降0.4个百分点，但比全国平均水平高26.7个百分点；低收入农户自给性生活消费占生活消费的比重达37.8%，比上年下降1.2个百分点，但比全国平均水平高23.6个百分点。

同时贫困和低收入农户服务性消费比重明显偏低，2007年贫困人口人均服务性支出仅92.3元，占生活消费支出的比重为12.5%，比全国平均水平低17个百分点；低收入人口人均服务性支出仅149.1元，占生活消费支出的比重为15.1%，比全国平均水平低14.4个百分点。

表2-5 农村居民食品消费情况

单位：公斤／人

指标名称	2007年			2006年		
	全国	贫困人口	低收入人口	全国	贫困人口	低收入人口
粮食	200.8	140.0	165.5	205.6	146.4	174.5
蔬菜及菜制品	99.0	54.2	62.9	100.5	53.9	68.8
食用油	6.0	2.7	3.5	5.8	3.2	4.0
# 植物油	5.1	2.3	3.0	4.7	2.7	3.2
肉禽及其制品	20.5	8.4	11.8	22.3	10.3	13.7
# 猪肉	13.4	6.2	9.1	15.5	8.1	11.0
牛羊肉	1.5	0.8	1.0	1.6	1.0	1.1
家禽	3.9	1.1	1.3	3.5	0.9	1.3
蛋类及蛋制品	4.7	1.2	1.6	5.0	1.1	1.8
奶和奶制品	3.5	1.1	1.3	3.1	1.1	1.2
水产品	5.4	1.0	1.1	5.0	0.8	0.9
瓜果	18.1	6.5	7.9	18.0	5.8	8.6

数据来源：全国农村住户抽样调查

3 、受食品价格上涨影响，部分食品消费量有所减少

2007年农村居民人均食品支出1389.0元，比上年增加172元，增长14.1%，食品支出占生活消费支出的比重（恩格尔系数）为43.1%，比上年高0.1个百分点。受2007年下半年食品价格上涨较快因素的影响，农村居民食品消费中除水产品、家禽、瓜果、奶类等有所增加外，猪肉、牛羊肉、蛋类等部分农产品的消费量有所减少。其中，人均消费猪肉13.4公斤，比上年下降13.5%；人均消费牛羊肉1.5公斤，比上年下降3.8%；人均消费蛋类及制品4.7公斤，下降5.6%。农村居民摄取的热量来自谷物的比重（谷物热能比）也从上年的62.9%上升到63.2%。

与其他农户类似，贫困和低收入农户消费的猪肉、牛羊肉等部分农产品的数量有所减少。贫困农户谷物热能比从上年的77.8%上升到79.9%；低收入农户的谷物热能比从上年的75.2%上升到77.5%。

（三）生产投入

2007年我国农户生产投入人均1579.9元，比上年增加198元，增长14.3%，扣除价格因素影响，实际增长6.1%，增速比上年提高3个百分点。农户生产投入增速提高主要是农业生产投入增加较多，2007年，我国农户农业生产投入人均1270元，比上年增加177元，增长16.2%，增速比上年提高12.9个百分点。

2007年贫困农户生产投入人均572.1元，比上年增加92.9元，增长19.4%；低收入农户生产投入人均651.4元，比上年增加72.3元，增长12.5%。尽管增速较快，但贫困和低收入农户从整体上看投入水平还较低，投入结构也较单一。

1 、贫困和低收入农户生产投入水平整体偏低

从流量水平看，2007年贫困和低收入农户人均生产投入水平分别仅相当于全国平均水平的36.2%和41.2%。从存量水平看，贫困和低收入农户拥有的生产性固定资产明显偏少，尤其是现代化的生产性固定资产更少。2007年末，贫困和低收入农户每百户拥有大中型拖拉机1.32台和1.34台，分别是全国平均水平的46.3%和47.1%；拥有小型和手扶拖拉机分别为14.0台和14.7台，分别相当于全国平均水平的73.1%和77.1%；拥有动力三轮车分别为1.9台和3.5台，分别相当于全国平均水平的28.0%和53.7%；拥有机动脱粒机分别为6.9和6.8台，分别相当于全国平均水平的70.9%和69.9%；拥有农用动力机械分别为8.4台和11.1台，分别相当于全国平均水平的60.0%和79.5%。

表2-6 2007年末每百户户拥有生产性固定资产数量

单位：辆、台

指标名称	全国农户	贫困农户	低收入农户
大中型拖拉机	2.9	1.3	1.3
小型和手扶拖拉机	19.1	14.0	14.7
动力三轮车	6.6	1.9	3.5
机动脱粒机	9.8	6.9	6.8
收割机	1.1	0.7	0.7
农用动力机械	14.0	8.4	11.1
水泵	23.4	10.6	13.2

数据来源：全国农村住户抽样调查

2 、贫困和低收入农户生产投入投向单一

从投入结构看，贫困和低收入农户生产投入主要投入农业，尤其是投向种植业和牧业。2007年贫困农户家庭经营费用支出为547.5元，其中投向种植业的占57.9%，投向牧业的占38.7%；低收入农户家庭经营费用支出为603.4元，其中，投向种植业的占52.7%，投向牧业的占42.4%。

表2–7 2007年农户生产投入结构

单位：元／人

指标名称	全国农户	贫困农户	低收入农户
生产投入	1579.9	572.1	651.4
1 、家庭经营费用	1432.7	547.5	603.4
# 种植业	674.6	316.9	318.2
牧业	540.3	211.6	255.8
2 、购置生产性固定资产支出	147.2	24.6	48.0

数据来源：全国农村住户抽样调查

（四）家庭财产设备状况

1 、居住条件逐步改善

2007年农村居民居住质量进一步改善，人均住房面积达31.6平方米，比上年增加3.2%。其中，钢筋混凝土和砖木结构住房面积的比重达86.4%，比上年提高0.4个百分点。人均住房价值达9919元，比上年提高12.5%。贫困和低收入农户虽与全国平均水平仍有差距，但住房条件也有一定改善。2007年贫困农户人均居住面积18.9平方米，比上年增加4.7%；钢筋混凝土和砖木结构住房面积比重达61.8%，比上年提高3.1个百分点；人均住房价值3394元，比上年增长22.4%。低收入农户人均居住面积20.1平方米，比上年增加1.5%；钢筋混凝土和砖木结构住房面积比重为65.3%，比上年提高3.2个百分点；人均住房价值3685元，比上年增长12.3%。

在生活设施上，全国农户中74.2%的农户饮用安全饮用水（自来水或深井水），贫困和低收入农户中分别有57.8%和59%的农户饮用安全饮用水，比上年均有所提高。全国农户中有16.4%的农户使用水冲式厕所，贫困和低收入农户中分别有2.8%和3.2%使用水冲式厕所，尽管整体水平不高，但较上年有较大提高。

表2–8 农户住房及生活设施情况

指标名称	2007年			2006年		
	全国	贫困农户	低收入户	全国	贫困农户	低收入户
1.人均住房面积（m^2）	31.6	18.9	20.1	30.7	18.0	19.8
2.钢筋混凝土和砖木结构住房面积比重（%）	86.4	61.8	65.3	86.0	58.7	62.1
3.人均住房价值（元）	9919	3394	3685	8820	2772	3281
4.有安全饮用水的农户比重（%）	74.2	57.8	59.0	73.3	56.3	57.9
5.水冲式厕所的农户比重（%）	16.4	2.8	3.2	14.7	1.8	2.5

数据来源：全国农村住户抽样调查

2、耐用消费品拥有量稳步增加

2007年农村居民拥有的主要耐用消费品数量继续增加，档次提升，尤其是电话、电视等信息化设备的普及率有了很大提高。

表2-9 平均每百户年末主要耐用消费品拥有量

单位：台／百户

指标名称	2007年			2006年		
	全国	贫困农户	低收入户	全国	贫困农户	低收入户
洗衣机	45.9	23.4	29.2	43.0	21.7	23.8
电冰箱	26.1	8.9	8.0	22.5	5.9	7.4
摩托车	48.5	25.8	28.1	44.6	21.6	25.2
电话机	68.4	42.7	44.4	64.1	34.9	38.5
移动电话机	77.8	42.7	45.5	62.1	28.9	32.5
彩色电视机	94.4	76.7	77.6	89.4	62.9	69.6
黑白电视机	12.1	17.5	17.3	17.4	20.9	24.1

数据来源：全国农村住户抽样调查

四、农村多元贫困状况

（一）农村居民受教育情况

1、儿童在校率较高

2007年全国农村7-15岁儿童在校率为98.0%，其中，7-12岁儿童在校率为98.2%，13-15岁儿童在校率为97.7%。儿童入学率与农户家庭的经济状况密切相关，贫困家庭儿童入学率相对较低，2007年贫困农户家庭7-15岁儿童入学率为94.8%，低收入农户家庭儿童入学率为96.5%。

表2-10 7-15岁儿童在校率和成人文盲率

单位：%

指标名称	全国农户	贫困农户	低收入户
7-15岁儿童在校率	98.0	94.8	96.5
#7-12岁儿童在校率	98.2	95.6	96.7
13-15岁儿童在校率	97.7	93.5	96.1
成人文盲率	8.8	17.1	16.5
青年文盲率	1.1	4.3	4.1

数据来源：全国农村住户抽样调查

2、成人文盲率继续下降

2007年全国农村16岁以上成人文盲率为8.8%，比上年下降0.5个百分点；15-24岁青年文盲率为1.1%，与上年基本持平。但贫困和低收入家庭文盲率仍然较高，其中贫困人口成人文盲率为17.1%，青年文盲率为4.3%；低收入人口成人文盲率为16.5%，青年文盲率为4.1%。贫困和低收入人口文盲率偏高，阻碍了其获取就业，尤其是非农就业的机会，制约了其脱贫的步伐。

3、劳动力文化程度继续提高

农村劳动力文化程度整体水平虽然不高，但继续提高。2007 年农村劳动力平均受教育年限为 8.2 年，比上年提高 0.1 年。从具体构成看，小学及以下文化程度的占 32.1%，比上年下降 0.9 个百分点；初中文化程度的占 52.9%，比上年提高 0.1 个百分点；高中及以上文化程度的 15.0% ，比上年提高 0.8 个百分点。

贫困和低收入农户劳动力平均受教育年限分别为 7.0 年和 7.1 年，比上年分别提高 0.2 年和 0.1 年，但贫困和低收入农户劳动力中仍有近一半文化程度在小学及以下。

表 2-11 农村劳动力文化程度情况

单位：年、%

指标名称	全国	贫困农户	低收入农户
平均受教育年限(年)	8.2	7.0	7.1
文盲或半文盲	6.3	12.6	12.3
小学	25.8	35.2	33.4
初中	52.9	45.5	46.4
高中	11.0	5.1	6.3
中专	2.5	1.1	1.2
大专及以上	1.4	0.5	0.4

数据来源：全国农村住户抽样调查

4 、劳动力中受过专业技能培训的比重进一步提高

2007 年农村劳动力中接受过专业技能培训的比重为 23.4%，比上年提高 2.1 个百分点。贫困和低收入农户中劳动力接受过专业技能培训的比重分别为 15.8% 和 16.2%，分别比上年提高 2.0 和 1.4 个百分点，贫困和低收入农户中尽管有 8 成以上没有接受过专业技能培训，但有三分之二左右的劳动力表示愿意接受培训。

（二）市场参与程度

1 、劳动力外出务工比重有所增加

2007 年农村常住户中劳动力外出务工比重为 21.3%，比上年提高 0.3 个百分点。贫困和低收入农户劳动力中外出务工比重分别为 19.7% 和 19.1%。

2 、外出务工强度有所提高

2007 年农村外出务工劳动力平均在外务工时间为 8.5 个月，比上年提高 0.1 个月，其中外出从业时间在 6 个月以上的占 83.5%。从年龄段看，20-30 岁之间的外出务工强度最大，人均外出务工时间达 9 个月。贫困和低收入农户外出劳动力平均在外务工时间分别为 8.1 个月 7.7 个月。

图 2-6 不同年龄段外出务工人员平均外出从业时间月

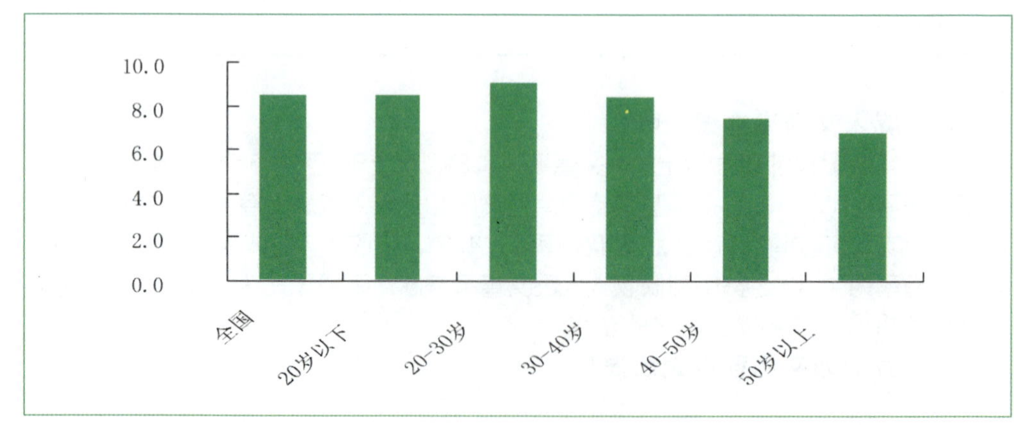

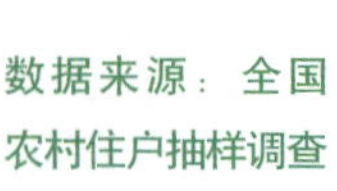
数据来源：全国农村住户抽样调查

3、工资性收入比重进一步提高

2007年农村居民人均工资性收入为1596.2元，占人均纯收入的38.6%，比上年提高0.3个百分点。贫困和低收入农户人均工资性收入分别为180.2元和289.3元，占纯收入比重分别为27.6%和29.6%。

4、现金纯收入比重略有下降

2007年农村居民人均现金纯收入3525.6元，占纯收入的85.2%，比上年下降0.3个百分点。贫困和低收入农户人均现金纯收入分别338.4元和597.6元，占纯收入的比重分别为51.9%和61.2%。

5、多数主要农产品商品化率变化不大

多数主要农产品的商品化率（出售量除以生产量）变化不大，其中，2007年农村居民粮食商品化率为51。%%，比上年下降0.7个百分点；油料商品化率为60.5%，比上年下降0.9个百分点；蔬菜商品化率65.6%，比上年提高1个百分点；畜禽商品化率86.3%，比上年上升0.3个百分点。

表2-12 2007年主要农产品商品化率

单位：%

指标名称	全国	贫困农户	低收入户
粮食	51.5	30.5	31
油料	60.5	40.3	50
蔬菜	65.6	36.9	50.3
水果	88.1	72.8	78.2
畜禽	86.3	68.4	63

数据来源：全国农村住户抽样调查

（三）社会平等程度

1、城乡居民收入差距进一步扩大

2007年城镇居民人均可支配收入为13786元，农村居民人均纯收入为4140元，城乡居民收入的比值达3.33，比上年提高0.05。

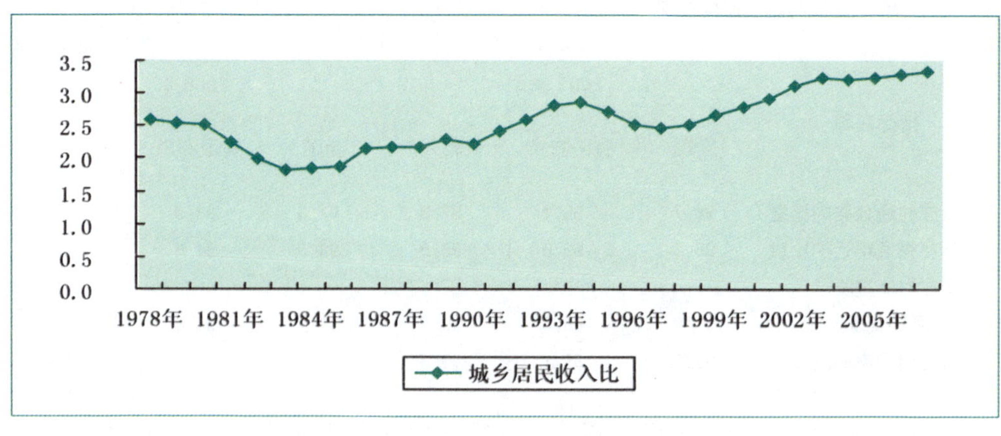

图2-7 1978-2007年城乡居民收入比

数据来源：全国农村住户抽样调查

2、农村居民内部收入差距

从基尼系数看，2007年农村居民人均纯收入的基尼系数为0.3742，比上年提高0.0005。

从分组数据看，不同收入组收入均有提高，但收入最低的20%人口拥有全部

纯收入的5.9%，比上年下降0.1个百分点；收入最高的20%人口拥有全部纯收入的43.7%，与上年持平；高收入组所占份额与低收入组所占份额的比值为7.4，比上年提高0.1。

表2—13 2007年按人口五等份数据

单位：%

指标名称	低收入组	中低收入组	中等收入组	中高收入组	高收入组
人口比重	20.0	20.0	20.0	20.0	20.0
人均纯收入比重	5.9	11.5	16.2	22.7	43.7
人均生活消费比重	11.3	14.1	17.3	21.8	35.4
家庭第一产业占纯收入比重	52.1	50.1	47.3	43.2	34.6
工资性收入占纯收入比重	33.5	36.8	39.3	41.2	40.4
恩格尔系数	50.5	48.3	46.0	43.0	37.3

数据来源：全国农村住户抽样调查

3、性别差距在缩小

在受教育程度的性别差异上，从儿童入学率看，性别差异已基本消除，2007年7-15岁男童入学率为98.1%，女童入学率为97.9%；13-15岁男童入学率为97.8%，女童入学率为97.6%。从劳动力文化程度看，男性劳动力文化程度普遍高于女性，但两者差距在缩小，2007年男性劳动力平均受教育年限为8.8年，女性劳动力为7.5年，其中男性劳动力文盲率仅为2.9%，女性劳动力文盲率高达10.4，但比上年下降了0.4个百分点。

男性劳动力流动性强于女性，但平均外出务工强度低于女性。2007年农村常住户男性劳动力中外出务工比重为27.0%，比上年提高0.3个百分点；女性劳动力外出务工比重为15.7%，比上年提高0.1个百分点。2007年男性外出务工劳动力平均外出从业时间为8.4个月，女性外出劳动力平均外出从业时间为8.7个月。

（四）基础设施和公共服务

1、贫困农户所处环境的基础设施有所改善，但仍相对落后

表2—14 2007年农村基础设施情况

单位：%

指标名称	2007年			2006年		
	全国	贫困农户	低收入户	全国	贫困农户	低收入户
1．所在村通公路的比重	98.7	95.1	97.2	97.8	93.9	95.9
2．所在村通电话的比重	98.8	95.5	96.5	98.3	94.6	95.1
3．所在村能接收电视节目的比重	99	95.5	96.6	98.7	93.4	96.5
4．所在村通电的比重	99.8	99.1	99.3	99.6	97.8	98.9

数据来源：全国农村住户抽样调查

农村居民所处环境在通电、通路、通电话等基础设施方面已达一定水平，即使是贫困农户所处环境也有较大改善，但与全国平均水平相比，仍相对落后。

从通电情况看，全国99.8%的农户所在村已通电，贫困和低收入农户中分别有99.1%和99.3%的户其所在村已通电。

从通路情况看，全国98.7%的农户所在村已通公路，贫困和低收入农户中分别

有95.1%和97.2%的户其所在村已通公路。

从通讯情况看，全国98.8%的农户所在村能通电话，贫困和低收入农户中分别有95.5%和96.5%的户其所在村能通电话。

从能否接受电视节目看，全国99.0%的农户其所在村能接收电视节目，贫困和低收入农户中分别有95.5%和96.6%的户其所在村能接收电视节目。

2、贫困农户远离公共服务机构，获取公共服务相对较难

随着我国贫困人口的逐年减少，贫困人口也越来越向山区、西部偏远等地区集中，由于这些地区偏僻落后，距离公共服务机构距离较远，因此较难被公共服务机构有效覆盖，加之这些地区基础设施差，农户经济条件差，因此贫困农户获取公共服务也相对较难。

贫困农户所在村距最近县城的距离相对较远。2007年，全国农户中有46.3%的户其所在村距离最近县城的距离在20公里以内；贫困和低收入农户中分别仅有36.9%和34.2%的户其所在村距最近县城的距离在20公里以内。

贫困农户所在村距离最近初中的距离较远，获取教育服务相对困难。2007年，全国农户中有89.1%的户其所在村距最近初中的距离在10公里以内；贫困和低收入农户中分别仅有79.6%和79.7%的户其所在村距离最近初中的距离在10公里以内，却分别有7.5%和6.7%的户其所在村距离最近初中的距离在20公里以上。

贫困农户所在村距最近卫生所的距离较远，获取医疗卫生服务相对困难。2007年，全国农户中有95.7%的户其所在村距最近卫生所的距离在10公里以内；贫困和低收入农户中分别仅有89.9%和89.5%的户其所在村距最近卫生所的距离在10公里以内，却分别有3.2%和2.8%的农户其所在村距最近卫生的距离在20公里以上。

贫困农户所在村距最近邮电所的距离相对较远，获取通信服务相对困难。2007年全国农户中有87.8%的户其所在村距最近邮电所的距离在10公里以内；贫困和低收入农户中分别有75.0%和74.4%的户其所在村距最近邮电所的距离在10公里以内，却分别有7.0%和6.2%的户其所在村距最近邮电所的距离在20公里以上。

贫困农户距离最近车站（码头）的距离相对较远，获取交通服务相对困难。2007年全国农户中分别有82.8%的户其所在村距最近车站（码头）的距离在10公里以内；贫困和低收入农户中分别仅有70.9%和72.7%的户其所在村距最近车站（码头）的距离在10公里以内，却分别有13.4%和13.0%的户距最近车站（码头）的距离在20公里以内。

五、小结

1、2007年我国贫困人口大幅减少，但山区和西部地区目前仍是贫困人口的主要集中地，这些地区地理位置偏僻、基础设施相对落后，进一步脱贫难度加大，要继续加大对山区和西部地区的扶贫开发力度。

2、老人和儿童比重大的家庭、家庭规模大负担重的家庭、文化素质低的家庭、及纯农户家庭往往是贫困相对高发的家庭。

3、2007年农村居民在收入、消费及生产投入上均较快增长，推动贫困人口的大幅减少。贫困人口在收入消费及投入水平上虽也有所增长，但与全国平均水平均相比均有较大差距，并且在结构上也不尽合理。

4、从整体上看，农村居民的生活质量继续提高，与全国其他农户一样，贫困农户无论是在住宅质量、生活设施及耐用消费的拥有量上均有提高，但受食品价格上涨因素影响，猪肉等部分食品的消费量有所减少，要继续加强农村最低生活保障等制度，保障并提高贫困和低收入人口的基本生活水平。

5、农村居民的受教育程度继续提高，但贫困和低收入人口文化程度仍大大落后于全国平均水平，尤其是贫困和低收入家庭劳动力中文盲率仍相对较高。文化程度的相对较低也是这些农户贫困的重要因素。要采取措施帮助贫困人口提高文化水平，尤其是通过专业技能培训等提高其劳动技能，对贫困和低收入人口的扶持，不仅要在经济扶持，更要进行“扶智”，提高贫困和低收入人口的发展能力。

6、从外出就业比重、外出务工强度、工资性收入比重等方面看，我国农村居民的市场化程度有所提高。

7、2007年我国城乡居民收入差距进一步拉大、农村居民内部收入差距也有所扩大，但我国的性别差距在继续缩小。收入分配不均等的扩大会部分地抵消经济增长对减贫的作用，因此在发展中要更加重视公平问题。

8、贫困和低收入人口所处环境基础设施相对较差、获取公共服务相对较难。

第三部分：国家扶贫开发工作重点县贫困监测结果

2007 年是国家支农政策落实力度最大的一年，也是 592 个国家扶贫开发工作重点县（以下简称扶贫重点县）的贫困状况得到有效缓解的一年，这一年，扶贫重点县的社会、经济发展势头良好，国家各项扶贫政策得到落实，各项社会保障体系逐步完善，与上年相比，各项指标都有较大程度改善。

一、贫困状况

（一）贫困程度持续减轻

2007 年全国农村贫困标准为人均 758 元。根据此标准，2007 年扶贫重点县农村贫困人口 1051 万人，比上年减少 215 万人，贫困发生率为 5%，比上年下降 1.3 个百分点，是自新时期扶贫纲要实施以来，贫困人口减少最多、贫困发生率下降最快的一年。

1 、各类型区域贫困人口均有不同程度的下降

分地区看，东部地区扶贫重点县农村贫困人口 37 万人，比上年减少 4 万人，贫困发生率为 2.9%，比上年下降 0.3 个百分点；中部地区扶贫重点县农村贫困人口 261 万人，比上年减少 58 万人，贫困发生率为 3.5%，比上年下降 0.9 个百分点；西部地区 732 万人，比上年减少 148 万人，贫困发生率为 6.6%，比上年下降 1.3 个百分点；东北地区扶贫重点县农村贫困人口 22 万人，比上年减少 5 万人，贫困发生率为 5.7%，比上年下降 1.1 个百分点。

图 3–1 国家扶贫重点县贫困及低收入人口

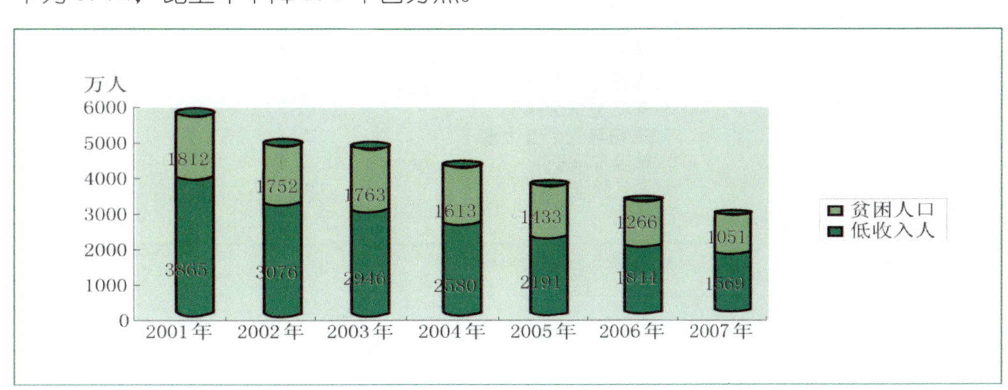

资料来源：国家贫困监测抽样调查

分省看，扶贫重点县贫困人口超过100万的有贵州、云南、甘肃3个省，超过50万的有湖北和陕西2个省。

分区域看，平原地区的贫困发生率为4.0%，与上年持平；丘陵地区的贫困发生率为4.3%，比上年下降0.3个百分点；山区的贫困发生率为7.1%，比上年下降0.6个百分点；少数民族县[1]的贫困发生率为6.8%，比上年下降1个百分点；陆地边境县的贫困发生率8.7%，比上年上升0.2个百分点。革命老区县的贫困发生率为5%，比上年下降1.5个百分点。

居住在山区的贫困人口占全部贫困人口的74.9%，比上年提高了4.2个百分点，丘陵地区的贫困人口占13.3%，比上年降低了3.8个百分点，平原地区的贫困人口占11.8%，比上年降低了0.4个百分点。此外，陆地边境县的贫困人11.5%，比上年提高了1.2个百分点。

贫困人口向山区和边区集中的已是连续多年的现象，说明山区和边区贫困人口的脱贫速度仍慢于丘陵和平原地区。今年的一个新特点是革命老区和少数民族县的贫困人口占全部贫困人口的比重在下降：少数民族县的贫困人口占全部贫困人口的55.8%，比上年下降了3.9个百分点，革命老区县的贫困人口占全部贫困人口的24.4%，比上年下降了2.7个百分点。反映出国家连续多年采取的对少数民族地区加大扶持离度的措施开始取得成效。

2、收入来源单一、负担重的家庭在贫困户中比例更高

将所有贫困农户按家庭经营收入来源分组，纯农户（家庭收入的95%以上来源于农业）的家庭占32.8%，以农业为主的兼业农户（家庭收入的50-95%来源于农业）家庭占55.6%；而以非农业为主的兼业农户（家庭收入的50-95%来源于非农业）和非农户（家庭收入的95%以上来源于非农业）比重，分别占10.7%和0.9%。

换句话说，贫困农户中家庭收入一半以上来源于农业的农户占81.3%，比其他农户高出10.8个百分点。

表3-1 国家扶贫重点县2007年农户构成

单位：%

指标名称	贫困户	低收入户	其他户
一、按从业类型分：	100.0	100.0	100.0
1.农业户	30.9	26.0	20.8
2.农业兼业户	50.4	56.0	49.7
3.非农业兼业户	15.6	16.2	27.3
4.非农业户	3.1	1.7	2.1
二、按劳动力负担系数分：	100.0	100.0	100.0
1.没有劳动力	1.0	0.4	0.7
2.负担系数>2	19.0	17.7	10.0
3.负担系数1.5-2	25.6	26.2	25.6
4.负担系数1-1.5	38.9	38.7	35.8
5.全部是劳动力	15.5	17.1	27.9
三、按家庭类型分：	100.0	100.0	100.0
1.单身或夫妇	2.9	2.4	7.4
2.夫妇与一个孩子	7.2	8.1	16.8
3.夫妇与二个孩子	19.2	22.7	30.7
4.夫妇与三个以上孩子	23.2	21.9	14.8
5.单亲与孩子	2.9	2.6	3.1
6.三代同堂	38.4	37.6	23.7
7.其他	6.0	4.7	3.6

资料来源：国家贫困监测抽样调查

1.在592个国家扶贫重点县中，有265个少数民族县，有41个边境县，有101个革命老区县。

将贫困农户按劳动力负担系数（家庭人口数 / 家庭劳动力人数）分组，没有劳动力的农户比例占 1%，劳动力负担系数超过 2 的农户占 19%，比其他农户高出 10.8 个百分点。

将所有贫困农户按家庭类型分组，三代同堂的家庭比例最高，占 38.4%，其次是多子女家庭占 23.2%，分别比其他农户的比例高出 14.7 和 8.4 个百分点，而夫妇与一个孩子的家庭和夫妇与二个孩子的家庭的比例，则分别低了 9.6 和 11.5 个百分点。

在贫困农户中，家中至少有 1 个残疾人或病人的农户，占 28.1%，比其他农户高出 7.5 个百分点。

（二）低收入标准以下人口规模大幅度下降

2007 年，全国农村低收入标准为人均 1067 元。扶贫重点县在此标准以下的农村人口为 2620 万人，比上年减少 490 万人，占乡村人口比重 12.9%，比上年下降 2.5 个百分点，与全国相比，高 8.3 个百分点。

1 、各类型区域的低收入标准以下人口都有较大幅度的下降

分地区看，东部扶贫重点县农村低收入标准以下人口 75 万人，比上年减少 6 万人，占乡村人口的比重为 5.9%，比上年下降 0.4 个百分点；中部扶贫重点县农村低收入标准以下人口 637 万人，比上年减少 176 万人，占乡村人口的比重为 8.6%，比上年下降 2.4 个百分点；西部地区 1856 万人，比上年减少 285 万人，占乡村人口的比重为 16.6%，比上年下降 2.6 个百分点；东北扶贫重点县农村低收入标准以下人口 52 万人，比上年减少 23 万人，占乡村人口的比重为 13.4%，比上年下降 5.8 个百分点。

分省看，扶贫重点县农村低收入标准以下人口在 200 万以上的有贵州、云南、甘肃等 3 个省，比上年减少 1 个省； 100 － 200 万的有安徽、河南、湖南和陕西等 4 个省，比上年减少 3 个省；其他省不足百万。

分区域看，平原地区农村低收入标准以下认人口的比重为 11.6%，比上年下降 1 个百分点；丘陵地区为 9.9%，比上年下降 4.7 个百分点；山区为 16.7%，与上年持平；少数民族县农村低收入标准以下认人口的比重为 16.4%，比上年下降 0.5 个百分点；陆地边境县的贫困发生率 23.5%，比上年下降 0.1 个百分点。革命老区县的贫困发生率为 11.7%，比上年下降 2 个百分点。

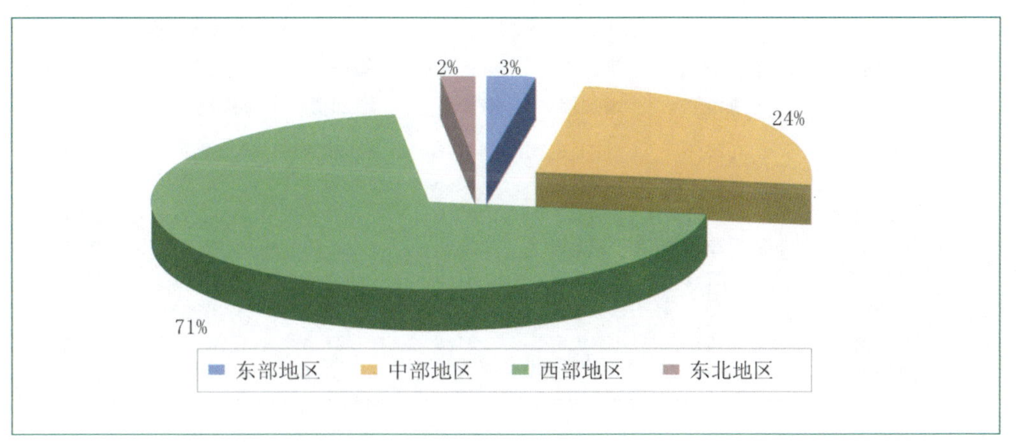

图 3–2 国家扶贫重点县 2007 年低收入标准以下人口分布

资料来源：国家贫困监测抽样调查

2007年，在低收入标准以下人口中，有12.8%的人口生活在平原地区，有13%的人口生活在丘陵地区，有74.2%的人口生活在山区。此外，生活在一些特殊区域的比例也比较高：少数民族县的低收入标准以下人口占全部低收入标准以下人口的54.6%，陆地边境县占12.1%，革命老区占23.4%。

2、特殊区域的贫困程度依然严重且减贫速度较慢

扶贫重点县中的不同区域的贫困程度有较大差异，西部和一些特殊区域的贫困程度依然严重：与全国平均水平相比，西部低收入标准以下人口占乡村人口的比重为16.6%，是全国平均水平的3.6倍；山区的低收入标准以下人口占乡村人口的比重为16.7%，是全国平均水平的3.6倍；少数民族县的比重17.4%，是全国平均水平的3.8倍；陆地边境县的比重为23.1%，是全国平均水平的5倍；革命老区的比重为11.5%，是全国平均水平的2.5倍。

由于西部山区、边境地区的自然条件更加恶劣，减贫速度慢于其他地区，因此，山区等一些特殊类型区域的贫困人口占全部贫困人口的比例继续上升：西部的贫困人口比重比上年上升了1.9个百分点；山区的贫困人口比重比上年上升了5.2个百分点；陆地边境县的贫困人口比重比上年上升了3个百分点；少数民族县的贫困人口比重比上年上升了2个百分点。

二、经济发展状况

根据分县统计结果，2007年，592个国家扶贫重点县人均国民生产总值继续保持2位数的增长速度，人均财政收入快速提高，城乡居民储蓄存款大幅增加，金融市场存贷能力继续增强，经济实力显著提高。

（一）地区生产总值保持高速增长[2]，第二产业比重逐年上升

2007年，国家扶贫重点县地方生产总值16131亿元，比上年增长24%，增长速度是《纲要》实施以来最快的一年，与全国县市平均水平相比，扶贫重点县地方生产总值的增长速度高了2.8个百分点。其中，第一产业增加值4207亿元，比上年增长18.2%。第二产业增加值6812亿元，比上年增长31%。第三产业增加值5110亿元，比上年增长20.5%。

表3-2 2000-2007年全国县市和扶贫重点县地方生产总值构成

单位：%

年份	全国县市的平均			592个扶贫重点县		
	第一产业增加值	第二产业增加值	第三产业增加值	第一产业增加值	第二产业增加值	第三产业增加值
2000年	26.6	41.8	31.6	37.7	31.9	30.4
2001年	25.5	42.0	32.5	36.3	32.0	31.7
2002年	24.1	43.0	33.0	35.0	33.1	32.0
2003年	22.0	45.5	32.5	32.5	35.9	31.5
2004年	21.7	46.9	31.4	32.5	37.4	30.1
2005年	20.4	47.9	31.7	29.7	37.5	32.9
2006年	18.5	49.6	31.9	27.4	40.0	32.6
2007年	17.5	50.9	31.6	26.1	42.2	31.7

资料来源：国家贫困监测抽样调查

2.生产总值及产业增加值的增长速度计算没有扣除物价因素的影响。

扶贫重点县的经济发展水平仍然很低，与全国县市的平均水平比，有很大差距，2007年的人均地方生产总值6850元，仅为全国县市的平均水平（16688元/人）的41%。其中，人均第一产业增加值1786元，接近全国县市的平均水平（1913元/人）；人均第二产业增加值2893元，仅为是全国县市的平均水平（9210元/人）的31.4%；人均第三产业增加值2170元，是全国县市的平均水平（5564元/人）的39%。

2007年，国家扶贫重点县第一产业增加值占地方生产总值的26.1%，比全国县市的平均水平高了8.6个百分点；第二产业占42.2%，比全国县市的平均水平高了8.7个百分点；第三产业占31.7%，与全国县市的平均水平接近。扶贫重点县的产业结构处于全国县市2000年的水平。

（二）财政收入快速增长，财政支出继续向“三农”倾斜

2007年国家扶贫重点县的地方财政预算内收入为670亿元，与上年相比，增长26.8%；人均财政收入285元，比上年增加了58元，增长 25.4%。国家扶贫重点县的财政收入稳步增长，但总体上仍处于入不敷出的境地，需要国家转移支付和各项扶贫项目投资的有力支持。而且，财政支出的增长速度远高于财政收入，并有逐年加大的趋势，2000年，地方财政预算内收入与支出的比为1：2.6，到2007年扩大到1：4.6。

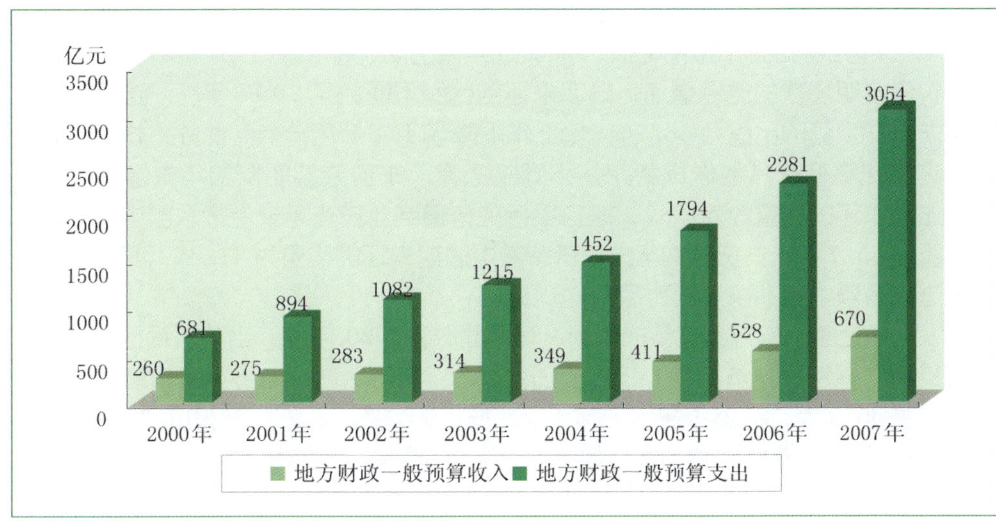

图3-3 国家扶贫重点县地方财政一般预算内财政收入与支出

资料来源：国家贫困监测抽样调查

2007年国家扶贫重点县的财政支出3054亿元，比上年增长33.9%，其中：支农资金274亿元，比上年增长110.7%，教育支出762亿元比上年增长42.8%。近年来，国家对“三农”的支持力度逐年加大，农业支出也以高于财政支出的速度持续增长，在财政支出中的比重逐年增加，到2007年，农业支出占财政支出的比重达到9%，比上年增加了3.3个百分点。

国家的各项惠农补贴也很好地落实到农户，从农户的收入来看，2007年，人均得到的各项政策性补贴73.8元，比上年增加了17元，增长30.5%。此外，取消农业税的政策已得到落实，在扶贫重点县农户的人均4元税费负担中，全部为第二、三产业税和其他收费。国家扶贫重点县的农民税费负担率（税费负担占农民人均纯收入的比重）为0.2%，比全国平均水平低了0.1个百分点。

（三）金融机构的存贷能力继续增强

2007年末，金融机构年末各项贷款余额达到7039亿元，比上年增长15%，增速比

上年提高了2.2个百分点；人均贷款余额2989元，比上年增加361元，增长13.7%。金融机构的年末各项存款余额13341亿元，比上年增长19.3%，增速比上年提高了2.2个百分点；人均存款余额5665元，比年增加863元，增长18 %；其中，城乡居民年末存款余额人均3943元，比上年增加518元，增长15.1%。扶贫重点县的存款增速始终保持高于贷款增速的趋势。

与全国县市的平均水平相比，扶贫重点县人均金融机构各项存款余额的增长速度比全国县域平均水平高出4.8个百分点，但贷款余额的增长速度低1.8个百分点。

从农户借贷情况来看，无论是当年借贷还是年末余额，农户借贷规模仍维持在较低的水平，没有扩大。2007年扶贫重点县农户年末人均借贷余额206元，比上年减少4元，下降1.9%。其中：来自亲戚朋友的人均借款余额为108元，下降0.3%；来自银行的人均商业贷款余额为81元，下降2%；人均扶贫贷款余额为8元，与上年持平；来自其他渠道的人均普通借贷款余额为9元，增长21.4%。

从农户当年借贷款来源看，农户民间组织或个人是主要借贷对象。2007年，扶贫重点县农户的当年借贷款中，有57.3%来自民间组织或个人，其中来自亲戚朋友的借贷占当年全部借贷款的53.4%。有42.7%的借贷款是从国有金融机构借贷的，其中来自银行或信用社的商业贷款占41.2%，来自国家专项扶贫贷款占1.5%。在年末人均借贷款余额中，来自亲友处的借款占52.6%，来自银行信用社的商业贷款占39.2%，来自政府的扶贫贷款占2.5%，其他渠道占5.7%。

农户按期还款的比例增加，逾期未还的比例下降。至2007年底，逾期未还的占年末借贷余额的比重为58.7%，比上年下降了4.1个百分点。此外，扶贫贷款逾期未还的比率低于其他借贷款。从不同来源看，来自亲戚朋友的年末借贷余额中借款逾期未还的比重为59.8%，来自银行的普通商业贷款年末借贷余额中逾期未还的比重为55.7%，扶贫贷款的年末借贷余额中逾期未还的比重为41.6%，其他贷款的年末借贷余额中逾期未还的比重为56.1%。

农户从金融机构得到贷款的情况没有明显改善，2007年，当年从银行或信用社得到贷款（不包括扶贫贷款）的农户占全部农户的4.2%，与上年基本持平，户均贷款额度5614元，比上年增加了574元，增长11.4%。此外，贷款投向有所改变：个体工商户得到贷款比例和金额都减少了，种养大户都增加了。

表3–3 国家扶贫重点县不同类型农户得到贷款的比例和户均金额

单位：元、%

指标名称	2006年		2007年	
	得到贷款户比重	户均贷款金额	得到贷款户比重	户均贷款金额
全部农户	4.2	5040.1	4.2	5614.4
个体工商户	4.1	14479.5	3.4	8100.0
种养业大户	8.7	5410.8	8.0	5888.8
贫困户	3.2	3764.2	3.0	4400.0

资料来源：国家贫困监测抽样调查

从扶贫贷款的瞄准情况看，57.6%的扶贫贷款发放给上年人均纯收入低于2000元的农户。当年扶贫贷款发放对象一般是参考上年人均收入水平，主要给中低收入人口。 2007年扶贫重点县扶贫贷款发放对象上年的人均纯收入为1998元，低于扶贫重点县2278元的平均收入水平。在2007年发放的扶贫贷款中，有11%贷给了上年人均纯收入低于1000元的农户，有46.6%贷给了上年人均纯收入在1000-2000元之间的农户，有22%贷给了人均纯收入在2000-3000元之间的农户，有20.3%贷给了人均纯收入高于3000元的农户。

（四）市场化程度继续提高

扶贫重点县的市场化程度虽然水平很低，但2007年农户在产品出售与商品购买方面，都有很大提高。

1、农户收入中现金收入比例持续上升，实物收入比例下降

表3-4 扶贫重点县农民人均现金收入占总收入的比重

单位：%

年份	总收入中现金收入比重	纯收入中现金收入比重
2000年	66.8	65.0
2001年	63.0	60.7
2002年	64.6	63.8
2003年	67.5	63.0
2004年	66.9	61.6
2005年	71.5	66.2
2006年	73.2	73.1
2007年	75.6	76.2

资料来源：国家贫困监测抽样调查

2007年，农民人均现金总收入2416元，占全年人均总收入的75.6%，比上年提高提高了2.4个百分点。从2001年起，现金收入占总收入的比重逐年增加。农民人均现金纯收入1735元，占全年人均纯收入的76.2%，这个比例比上年提高了3个百分点。

2、主要农、牧产品的商品率提高

2007年，国家扶贫重点县农民人均农产品的出售收入635元，占农业收入的49.4%，这个比例比上年提高了2.6个百分点。主要农产品中除油料、猪肉和牛肉的出售量略降外，均有不同程度的增加。下表可以看出，大部分农产品的商品率（商品率是指出售量占产量的比重）都比上年有所提高。

表3-5 国家扶贫重点县农户主要农产品出售率

单位：公斤、%

指标名称	出售量			商品率	
	2006年	2007年	2007比2006年增加	2007年	2006年
1.谷物	149.1	159.9	10.8	32.8	35.2
2.棉花	8.0	9.0	1.0	83.0	85.5
3.油料	10.2	8.7	-1.4	50.2	49.5
4.蔬菜	51.4	54.1	2.7	38.7	42.7
5.瓜果	25.2	27.8	2.6	78.6	87.5
7.猪肉	19.1	17.6	-1.5	67.4	71.4
8.羊肉	3.5	3.5	0.1	90.0	93.2
9.牛肉	3.3	3.4	-0.1	88.7	89.9
10.家禽	1.3	1.5	0.2	49.3	55.4
11.禽蛋	1.7	1.7	0.0	62.0	70.3
12.奶类	6.9	7.5	0.6	87.3	90.5

资料来源：国家贫困监测抽样调查

3、农民生活消费中的购买比例提高

2007年在农民人均生活消费支出中，现金消费占到73.3%，比上年提高了0.2个百分点。其中食品消费中现金购买的比重占52.6%，比上年提高了0.9个百分点。

4、劳动力由第一产业继续向其他产业转移

扶贫重点县的产业结构调整力度增加，使得第一产业劳动力向二三产业转移，从2000年至今，已经下降了10个百分点。2007年，扶贫重点县农村第一产业劳动力占全部劳动力的比重为78%，比上年的78.7%下降0.7个百分点；第二产业劳动力的比重由上年的11.3%上升到2007年的12%，上升了0.7个百分点；第三产业劳动力占10.0%，与上年持平。

表3-6 国家扶贫重点县劳动力产业构成及外出劳动力比重

单位：%

指标名称	一产劳动力比重	二产劳动力比重	三产劳动力比重	外出劳动力比重
2000年	88.0	3.2	8.7	10.6
2001年	88.5	3.2	8.4	10.2
2002年	84.7	6.9	8.4	14.5
2003年	84.0	7.4	8.7	14.4
2004年	81.8	8.8	9.3	16.6
2005年	79.9	10.2	9.9	17.8
2006年	78.7	11.3	10.0	19.8
2007年	78.0	12.0	10.0	20.5

资料来源：国家贫困监测抽样调查

2007年国家扶贫重点县外出务工的劳动力占全部劳动力的20.5%，比上年提高了0.7个百分点。在外出务工的劳动力中，在县内乡外务工的劳动力占11.3%，在省内县外务工的劳动力占19.8%，在省外务工的劳动力占68.9%。与上年相比，出省务工和县内乡外务工的比例下降，在本省县外务工的比例上升。

（五）农户生产投入继续增加

2007年扶贫重点县农户生产投入人均885元，比上年增加106元，增长13.6%，扣除价格因素影响，实际增长5.2%，增速比上年提高0.8个百分点。农户生产投入增速提高主要是种植业和牧业生产投入增加较多，特别是牧业投入人均300元，比上年增加49元，增长19.4%，增速比上年提高11.7个百分点。

分行业看，2007年农户的有91.9%生产投入是投入到第一产业，二、三产业仅为8.1%，比全国平均水平低了3.2个百分点。其中，种植业投入占52.3%，牧业投入占37.1%，交通运输业占2.8%，餐饮服务占1.9%，工业占1.7%。

与全国的平均水平相比，扶贫重点县农户生产投入水平明显偏低，拥有固定资产明显偏少，尤其是现代化的生产性固定资产更少。2007年末，户均固定资产原值5099元，只相当于全国户均8390元的60.8%；每百户拥有大中型拖拉机2.3台，比全国2.9台的平均水平少0.6台；拥有小型和手扶拖拉机16.4，比全国25.7台的平均水平少9.3台。

三、社会发展状况

（一）儿童入学率提高、教育费用增加

到2007年底，扶贫重点县7-15岁学龄儿童在校率为96.4%，比上年提高了0.9

个百分点。其中，7-12岁儿童在校率为97.7%，比上年提高了0.72个百分点；13-15岁儿童在校率为94.4%，比上年提高了1.5个百分点。

农村实行的义务教育阶段免费政策在2007年得到很好贯彻，扶贫重点县农村平均每个小学生的学杂费和书本费为106元，初中生为269元，与上年相比减少26元和63元，分别下降20.3%和18.9%。但农户并没有因国家的免费教育政策而减少教育投入，实际上农户在收入增加生活改善的同时，增加教育投入是自然的。而教育改革中的撤消村小学建立中心学校的做法，也相应增加了农户的费用支出，如住校、交通和午餐的费用。2007年农户家庭实际支付的教育费用，平均每个小学生为271元，比上年增0.5%，初中生830元，比上年增4.5%。

非义务教育阶段同样是总费用增加而学杂费和书本费下降的情况：高中生人均家庭教育费用支出为2881元，比上年增加261元，增长10%。其中学杂费和书本费1206元，比上年减少30元，下降2.4%。中专及中专以上学生人均家庭教育费用支出为6416元，比上年增加217元，增长3.5%，其中学杂费和书本费3013元，比上年减少82元，下降2.6%。

贫困家庭、低收入家庭的教育负担依然较重。从调查情况看，2007年，贫困家庭学生人均教育费用小学为194元，初中为589元，按三口之家计算，分别占其家庭全部纯收入的9.9%和20.6%。低收入家庭学生人均教育费用小学为196元，初中为610元，分别占其家庭全部纯收入的6.6%和29.9%。

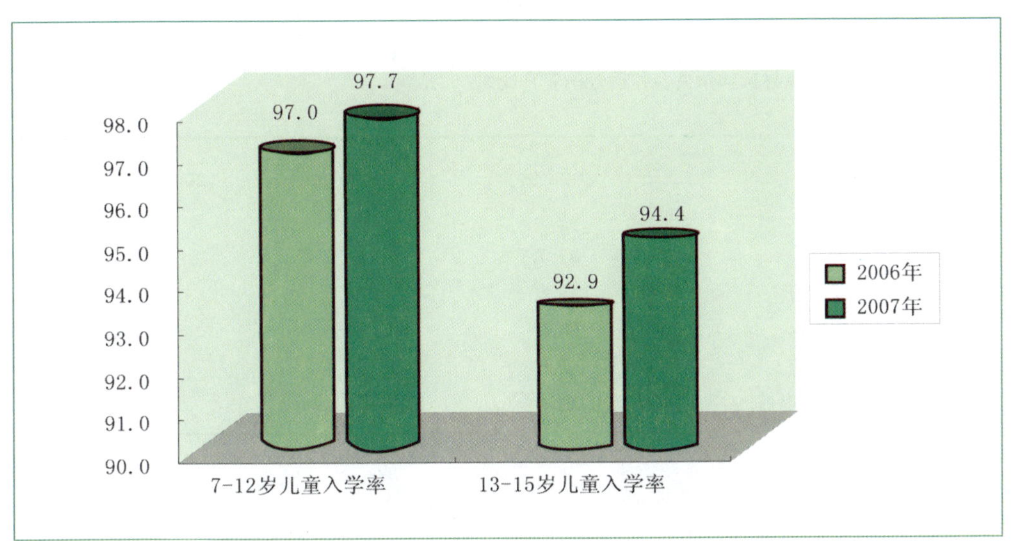

图3-4 国家扶贫重点县儿童在校率

资料来源：国家贫困监测抽样调查

近年来，在全民关心、支助教育的和谐环境下，接受社会捐助的学生比重在逐年增加，但比重仍然偏低，2004年为4.6%，2005年为8%，2006年为9.5%，2007年为9.6%。社会捐助增加和农民收入提高，有助于学龄儿童入学率提高和在校率巩固。到2007年底，有5.6%的7-15儿童没有入学，其中，有37.6%的儿童从未上过学，有19.1%的儿童曾上过不到3年学，没能读到小学毕业的占13%。在贫困户的失学儿童中，有39.4%的儿童从未上过学，有32.4%的儿童曾上过不到3年学，没能读到小学毕业的占15.5%。

从失学原因来看，不上学的原因更多的是非经济条件限制。有24.4%是由于贫困而失学，有32.4%的人上学愿望不强烈，因为客观原因如无校舍、无教师、附近无学校等等不上学的人比例只有2.2%，还有4.8%的孩子是由于家中缺少劳动力不能上学。与上年相比，因贫困而失学的儿童比例下降了3个百分点，没考上更高年级、自己不想上及其他原因的比例增加。

（二）青壮年劳动力文化素质提高，参与培训比例上升

2007年在国家扶贫重点县农村16-50岁的青壮年劳动力中，文盲、半文盲劳动力占8.3%，比上年下降了0.7个百分点；小学文化程度占29.9%，比上年下降了0.9个百分点；初中占51%，高中占7.98%，中专及中专以上占2.5%，分别比上年提高了1.2个、0.1个、0.3个百分点。

近年来国家对扶贫重点县的劳动力培训给予了大力支持，扶贫的一项重要措施就是对贫困农户劳动力进行技术培训的“雨露计划”。2007年，国家扶贫资金中用于技术培训的资金4.2亿元，参加技术培训的达到1254万人次；接受过技能培训的劳动力比例为14.3%，比上年提高了0.7个百分点。

（三）农村合作医疗覆盖范围明显扩大，保护强度有待提高

总体而言，2007年扶贫重点县医疗卫生条件和农户的健康状况在改善，参加农村新型合作医疗比例大幅提高，但扶贫重点县农村医疗条件和农户的健康状况现状依然令人担忧，农民医疗支出继续大幅上升的现象应引起高度关注。

农村新型合作医疗覆盖率迅速提高。2007年扶贫重点县参加农村新型合作医疗的农户比例达81.7%，比上年提高了44个百分点。分地区看：东部地区扶贫重点县参与农户的比例是98.3%，中部地区是69.4%，西部地区是85.7%，东北地区是724%，分别比上年提高78.7、32.5、45.1和36个百分点。

表3-7　国家扶贫重点县参加新型合作医疗的农户比重

单位:%、百分点

地区	2006年	2007年	2007比2006增减
合计	37.7	81.7	43.9
东部地区	19.6	98.3	78.7
中部地区	36.8	69.4	32.5
西部地区	40.6	85.7	45.1
东北地区	35.9	72.0	36.0

资料来源：国家贫困监测抽样调查

新型合作医疗覆盖率的提高，有助于农户及时就医，2007年扶贫重点县农民有病能及时就医比例提高到89.4%，比上年上升了2.3个百分点。在不能及时就医的人中，由于经济原因不去就医的人下降到有60.8%，比上年下降了4个百分点，由于医院太远不去及时就医增加到33.2%，比上年上升了3.9个百分点，其他原因如没时间、小病不想看等占6.8%，比上年增加了0.1个百分点。

需要引起关注的是，2007年在扶贫重点县参加了新型合作医疗的农户中，人均报销医药费只有3.3元，仅相当于他们当年医疗支出的2.8%，且低于本年新增的医疗费用。

从农户的角度看，农民医疗支出增长较快。2007年扶贫重点县农民人均医疗保健支出114元，比上年增长13.5%。其中：药品支出47元，增长13%，治疗费用65元，增长13.7%。分地区看：东部地区扶贫重点县农民人均医疗保健支出120元，比上年增长4.4%，中部地区117元，比上年增长11.4%。西部地区111元，比上年增长16.3%；东北地区148元，比上年下降增长1%。

村医疗室和卫生人员缓慢增加，到至2007年底，扶贫重点县有75.6%的行政村有医疗室，有76.5%的行政村有乡村医生或卫生员，比上年分别提高1.6和1.5个百分点。其中东部扶贫重点县有85.8%的行政村有医疗室，有86.5%的行政村有乡村医生或卫生员，中部地区有医疗室和乡村医生的行政村占77%和77%，西部地区有医疗室和乡村医生的行政村分别占73.3%和74.5%，东北地区有医疗室和乡村医生的行政村分别占81.4%和82.8%。

（四）性别平等有较大改进，但在教育和就业方面两性仍有差距

1、女性贫困程度接近男性严重，且女性减贫成效高于男性

2007年，在扶贫重点县绝对贫困人口中，女性占48.2%，女性人口的贫困发生率为6.1%，比男性高0.2个百分点；在低收入标准以下人口中，女性占48.4%，女性人口的低收入发生率为14.8%，比男性人口高0.5个百分点。

与上年相比，2007年在低收入标准以下的女性人口比例下降了1个百分点，而男性下降了0.9个百分点。

2、女性劳动力的非农就业机会及收入状况与男劳动力仍有差距

2007年，扶贫重点县16-50岁的女劳动力平均从业时间为8.9个月，比上年的9个月减少了0.1个月；平均从事农业劳动时间为6.4个月，从事非农劳动力时间为2.5个月。从女性劳动力的产业分布看，81.8%的女性劳动力在第一产业，仅有8.7%和9.5%的女性劳动力分别从事第二、三产业。

与男性劳动力相比，女性劳动力的从业时间短0.5个月，且主要短在非农劳动力时间上。从行业分布看，女性从事第二、三产业的机会明显少于男性劳动力。

外出打工是贫困地区劳动力的重要收入来源，2007年，女性的外出就业的比例和收入好于上年。外出务工劳动力占16.8%，比上年的16.1%高0.7个百分点。女性外出务工劳动力的人均月工资为739元，比上年的655元高出12.8%。与男劳动力相比，2007年女劳动力外出从业比重低16.4个百分点，月收入低102元。

表3-8 国家扶贫重点县16—50岁劳动力从业结构和从业时间

单位：%、月、元

指标名称	2007年		2006年	
	男性	女性	男性	女性
从事第一产业劳动力比重	65.7	81.8	67.1	82.5
从事第二产业劳动力比重	20.3	8.7	18.9	8.2
从事第三产业劳动力比重	14.1	9.5	14.0	9.3
平均从事农业时间	5.4	6.4	5.6	6.5
平均从事非农时间	4.0	2.5	3.9	2.5
外出劳动力比重	33.2	16.8	31.8	16.1
外出劳动力平均从业时间	7.8	8.3	7.7	8.3
外出劳动力平均月收入	841.7	739.3	766.5	655.1

资料来源：国家贫困监测抽样调查

3、女性劳动力文化程度与男性有较大差异，但提高速度较快

2007年，在16-50岁的女性劳动力中，文盲率为12.4%，小学文化程度的占35.4%，初中文化程度的占44.7%，高中占5%。

与上年相比，女性劳动力中的文盲率比上年下降了1.1个百分点，小学文化程度的比例比上年下降了1个百分点，初中文化程度的比例比上年提高了1.5个百分

点，高中文化程度的比例比上年提高了0.3个百分点。女性劳动力接受过各种职业技术培训的比例也比上年年提高了0.6个百分点。

与男劳动力相比，女性劳动力的文盲率高8.3个百分点，小学文化程度的比重高10.7个百分点，初中和高中文化程度的比重分别低12.2和5.7个百分点。接受过各种职业技术培训的比例也仅为10.0%，比男性劳动力培训比重低8个百分点。

表3-9 国家扶贫重点县16—50岁劳动力文化程度及培训情况

单位：%

指标名称	2007年		2006年	
	男性	女性	男性	女性
文盲劳动力比重	4.4	12.6	4.7	13.7
小学劳动力比重	24.8	35.4	25.6	36.5
初中劳动力比重	56.9	44.7	56.0	43.2
高中劳动力比重	10.7	5.0	10.7	4.7
中专及以上劳动力比重	3.4	2.2	3.0	1.9
参加培训劳动力比重	19.5	11.4	18.6	10.5
担任社会职务劳动力比重	3.9	0.8	4.3	0.8

资料来源：国家贫困监测抽样调查

4、妇女的社会参与程度低于男性并改善缓慢

2007年底，妇女担任社会职务（指乡村干部，村民代表，乡村集体企业和各种群众组织负责人等）比重仅为0.8%，与上年相比没有改善，比男性低3.1个百分点，同时，一些对扶贫重点县的专项调查表明，妇女参加村民大会和村民小组会议的比重，妇女对扶贫项目的了解程度，通过公开途经了解村内事务的比重均显著低于男性。

5、女童在校率接近男童，是两性差异最小的指标

2007年儿童教育情况的显著特点是女童与男童的差异变的很小，无论是在校率、还是人均教育费用或上学时间，差异都很小。7－15岁女童年末在校学生的比重（在校率）为96.3%，仅比男童的96.4%低了0.1个百分点。其中：7-12岁女童的在校率为97.7%，比男童的97.8%低了0.1个百分点，13-15岁女童的在校率为94.4%，与男童持平。

表3-10 国家扶贫重点县按性别分组儿童在校率

单位：%

指标名称	2007年		2006年	
	男童	女童	男童	女童
7—15岁儿童在校率	96.4	96.3	95.4	95.1
其中:7—12岁	97.8	97.7	97.2	96.9
13—15岁	94.4	94.4	93.0	92.8

资料来源：国家贫困监测抽样调查

四、农民生活状况

（一）生产和生活条件逐步改善

1、交通、通讯和供电能力明显提高

2007年，国家扶贫重点县交通通讯条件明显改善。多年来，改善交通条件是扶贫重点县的重要扶贫项目，在落实到国家扶贫重点县的中央扶贫资金中，用于交通建设的资金达到47.6亿元，占全部扶贫资金的15.2%。新修及改、扩建道路的公路里程11.3万公里，占全部公路里程的14.6%。与交通条件改善同步，民用汽车拥有量创记录地达到198.5万辆，比上年增长6.9%，其中私人汽车达到135.8万辆，占全部民用汽车拥有量的68.4%。

国家扶贫重点县的通讯设施发展较快，已接近全国平均水平。2007年，通电话的行政村占全部行政村的比例达到94.2%，比全国县市的平均水平低2.2个百分点。固定电话用户达到2702万户，比上年增长3.8%；移动电话用户达到4374万户，与上年增长33.4%；电话普及率为30(部/百人)，比上年提高4.7个百分点。

供电能力有所提高，用电量快速增长。到2007年底，仅有1.7%的行政村不通电，接近全国平均水平。农村用电量人均129千瓦小时，与上年相比增加了16千瓦小时，增长14.5%，比全国人均465千瓦小时农村用电量的水平低336千瓦小时。

有97.8%的行政村可以接收到电视节目，比上年增加0.3个百分点，与全国的平均水平差距不大。但可以收看有线电视的村仅占全部村的41.3%，比全国县市平均60.2%的水平差18.9个百分点。

2、住房面积扩大，房屋质量提高

表3-11 扶贫重点县户均住房面积价值及结构情况

单位：平方米、元/平方米、%

指标名称	2006年	2007年	2007比2006增减
一、人均住房面积	22.5	23.1	0.6
二、每平米住房价值	167.5	180.5	13.1
三、按住房结构分组			
1、砖木结构比重	42.7	43.2	0.5
2、竹草结构比重	0.7	0.7	0.0
3、土坯结构比重	23.8	22.5	–1.3
4、钢筋混凝土结构比重	14.8	15.7	1.0
5、其它结构比重	18.1	17.9	–0.2

资料来源：国家贫困监测抽样调查

2007年扶贫重点县人均住房面积为23.1平方米，比上年增加0.6平方米。从住房结构看，居住高质量住房农户比例增加，居住低质量住房农户比例下降：2006年住土坯房的农户占22.5%，比上年下降了1.3个百分点；住砖木结构住房的农户占43.2%，比上年提高了0.5个百分点；住钢筋混凝土房屋的农户占15.7%，比上年下提高了0.9个百分点。农户的住房质量的改善还体现在单位住房价值上：每平米房屋的价值由上年的166元提高到2007年的181元。

3、耐用消费品拥有量增加迅速

尽管与全国平均水平相比还有很大差距，但扶贫重点县每百户耐用消费品的拥有量呈快速增长的势头。2007年扶贫重点县每百户拥有电冰箱、冰柜11.4台，比上年增加了2.4台，增长23.8%；拥有电视机98台，其中彩色电视机81台，分别增长

2.5%和9%；拥有固定电话和移动电话86部，比上年增加15部，增长22.3%；拥有摩托车33部，比上年增加4部，增长13.9%。

4、取得生活用燃料的难度下降

有4.8%的农户使用清洁燃料（太阳能、天然气、液化石油气），比上年提高了1.6个百分点；由于煤炭等能源价格持续上涨，使用煤炭的农户比上年下降0.8个百分点，只有23.4%；以柴草作为主要生活用燃料的农户高达68.4%，比上年下降0.7个百分点。

感到取得生活燃料越来越困难的农户仍有34.2%，比上年下降了0.9个百分点。分省看，所有的省区感到取得生活用燃料越来越困难的农户数量都比上年有所减少。但广西、海南、贵州和云南等四省区的农户中，感到取得生活用燃料越来越困难的农户超过一半，其他西部省区也接近或高于平均水平。

5、饮用水困难逐步缓解，问题依然存在

2007年，扶贫重点县有35.9%的农户饮用自来水，比上年提高了0.9个百分点；饮用深井水的农户占20.7%，比上年下降0.1个百分点；饮用浅井水的农户占24.4%，比上年下降0.2个百分点；饮用江湖河泊水、塘水以及其他水的农户都比上年有所下降。

分地区看，东北地区的扶贫重点县饮用水改善最多，中部地区改善最慢。东部地区扶贫重点县饮用自来水的农户比例是由上年的48.5%提高到50.1%，中部地区的农户比例是由上年的21.1%提高到21.3%，在干旱缺水的西部地区扶贫重点县中，饮用自来水的农户比例由上年的39%提高到39.5%，东北的农户比例由上年的43.8%提高到53.2%。

2007年，在扶贫重点县的调查农户中，仍有6.7%的农户饮用水水源被污染，比上年下降1.1个百分点。同时，有10.7%的农户取得饮用水困难[3]，比上年下降0.8个百分点。在干旱缺水的西部扶贫重点县，饮用水困难的农户比例由上年的13.5%下降到12.5%，下降1个百分点。

有安全饮用水的农户占总户数的74.5%，比上年提高了1个百分点。分地区看，东部和东北地区的饮用水问题已基本解决，没有安全饮用水的农户比重仅为2.5%和2.6%，中部地区还有1/5的农户没有安全饮用水，而西部地区面临极大挑战，没有安全饮用水的农户占1/3。

表3-12 扶贫重点县分地区农户饮用水构成

单位：%

指标名称	合计	东部	中部	西部	东北
一、农户饮用水来源					
1.自来水	35.9	50.1	21.3	39.5	53.2
2.深井水	20.7	30.6	35.0	12.1	35.3
3.浅井水	24.4	18.3	33.2	22.1	11.5
4.江湖河泊水	5.3	0.5	3.2	7.3	0.0
5.塘水	1.8	0.2	1.5	2.2	0.0
6.其他水	11.8	0.3	5.8	16.8	0.0
二、饮用水水源有污染	6.7	1.2	8.1	7.0	2.5
三、饮水困难	10.7	0.5	10.9	12.5	1.2
四、使用安全饮用水的户比重	74.5	97.5	80.2	67.4	97.4

资料来源：国家贫困监测抽样调查

3.饮水困难是指：有下列3中情况之一的称饮水困难：①与饮用水水源的垂直距离超过500米；②水平距离超过1公里；③取水时间超过半小时。

6 、卫生条件改善

农户的卫生设施略有改善：有卫生设备农户的比重为86.5%，比上年提高0.6个百分点，其中：有水冲式厕所的农户比重为3.8%，比上年提高0.3个百分点，有旱厕所的农户比重为82.6%，比上年提高0.5个百分点。没有厕所的农户比重为13.5%。

（二）农民收入持续增长

2007年农民人均纯收入为2278元，比上年增加350元，增长18.1%，扣除物价因素实际增长11.5%，增速超过全国农村平均水平2个百分点。

1 、工资性收入稳定增长

2007年扶贫重点县农民人均工资性收入784元，比上年增加140元，增长14.8%，增速比全国农村平均水平高5.3个百分点。在工资性收入中，本乡地域内收入304元，较上年增加55元，增长15.3%，外出从业收入403元，较上年增加72元，增长15.1%。工资性收入实际增速连续三年超过10%。

2 、家庭经营收入对收入增长贡献最大

2007年扶贫重点县农民人均家庭经营纯收入1306元，比上年增加162元，增长7.8%，增速高出全国农村平均水平0.6个百分点。家庭经营对纯收入增长贡献率为46.3%，在各项收入来源中对收入增长贡献最大。

农民人均家庭经营第一产业纯收入为1149元，比上年增加145元，增长8%，增速基本与全国农村平均水平相当。其中：种植业收入816元，增加88元，增长5.9%；牧业收入254元，增加46元，增长15.5%。牧业收入的大幅回升是畜禽产品价格大幅上涨所至。

农民人均家庭经营第二产业纯收入为38元，比上年增加4元，增长7.2%；农民人均家庭经营第三产业纯收入为119元，比上年增加13元，增长5.6%。

3 、政策性转移收入大幅增长

2007年扶贫重点县农民人均转移性纯收入为136元，比上年增加28元，增长18.9%。近年来，国家加强对“三农”扶持力度，粮食直补、退耕还林还草、扶贫、低保等惠农政策和措施得到推广和落实，农民得到的各种政策性收入明显增长。其中：退耕还林还草补贴人均46元，粮食直补人均21元，其他政策性转移收入人均17元，分别比上年增加8元、7元和5元，增长13%、41.5%和33.1%。

4 、现金纯收入保持较快增长

2007年扶贫重点县农民人均纯收入中，现金收入1735元，比上年增长16.2%，所占纯收入比重较上年提高了3.1个百分点。

5 、少数民族县和陆地边境县的农民人均纯收入增速高于平均水平

2007年在扶贫重点县中，革命老区县农民人均纯收入为2358元，比上年实际增长11%，增速比扶贫重点县平均增长速度低0.5个百分点；少数民族聚居村农民人均纯收入为2162元，比上年实际增长13.7%，增速比扶贫重点县平均增长速度高出2.2个百分点；陆地边境县农民人均纯收入为1995元，比上年实际增长13.3%，增速比扶贫重点县平均增长速度高出1.8个百分点。

6 、内部收入差距扩大

调查还显示，2007年，在扶贫重点县内部，收入差距继续扩大：2007年农村居民内部收入分配的基尼系数为0.3323，高于上年的0.3231，达到2000年以来的最高水平，但仍低于全国的平均水平。

图 3-5 国家扶贫重点县基尼系数

资料来源：国家贫困监测抽样调查

按收入五等份分组，2007 年最高收入 20% 的人口的农民人均纯收入达到 4831 元，最低收入组的农民人均纯收入只有 810 元，二者之比为 6：1 倍，高于上年 5.5：1 的比例。

表 3-13 扶贫重点县按五等份分组的农民人均纯收入

单位：元

年份	20% 低收入户	20% 中低收入户	20% 中等收入户	20% 中上收入户	20% 高收入户
2002 年	519.3	903.4	1174.9	1522.5	2405.8
2003 年	501.4	934.2	1278.4	1725.4	2930.4
2004 年	567.4	1050.8	1446.2	1958.8	3354.4
2005 年	649.4	1172.1	1589.6	2106.1	3506.6
2006 年	734.4	1284.9	1746.8	2359.2	4048.0
2007 年	810.3	1504.8	2066.3	2785.2	4830.6

资料来源：国家贫困监测抽样调查

（三）农户生活消费稳步增长

2007 年扶贫重点县农民人均生活消费支出 1931 元，比上年增加 252 元，扣除价格因素的影响，实际增长 8.5%。

1 、基本生活消费支出继续向非食品部分倾斜

2007 年扶贫重点县农民吃、穿、住、用等基本生活消费支出均有增长，但非食品支出增长迅速。其中：人均食品消费支出 980 元，比上年增加 140 元，实际增长 2.7%；人均衣着消费支出 112 元，实际增长 16.5%；人均居住消费支出 289 元，实际增长 14.5%；人均家庭设备用品及服务消费支出 80 元，实际增长 15.8%。2005 年以来，扶贫重点县农民穿、住、用消费支出增幅连续 3 年超过 2 位数，食品消费增幅始终低于 5%。从消费结构看，2007 年扶贫重点县农民生活消费中食品支出的份额（即恩格尔系数）为 50.8%，比上年下降了 1.1 个百分点。

2 、不同品种食物消费量有增有减

2007 年扶贫重点县农民人均消费谷物食品 188 公斤，比上年下降 1.1%，人均消费蔬菜及制品 87 公斤，与上年基本持平。谷物和蔬菜消费量变动延续上年持平或略减态势，是贫困地区农民生活继续提高的结果。人均消费肉类、禽蛋产品分别为 19.6 公斤和 2.2 公斤，比上年分别下降 2.3%、3.2%。2007 年度肉蛋消费量变动与历年不同，呈现下降趋势的主要原因是当年肉蛋涨价幅度较大。奶类、水产品和水

果分别消费1.8公斤、1.6公斤和8公斤，分别比上年增长11.4%、15%和13.7%。奶类、水产品和水果消费量大幅增加，既是生活水平提高的结果，也是相对肉蛋涨价幅度较小的结果。食用油和豆制品的消费量也有一定程度的增长。

3、耐用消费品拥有量持续增加

2007年扶贫重点县农户耐用消费品拥有量依然保持较快的增长速度。每百户拥有电冰箱和冰柜11.4台，比上年增长23.8%；拥有彩色电视机81.2台，增长9%；拥有摩托车33辆，增长13.9%；拥有固定电话或移动电话86.4部，增长22.3%。

4、文化娱乐支出增加，义务教育阶段费用持续下降

2006年扶贫重点县农民人均文教娱乐用品及服务消费支出161元，比上年减少8元，扣除物价因素的影响，实际下降3.3%。其中，文化娱乐支出37元，增加2元，增长7.6%，教育费用支出124元，减少10元，下降6.1%。由于国家加大对贫困地区义务教育的扶持力度，平均每个小学生的学杂费和书本费减少了27元，比上年下降20%，平均每个初中学生的学杂费和书本费减少了63元，比上年下降20%。义务教育阶段教育费用连续3年大幅下降。

5、医疗保健消费支出增速下降

2007年扶贫重点县人均医疗保健支出114元，比上年增加14元，实际增长10.4%。医疗保健支出已连续4年保持2位数增长态势，但2007年的增速比上年下降4个百分点。

6、交通通讯支出继续提高

2007年扶贫重点县农民人均交通、通讯消费支出162元，比上年增加26元，实际增长18.6%。其中，交通费用支出94元，增长15.6%，通讯费用支出68元，实际增长23%。

（四）温饱基本解决、饮食结构改善

2007年扶贫重点县人均消费粮食197公斤，人均消费肉类20公斤，人均消费蔬菜及制品87公斤；与上年消费量相比，粮食下降3.1%，肉类下降2.3%，蛋类下降3.2%；蔬菜增长0.5%、食用油增长1.9%、奶及奶制品增长11.4%、水产品增长15%。

由于消费结构调整，多年来粮食消费量一直处于下降态势，2007年的下降是正常状态，但肉类的消费量是首次呈下降趋势，主要是生产量下降且价格上涨迅速所致。

表3-14 国家扶贫重点县人均食物消费量

单位：公斤、%

指标名称	2006年	2007年	2007比2006增减
1.粮食消费	203.1	196.7	-3.1
其中：谷物及制品消费	193.7	187.6	-3.1
薯类及制品消费	5.5	5.3	-4.4
豆类及制品消费	4.0	3.8	-4.7
2.食用油消费	4.4	4.4	1.9
3.蔬菜及制品消费	86.9	87.3	0.5
4.水果消费	7.0	8.0	13.7
5.肉类、家禽消费	20.0	19.6	-2.3
6.蛋类消费	2.3	2.2	-3.2
7.奶类及奶制品消费	1.7	1.8	11.4
8.水产品消费	1.4	1.6	15.0

资料来源：国家贫困监测抽样调查

从贫困监测结果看，扶贫工作重点县农村居民的能量和蛋白质摄入量仅处于基本满足人体生理需求的阶段。由于肉类消费下降，导致2007年的蛋白质摄取量减少，已处于营养缺乏的边缘状态，是值得关注的问题。2007年人均食物消费折算的每日摄取热量为2351大卡，摄取蛋白质60.4克，摄取脂肪51.8克。

表3-15　国家扶贫重点县农户热量、蛋白质及脂肪消耗量

年份	热量(千卡／人、天)	蛋白质(克／人、天)	脂肪(克／人、天)
2001年	2488.2	64.0	46.7
2002年	2653.6	67.7	54.1
2003年	2507.9	64.6	48.8
2004年	2400.3	61.9	48.5
2005年	2415.0	62.1	50.7
2006年	2366.0	61.5	48.8
2007年	2351.0	60.4	51.8

资料来源：国家贫困监测抽样调查

五、扶贫活动情况

（一）扶贫投入大幅增加

1、扶贫资金总量增加，社会扶贫资金增长迅速

据592个国家扶贫重点县上报的统计数据，2007年国家扶贫重点县得到的与扶贫有关的资金达316.8亿元，比上年增加37.6亿元，增长13.5%。无论是数量还是增长幅度都是历史最高水平。其中：中央财政扶贫资金6亿元，比上年增加6亿元；增长11.8%；以工代赈资金35亿元，比上年减少3亿元；下降8%；中央扶贫贴息贷款累计发放额达71亿元，比上年增加16亿元；增长27%；发放专项退耕还林还草工程补助63亿元，比上年增加17亿元，增长37%；省级财政安排的扶贫资金14亿元，比上年增加3亿元；增长31%；利用外资19亿元，比上年减少12亿元；下降38%，其他扶贫资金54亿元，比上年增加11亿元，增长27%。

从资金投入情况看，中央政府投资依然是扶贫投入的中坚力量，资金比例达72.4%，较之2006年69.4%，增加了3个百分点。此外，随着地方经济实力的增强和社会扶贫意识的提高，地方政府和非政府资金正越来越多地投入到扶贫活动中，2007年各省级扶贫资金和社会扶贫投入的增长速度高于中央扶贫资金的增长速度，使扶贫资金的来源正变得更加多元化，大大改善了扶贫资金的投入结构。

2007年平均每个县得到的扶贫资金为5351万元，比上年增加635万元，增长13.5%。各省分配的资金强度不同：宁夏平均每个县得到的资金超过亿元，黑龙江、安徽、湖南、广西、重庆和陕西等省平均每个县超过7000万元，其他省平均每个县得到扶贫资金在2300-6000万元之间。与上年相比，河北、安徽、湖北、湖南、广西重庆和新疆的扶贫资金减少外，其他各省都有不同程度增加，特别是陕西，扶贫资金比上年增加75%。

表 3-16 国家扶贫重点县扶贫投资总额和县平均资金

单位：亿元、万元

指标名称	2006 年	2007 年	2007 比 2006 增减
一、扶贫资金总额	279.2	316.8	13.5
1、中央扶贫贴息贷款累计发放额	55.6	70.5	27.0
2、中央财政扶贫资金	54.0	60.3	11.8
3、以工代赈	38.5	35.4	-8.0
4、中央专项退耕还林还草工程补助	46.1	63.2	37.0
5、省级财政安排的扶贫资金	10.8	14.2	31.4
6、利用外资（实际投资额）	30.9	19.1	-38.0
7、其他资金	42.5	54.0	27.0
二、平均每个县得到的扶贫资金	4712	5351	13.5

资料来源：国家贫困监测抽样调查

2、资金分配向农业倾斜

总体来看，2007 年的扶贫资金分配更多地投向了农林牧渔业和农产品加工业，占全部资金的比重达到 43.1%，比上年提高了 0.5 个百分点。其中：种植业的扶贫资金为 39 亿元，占全部资金的 12.5%；林业的扶贫资金为 54 亿元，占 17.1%；养殖业的扶贫资金为 31 亿元，占 10%；还有 13 亿元的资金用于农产品加工业，占 4.6%。

表 3-17 国家扶贫重点县扶贫资金投向比例

单位：亿元、%

指标名称	2006 年	2007 年	2007 比 2006 增减
扶贫资金总额	280.7	314.0	11.8
一、生产项目			
1.种植业	31.5	39.4	24.8
2.林业	48.1	53.6	11.5
3.养殖业	27.0	31.5	16.6
4.农产品加工	13.0	11.0	-15.4
5.其他生产行业	16.5	18.7	12.9
二、基建项目			
6.基本农田建设	14.5	13.9	-4.2
7.人畜饮水工程	11.2	13.7	22.2
8.道路修建及改扩建	38.6	47.6	23.5
9.电力设施	12.1	10.1	-16.7
10.电视接收设施	0.9	1.0	6.3
11.学校及设备	3.9	3.6	-5.9
12.卫生室及设施	3.1	2.9	-5.8
三、培训及教育项目			
13.技术培训／技术推广	4.2	4.0	-4.8
14.资助儿童入学／扫盲	2.5	2.9	19.3
四、其他	53.6	60.1	12.1

资料来源：国家贫困监测抽样调查

其次是有 29.5% 的扶贫资金用于基础建设，其中：48 亿元用于道路修建和改扩工程，占15.2%；10亿元用于电力设施建设，占3.2%；14亿元用于基本农田建设，占扶贫资金的4.4%；14亿元用于人畜饮水工程，占4.4%；用于学校建设和教学设施的4亿元，占1.2%；用于卫生设施建设的3亿元，占0.9%。

此外，用于社会服务资金近7亿元，仅占扶贫资金的2.2%，其中：用于技术推广及培训的4亿元，占1.5%；用于资助儿童入学和扫盲教育的3亿元，占0.9%；还有19.1%的资金用于其他扶贫项目。

与上年相比，随着基础设施建设的不断增加和人们对科技力量的认识加深，用于基础设施建设的资金比例略有下降，而用于农业、教育、资助儿童入学等项目的资金比例逐年增加。

从扶贫资金的使用成果看，在592个扶贫开发工作重点县中，2007年新增基本农田374千公顷，占全部耕地的1.4%；当年新增及改扩建公路里程达11万公里，占全部公里里程的14.6%；当年解决饮水困难人数551万人，占当年尚未解决饮水困难人数的17.7%；当年解决饮水困难牲畜头数536万头，占当年尚未解决饮水困难牲畜头数的19.4%。

3、到村的扶贫资金强度增加

直接投入到村的扶贫资金（包括实物折价）无论是数量还是增幅都是历年之最。2007年，平均每村当年落实的到村到户资金11.5万元，比上年增加3.1万元，增长33.4%。当年使用资金11.2万元，比上年增加3.1万元，增长37.8%。

表3—18 国家扶贫重点县2006年到村到户的扶贫资金强度

单位：万元、元

指标名称	合计	重点村	非重点村
一、平均到村扶贫资金总额	11.2	15.2	7.7
1.种植业	0.8	1.1	0.4
2.林业	0.1	0.2	0.1
3.养殖业	0.6	0.9	0.4
4.农产品加工业	0.1	0.1	0.0
5.其他生产行业	0.1	0.1	0.0
6.修建基本农田	0.7	0.9	0.5
7.人畜饮水工程	1.0	1.2	0.8
8.修建及改建公路	2.1	3.0	1.3
9.电力设施	0.5	0.5	0.4
10.电视接收设施	0.0	0.1	0.0
11.学校及学校设施	0.3	0.2	0.3
12.卫生室及设施	0.1	0.1	0.1
13.技术培训	0.0	0.1	0.0
14.扫盲、资助儿童入学	0.1	0.2	0.0
15.退耕还林还草	3.2	4.4	2.2
16.其他	1.5	1.9	1.1
二、项目户当年到户的扶贫资金	952.1	1017.8	852.2

资料来源：国家贫困监测抽样调查

在当年到村使用的扶贫资金中，用于退耕还林还草的有3.2万元，比上年增长12.4%，用于新修及改扩建公路2.1万元，比上年增长61.7%，人畜饮水工程有1万元，比上年增长52.1%；修建基本农田0.7万元， 比上年增长0.3%；用于种植业、养殖业、林业和农产品加工业的资金分别为0.8万元、0.6万元、0.1万元和 0.1万元，分别比上年增长61.2%、47.1%、127.2%和5倍。此外，用于技术培训、电力设施建设、资助儿童入学的费用成倍增长。

2007年，扶贫重点村和非重点村的资金强度都比上年增加了，非重点村的增加幅度更大，但资金量仍低于重点村。扶贫重点村平均每村当年得到资金15.2万元，比上年增长33.6%，其中扶贫贷款1.4万元，比上年增长24.5%。非扶贫重点村平均每村当年得到资金8万元，比上年增长38.9%，其中扶贫贷款0.7万元，比上年增长60%。

4、资金覆盖率提高但户均资金规模下降

当年得到项目资金的农户占全部农户数的17 %，比上年提高了1.5个百分点。其中：扶贫重点村当年直接得到过扶贫资金的农户比重为22.2%，比上年提高了2.5个百分点；非重点村的比重为12.5%，比上年提高了1个百分点。

在直接得到资金的农户中，非重点村的到户资金规模比重点村要小。2007年，得到资金在500元以下的农户占42.9%，超过2000元的农户仅为15.5%。而非重点村则分别为47.1%和13.6%。与上年相比，得到资金在500元以下的农户比例下降，2000元以上的农户比例上升。农户得到扶贫资金的规模相对提高，有利于农户扩大生产规模，尽快脱贫致富。

表3-19 国家扶贫重点县2006年按得到扶贫资金数量分的农户构成

单位（%）

指标名称	合计	重点村	非重点村
合计	100	100	100
500元以下	42.9	40.2	47.1
500–1000元	21.9	22.3	21.1
1000–2000元	19.7	20.7	18.2
2000–5000元	12.7	13.8	11.1
5000元以上	2.8	3.0	2.5

资料来源：国家贫困监测抽样调查

总体上户均资金强度下降，但非扶贫重点村农户的扶贫资金是扩大的。2007年，平均每个参与项目的农户当年直接得到的到户资金952元，比上年减少了29元，下降2.9%。其中：扶贫重点村当年项目户平均得到的到户资金为1018元，比上年减少87元，下降7.9%，非重点村当年项目户平均得到的到户资金为852元，比上年增加70元，增长7.9%。

（二）项目覆盖率提高

1、村级项目覆盖率提高

2007年，国家扶贫重点县到村到户的各类扶贫项目均有较大幅度的增加，在全部调查村中，当年有51%的行政村参加了各种到村到户项目，比上年增加了2.6个百分点。按扶持形式分，得到过现金扶持的村占全部村的43.6%，比上年增加了8.9个百分点；得到过实物扶持的占全部村的18%，比上年减少了1.2个百分点；得到过技术扶持的村占全部村的12.6%，比上年增加了0.1个百分点。

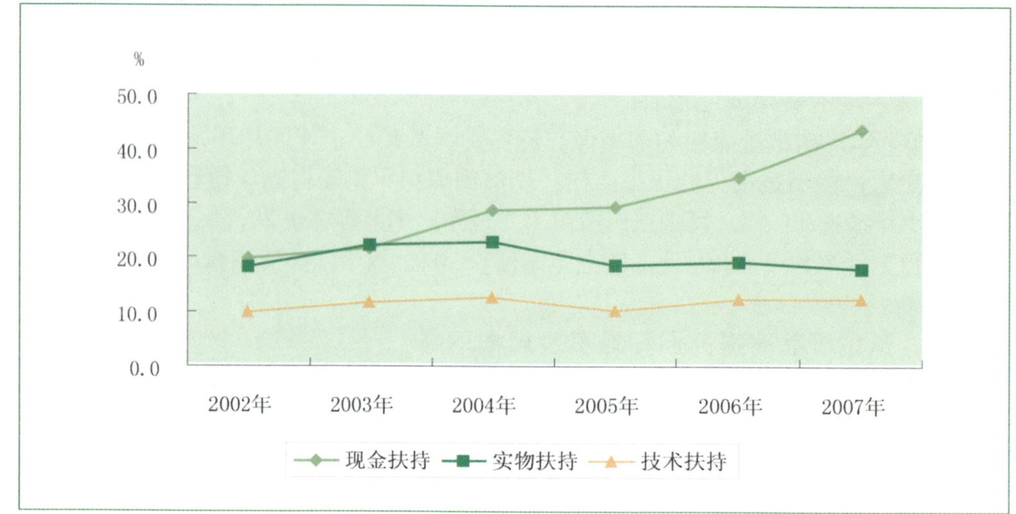

图 3-6 得到扶贫项目扶持的村占全部村的比例

资料来源：国家贫困监测抽样调查

扶贫重点村受到的扶持明显多于非重点村。2007 年，扶贫重点村参与项目的比重是 62.8%，比非重点村 40.6% 的比例高出 22.2 个百分点，其中得到现金扶持的扶贫重点村占全部重点村的比重为 53.2%，得到实物扶持的重点村占 24.8%，得到技术援助的村占 17.9%，分别比非重点村高 18、12.7 和 9.9 个百分点。与上年相比，重点村和非重点村的项目覆盖率都增加了，但重点村的力度更大。

项目覆盖率在各省区之间有较大的差异。以可比性较强的扶贫重点村为例：2006 年，宁夏和贵州的重点村有扶贫项目的村占 100% 和 99.2%，湖北、安徽和湖南等省分别有 89.2%、81.6% 和 80.4% 的重点村有项目，而黑龙江和山西有扶贫项目的重点村不到 30%，其他各省的比例在 30-80 之间。

2 、农户的参与率提高

在扶贫重点县中，有 20.8% 的农户参加了各种形式的到户项目或从公益项目中受益， 比上年增加了 3 个百分点。其中扶贫重点村有 26.8% 的农户参加了各种形式的到户项目或从公益项目中受益， 比上年增加了 4.4 个百分点；非重点村有 15.5% 的农户参加了各种形式的到户项目或从公益项目中受益， 比上年增加了 2 个百分点，重点村和非重点村的农户项目覆盖率都提高了，重点村的覆盖率更高，增加速度更快。

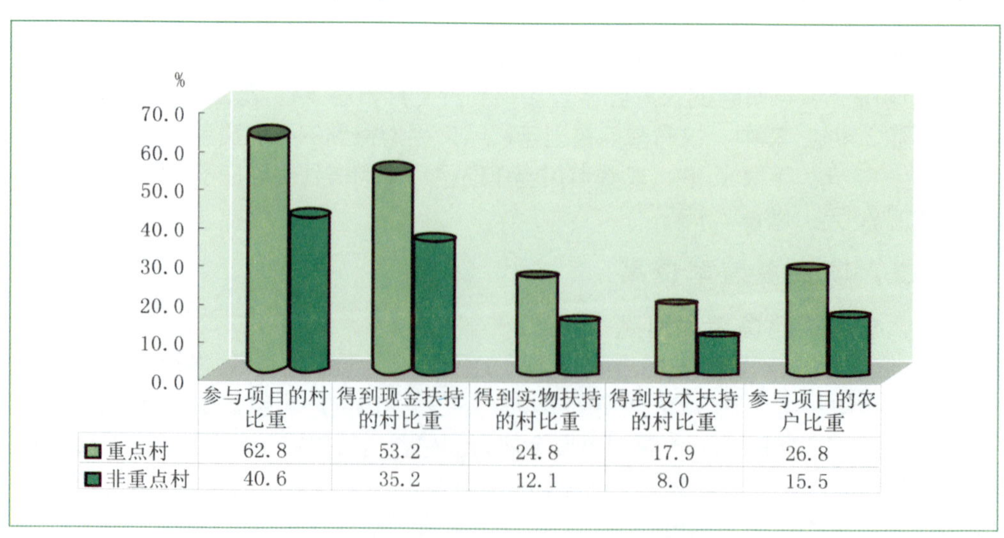

	参与项目的村比重	得到现金扶持的村比重	得到实物扶持的村比重	得到技术扶持的村比重	参与项目的农户比重
重点村	62.8	53.2	24.8	17.9	26.8
非重点村	40.6	35.2	12.1	8.0	15.5

图 3-7 国家扶贫重点县 2007 年项目覆盖情况

资料来源：国家贫困监测抽样调查

在全部调查户中，宁夏参与到户项目或受益的农户占全部农户的比重达到86.1%，河北、内蒙、湖南、广西、重庆、贵州、陕西、甘肃和青海等省参与到户项目或受益的农户比重超过20%；在10%-20%之间的省有山西、安徽、湖北、海南、四川和云南；其他省区不到10%。

3 、项目瞄准没有改善

扶贫重点村的贫困程度比非重点村高，在扶贫项目安排上，对扶贫重点村的扶贫力度也比非重点村大，但与上年相比，对重点村的扶持力度有削弱的趋势。2007年，在参加各种到村到户项目的行政村中，扶贫重点村[5]占57.5%，比上年下降3个百分点；在当年落实的扶贫资金中，重点村占63.1%，比上年下降3个百分点；在参加各种到村到户项目的农户中，扶贫重点村的农户占60.3%，比上年下降1.2个百分点；在直接得到资金的农户中，扶贫重点村的农户占61%，比上年下降1.3个百分点。

低收入标准以下的农户在得到扶贫项目和扶贫资金方面并没有优先权。在连续调查户中，2007年的贫困户中只有19.5%的农户得到项目，低收入户中只有20%的农户得到项目，分别比其他农户低1.3和0.8个百分点扶贫资金。贫困户中得到扶贫资金的农户占15.8%，低收入户中得到扶贫资金的农户占16.5%，分别比其他农户低1.3和0.6个百分点；在参加项目的农户中，贫困户的户均资金691元，低收入户为880元，其他农户为978元。可见，无论是户均资金额还是参加项目机会，其他农户都高于贫困和低收入户，贫困及低收入农户没有在分配扶贫资金时得到优先照顾。

表3-20 国家扶贫重点县2007年农户获得项目和资金情况

指标名称	贫困户	低收入户	其他农户
得到项目的农户比例（%）	19.5	20.0	20.8
得到资金的农户比例（%）	15.8	16.5	17.1
项目户户均资金（元）	691.3	879.9	978.1

资料来源：国家贫困监测抽样调查

（三）参与式扶贫取得成效

1 、农户对村级扶贫项目的了解进一步增加

随着参与式扶贫的开展，多数农户了解本村的项目。在当年有扶持项目的村中，94.3%的农户知道本村当年是否落实了新的项目或资金，比上年提高了2.2个百分点；有44%的农户参与了项目的规划，有75.6%的到户项目得到了农户的事先同意，而项目是自选的农户占当年参与项目的农户的47.8%。

农户主要通过公开渠道了解项目。公开渠道是指村民大会、村民代表大会、村民小组会议、公开告示和通知。据调查，在当年有扶持项目的村中，通过公开渠道了解项目内容的农户占了解项目内容的农户比例为66.8%，有6.6%通过村干部的个别通知，4.9%通过本户的村干部接到上级通知，3.5 %通过亲朋好友的转告，另有12.5%的农户是在开展贫困监测调查时，通过村干部的现场解说才了解本村的项目。

5．扶贫重点村是指按国务院扶贫办要求、由各省确定的、列入2001到2005年扶贫规划的扶贫开发工作重点村。

2 、项目安排与农户需求基本接近

调查结果显示，种植、养殖、修建公路、人畜饮水工程、修建基本农田和卫生室及设施建设是行政村及农户最迫切希望得到的项目。

希望得到种植业项目的村数占全部村数的比重为36.8%，养殖业19.4%，修建公路11.3%，人畜饮水工程6.9%，修建基本农田6.2%，农产品加工5.6%，对其他项目的需求都不超过5%。与上年相比，行政村对种植业、养殖业、技术培训和其他生产行业的需求比例分别提高了2.1、4.1、2.6和3.8个百分点，其他的需求变化不大。

正在实施种植业项目的村数占全部村数的9.6%，养殖业占8.7%，修建及改扩建道路10.3%，退耕还林占22.7%，正在实施其他项目的村数占全部村数的比例都小于5%。

总体看，目前实施的项目规模还满足不了需求，但实施的项目更多地照顾了村里的需求，安排的多的项目如技术培训、人畜饮水工程、修建公路和林业项目等基本符合行政村的需求，而种植业、养殖业项目虽然没有满足需求但业是安排比较多的项目，也有个别项目需要加强，如基本农田建设项目，项目需求与项目安排差距较大。

希望得到种植业项目的农户占全部农户的比重为32%，养殖业20.9%，修建公路13.9%，人畜饮水工程7.7%，修建基本农田5.9%，其他项目需求不足5%。与上年相比，农户对养殖业的需求提高了2.5个百分点，其他的需求变化不大。

正在参与种植业项目的农户占全部农户的2.6%，养殖业占1.4%，修建及改扩建道路2.4%，人畜饮水工程1.3%，退耕还林占14%，参与其他项目的户数占全部户数的比例都小于1%。

2007年实际参与项目农户规模与希望参与项目的农户需求有很大差距，同时，实际参与项目与实际需要扶持的农户规模也有很大差距，对农户的扶持力度仍需加强。

表3-21 国家扶贫重点县2007年扶贫项目的希望与实施情况

单位：%

指标名称	实施项目村占全部村的比重	希望得到项目的村占全部村的比重	正在参加项目的农户占全部农户的比重	希望参与项目的农户占全部农户的比重
1.种植业	9.6	36.8	2.6	32.0
2.林业	2.6	2.8	0.6	2.4
3.养殖业	8.7	19.4	1.4	20.9
4.农产品加工	0.8	5.6	0.1	3.3
5.其他生产行业	1.1	3.1	0.1	1.6
6.基本农业建设	2.9	6.2	0.4	5.9
7.人畜饮水工程	6.6	6.9	1.3	7.7
8.改建及改扩建道路	10.3	11.3	2.4	13.9
9.电力设施	1.7	1.5	0.3	1.7
10.电视接收设施	1.0	0.8	0.2	0.6
11.学校及设备	2.4	1.2	0.1	1.2
12.卫生及设备	2.3	1.5	0.1	1.2
13.技术培训	3.8	2.5	0.2	3.6
14.儿童入学和扫盲	2.9	0.0	0.0	0.2
15.退耕还林	22.7	0.2	14.0	2.5
16.其他	13.5	0.0	2.3	1.1

资料来源：国家贫困监测抽样调查

第四部分：特殊类型地区贫困监测结果

一、少数民族地区贫困监测结果

据国家民委对民族自治地方农村贫困监测结果分析，2007年末民族自治地方农村贫困人口773.6万人，比上年减少174.3万人；初步解决温饱但还不稳定的农村低收入人口1481.2万人，比上年减少105.6万人。

2007年民族自治地方全年扶贫投资总额为99.7亿元，已完成整村推进扶贫规划的贫困村为16721个（除云南、西藏），云南整村推进以自然村为单位，全省有6521个自然村已完成整村推进扶贫规划；西藏有30个乡已完成整乡推进扶贫规划。民族自治地方有330.2万人解决了饮水安全问题，国家实施的《全国农村饮水安全工程“十一五”规划》在少数民族贫困地区已见成效。民族自治地方已有979万人享受农村最低生活保障，少数民族群众生产生活条件进一步改善，农牧民收入增加，生活质量提高，经济社会各项事业发展进步。

（一）少数民族地区贫困状况

1、民族自治地方贫困情况

1）贫困人口和低收入人口继续减少。2007年末，民族自治地方农村贫困人口773.6万人，比上年减少174.3万人，下降22.5%，贫困发生率为6.4%，下降0.7个百分点。低收入人口1481.2万人，比上年减少105.6万人，下降7.1%，低收入人口占农村人口的比重为12.2%，上升0.4个百分点。贫困人口和低收入人口合计为2254.8万人，比上年减少279.9万人，下降12.4%，占农村人口的比重为18.6%，下降0.3个百分点。低收入人口占农村人口的比重虽然有所上升，但由于贫困人口和低收入人口大量减少，其总量占农村人口的比重仍保持下降趋势。

据不完全统计，民族自治地方当年因灾因病返贫人口为184.8万人，比上年增加25.1万人；返贫率为23.9%，比上年（16.8%）高7.1个百分点。民族自治地方还有5178.9万人未解决饮水安全问题，比上年减少330.2万人。缺乏基本生存条件需易地搬迁对象有129.6万户、437.5万人（除贵州、西藏）。

2）贫困及低收入人口占全国同口径人口的比重明显上升。2007年，民族自治地方农村贫困人口占全国农村贫困人口（1478.8万人）的比重为52.3%，比上年（44.1%）

上升8.2个百分点；贫困发生率比全国（1.6%）高4.8个百分点。低收入人口占全国低收入人口（2840.7万人）的比重为52.1%，比上年（44.7%）上升7.4个百分点；低收入人口占农村人口的比重比全国（3.0%）高9.2个百分点。绝对贫困与低收入人口合计数量占全国（4319.5万人）的比重为52.2%，比上年（44.5%）上升7.7个百分点；两项合计占农村人口的比重比全国（4.6%）高14个百分点，比上年同口径数据（12.9个百分点）高出1.1个百分点。

表4—1　全国与民族自治地方[1]农村贫困人口分布情况

指标		2007年	2006年
贫困人口（万人）	全国	2148	1479
	民族自治地方	948	774
民族自治地方占全国比重（%）		44.1	52.3
贫困发生率（%）	全国	2.3	1.6
	民族自治地方	7.1	6.4
低收入人口（万人）	全国	3550	2841
	民族自治地方	1587	1481
民族自治地方占全国比重（%）		44.7	52.1
低收入人口占农村人口的比重（%）	全国	3.7	3.0
	民族自治地方	11.8	12.2
贫困与低收入人口合计（万人）	全国	5698	4320
	民族自治地方	2535	2255
民族自治地方占全国比重（%）		44.5	52.2
贫困与低收入人口合计占农村人口的比重（%）	全国	6.0	4.6
	民族自治地方	18.9	18.6

数据来源：全国农村住户抽样调查

注1：民族自治地方包括5个自治区、30个自治州、120个自治县。在统计过程中，自治区内的自治州、自治县、自治州内的自治县不重复统计。实际统计范围包括5个自治区、25个自治州、85个自治县。

据国家统计局对全国592个扶贫开发工作重点县的贫困监测调查，2007年，在被调查的1891个少数民族聚居村中，贫困人口占全部贫困人口的比例由上年的48.7%上升到49.2%，提高0.5个百分点；低收入人口所占比例由上年的44%上升到47.9%，提高3.9个百分点。

以上数据显示，随着扶贫开发的进一步深入，剩余贫困人口越来越集中分布在少数民族贫困地区。

2、民族八省区贫困情况

据国家统计局对全国31个省（区、市）6.8万个农村住户的抽样调查中民族八省区调查数据统计分析，2007年末，民族八省区农村贫困人口为603.8万人，比上年减少193.6万人；贫困发生率为3.3%，下降1.1个百分点。低收入人口为1091.7万人，比上年减少200.9万人；低收入人口占农村人口的比重为6.0%，下降1.2个百分点。贫困人口和低收入人口合计为1695.5万人，比上年减少394.5万人，减少23.3%；占农村人口的比重为9.4%，下降2.2个百分点。

民族八省区与全国农村贫困监测结果对比情况：2007年末民族八省区农村贫困人口占全国农村贫困人口的比重为40.8%，比上年（37.1%）增加3.7个百分点；贫困发生率比全国高1.7个百分点。低收入人口占全国低收入人口的比重为38.4%，比上年（36.4%）增加2.0个百分点；低收入人口占农村人口的比重比全国高3.0个百分点。贫困人口和低收入人口合计数量占全国的比重为39.3%，比上年（36.7%）增加2.6个百分点；两项合计占农村人口的比重比全国高4.8个百分点。

（二）少数民族扶贫开发工作重点县贫困监测结果

根据国家统计局对592个国家扶贫开发工作重点县的贫困监测调查，被调查村个数为5374个，其中267个少数民族扶贫开发工作重点县（以下简称民族县）被调查村个数为2341个。据监测调查显示，2007年，民族县乡村基础设施进一步改善，农牧民生活水平有所提高，各项社会事业稳步推进。

1、基本情况

在民族县的2341个被调查村中，山区占71.5%，其余28.5%为丘陵（半山区）和平原地区。少数民族聚居村占74.6%，陆地边境县的村占13.6%。

人口及劳动力情况。平均每个村有农户434.9户、1837.9人；户均人口4.48人，其中男性2.37人；平均每个村有劳动力1010.4人，劳动力负担系数为1.48。

资源情况。2007年民族县人均耕地1.7亩，其中水田、梯田、25度以上坡耕地面积比重分别为36.4%、8.8%、15.3%，与2006年相比，水田面积比重上升了1.2个百分点，梯田、25度以上坡耕地面积比重下降；人均桑园、茶园、果园0.2亩，比上年增加0.1亩；人均林地2.3亩，比上年增加0.3亩；人均草场7.5亩，比上年减少1.7亩；人均荒山荒坡0.7亩，与上年持平；民族县人均资源均多于全部被调查村的人均资源。户均土地使用情况均高于全部被调查村，户均耕地10.0亩、比全部被调查村多0.6亩，户均粮食播种面积8.4亩、林地3.0亩、桑园（茶园、果园）0.7亩、荒山荒坡0.9亩，户均草场46.8亩，比全部被调查村多26.4亩。与2006年相比，户均土地使用面积有所提高，户均耕地、林地、桑园（茶园、果园）、草场面积分别比上年增加0.1亩、0.1亩、0.2亩、3.3亩。这表明少数民族贫困地区的资源和利用情况相对较好。

2、自然村基础设施

基础设施进一步改善，2007年通公路的自然村占80.3%、通电的自然村占94.5%、通电话的自然村占77.8%、能接收电视节目的自然村占89.1%，分别比2006年提高1.3、1.1、8.0和5个百分点。但各项比重均低于全部被调查村，分别低2.5、2.0、7.4、3.1个百分点，表明少数民族贫困地区的基础设施仍较落后。

表4-2 民族县自然村基础设施

单位：%

指标名称	扶贫重点县	少数民族重点县	
	2007年	2006年	2007年
通公路的自然村比重	82.8	79.0	80.3
通电的自然村比重	96.5	93.4	94.5
通电话的自然村比重	85.2	69.8	77.8
能接收电视节目的自然村比重	92.2	84.1	89.1

资料来源：国家贫困监测抽样调查

3、教育

2007年底，民族县7-15岁儿童在校率为94.7%，比上年提高1.5个百分点，低于国家扶贫重点县1.7个百分点。分年龄段看，7-12岁儿童在校率为96.4%，13-15岁儿童在校率为92.2%，分别提高1.3和1.8个百分点，但均低于国家扶贫重点县水平。平均每个小学生教育费用213元，比国家扶贫重点县少58元；初中生教育费用712元，比国家扶贫重点县少117元。年内受到社会捐助的学生比重为12.4%，比上年下降2.9个百分点，但仍高于国家扶贫重点县2.8个百分点。这表明少数民族重点县学生教育费用支出相对较少，在捐资助学方面得到较多的社会帮扶。民族县有幼儿园/学前班的村占44.2%，大大低于国家扶贫重点县54.3%的水平。

表4-3　民族县7-15岁儿童在校率

单位：%

指标名称	扶贫重点县	少数民族重点县	
	2007年	2006年	2007年
7-15岁儿童在校率	96.4	93.2	94.7
其中：7-12岁儿童在校率	97.7	95.1	96.4
13-15岁儿童在校率	94.4	90.4	92.2
平均每个小学生教育费用	271	199.2	213
平均每个初中学生教育费用	829	600.3	712

资料来源：国家贫困监测抽样调查

在民族县中，有66.0%的小学生上学所需时间少于0.5小时，有18.1%的小学生上学所需时间在0.5-1小时之间。有10.7%的小学生住校，比上年高1.2个百分点，高于国家扶贫重点县住校生占9.3%的水平，表明少数民族贫困地区小学生上寄宿制学校的人数呈增长趋势。对失学儿童的调查表明，家庭经济困难和自己不愿意上学是7-15岁儿童失学的主要原因，人数占52.2%，比上年下降3.1个百分点。其中有26.4%的儿童失学是因为自己不愿意上学，略高于因家庭经济困难造成失学的儿童所占的比重，因经济困难失学所占比重高于全部被调查村1.4个百分点。

表4-4　民族县7-15岁儿童失学原因

单位：%

指标名称	扶贫重点县	少数民族重点县	
	2007年	2006年	2007年
经济困难	24.4	27.2	25.8
自己不愿意	32.5	28.1	26.4
家中缺少劳动力	4.8	6.9	6.5
没考上高一级学校	3.5	2.2	2.6
没老师、没校舍、离校太远	2.2	3.1	2.2
其他	32.6	36.5	36.4

资料来源：国家贫困监测抽样调查

有51.1%的学生有继续读书的愿望，48.9%的学生不想继续读书，没有继续读书愿望的学生所占比重比上年提高1.5个百分点，有近一半的失学儿童由于受各种因素影响不想继续上学，而且人数有所增加，这反映出少数民族贫困地区教育观念的落后状况仍然严重。

4、卫生及健康状况

医疗条件逐步改善，但仍落后于全部被调查村平均水平。到2007年底，民族县有70.2%的村有卫生室，有71.2%的村有乡村医生或卫生员，有68.2%的村有合格接生员，分别比上年提高3.4、2.9和3.4个百分点，但比全部被调查村分别低5.4、5.3和4.7个百分点。

表4–5 民族县社区医疗条件

单位：%

指标名称	扶贫重点县	少数民族重点县	
	2007年	2006年	2007年
一.医疗条件			
1.有卫生室的村比重	75.6	66.8	70.2
2.有合格乡村医生/卫生员的村比重	76.5	68.3	71.2
3.有合格接生员的村比重	72.9	64.8	68.2
二.健康状况	100.0	100.0	100.0
1.残疾	1.1	1.2	1.2
2.患有大病	0.4	0.4	0.3
3.长期慢性病	1.5	1.4	1.2
4.体弱多病	3.8	3.9	4.1
5.健康	93.2	93.2	93.1
三.有病是否能及时就医			
1.是	88.6	81.4	84.2
2.否	11.4	18.6	15.8
四.不能及时就医的主要原因	100.0	100.0	100.0
1.经济困难	58.5	62.2	58.2
2.医院太远	31.9	28.5	31.8
3.没有时间	0.7	0.7	0.9
4.本人不重视	2.1	1.9	2.3
5.小病不用医	3.0	3.1	2.7
6.其他	3.6	3.5	4.0

资料来源：国家贫困监测抽样调查

贫困监测调查表明，民族县农户的健康状况与上年相比变化不大，与国家扶贫重点县农户的健康状况水平相当。生病时不能及时就医的人数占调查人数的15.8%，比上年下降2.8个百分点，但比全部被调查村所占比重高4.4个百分点。不能及时就医的主要原因中，经济困难占60.7%，医院太远占33.2%，由于家庭收入低、医疗费用高、乡村医疗点少等，群众有病不能及时就医，影响到身体健康。

5、劳动力状况

2007年在民族县农村劳动力中，文盲半文盲占15.3%、小学文化程度占37.1%、初中占39.6%、高中及以上占8.0%。与2006年相比，小学和文盲劳动力都分别降低了0.8个百分点，初中劳动力上升了1.3个百分点，高中及以上劳动力上升了0.3个百分点。民族县农村劳动力具有初中及以上文化程度的占47.6%，低于全部被调查村所占比重（54.7%）7.1个百分点。与自身相比，劳动力文化素质有所提高，但仍落后于全部被调查村平均水平。

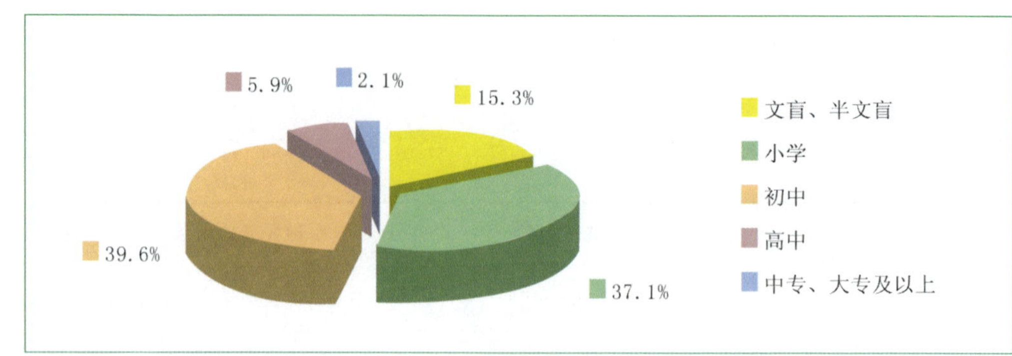

图4-1 2007年民族县劳动力文化程度构成

资料来源：国家贫困监测抽样调查

表4-6 民族县劳动力文化程度构成

单位：%

指标名称	扶贫重点县	少数民族重点县	
	2007年	2006年	2007年
文盲、半文盲	11.6	16.1	15.3
小学	33.7	37.9	37.1
初中	45.0	38.3	39.6
高中	7.3	5.8	5.9
中专	1.7	1.5	1.6
大专及以上	0.7	0.4	0.5

资料来源：国家贫困监测抽样调查

从劳动力从事的主要行业看，第一产业劳动力占全部劳动力的比重为79.9%，比上年下降了4.6个百分点；第二和第三产业为10.9%和9.2%，分别比上年上升了2.4和2.2个百分点。三次产业所占比重与国家扶贫重点县基本相当，但民族县从事农业的劳动力所占比重（78.0%）比国家扶贫重点县所占比重（74.7%）高3.3个百分点，表明民族县大部分劳动力分布在第一产业并主要从事农业生产。

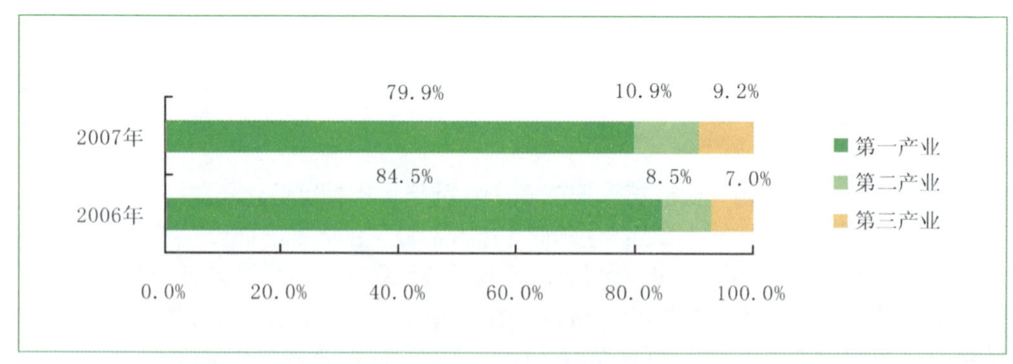

图4-2 民族县劳动力当年从事主要行业构成

资料来源：国家贫困监测抽样调查

表4-7 2007年国家扶贫重点县与民族县劳动力当年从事主要行业构成

单位：%

指标名称	扶贫重点县	少数民族重点县
第一产业	77.9	79.9
第二产业	12.0	10.9
第三产业	10.1	9.2

资料来源：国家贫困监测抽样调查

曾受过技能培训的劳动力比重为16.2%，比上年提高0.6个百分点，高于全部被调查村1.9个百分点，说明在少数民族贫困地区对劳动力的技能培训逐年增强。但劳动力外出打工比重为17.0%，虽比上年有所增加但仍低于全部被调查村比重3.5个百分点。平均每个村外出打工半年以上劳动力人数为146.7人，比全部被调查村少50.1人。在调查人群中，少数民族会汉语的人口比例为73.2%，比上年提高了0.6个百分点，但仍有近1/3的少数民族不会汉语。农民外出务工收入占全年纯收入的比重为12.3%，低于国家扶贫重点县（17.7%）5.4个百分点。因此，少数民族由于地处偏远、文化程度低、语言不通、生活习俗差异等原因，外出打工难。

6、农民收入和生活消费情况

2007年，民族县农民人均纯收入为2162元，比上年增加331元，增长18.1%，比国家扶贫重点县（2278元）少116元。在农民人均纯收入中，工资性收入占26.9%，家庭经营收入占64.9%，转移性收入和财产性收入占8.2%。在家庭经营收入中，种植业和牧业纯收入占52.8%，在少数民族贫困地区，种植业和牧业收入是其全年纯收入的主要来源。人均转移性收入为132元，比上年增加27.2元，国家对贫困地区的扶贫救济、粮食直补等惠农补贴政策直接增加了农民收入。

表4—8 民族县农民人均纯收入及构成

单位：元、%

指标名称	扶贫重点县	少数民族重点县	
	2007年	2006年	2007年
一、农民人均纯收入	2278.0	1831.0	2161.8
1.工资性收入	783.6	477.8	581.5
其中：外出务工收入	403.1	217.4	265.2
2.家庭经营收入	1306.0	1217.0	1402.6
其中：种植业收入	816.1	704.9	802.9
牧业收入	254.4	281.7	338.8
3.财产性收入	52.0	31.3	45.2
4.转移性收入	136.3	104.8	132.4
二、构成			
1.工资性收入	34.4	26.1	26.9
其中：外出务工收入	17.7	11.9	12.3
2.家庭经营收入	57.3	66.5	64.9
其中：种植业收入	35.8	38.5	37.1
牧业收入	11.2	15.4	15.7
3.财产性收入	2.3	1.7	2.1
4.转移性收入	6.0	5.7	6.1

资料来源：国家贫困监测抽样调查

农民人均生活消费支出1873元，比全国扶持重点县少58元。食品、居住等基本生活消费支出1277元，占总支出的68.2%，仍占大头。人均生活消费支出中食品支出构成即恩格尔系数为53.1%，比上年提高0.5个百分点，比国家扶贫重点县恩格尔系数（50.8%）高2.3个百分点。由于去年食品价格上涨，使农民生活消费特别是食品消费支出增加，导致恩格尔系数上升。从农民人均生产支出情况看，家庭经营支出为907元，比上年增加129.6元，比国家扶贫重点县多98元，主要是在牧业和林业生产上分别多支出86元和9元。

表4－9 2007年国家扶贫重点县与民族县农民生活消费及生产支出

单位：元

指标名称	扶贫重点县	少数民族重点县
人均生活消费支出	1931	1873
1.食品	980	994
# 支出构成（恩格尔系数％）	50.8	53.1
2.衣着	112	106
3.居住	289	283
4.家庭设备用品	80	71
5.医疗保健	162	151
6.交通通讯	161	130
7.文化教育	114	106
8.其他	34	32
人均家庭经营支出	809	907
其中：种植业	424	426
林业	15	24
牧业	300	386
第三产业	43	45

资料来源：国家贫困监测抽样调查

7、农户生活状况

2007年民族县人均住房面积为22.1平方米，比上年增加0.6平方米，但比国家扶贫重点县少1平方米。从住房价值看，每平米房屋的价值为160.6元，比国家扶贫重点县低19.9元，与东部地区、中部地区、西部十二省区、东北地区和重点村被调查农户的单位住房价值相比，民族县农户的每平米房屋价值都是最低的，这表明民族县农户的住房质量仍然相对较差。

表4－10 2007年国家扶贫重点县、西部十二省区与民族县农户住房状况

指标名称	扶贫重点县	西部十二省区	少数民族重点县
人均住房面积（平方米）	23.1	22.4	22.1
每平米住房价值（元）	180.5	164.7	160.6

资料来源：国家贫困监测抽样调查

从住房结构看，居住钢筋混凝土结构住房的农户比例较低，占11.3%，与上年相比提高了1.2个百分点，但比国家扶贫重点县低4.4个百分点；有37.2%的农户住房为砖木结构，与上年相比提高了0.7个百分点，但比国家扶贫重点县低6个百分点；有24.8%的农户仍住土坯房或竹草房，与上年相比下降了1.9个百分点，但比国家扶贫重点县高1.6个百分点；其他结构住房的农户占26.7%，包括毡房、石板房等。与自身相比，民族县农户的住房质量有所改善；但与国家扶贫重点县相比，住房质量仍较差，住房困难问题应继续给予关注解决。

表4－11 2007年国家扶贫重点县与民族县农户住房结构

单位：％

指标名称	扶贫重点县	少数民族重点县
按住房结构分所占的比重	100.0	100.0
其中：砖木结构	43.2	37.2
竹草、土坯结构	23.2	24.8
钢筋混凝土结构	15.7	11.3
其他	17.9	26.7

资料来源：国家贫困监测抽样调查

民族县生活耐用品消费水平逐年上升。2007年每百户拥有电冰箱、冰柜11台，拥有电视机92台，其中彩色电视机77台，拥有固定电话和移动电话75.5部，拥有摩托车31.1辆，与上年相比均有大幅增加。

表4－12 民族县农户耐用消费品拥有情况

指标名称	单位	2006年	2007年
1．收录机、音响	台／百户	28.5	28.4
2．冰箱、冰柜	台／百户	8.4	11.0
3．电视机	台／百户	88.8	92.0
其中：彩色电视机	台／百户	69.2	77.0
4．自行车	辆／百户	33.5	32.6
5．摩托车	辆／百户	25.8	31.1
6．固定电话、移动电话	部／百户	57.5	75.5

资料来源：国家贫困监测抽样调查

对民族县2341个调查村的监测显示，农户生活设施状况与上年相比没有大的改善，其中有取暖设备的农户比重为64.0%，比上年提高6.4个百分点，其他指标基本持平甚至下降。用电户比重为94.7%，与上年持平；有13.8%的农户未解决饮水困难，比上年上升0.1个百分点；仍有48.8%的农户感到取得生活燃料越来越困难，以上3项指标分别比全部被调查村低2.5个百分点和高3.1、14.6个百分点。

表4－13 2007年国家扶贫重点县与民族县农户生活设施状况

单位：％

指标名称	扶贫重点县	少数民族重点县
1.有厕所的农户比重	86.5	75.8
2.用电户比重	97.2	94.7
3.有取暖设备农户比重	61.2	64.0
4.饮用自来水、深井水农户比重	56.6	51.7
5.饮水困难农户比重	10.7	13.8
6.取得生活燃料越来越困难的农户比重	34.2	48.8

资料来源：国家贫困监测抽样调查

8、当年受灾情况

在2341个被调查村中，遭遇严重自然灾害的村占45.1%，比上年下降1.9个百分点。旱灾是最主要的自然灾害，在各类自然灾害（旱灾、水灾、病虫害、冷冻灾害、干热风灾等）中占61.4%，水灾占18.7%。

图4-3 2007年民族县自然灾害构成

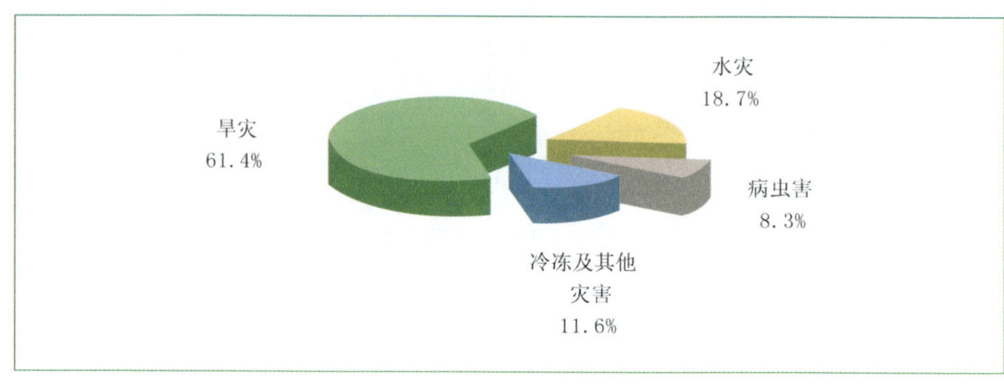

资料来源：国家贫困监测抽样调查

从受灾程度看，在遭遇严重自然灾害的村中，减产3-5成的占79.6%，减产5-8成的占15.2%。缺粮需要救济的农户比重为7.5%，当年收到过救济救灾款物的农户比重为7.7%，实际得到救济的农户比重高于需要救济的农户比重，表明需要救济的农户均得到了政府各种形式的救济。在调查期内，人均期末存粮376.7公斤，低于全部被调查村392.9公斤的水平；户均借入粮食3.3公斤，高于全部被调查村0.3公斤；户均借入现金665.4元，高于全部被调查村93.6元。这从一个侧面反映出民族县农户的生活较为窘迫。

9、村级经济

2007年，民族县人均粮食作物播种面积1.6亩，与上年和全部被调查村相同。人均粮食总产量582.6公斤，比上年高196.5公斤，比全部被调查村高87.9公斤。平均每个村乡镇企业0.8个，就业人数8.2人，比全部被调查村从业人数少，销售总收入34.1万元，比全部被调查村少9.9万元。监测数字表明，民族县乡镇企业仍然规模较小、效益较低。

在科技推广方面，使用节水栽培技术的村占8.6%，有塑料大棚或温室的村占15.1%，有农牧业新技术示范户的村占30.5%，举办过专业技术培训的村占44.6%。各项比重均高于上年且高于全部被调查村所占比重，表明民族县的科技推广和技术培训工作逐年加强，与全国592个扶贫重点县相比，在人均粮食作物播种面积相同的情况下，民族县的人均粮食总产量大幅提高，科技因素不容忽视。

表4-14 民族县科技推广及培训情况

单位：%

指标名称	扶贫重点县	少数民族重点县	
	2007年	2006年	2007年
使用节水栽培技术的村的比重	5.7	8.2	8.6
有塑料大棚／温室的村的比重	14.1	14.8	15.1
有农牧业新技术示范户的村的比重	25.7	30.0	30.5
举办过专业技术培训的村的比重	39.3	43.7	44.6

资料来源：国家贫困监测抽样调查

10、村级扶贫活动

民族县2341个被调查村中，有54.4%的村是贫困村。当年有61.7%的村参加了各类到村到户扶贫项目，这一比重比上年高13.7个百分点，比国家扶贫重点县高10.7个百分点。平均每村当年落实的扶贫资金为44.1万元，比上年增加33.4万元，比全部被调查村多20.5万元；当年使用的扶贫资金为16.0万元，比上年增加5.7万元，比全部被调查村多4.4万元。按扶持形式分，得到现金扶持的村占52.1%，比上年提高15个百分点；得到实物扶持的村占24.4%，比上年减少3.4个百分点；得到技术扶持的村占18.3%，与上年持平；这3种扶持形式所占比重分别比全部被调查村高8.5、6.4、5.7个百分点。表明国家加大了对少数民族贫困地区的扶贫开发力度，民族县的村级扶贫投入大幅增加。

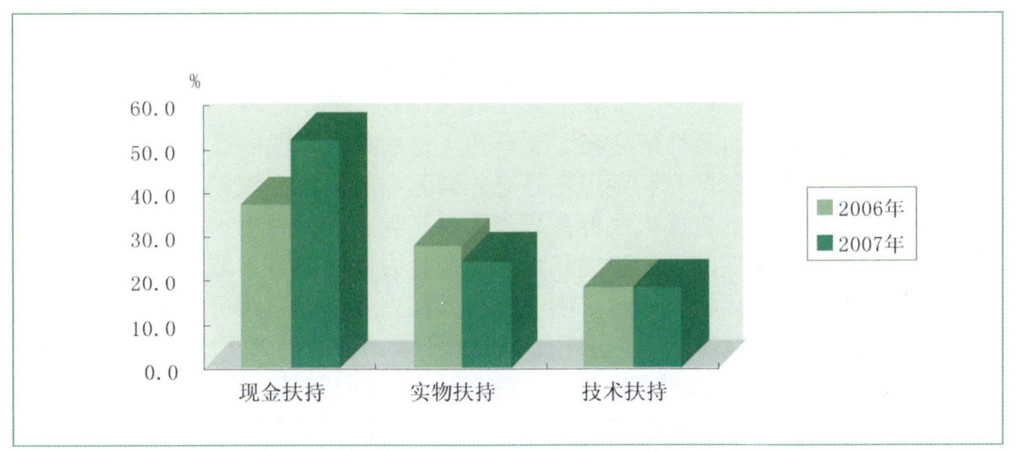

图4-4 民族县得到扶贫项目的村按扶持形式分所占比重

资料来源：国家贫困监测抽样调查

到村到户扶贫项目主要包括种植业、养殖业、修建基本农田、人畜饮水工程、技术培训等。平均每个村扶持农户和公共项目成果主要有：修建基本农田14.6亩，退耕还林还草243.4亩，修建道路1.1公里，架电0.3公里，安装电视接收设施0.5个，修建卫生室及设施0.3个，种植业扶持10.8户，养殖业扶持5.3户，林业扶持2.2户，农产品加工及其他行业扶持1.3户，解决人畜饮水困难9.2户，技术培训11.4人次，扫盲、资助儿童入学1.2人次等。无论从扶持资金到项目成果，大部分指标均高于上年和国家扶贫重点县平均水平，进一步表明各级政府加大了对民族县贫困村的扶持力度。

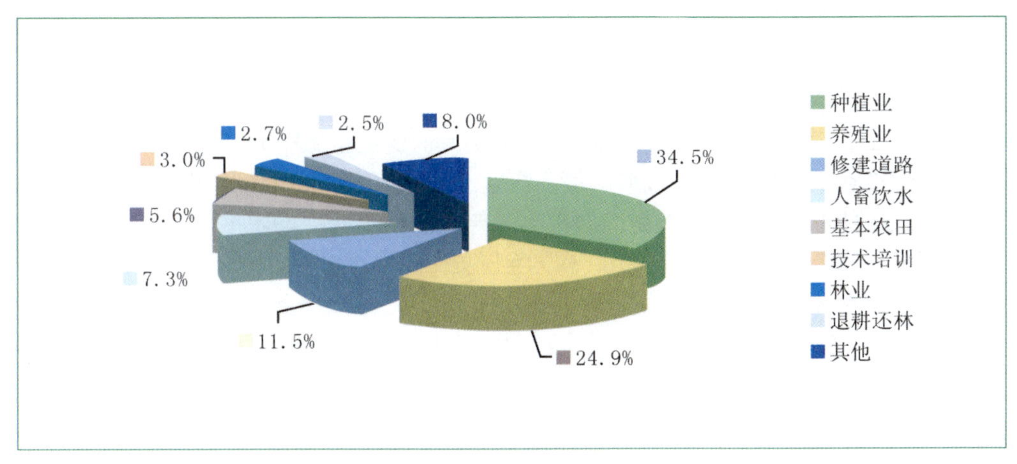

图4-5 民族县农户最希望得到的扶持项目构成

资料来源：国家贫困监测抽样调查

从2007年实施的村级扶贫项目和农户当年完成的扶贫项目看，种植、养殖、人畜饮水、基本农田建设、修路和退耕还林还草是民族县村实施及农户参与完成的主要扶持项目类型。从对民族县被调查村农户最希望得到什么扶贫项目的调查结果看，将某种扶持项目作为第一选择的农户数占全部农户数的比重为：种植业34.5%，养殖业24.9%，修建道路11.5%，人畜饮水7.3%，基本农田建设5.6%，技术培训3.0%，林业2.7%，退耕还林还草2.5%，以上8类项目所占比重为92.0%。其他项目包括农产品加工、电力设施、其他生产行业、卫生及设施、电视接收设施、学校及设施、儿童入学和扫盲等，占8.0%。表明农户希望在基础设施、改善生产生活条件、种植养殖等增收项目和劳动力培训上得到更多的扶持。

二、革命老区扶贫开发工作重点县贫困监测

中国革命老根据地简称革命老区或老区，是指第二次国内革命战争时间和抗日战争时期，在中国共产党和毛泽东等老一辈无产阶级革命家领导下创建的革命根据地。在战争年代，老区人民养育了中国共产党及其领导的人民军队，提供了坚持长期斗争的所需要的人力物力和财力，为壮大革命力量，取得最后胜利，付出了巨大牺牲，作出了极大贡献。由于老区大都处于在山高路远的偏僻地带，经济发展缓慢，基础设施落后，交通不便，信息不灵，多数仍处于比较贫困的状态。

在国家确定的592个扶贫重点县中，有101个革命老区县，总人口约5291万人，其中乡村人口4542万人，土地面积约28.5万平方公里。国家统计局在101个革命老区扶贫重点县中，对948个村、9480个调查户、40547人开展了贫困监测抽样调查。调查结果显示，2007年，革命老区扶贫重点县（以下简称老区县）的发展速度，低于全国平均水平，高于扶贫重点县的平均水平。

（一）贫困状况及区域经济

1、贫困程度

2007年，101个老区县低于785元标准的贫困人口约54万人，占乡村人口的比率（贫困发生率）为8.7%，比上年上升0.2个百分点。低于958元的低收入标准的人口约145万人，占乡村人口的比率为23.1%，比上年下降2.2个百分点。

老区县的贫困程度更严重，贫困发生率是全国平均水平的5.4倍，低收入人口比重是全国平均水平的5倍，相当于国家开始“八七攻坚”计划前的水平。

2、区域经济发展

2007年，老区县的地方生产总值357.6亿元，比上年增长[1]24.7%，高于扶贫重点县的平均水平。其中，第一产业增加值97.8亿元，比上年增长18.3%。第二产业增加值150.6亿元，比上年增长33.4%。第三产业增加值109.3亿元，比上年增长19.8%。

老区县的经济发展与扶贫重点县相当，与全国县市的平均水平比，有很大差距。2007年的人均地方生产总值6759元，仅为全国县市的平均水平（16688元/人）的40%。

2007年老区县的地方财政预算内收入为146.8亿元，与上年相比，增长23.9%；人均财政收入277元，比上年增加了51元，增长 22.6%，人均水平和增长速度与扶贫重点县285元和24%的水平相当，但低于全国县市630元和28%的平均水平。

虽然财政收入稳步增长，但仍处于入不敷出的境地。2007年地方财政预算内支出

1.生产总值及产业增加值的增长速度计算没有扣除物价因素的影响。

为619亿元，与上年相比，增长32.6%；人均财政支出1170元，的比上年增加了279元，增长31.3%。都高于收入的私人均水平和增长速度，财政赤字有继续扩大的趋势。

（二）农户生产与生活条件

1、土地及基础设施

老区县以山区为主，耕地偏少林地较多，人均耕地1.6亩，以旱地为主，水田及水浇地占耕地面积的35.3%，低于全国和扶贫重点县的平均水平。人均桑园、茶园、果园0.1亩，人均林地1.1亩，人均草场0.1亩，人均荒山荒坡0.3亩。

2007年，通公路的自然村占81.6%，比上年提高了1.5个百分点；通电的自然村占97.7%，与上年持平略升；通电话的自然村占90.29%，比上年提高了2.6个百分点；能接收电视节目的自然村占93.6%，比上年提高了2.7个百分点。

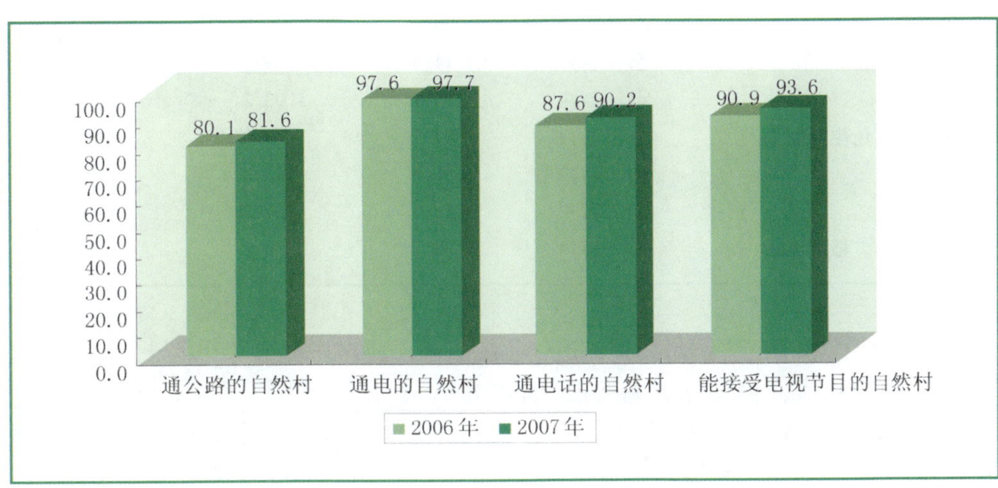

图4-6 老区县自然村基础设施条件

资料来源：国家贫困监测抽样调查

2、生活设施及财产

2007年老区县人均住房面积为27.5平方米，每平米房屋的价值为181元，住房条件进一步改善。

从住房结构看，居住钢筋混凝土结构住房的农户占25.2%，比上年提高了1个百分点；有42.8%的农户住房为砖木结构，比上年提高了0.6个百分点；有19.7%的农户仍住土坯房，比上年下降了0.4个百分点；其他结构住房的农户占12.2%，所占比例继续下降。与扶贫重点县相比，老区农户的居住条件相对较好，钢筋凝土结构住房的农户比例高出9.5个百分点，土坯住房的农户比例低了2.8个百分点。

表4-15 老区县农户住房状况

单位：平方米、元、%

指标名称	国家扶贫重点县	老区扶贫重点县	
	2007年	2006年	2007年
1.面积	23.1	27.0	27.5
2.价值	180.5	166.2	180.6
3.住房结构比例	100.0	100.0	100.0
(1)砖木结构	43.2	42.2	42.8
(2)竹草结构	0.7	0.2	0.2
(3)土坯结构	22.5	20.1	19.7
(4)钢筋混凝土结构	15.7	24.2	25.2
(5)其他	17.9	13.3	12.0

资料来源：国家贫困监测抽样调查

2007 年农户的耐用消费品拥有粮继续增加，每百户拥有电冰箱、冰柜 11 台，比上年增加了 2.6 台；拥有电视机 104.3 台，其中彩色电视机 82.7 台，分别比上年增加了 1.1 和 6.4 台；拥有固定电话和移动电话 100 部，比上年增加了 12 部；拥有摩托车 34.9 辆，比上年增加了 3.6 辆。老区县的农户耐用消费品拥有量高于扶贫重点县的平均水平，但低于全国的平均水平。

表 4—16　老区县农户耐用消费品拥有情况

指标名称	单位	国家扶贫重点县	老区扶贫重点县	
		2007 年	2006 年	2007 年
1. 收录机、音响	台／百户	24.2	21.5	20.2
2. 冰箱、冰柜	台／百户	11.4	8.6	11.0
3. 电视机	台／百户	98.1	103.2	104.3
其中：彩色电视机	台／百户	81.2	76.3	82.7
4. 自行车	辆／百户	49.9	43.9	41.6
5. 摩托车	辆／百户	33.0	31.3	34.9
6. 固定电话、移动电话	部／百户	86.3	88.1	100.3

资料来源：国家贫困监测抽样调查

2007 年，农户的生活条件得到进一步的改善，用电户比重为 99.1%，比上年提高了 0.3 个百分点；有取暖设备的农户比重为 40%，比上年下降了 0.2 个百分点；饮用自来水、深井水的农户比重为 44.3%，比上年下降了 0.7 个百分点；有厕所的农户比重为 45.6%，比上年提高了 0.8 个百分点；仍有 13% 的农户未解决饮水困难，比上年下降了 1.2 个百分点；感到取得生活燃料越来越困难的农户占 1/5。老区县的卫生条件低于扶贫重点县的平均水平，但用电户比重已达到全国平均水平。

表 4—17　老区县农户生活设施状况

单位：%

指标名称	国家扶贫重点县	老区扶贫重点县	
	2007 年	2006 年	2007 年
1. 有厕所的农户比重	86.5	44.8	45.6
2. 用电户比重	97.2	98.8	99.1
3. 有取暖设备农户比重	61.2	40.2	40.0
4. 饮用自来水、深井水农户比重	56.6	43.6	44.3
5. 饮水困难农户比重	10.7	14.2	13.0
6. 取得生活燃料越来越困难的农户比重	34.2	22.7	21.3

资料来源：国家贫困监测抽样调查

3 、卫生及健康情况

至 2007 年底，老区县有 76.1% 的行政村有卫生室，比上年提高了 0.6 个百分点，超过了扶贫重点县的平均水平。有 76.5% 的行政村有乡村医生或卫生员，有 70.1% 的行政村有合格接生员，与上年持平或略降。

表4-18 老区县社区医疗条件及农户就医情况

单位：%

指标名称	国家扶贫重点县	老区扶贫重点县	
	2007年	2006年	2007年
一.卫生设施			
1.有卫生室的村比重	75.6	75.5	76.1
2.有合格乡村医生／卫生员的村比重	76.5	76.5	76.5
3.有合格接生员的村比重	72.9	70.3	70.1
二.健康状况	100.0	100.0	100.0
1.残疾	1.1	1.2	1.2
2.患有大病	0.4	0.5	0.5
3.长期慢性病	1.5	1.7	1.6
4.体弱多病	3.8	4.1	4.1
5.健康	93.2	92.5	92.6
三.有病是否能及时就医		0.0	0.0
1.是	88.5	90.6	91.7
2.否	11.4	9.4	8.3
四.不能及时就医的原因			
1.经济困难	58.5	65.3	59.8
2.医院太远	31.9	28.8	32.6
3.没有时间	0.7	0.3	0.2
4.本人不重视	2.1	1.5	1.8
5.小病不用医	3.0	2.1	3.4

资料来源：国家贫困监测抽样调查

到2007年底，参加新型合作医疗的农户占全部农户的比例达到77.3%，比上年增加了36.8个百分点，是相应地，有病及时就医的比例也提高了1.1个百分点，达到91.7%。这个比例比扶贫重点县高出3.2个百分点。

生病时不能及时就医的人数占调查人数的8.3%。在有病不能及时就医的农户中，经济困难、无力承担高昂的医疗费用仍是主要的原因占59.8%；而因为医疗点少、医院太远的占32.6%。

4、村级经济及科技推广

2007年，老区县的乡镇企业个数增加但规模缩小。平均每个村乡镇企业0.5个，比上年增加了0.1个；平均每个企业的从业人数由上年的8.7人下降到2007年的9.2人，平均每个企业的销售总收入由上年的34.5万元下降到2007年的21.9万元。

老区县对科技推广的支持力度与扶贫重点县的平均水平相当，使用节水栽培技术的村占2.8%，有塑料大棚或温室的村占7.3%，有农牧业新技术示范户的村占24.5%，举办过专业技术培训的村占39.1%。均比上年略有提高。

表4-19 老区县科技推广及培训情况

单位：%

指标名称	国家扶贫重点县	边境扶贫重点县	
	2007年	2006年	2007年
1.使用节水栽培技术的村比重	5.7	2.6	2.8
2.有塑料大棚／温室的村比重	14.1	7.0	7.3
3.有农牧业新技术示范户的村比重	25.7	24.3	24.5
4.举办过专业技术培训的村比重	39.3	35.9	39.1

资料来源：国家贫困监测抽样调查

5 、当年受灾情况

2007年的自然灾害比上年轻。在948个被调查村中，遭遇严重自然灾害的村占48.6%，比上年下降了10.4个百分点。在各类自然灾害（旱灾、水灾、病虫害、冷冻灾害、干热风灾等）中，旱灾占47.1%，水灾占28.2%。从受灾程度看，在遭遇严重自然灾害的村中，减产3-5成的占83.9%，减产5-8成的占13.2%。

灾害造成缺粮需要救济的农户比重为6.2%,，比上年下降了1.1个百分点；当年收到过救济救灾款物的农户比重为4.7%。

（三）农户收入与消费水平

1 、农民收入情况

总体来看，老区县的农民收入和消费水平都高于扶贫重点县的平均水平，但与全国平均水平相比，仍有很大差距。2007年，老区县农民人均纯收入为2456元，比上年增加441元，扣除物价因素，实际增长15.6%。其中，工资性收入978元，实际增长14.2%；家庭经营纯收入1226元，实际增长9.6%；财产性收入38元，实际增长68.1%。转移性收入214元，实际增长69.3%。

老区县农民人均工资性收入占纯收入的比例为39.8%，比国家扶贫重点县33.4%的平均水平高6.4个百分点，比全国平均水平高1.3个百分点；家庭经营纯收入占49.9%，比国家扶贫重点县低7.4个百分点，比比全国平均水平低3.1个百分点。

人均转移性收入为214元，接近全国222元的平均水平。说明国家的扶贫救济、粮食直补、退耕还林还草等惠农政策继续向老区倾斜，直接增加了农民收入，提高了转移性收入在纯收入中的比重。

表4-20 老区县农民人均纯收入

单位：元、%

指标名称	国家扶贫重点县	老区扶贫重点县	
	2007年	2006年	2007年
一、农民人均纯收入	2278.0	2014.7	2455.5
1.工资性收入	783.6	812.0	977.5
其中：外出务工收入	403.1	479.7	572.6
2.家庭经营收入	1306.0	1061.4	1226.1
其中：种植业收入	816.1	714.1	799.5
牧业收入	254.4	160.1	214.9
3.财产性收入	52.0	21.6	38.2
4.转移性收入	136.3	119.7	213.6
二、构成			
1.工资性收入	33.4	40.3	39.8
其中：外出务工收入	17.7	23.8	23.3
2.家庭经营收入	57.3	52.7	49.9
其中：种植业收入	35.8	35.4	32.6
牧业收入	11.1	7.9	8.8
3.财产性收入	2.3	1.1	1.6
4.转移性收入	6.0	5.9	8.7

资料来源：国家贫困监测抽样调查

2、农民生活消费情况

2007年老区县农民人均生活消费支出2168元，比上年增加287元，扣除物价因素，实际增长9.4%。老区县的消费水平高于扶贫重点县的平均水平。其中：农民人均食品消费支出1120元，衣着消费支出102元，居住消费支出297元，医疗保健支出183元，交通通讯支出200元，文化教育130元。

从消费结构看，食品、居住等基本生活消费占消费支出总额的大头。老区县的恩格尔系数、医疗费用支出和交通通讯支出都高于国家扶贫重点县的平均水平。

表4—21 老区县农民生活消费支出

单位：元

指标名称	国家扶贫重点县	老区扶贫重点县	
	2007年	2006年	2007年
人均生活消费支出	1931.3	1880.3	2167.5
1.食品	980.1	937.6	1119.6
2.衣着	111.8	88.3	102.2
3.居住	289.3	249.8	296.5
4.家庭设备用品	79.8	80.9	92.4
5.医疗保健	114.4	152.6	182.5
6.交通通讯	161.5	220.8	199.8
7.文化教育	160.6	112.4	130.1
8.其他	33.7	37.9	44.5
人均生活消费构成	100.0	100.0	100.0
1.食品	50.7	49.9	51.7
2.衣着	5.8	4.7	4.7
3.居住	15.0	13.3	13.7
4.家庭设备用品	4.1	4.3	4.3
5.医疗保健	5.9	8.1	8.4
6.交通通讯	8.4	11.7	9.2
7.文化教育	8.3	6.0	6.0
8.其他	1.7	2.0	2.1

资料来源：国家贫困监测抽样调查

3、教育情况

2007年底，老区县7-15岁儿童在校率为96.3%，比上年提高了1.7个百分点；分年龄段看，7-12岁儿童在校率为98%，比上年提高了0.9个百分点；13-15岁儿童在校率为93.4%，比上年提高了2.6个百分点。平均每个学生教育费用支出1694元，其中小学生358元，初中生995元，分别比上年上升了7.5%和3.7%。年内受到社会捐助的学生比重为6.5%，比上年提高了0.5个百分点，表明老区县在捐资助学方面得到了较多的帮扶。

表4—22 老区县儿童在校率和平均教育费用

指标名称	国家扶贫重点县	老区扶贫重点县	
	2007年	2006年	2007年
1.7—15岁儿童在校率（%）	96.4	97.8	98.6
其中：7—12岁儿童在校率	97.7	99.1	99.4
13—15岁儿童在校率	94.4	96.1	97.5
2.平均每个学生教育费用（元）	1318.4	1341.2	1694.7
其中：平均每个小学生教育费用	271.0	332.9	357.8
平均每个中学生教育费用	828.9	959.1	994.6

资料来源：国家贫困监测抽样调查

在老区县中，有61.7%的小学生上学所需时间少于0.5小时，有21.4%的小学生上学所需时间在0.5-1小时之间，有11.7%的小学生在寄宿制学校上学。今年的特点是中小学生化在上学路上的时间缩短，住校的学生比例下降。

老区县的儿童辍学率低于扶贫重点县的平均水平，7-15岁儿童辍学率仅为1.4%，比扶贫重点县低2.2个百分点。对失学儿童的调查表明，家庭经济困难和自己不愿意上学是7-15岁儿童失学的两个主要原因，人数占70.2%，其中有43.3%的儿童失学是因为自己不愿意上学，高于因家庭经济困难造成失学的儿童所占的比重。

表4-23 老区县7-15岁儿童失学原因

单位：%

指标名称	国家扶贫重点县	老区扶贫重点县	
	2007年	2006年	2007年
1.经济困难	24.4	25.4	26.9
2.自己不愿意	32.4	43.9	43.3
3.家中缺少劳动力	4.8	0.0	0.0
4.没考上高一级学校	3.5	2.6	7.5
5.没老师、没校舍、离校太远	2.2	4.4	4.5
6.其他	32.5	23.7	17.9

资料来源：国家贫困监测抽样调查

在回答本人是否有继续读书的愿望这一问题时，答“是”的占31.3%，答“否”的占48.9%，有近2/3的失学儿童由于受各种因素影响不想继续上学。

4、劳动力情况

2007年，老区县农村劳动力的文化程度有明显提高，文盲半文盲占13.3%，比上年下降了1.3个百分点；小学文化程度占38.7%，比上年下降了1.1个百分点；初中占42%，比上年提高了1.7个百分点；高中及以上占5.9%，比上年提高了0.5个百分点。但与扶贫重点县的平均水平相比，老区县农村劳动力的文化程度相对偏低。

表4-24 老区县劳动力文化程度构成

单位：%

指标名称	国家扶贫重点县	老区扶贫重点县	
	2007年	2006年	2007年
1.文盲、半文盲	11.6	14.6	13.3
2.小学	33.7	39.8	38.7
3.初中	45.0	40.3	42.0
4.高中	7.3	3.5	3.9
5.中专	1.7	1.4	1.5
6.大专及以上	0.7	0.5	0.5

资料来源：国家贫困监测抽样调查

但老区县依然是第一产业为主导，且基本没有改善，从事第一产业劳动力占全部劳动力的比重为92.4%，与上年持平；第二产业劳动力的比重为3.2%，第三产业劳动力的比重为4.4%。不但比全国平均水平相差很大，与扶贫重点县的的平均水平相比，第一产业从业的劳动力比重也高出了14.5个百分点。在全部劳动力中，曾受过技能培训的劳动力比重为16.9%，比上年提高了2.1个百分点；当年劳动力外出打工比重为8.9%，比上年提高了0.5个百分点。

（四）扶贫活动

1、项目规模

2007年老区县到村到户项目扶持力度提高。在被调查村中，有52.6%的村参加了各类到村到户扶贫项目。按扶持形式分，得到现金扶持的村占46.2%，比上年提高了6.3个百分点；得到实物扶持的村占13.2%，比上年上升了1.3个百分点；得到技术援助的村占11.9%，比上年提高了2个百分点。平均每村当年到位的扶贫资金为9.4万元，比上年增加了2.3万元；其中扶贫贷款为0.5万元，比上年增加了0.1万元。在当年参与项目的农户中，平均每个项目户得到902元的扶持资金，比上年减少了113元。

表4-25 老区县项目扶持情况

单位：%、万元

指标名称	国家扶贫重点县	老区扶贫重点县	
	2007年	2006年	2007年
1.当年参加过扶贫项目的村	51.0	41.6	36.6
2.参加的扶贫活动形式：	0.0	45.9	52.6
其中：现金扶持	43.6	39.9	46.2
实物扶持	18.0	11.9	13.2
技术援助	12.6	9.9	11.9
3.当年到位的扶贫资金总额	11.5	7.1	9.4
其中：扶贫贷款	1.0	0.4	0.5
4.当年使用的扶贫资金总额	11.2	5.9	9.0
5.参与项目的农户户均得到的扶贫资金	952.1	1015.3	902.0

资料来源：国家贫困监测抽样调查

到村到户扶贫项目主要包括种植业、养殖业、修建基本农田、人畜饮水工程、修建及改建公路、退耕还林还草和技术培训等。

2、项目成果

平均每个项目村有5个农户参与了种植业项目，有1个农户参与了养殖业项目；有8个农户参与了人畜饮水工程项目；此外，平均每个项目村修建6.5亩基本农田，有118亩退耕还林还草，修建道路0.8公里，5人次参加了技术培训。

3、农户参与

老区县农户对参与扶贫活动更加积极，虽然由于项目规模的限制，农户参与率低于扶贫重点县的平均水平，但其公平程度高于扶贫重点县的平均水平。2007年，在项目村中，有94.5%的农户知道本村开展了项目活动。这些农户得到扶贫项目信息的渠道主要是公开渠道：通过村民会议或村委会的公示知道的农户占66.3%，作为村干部接到上级通知而知道的农户占7.2%。此外，有56.8%的农户有机会在项目开始之前参与是否落实项目的讨论。

在参与项目的农户中，有51%的农户所参与的项目是自选的，有75.8%的农户参与的项目在事前征求了农户的同意，有78.8%的农户得到项目资助。

表4-26 老区县农户参与项目情况

单位：%

指标名称	国家扶贫重点县	老区扶贫重点县	
	2007年	2006年	2007年
一. 知道村里落实了新项目的农户比重	94.3	90.5	94.5
二. 农户是如何知道的			
1. 到本次调查才知道	12.5	5.2	12.1
2. 通过村民会议、村委会的公示	66.8	69.0	68.3
3. 作为村干部接到上级的通知	4.9	7.3	5.6
4. 通过村干部的个别通知	6.6	7.6	7.2
5. 通过亲朋好友	3.5	1.5	1.3
6. 其他途径	5.7	9.5	5.4
三. 当年得到扶贫项目资助的农户比重	81.7	88.9	78.8
四. 当年得到项目内容是自选的农户比重	47.8	48.8	51.4
五. 当年参与的项目征得了本户同意的农户比重	75.6	81.2	75.8

资料来源：国家贫困监测抽样调查

迫切希望某种扶持项目的村占全部村数的比重（从高到低排列）：种植业25.2%，修建道路16.2%，养殖业15.7%，基本农田9.5%，农产品加工9%，人畜饮水7.7%，其他生产行业4.4%，技术培训4.3%。2007年的项目安排与村里的需要基本一致。

迫切希望某种扶持项目农户数占全部农户数的比重（从高到低排列）：种植业23.8%，修建道路20.2%，养殖业14.8%，人畜饮水9.9%，修建基本农田7.9%，技术培训5.6%，农产品加工4.7%，退耕还林还草3.3%。以上八类项目所占比重为90%，其他项目包括除农产品加工以外的生产行业、电视接收设施、学校及学校设施、卫生室及设施、扫盲和资助儿童入学等，需求较低。表明农户希望在基础设施、改善生产生活条件、劳动力培训和增收项目上得到更多的扶持。

图4-7 老区扶贫重点县农户对扶贫项目的需求

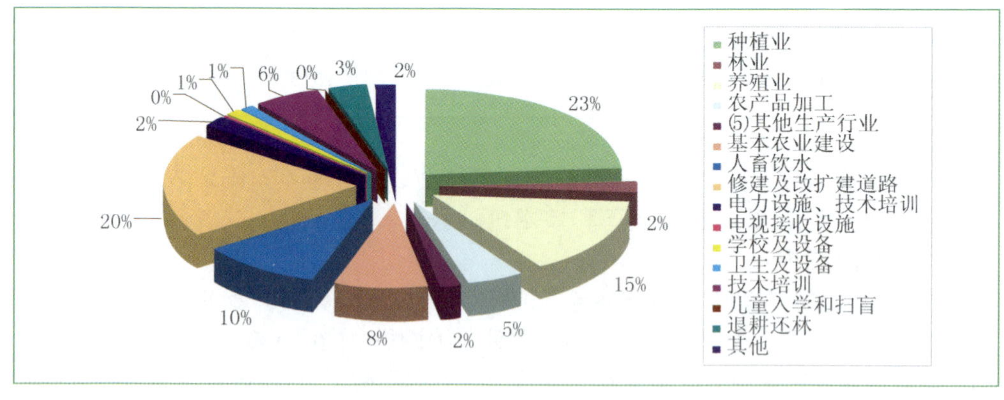

资料来源：国家贫困监测抽样调查

三、边境地区扶贫开发工作重点县贫困监测

我国陆地边境线分布在9省（区）：内蒙古、辽宁、吉林、黑龙江、广西、云南、甘肃、新疆、西藏。共有135个县、旗、市、市辖区，总人口约2000万人，其中，少数民族人口占48%。土地面积约180万平方公里，占总国土面积的18.8%。在135个边境县（市、区）中，国家扶贫开发工作重点县（以下简称边境县）41个，总人口792万人，其中乡村人口607万人。除少数几个口岸城市外，绝大部分是我国

尚未开发或开发程度较低的地区。

国家统计局在43个边境县中，对400个村、4000个调查户、17847人开展了贫困监测抽样调查。调查结果显示，2007年，边境县贫困程度不断下降，乡村基础设施进一步改善，农牧民生活水平显著提高，各项社会事业稳步发展。

（一）贫困状况及区域经济

1、贫困程度

2007年，41个边境县低于785元标准的贫困人口约54万人，占乡村人口的比率（贫困发生率）为8.7%，比上年上升0.2个百分点。低于958元的低收入标准的人口约145万人，占乡村人口的比率为23.1%，比上年下降2.2个百分点。

边境县的贫困程度更严重，贫困发生率是全国平均水平的5.4倍，低收入人口比重是全国平均水平的5倍，相当于国家开始“八七攻坚”计划前的水平。

2、区域经济发展

2007年，边境县的地方生产总值55.4亿元，比上年增长[2]22.5%，低于扶贫重点县的平均水平，其中，第一产业增加值17亿元，比上年增长24.3%。第二产业增加值19.2亿元，比上年增长28.9%。第三产业增加值19.1亿元，比上年增长20%。

边境县的经济发展水平很低，与全国县市的平均水平比，有很大差距，2007年的人均地方生产总值6987元，仅为全国县市的平均水平（16688元/人）的42%。

边境县的财政收入相对较高，2007年地方财政预算内收入为29亿元，与上年相比，增长31.3%；人均财政收入921元，的比上年增加了77元，增长29%，人均水平和增长速度都远高于扶贫重点县285元和24%的水平，也高于全国县市630元和28%的平均水平。同时，财政支出的水平也相应较高，2007年地方财政预算内支出为170亿元，与上年相比，增长34.6%；人均财政支出2152元，比上年增加了525元，增长32.%，

（二）农户生产与生活条件

1、土地及基础设施

边境县多数地广人稀，农牧业是支柱产业，人均耕地和草地的水平高于全国和扶贫重点县的平均水平。2007年，人均耕地4.3亩，以旱地为主，水田及水浇地占耕地面积的36.5%，人均桑园、茶园、果园0.3亩，人均林地0.5亩，人均草场9.7亩，人均荒山荒坡0.1亩。

2007年，通公路的自然村占84%，与上年持平略降；通电的自然村占91%，比上年提高了1.6个百分点；通电话的自然村占76.9%，比上年提高了11.6个百分点；能接收电视节目的自然村占85.6%，比上年提高了7.5个百分点。

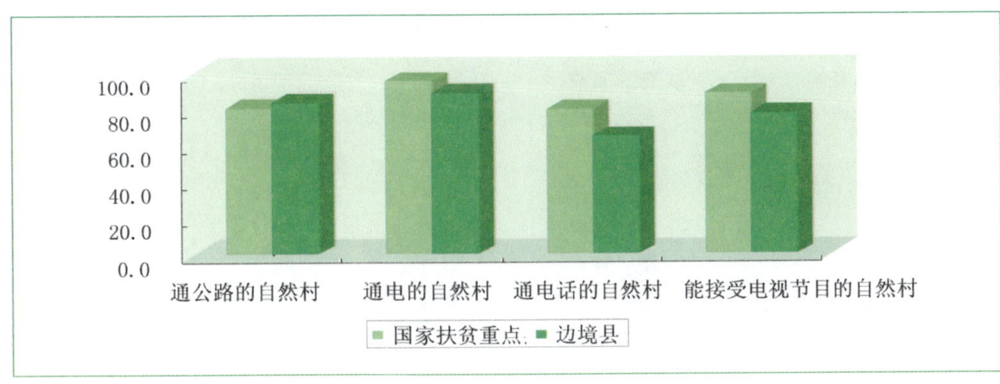

图4-8 边境县自然村基础设施情况

资料来源：国家贫困监测抽样调查

2．生产总值及产业增加值的增长速度计算没有扣除物价因素的影响。

2、生活设施及财产

2007年边境县人均住房面积为18平方米，每平米房屋的价值为167元，住房条件进一步改善。

从住房结构看，居住钢筋混凝土结构住房的农户占4.8%，比上年提高了1个百分点；有39.7%的农户住房为砖木结构，比上年提高了2.3个百分点；有30.7%的农户仍住土坯房，比上年下降了1.4个百分点；其他结构住房的农户占23.2%，所占比例继续下降。边境县农户的居住条件明显偏低，钢筋混凝土结构住房的农户比例比扶贫重点县的平均水平低了10.9个百分点，砖木结构的农户比例低了3.5个百分点，而土坯住房的农户比例高了6.8个百分点。

表4－27　边境县农户住房状况

单位：%

指标名称	国家扶贫重点县	边境扶贫重点县	
	2007年	2006年	2007年
1.面积	23.1	17.4	18.0
2.价值	180.5	145.3	167.1
3.住房结构比例	100.0	100.0	100.0
(1)砖木结构	43.2	37.4	39.7
(2)竹草结构	0.7	2.5	2.9
(3)土坯结构	22.5	30.7	29.3
(4)钢筋混凝土结构	15.7	3.8	4.8
(5)其他	17.9	25.6	23.2

资料来源：国家贫困监测抽样调查

2007年农户的耐用消费品拥有粮继续增加，每百户拥有电冰箱、冰柜14台，比上年增加了3.5台；拥有电视机90.7台，其中彩色电视机76台，分别比上年增加了3.2和8.1台；拥有固定电话和移动电话71部，比上年增加了20部；拥有摩托车29.9辆，比上年增加了6.9辆。

表4－28　边境县农户耐用消费品拥有情况

指标名称	单位	国家扶贫重点县	边境扶贫重点县	
		2007年	2006年	2007年
1.收录机、音响	台／百户	24.2	35.6	37.6
2.冰箱、冰柜	台／百户	11.4	10.0	13.5
3.电视机	台／百户	98.1	87.5	90.7
其中：彩色电视机	台／百户	81.2	67.9	76.0
4.自行车	辆／百户	49.9	34.2	32.6
5.摩托车	辆／百户	33.0	23.0	29.9
6.固定电话、移动电话	部／百户	86.3	51.1	71.1

资料来源：国家贫困监测抽样调查

2007年，农户的生活条件没有得到进一步的改善，部分指标有恶化的迹象，用电户比重为93.1%，比上年提高了1个百分点；有取暖设备的农户比重为58.9%，比上年下降了1.5个百分点；饮用自来水、深井水的农户比重为68.7%，比上年下降了2.9个百分点；有厕所的农户比重为55.4%，比上年下降了1.6个百分点；仍有10%的农户未解决饮水困难，比上年上升了1.5个百分点；超过一半的农户感到取得生活燃料越来越困难。

表4－29 边境县农户生活设施状况

单位：%

指标名称	国家扶贫重点县	边境扶贫重点县	
	2007年	2006年	2007年
1.有厕所的农户比重	86.5	56.0	55.4
2.用电户比重	97.2	92.1	93.1
3.有取暖设备农户比重	61.2	60.4	58.9
4.饮用自来水、深井水农户比重	56.6	71.6	68.7
5.饮水困难农户比重	10.7	8.5	10.0
6.取得生活燃料越来越困难的农户比重	34.2	58.7	58.0

资料来源：国家贫困监测抽样调查

3、卫生及健康情况

至2007年底，边境县有75.3%的行政村有卫生室，比上年提高了0.9个百分点，开始接近扶贫重点县的平均水平。有72.3%的行政村有乡村医生或卫生员，有71%的行政村有合格接生员，分别比上年提高了2.7和3.7个百分点。

表4－30 边境县社区医疗条件及农户就医情况

单位：%

指标名称	国家扶贫重点县	边境扶贫重点县	
	2007年	2006年	2007年
一.卫生设施			
1.有卫生室的村比重	75.6	74.4	75.3
2.有合格乡村医生／卫生员的村比重	76.5	69.6	72.3
3.有合格接生员的村比重	72.9	67.3	71.0
二.健康状况	100.0	100.0	100.0
1.残疾	1.1	1.3	1.2
2.患有大病	0.4	0.6	0.6
3.长期慢性病	1.5	1.9	1.9
4.体弱多病	3.8	5.0	5.3
5.健康	93.2	91.1	90.9
三.有病是否能及时就医			
1.是	88.5	70.8	76.4
2.否	11.4	29.2	23.6
四.不能及时就医的原因			
1.经济困难	58.5	83.8	78.5
2.医院太远	31.9	12.7	16.7
3.没有时间	0.7	0.0	0.2
4.本人不重视	2.1	0.3	1.0
5.小病不用医	3.0	1.2	1.2

资料来源：国家贫困监测抽样调查

到2007年底，参加新型合作医疗的农户占全部农户的比例达到77.6%，比上年增加了40.2个百分点，是相应地，有病及时就医的比例也提高了5.6个百分点，达到76.4%。

生病时不能及时就医的人数占调查人数的17.3%。在有病不能及时就医的农户中，经济困难、无力承担高昂的医疗费用仍是主要的原因占78.5%；而因为医疗点少、医院太远的占16.7%。

4、村级经济及科技推广

2007年，边境县的乡镇企业个数增加但规模缩小。平均每个村乡镇企业0.9个，比上年增加了0.3个；平均每个企业的从业人数由上年的7.5人下降到2007年的4人，平均每个企业的销售总收入由上年的29万元下降到2007年的25万元。

边境县的农技推广水平高于扶贫重点县的平均水平，但2007年有弱化对科技推广支持力度的迹象，使科技推广工作出现了下滑的局面，使用节水栽培技术的村占16%，有塑料大棚或温室的村占18%，有农牧业新技术示范户的村占38.4%，举办过专业技术培训的村占51.3%。

表4－31　边境县科技推广及培训情况

单位：%

指标名称	国家扶贫重点县	边境扶贫重点县	
	2007年	2006年	2007年
1.使用节水栽培技术的村比重	5.7	16.1	16.0
2.有塑料大棚／温室的村比重	14.1	18.1	18.0
3.有农牧业新技术示范户的村比重	25.7	38.6	38.4
4.举办过专业技术培训的村比重	39.3	51.5	51.3

资料来源：国家贫困监测抽样调查

5、当年受灾情况

2007年的自然灾害比上年重。在400个被调查村中，遭遇严重自然灾害的村占45.3%，比上年增加了0.6个百分点。旱灾仍然是最主要的自然灾害，在各类自然灾害（旱灾、水灾、病虫害、冷冻灾害、干热风灾等）中占58%。从受灾程度看，在遭遇严重自然灾害的村中，减产3-5成的占91.2%，减产5-8成的占8.3%。

自然灾害造成缺粮需要救济的农户比重为8.5%，，比上年增加了1.8个百分点；当年收到过救济救灾款物的农户比重为11.2%。

（三）农户收入与消费水平

1、农民收入情况

2007年，边境县农民人均纯收入为1995元，比上年增加320元，扣除物价因素，实际增长13.1%。其中，工资性收入346元，实际增长11.8%；家庭经营纯收入1426元，实际增长10.7%；财产性收入78元，实际增长73.8%。转移性收入146元，实际增长19.1%。

边境县农民人均工资性收入占纯收入的比例为17.3%，远低于国家扶贫重点县34.4%的平均水平，说明边境县农民外出务工困难多、机会少，外出务工收入相对也较少。

边境县家庭经营纯收入中，种植业和牧业纯收入占61.1%。比国家扶贫重点县高14.1个百分点，表明家庭经营收入尤其是种植业和牧业收入是其全年纯收入的主要来源。

人均转移性收入为162元，略高于全国扶贫重点县水平。国家的扶贫救济、粮食直补、退耕还林还草等惠农政策继续直接增加了农民收入。

表4－32 边境县农民人均纯收入

单位：元、%

指标名称	国家扶贫重点县	边境扶贫重点县	
	2007年	2006年	2007年
一、农民人均纯收入	2278.0	1674.7	1995.4
1.工资性收入	783.6	293.4	345.6
其中：外出务工收入	403.1	88.3	107.4
2.家庭经营收入	1306.0	1222.2	1425.7
其中：种植业收入	816.1	706.3	827.9
牧业收入	254.4	330.6	391.0
3.财产性收入	52.0	42.4	77.7
4.转移性收入	136.3	116.7	146.4
二、构成			
1.工资性收入	33.4	17.5	17.3
其中：外出务工收入	17.7	5.3	5.4
2.家庭经营收入	57.3	73.0	71.4
其中：种植业收入	35.8	42.2	41.5
牧业收入	11.1	19.7	19.6
3.财产性收入	2.3	2.5	3.9
4.转移性收入	6.0	7.0	7.3

资料来源：国家贫困监测抽样调查

2、农民生活消费情况

边境县的消费支出低于全国3224元和扶贫重点县1931元的平均水平。2007年边境县农民人均生活消费支出1736元，比上年增加235元，扣除物价因素，实际增长9.7%。其中，农民人均食品消费支出879元，衣着消费支出125元，居住消费支出278元，医疗保健支出113元，交通通讯支出147元。

从消费结构看，食品、居住等基本生活消费占消费支出总额的大头。边境县的恩格尔系数为50.7%，与国家扶贫重点县水平持平，但文化教育费用明显偏低。

表4－33 边境县农民生活消费支出

指标名称	国家扶贫重点县	边境扶贫重点县	
	2007年	2006年	2007年
人均生活消费支出（元）	1931.3	1501.4	1736.0
1.食品	980.1	760.7	879.0
2.衣着	111.8	105.7	125.0
3.居住	289.3	234.6	278.0
4.家庭设备用品	79.8	57.3	63.4
5.医疗保健	114.4	123.1	113.0
6.交通通讯	161.5	97.3	147.0
7.文化教育	160.6	101.6	105.1
8.其他	33.7	21.0	24.4
人均生活消费构成（%）	100.0	100.0	100.0
1.食品	50.7	50.7	50.6
2.衣着	5.8	7.0	7.2
3.居住	15.0	15.6	16.0
4.家庭设备用品	4.1	3.8	3.7
5.医疗保健	5.9	8.2	6.5
6.交通通讯	8.4	6.5	8.5
7.文化教育	8.3	6.8	6.1
8.其他	1.7	1.4	1.4

资料来源：国家贫困监测抽样调查

3、教育情况

2007年底，边境县7-15岁儿童在校率为96.3%，比上年提高了1.7个百分点；分年龄段看，7-12岁儿童在校率为98%，比上年提高了0.9个百分点；13-15岁儿童在校率为93.4%，比上年提高了2.6个百分点。平均每个学生教育费用支出845元，其中：小学生270元，初中生568元，分别比上年上升了13.3%和5.8%。年内受到社会捐助的学生比重为12.5%，比上年提高了2.2个百分点，表明边境县在捐资助学方面得到了较多的帮扶。

表4-34 边境县儿童在校率和平均教育费用

指标名称	国家扶贫重点县	边境扶贫重点县	
	2007年	2006年	2007年
1.7-15岁儿童在校率（%）	96.4	94.6	96.3
其中：7-12岁儿童在校率	97.7	97.1	98.0
13-15岁儿童在校率	94.4	90.8	93.4
2.平均每个学生教育费用（元）	1318.4	719.8	844.9
其中：平均每个小学生教育费用	271.0	238.0	269.7
平均每个初中生教育费用	828.9	536.8	568.1

资料来源：国家贫困监测抽样调查

在边境县中，有67%的小学生上学所需时间少于0.5小时，有15.1%的小学生上学所需时间在0.5-1小时之间，有13.8%的小学生在寄宿制学校上学。今年的特点是住校的学生比例增加，无论小学或中学。

对失学儿童的调查表明，家庭经济困难和自己不愿意上学是7-15岁儿童失学的两个主要原因，人数占62%，其中有41.3%的儿童失学是因为自己不愿意上学，略高于因家庭经济困难造成失学的儿童所占的比重。

表4-35 边境县7-15岁儿童失学原因

单位：%

指标名称	国家扶贫重点县	边境扶贫重点县	
	2007年	2006年	2007年
1.经济困难	24.4	27.1	20.7
2.自己不愿意	32.4	45.7	41.3
3.家中缺少劳动力	4.8	3.6	1.1
4.没考上高一级学校	3.5	1.4	4.3
5.没老师、没校舍、离校太远	2.2	1.4	2.2
6.其他	32.5	20.7	30.4

资料来源：国家贫困监测抽样调查

在回答本人是否有继续读书的愿望这一问题时，答“是”的占51.1%，答“否”的占48.9%，有近一半的失学儿童由于受各种因素影响不想继续上学。在调查人群中，少数民族会汉语的人口比例为50.9%，还有50%的少数民族不会汉语，这部分人群由于语言不通很少有机会参加劳动力转移培训，难于出门打工。

4 、劳动力情况

2007 年，边境县农村劳动力的文化程度有明显提高，文盲半文盲占 13.1%，比上年下降了 1.4 个百分点；小学文化程度占 38.1%，比上年下降了 1 个百分点；初中占 40.1%，比上年提高了 2.2 个百分点；高中及以上占 8.7%，比上年提高了 0.2 个百分点。

表 4－36 边境县劳动力文化程度构成

单位：%

指标名称	国家扶贫重点县	边境扶贫重点县	
	2007 年	2006 年	2007 年
1. 文盲、半文盲	12.3	14.5	13.1
2. 小学	33.7	39.1	38.1
3. 初中	45.0	37.9	40.1
4. 高中	3.0	6.6	6.6
5. 中专	1.7	1.4	1.5
6. 大专及以上	0.7	0.4	0.6

资料来源：国家贫困监测抽样调查

但边境县依然是第一产业为主导，且基本没有改善，从事第一产业劳动力占全部劳动力的比重为 92.4%，与上年持平；第二产业劳动力的比重为 3.2%，第三产业劳动力的比重为 4.4%。不但比全国平均水平相差很大，与扶贫重点县的的平均水平相比，第一产业从业的劳动力比重也高出了 14.5 个百分点。在全部劳动力中，曾受过技能培训的劳动力比重为 16.9%，比上年提高了 2.1 个百分点；当年劳动力外出打工比重为 8.9%，比上年提高了 0.5 个百分点。

（四）扶贫活动

1 、项目规模

2007 年边境县到村到户项目扶持力度较大。在被调查村中，有 50% 的村参加了各类到村到户扶贫项目。按扶持形式分，得到现金扶持的村占 33.5%，比上年提高了 3.5 个百分点；得到实物扶持的村占 37.3%，比上年下降了 0.4 个百分点；得到技术援助的村占 22.1%，比上年提高了 0.6 个百分点。平均每村当年落实的扶贫资金为 16.9 万元，比上年增加了 3.6 万元；其中扶贫贷款为 1.4 万元，比上年增加了 0.8 万元。在当年参与项目的农户中，平均每个项目户得到 647 元的扶持资金，比上年增加了 29 元。

表 4－37 边境县项目扶持情况

单位：%、万元

指标名称	国家扶贫重点县	边境扶贫重点县	
	2007 年	2006 年	2007 年
1. 当年参加过扶贫项目的村	51.0	50.8	50.0
2. 参加的扶贫活动形式：	0.0	0.0	0.0
其中：现金扶持	43.6	30.7	33.5
实物扶持	18.0	37.7	37.3
技术援助	12.6	21.5	22.1
3. 当年到位的扶贫资金总额	11.5	13.3	16.9
其中：扶贫贷款	1.0	0.6	1.4
4. 当年使用的扶贫资金总额	11.2	13.1	16.9
5. 参与项目的农户户均得到的扶贫资金	981.1	618.0	647.0

资料来源：国家贫困监测抽样调查

到村到户扶贫项目主要包括种植业、养殖业、修建基本农田、人畜饮水工程、修建及改建公路、退耕还林还草和技术培训等。

2、项目成果

平均每个项目村有11个农户参与了种植业项目，有7个农户参与了养殖业项目，有1个农户参与了其他生产行业的项目；有6个农户参与了人畜饮水工程项目；此外，平均每个项目村修建11.5亩基本农田，有205亩退耕还林还草，修建道路0.5公里，技术培训12.5人次等。

3、农户参与

边境县农户对参与扶贫活动更加积极，其公平程度和参与率都高于扶贫重点县的平均水平。2007年，在项目村中，有91.6%的农户知道本村开展了项目活动。这些农户得到扶贫项目信息的渠道主要是公开渠道：通过村民会议或村委会的公示知道的农户占81%，作为村干部接到上级通知而知道的农户占3.7%。此外，有48.3%的农户有机会在项目开始之前参与是否落实项目的讨论。

在参与项目的农户中，有51%的农户所参与的项目是自选的，有81.3%的农户参与的项目在事前征求了农户的同意，有87.5%的农户得到项目资助。

表4－38 边境县农户参与项目情况

单位：%

指标名称	国家扶贫重点县	边境扶贫重点县	
	2007年	2006年	2007年
一.知道村里落实了新项目的农户比重	94.3	98.4	91.6
二.农户是如何知道的			
1.到本次调查才知道	12.5	2.3	2.6
2.通过村民会议、村委会的公示	66.8	73.8	81.6
3.作为村干部接到上级的通知	4.9	8.9	5.1
4.通过村干部的个别通知	6.6	5.4	3.7
5.通过亲朋好友	3.5	4.1	2.4
6.其他途径	5.7	5.4	4.6
三.当年得到扶贫项目资助的农户比重	81.7	75.2	87.5
四.当年得到项目内容是自选的农户比重	47.8	54.4	51.0
五.当年参与的项目征得了本户同意的农户比重	75.6	72.7	81.3

资料来源：国家贫困监测抽样调查

迫切希望某种扶持项目的村占全部村数的比重（从高到低排列）：种植业55.3%，养殖业21.5%，农产品加工4.5%，基本农田3.8%，其他生产行业3.5%，林业2.8%，人畜饮水2.3%， 修建道路2.0%。2006年的项目安排与村里的需要基本是一致的，但农产品加工项目过少，不能满足村级扶贫活动的需要。

迫切希望某种扶持项目农户数占全部农户数的比重（从高到低排列）：种植业41.4%，养殖业32.9%，修建道路5.7%，林业3.5%，修建基本农田3.4%，人畜饮水2.7%,，农产品加工2.7%，退耕还林还草2.3%。以上八类项目所占比重为91.9%，其他项目包括除农产品加工以外的生产行业、电视接收设施、学校及学校设施、卫生室及设施、扫盲和资助儿童入学等，仅占7.2%。表明农户希望在基础设施、改善生产生活条件、劳动力培训和增收项目上得到更多的扶持。

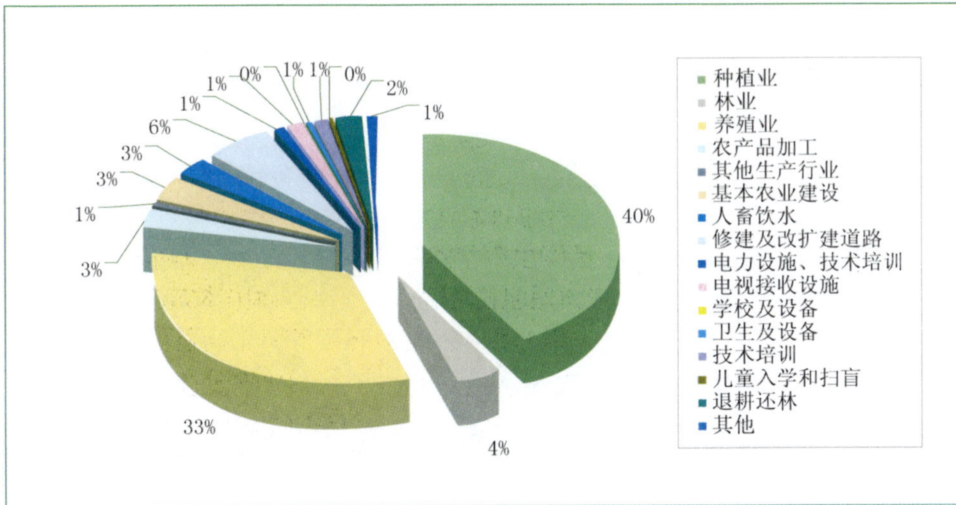

图 4－9 边境扶贫重点县农户对扶贫项目的需求

资料来源：国家贫困监测抽样调查

第五部分：国家扶贫政策和扶贫项目

一、2007年国家扶贫开发工作执行情况

2007年，扶贫开发工作围绕“加强扶贫工作调研，继续增加扶贫投入，完善资金管理机制，提高资金使用效益”的思路，突出“一个瞄准、三大重点”，取得了较好的效果。

（一）“大扶贫”的格局正在形成，扶贫开发取得显著成就

《纲要》实施以来，特别是党的十六大以来，党中央提出贯彻落实科学发展观，又做出了“两个趋向”的科学论断，国家实行“以工促农、以城带乡”的方针，连续下发四个“一号文件”，制定了一系列强农惠农政策，农村基础设施和社会公共事业的投入不断加大，在全国农村建立最低生活保障制度。各行各业、社会各界更加关注贫困地区、关注贫困和弱势群体。在以往主要依靠经济增长拉动和专项扶贫计划推动扶贫工作的基础上，一个“大扶贫”的格局正在形成，扶贫开发工作取得显著成效。

（二）稳步推进三项重点工作

1、实施整村推进促进新农村建设，探索扶贫开发新举措

一是按计划启动2万个贫困村的整村推进，并在资金整合、明确标准等方面创造了一些成功的经验。为了推动整村推进工作，与农业部联合开展了三期农村基层组织负责人培训，近百名实施整村推进的村支部书记参加了培训。

二是在整村推进扶贫开发的基础上，针对贫困村、贫困人口相对集中的特点，在中西部21个省（区、市）开展“县为单位、整合资金、整村推进、连片开发”的试点，探索整村推进与连片开发相结合、扶贫开发与区域经济发展相结合的路子，探索财政扶贫资金与其他涉农资金整合使用的新路子。

三是继续推进云南镇沅苦聪人聚居区扶贫开发项目试验点和贵州晴隆种草养畜脱贫的试点。

四是继续完善贫困户建档立卡工作，做到户有卡、村有册、乡有薄、县有微机档案管理，同时，进一步核实哦、修订、更新数据，努力实现动态管理，提高扶贫瞄准度。要求扶贫资金和项目必须覆盖到建档立卡的贫困人口，分户制定帮

扶措施，做到村村有规划，户户有举措。

2、实施贫困地区劳动力转移培训“雨露计划”，提高劳动者素质。

一是财政投入、培训规模、培训就业率等都比去年有明显提高，全年完成劳动力培训转移100万以上，培训资金总额超过10亿元。

二是在对贫困户建档立卡的基础上，进一步瞄准贫困目标，确保培训经费用于贫困劳动力。

三是围绕创新和完善培训机制，进一步探索了贷款参训、异地培训等模式和方式。

四是强化规范化管理，对贫困对象选择、培训内容、资金使用、转移就业以及维权等环节都作出明确规定。

3、实施产业扶贫带动农户增收。各地根据实际情况，积极探索了产业扶贫与整村推进、连片开发、科技扶贫有机结合的方式，促进农民增收。

（三）加强政策研究

1、开展对特殊贫困类型地区的研究。会同国家发展改革委、财政部等有关部门，对四川阿坝和新疆阿合奇县等特殊贫困类型地区开展调研，启动实施了四川阿坝州扶贫开发和综合防治大骨节病试点及新疆阿合奇县边境扶贫试点；参与了云南怒江州经济社会发展问题调研，探索解决青藏高原地区、沿边境贫困地区等特殊贫困地区问题的路子和措施。

2、积极参与重点地区发展问题研究。认真贯彻落实中央领导同志的批示精神，参与研究制定支持新疆自治区、青海藏区、宁夏自治区经济社会发展的政策措施。

（四）积极创新扶贫资金管理机制

1、继续推进贫困村村级发展互助资金试点。将试点从2006年的14个省（区、市）140个村，扩大到27个省、274个村，并对试点县的有关人员进行培训。目前试点进展顺利，效果良好，缓解了贫困村生产资金缺乏的矛盾，促进了生产发展和民主管理，提高了农户组织化程度，增强了村级组织的凝聚力和战斗力，受到了贫困地区广大干部的欢迎。

2、开展了财政扶贫资金绩效考评。与财政部共同开展了对各省（区、市）2006年度财政扶贫资金绩效考评工作，逐步建立以绩效为导向的扶贫资金分配激励机制。

3、进一步深化扶贫贴息贷款管理体制改革。将扶贫贷款及贴息资金管理权限逐步下放到省、县，2007年继续将到户贷款贴息资金全部下放到592个重点县。

4、配合财政部开展“财政支农资金管理年”活动。通过加强制度建设、加快机制创新、抓好试点示范、强化监督检查等措施，进一步加强和规范扶贫资金的监督管理，努力提高使用效益。

（五）深化社会扶贫和扩大国际交流与合作

在深化社会扶贫方面：

一是继续抓好中央国家机关定点扶贫工作，召开专门会议，交流经验做法，进一步明确方向任务，增强了做好这项工作的信心。

二是积极推进东西扶贫工作的深入开展。一方面继续注重加大财力、硬件投资的力度；同时加强智力扶贫和科技扶贫，探讨东西互助双赢的途径和方式。

三是启动实施“扶贫志愿者行动计划”。

在扩大国际交流合作方面：

一是努力引进世界银行等国际组织扶贫资金，积极探索扶贫开发新方式。

二是在国际合作中积极引进和探索扶贫新方式。

三是开展对外培训项目。

（国务院扶贫办）

二、国家扶贫政策

（一）财政扶贫政策框架

财政扶贫政策是党和政府扶贫开发政策的重要组成部分。多年来，随着公共财政框架的逐步建立和不断完善，我国财政对贫困地区、贫困人口的扶持政策措施越来越多，资金投入数量也越来越大，形成了多渠道扶持贫困地区发展的财政支持框架体系，为扶贫开发事业的顺利推进发挥了积极而巨大的作用。

1 、实施多种形式的区域性财政转移支付制度

通过对中西部地区，尤其是对民族地区、县乡困难地区、革命老区、边境地区等区域实施多种形式的财政转移支付制度，增强了贫困地区地方政府提供公共服务和扶贫的能力。2003 年到 2007 年，中央财政对地方的转移支付累计 4.25 万亿元，87% 用于支持中西部地区。

2 、实施区域性开发和生态保护政策

本世纪初开始实施的西部大开发战略和退耕还林还草生态建设工程，在其政策覆盖范围内产生了重要的减贫效果。西部大开发中的很多工程项目，既增加了就业机会，又推动了西部贫困地区产业发展，直接或间接地促进了贫困人口的增收。退耕还林受益的 1.34 亿人口中，绝大部分是绝对贫困人口和低收入人口。

3 、实施基本公共服务均等化政策

近年来，随着我国财力的不断增强，农村义务教育经费保障制度、贫困家庭学生资助政策体系、农村卫生建设、农村新型合作医疗制度以及农村最低生活保障制度等政策不断建立并逐步完善，消除了贫困人口的一些致贫因素。同时，这些政策虽然不是针对国家扶贫开发工作而实施的，但其中有很多政策首先在国家扶贫开发工作重点县实施，促进了贫困地区的基本公共服务均等化。农村义务教育经费保障制度的全面推开，惠及了包括农村贫困地区在内的 1.5 亿农村义务教育阶段中小学生；新型农村合作医疗制度的不断完善，使参合农民达 7.3 亿人；农村最低生活保障制度的建立，使 3400 多万农村最贫困的人口受益。

4 、实施专项财政扶贫政策

专项财政扶贫政策是指通过设立财政扶贫专项资金，围绕着国家扶贫开发方针政策而专门实施的财政支持政策，是实现扶贫开发政策目标最为直接、最具针对性的财政支持手段。财政扶贫专项资金主要包括：发展资金、以工代赈资金、少数民族发展资金、国有贫困林场扶贫资金、国有贫困农场扶贫资金，以及扶贫贷款贴息资金。

多年来，各级财政部门按照扶贫开发方针政策以及公共财政职能的要求，不断加大财政扶贫专项资金的投入力度，积极创新财政扶贫机制，提高了财政扶贫资金的使用效益。

一是逐步建立财政扶贫资金稳定增长的投入机制。自1980年开始设立财政扶贫专项资金以来，各级财政部门按照中央的要求和部署，合理调整国民收入的分配结构，不断加大财政扶贫的投入力度。中央财政安排的扶贫资金由设立之初的5亿元增加到了2007年的144亿元。28年间，累计安排扶贫资金1600多亿元。与此同时，地方财政也不断加大扶贫开发的投入力度，形成了财政扶贫资金稳定增长的投入机制。

二是建立公开、公平的资金分配机制。从2001年开始，采用因素法分配中央财政扶贫资金。考虑的因素包括贫困人口、农民人均纯收入、地方财力和政策调整因素等。这一办法较好地体现了财政扶贫资金分配的公平性。2001－2007年，中央财政扶贫资金分配给东、中、西部的比例，分别为2.1%、35.6%、62.3%，突出了对中西部贫困地区的重点支持。

三是建立财政扶贫资金预拨机制。针对资金拨付不及时、到位晚，影响资金使用效果等问题，从2005年起，中央财政每年在人代会召开之前，预拨大部分扶贫资金，以便各地尽早实施扶贫项目，提高了扶贫资金的使用成效。

四是建立专户（或专账）管理和报账机制。为了确保财政扶贫资金的专款专用，先后实行了专户或专账管理、封闭运行，以及国库集中支付制和报账制。

五是建立投入引导机制，利用财政贴息方式引导银行贷款支持扶贫开发。为了充分发挥财政资金“四两拨千斤”的杠杆作用，各级财政不断加大贴息资金的投入。据统计，1986-2007年，中央财政共计安排贴息资金70多亿元，通过财政贴息引导金融机构发放扶贫贷款近2000亿元，贴息资金的放大效应达29倍。在加大贴息力度的同时，还对贴息的方式进行了改革，包括下放贴息审核权限、地方财政与银行自行结算贴息、贴息资金直接贴补农民等。这些改革充分调动了地方政府、农村金融部门的积极性，提高了信贷扶贫资金的入户率，为贫困农户获得信贷支持创造了更为有利的条件。

六是建立奖补和互助资金制度。2005年，财政部会同国务院扶贫办、中国银监会，选择江西、陕西、贵州、重庆等四省（市）开展建立“奖补资金”推进小额贷款到户的试点，将部分中央财政扶贫资金作为“奖补资金”，用于贫困户贷款的利息补贴或奖励，引导金融资本更多地支持贫困群众发展生产。2006年，这项试点已经扩大到河北、湖南、云南、广西等8个省。同时，为探索和完善财政扶贫资金使用管理机制，有效缓解贫困户发展生产所需资金短缺问题，提高贫困村和贫困户自我发展和可持续发展的能力，2006年财政部会同国务院扶贫办在14个省份开展了“贫困村村级发展互助资金”试点。安排一定数量的财政扶贫资金到重点贫困村，帮助贫困村建立“互助资金”，实行“滚动使用，民有、民用、民管”。2007年，这项试点工作在全国范围内推开，得到了基层干部和广大贫困群众的积极响应和欢迎。2006-2007年，中央财政安排互助资金6370万元。

七是建立绩效考评机制。财政部与国务院扶贫办共同制定下发了《财政扶贫资金绩效考评试行办法》，从2006年起，对各地财政扶贫资金使用情况进行考评。这一办法进一步促进了扶贫任务和责任的落实。中央财政对扶贫资金进行考评，在财政支农工作中还是第一次，也为在整个财政支农工作中建立绩效考评体系开了一个很好的头，提供了很好的经验，探索出了一条很好的路子。

八是建立资金整合机制。2007年7月，财政部会同国务院扶贫办在中西部地区21个省份开展了“县为单位、整合资金、整村推进、连片开发”试点工作，在扶贫重点县内选择贫困乡村集中连片区域，根据扶贫开发和现代农业建设规划，围绕促进区域经济发展和增加贫困人口收入的目标，以发展优势产业、特色产业为重点，整合部分财政扶贫资金和其他涉农资金，集中力量办大事，以充分发挥资金的聚集效应。中央财政从扶贫资金中安排试点补助资金2亿元。

九是建立多元化的监管机制。逐步建立了有审计、财政、业务部门、社会舆论等各方面参与的多元化监管机制。同时，建立了财政扶贫资金管理监测信息系统，利用现代化的手段，对财政扶贫资金进行自上而下的系统化的跟踪检查。

（财政部农业司）

（二）信贷扶贫政策10年综述

信贷扶贫工作始于上个世纪80年代中期，1986年农业银行开始开办扶贫贴息专项贷款业务；1994年随着国家“八七”扶贫攻坚计划的实施和中国农业发展银行的成立，扶贫贷款业务由农行划转到农发行；1998年5月扶贫贷款业务再次划转回农行，农行接受农发行划转的扶贫贷款（包括扶贫贴息贷款、一般扶贫贷款、边境贫困农场扶贫贷款、康复扶贫贷款4项）共计353.57亿元。

农行再次接受扶贫贷款业务10年（1998年—2007年）来，贷款规模扩大了2.6倍：截至2008年7月31日，扶贫贷款余额达918.64亿元，其中扶贫贴息贷款余额234.97亿元；1998年至2007年10年间，累计共发放扶贫贷款2010.11亿元，其中扶贫贴息贷款1176.74亿元。扶贫贷款的发放覆盖了全国592个国家级扶贫开发重点县（以下简称扶贫重点县）及部分省级贫困重点县，已成为当地扶贫开发的一个重要方式，它不仅改变了贫困地区资金匮乏的局面，而且提高了贫困地区居民的市场金融意识，将现代金融理念和市场经济机制引入到了农村，在极大地缓解我国农村资金严重匮乏现状的基础上，更为我国贫困地区的经济可持续发展和贫困农户增收脱贫提供了思想观念上的更新。

从2000年起，信贷扶贫工作已经进入到了一个新的阶段：一是扶贫的目标有所变化，“八七”扶贫攻坚的目标是解决农村贫困人口的温饱问题，而新阶段的主要目标是使贫困农民增加收入，稳步脱贫，为实现小康创造条件。二是扶贫贷款的投向区域、产业和范围有所扩大，方式和途径有所增多。农行扶贫贷款的信贷对象从“八七”期间的国定贫困县、贫困村、贫困户扩大到了贫困人口集中的中西部少数民族地区、革命老区、边疆地区和特困地区等所有重点贫困地区；贷款支持对象也从主要支持贫困农户发展种养业扩大为支持种养业、劳动密集型企业、农产品加工企业、市场流通企业、基础设施建设项目以及有助于带动贫困户增加收入的所有其他项目。三是农行对扶贫信贷资金也采取权责到省的原则，突出了扶贫贷款计划为指导性计划，各省行可按照《纲要》的要求自主经营信贷扶贫资金。四是农行积极稳妥地推广扶贫到户的小额信贷，支持贫困农户发展生产。

1、农业银行信贷扶贫执行情况

从1998年农发行将扶贫信贷业务划转回农行以来的10年里，农行累计共发放了全部扶贫贷款2010.11亿元，其中扶贫贴息贷款1176.74亿元，为我国贫困地区的经济发展和贫困农户的脱贫增收提供了巨大的金融支持。10年来，农行发放扶贫贷款的具体情况为：

表5－1　农业银行历年扶贫贷款发放情况表

单位：亿元

年份	累计发放		余额			财政贴息
	全部扶贫贷款	其中：扶贫贴息贷款	全部扶贫贷款余额	扶贫贴息贷款余额	一般扶贫贷款余额	
1998年划转时余额			353			
1998年	95.7	31	433	230	203	
1999年	209.5	50	575	253	322	4.29
2000年	213	213	706	270	436	5.24
2001年	217	170	793	359	434	5.2
2002年	254.5	188.6	900	545	355	5
2003年	287.4	181.5	962	457	505	5.3
2004年	279.1	171.5	996	421	575	6.13
2005年	197.8	76	959	319	640	4.21
2006年	157.9	56.17	960	266.74	693.26	1.64
2007年	98.21	38.97	918	234.97	683.03	1.57
合计	2010.11	1176.74				38.58

数据来源：中国农业银行

10年来，在不断总结信贷扶贫经验的基础上，农业银行意识到了从事扶贫信贷业务应在国家扶贫政策的指导下，针对各时期经济社会形势发展的特点，始终应该坚持以“是否有利于贫困地区经济可持续发展，是否有利于贫困农户增收脱贫，是否有利于国有资产保值增值”为标准，适时调整各阶段信贷扶贫工作的思路与重点。经过长期的实践探索与总结，当前，农业银行的信贷扶贫业务已经初步形成了小额到户扶助扶贫、农业产业化带动扶贫、农村基础设施辐射扶贫、科教文卫支撑扶贫和生态旅游拉动扶贫等多种形式并存的格局。

1）小额到户扶助扶贫

多年来，农业银行始终坚持积极稳妥地发放小额到户扶贫贷款，支持有生产能力、守信用的贫困农户发展生产。同时，各地农行也积极创新贷款方式，发展出了农作物交叉担保、“户贷企保”、“多户联保”、“专业大户＋农户”、“基地＋农户”等多种方式，力争给予贫困农户更多更有效率的金融扶持。截至到2008年7月31日，农业银行有存量小额到户扶贫贷款142.50亿元，其中扶贫贴息小额到户贷款48.23亿元，共扶持贫困农户595.37万户，极大地扶助了农户的农业生产。在贵州盘县、云南楚雄自治州等一些社会信用环境好、政府帮扶措施到位的地区，小额到户扶贫贷款的投放已经形成了农户增收、农行增效、政府满意的多赢局面。

2）农业产业化带动扶贫

当前，在我国农产品市场上，还存在着单个农户的小生产与大市场的矛盾问题。在农产品供过于求的时期，低附加值的种养业生产的产品，不但价格上不去，市场销路也成问题，最终很难实现农户增收。在农产品供应偏紧，农产品价格上涨的时期，由于农户的分散性，单个农户的农产品议价能力并没有提高，大量的价值稀释在了农产品价值链条上的运销环节，最终农户增收的潜力也不大。所以，扶持农户脱贫迫切需要搭建一个单个农户与大市场的连接平台，而农业产业化企业正承担起了这样一个连接平台的责任。于是，通过支持农业产业化企业的发展，来间接带动扶贫农户的脱贫，便成为一种事半功倍的有效手段。当前，农业银行发放的农业产业化扶贫贷款也已创新出了龙头企业带动型、原料基地启动型、专业大户带动型、专业市场拉动型等多种具体形式。截止到2008年7月31日，农业银行农业产业化扶贫贷款余额为89.42亿元，其中扶贫贴息贷款29.36亿元，发挥了很好的辐射带动农户增收脱贫的作用。

3）农村基础设施辐射扶贫

基础设施落后是制约贫困地区经济发展和农民增加收入的一个重要原因，因此，支持贫困地区中小型基础设施建设也就成为信贷扶贫资金的一个重要投向。这种信贷扶贫方式可以带来很多的社会效益：一是基础设施项目建设期通常较长，辐射面宽，所以能在一个较长的时期内大量使用农村贫困农户劳动力，增加他们的务工收入；二是项目建设要大量使用当地的建设材料，消费当地的农副产品，从而也就间接带动了当地其他行业的发展；三是可以极大地改善当地生产生活条件，优化当地的投资环境，从而为当地经济的可持续发展打下基础；四是帮助贫困落后地区修建基础设施，有助于加强当地与外界的沟通，提高当地农户的素质，最终有利于当地富余劳动力的转移。截止到2008年7月31日，农业银行有农村基础设施扶贫贷款余额78.31亿元，为广大农村地区基础设施项目的建设与完善提供了极大的资金支持。

4）科教文卫支撑扶贫

农村贫困人口素质低也是其致贫的一个主要原因，而加大科教文卫的投入是提高农村贫困地区人口素质的一个重要途径。“治贫先治愚，强国先强身”，支持贫困地区的科教文卫项目可以提高贫困农户子女的文化素质和贫困户的身体素质，增强他们脱贫致富的能力。因此，对贫困地区科教文卫的投入也是信贷扶贫资金的一个重要投向。多年来，农行一直都没有放松过对贫困地区科教文卫项目的资金支持，截至到2008年7月31日，农业银行科教文卫扶贫贷款余额为24.87亿元，其中扶贫贴息贷款余额7.55亿元，为贫困地区发展科教文卫事业提供了巨大的帮助。

5）生态旅游拉动扶贫

生态旅游是在保护生态的前提下，以环境教育和自然知识普及作为核心内容的一种高层次旅游活动。生态旅游业具有较高的经济附加值，有特色的生态旅游不仅可以拉动当地经济的发展，还可以更好地保护当地的生态特色，从而促使当地进入一个良性的生态循环。从经济发达国家生态旅游业的发展经验来看，生态旅游将是未来旅游业发展的一个新方向，具有广阔的市场前景与经济潜力。我国不少贫困地区，虽然经济落后，但这些地区往往保持有较好的原始生态，具有天然的发展生态旅游的基础，所以，支持这些地区生态旅游业的开发与发展也是帮助当地脱贫的一种有效方式。近年来，农业银行在支持贫困地区发展生态旅游业上也已经作出了很多的努力。截至到2008年7月31日，农业银行发放的支持生态旅游业发展的扶贫贷款余额为11.38亿元，其中贴息贷款余额1.19亿元。相信，随着我国生态旅游业的进一步成熟，市场前景的更加拓宽，农行在支持贫困地区生态旅游发展上还将会提供更多的资金支持。

借助于多种形式的具体扶贫手段，经过10多年的不懈努力，农业银行在信贷扶贫的道路上已经初步实现了“放得出、收得回、有效益”的良性循环，在为贫困地区经济发展和贫困农户增收脱贫做出巨大贡献的同时，自身扶贫贷款业务也获得了很大的发展。总结过往的经验，以指导实践，农业银行在未来的扶贫道路上定能走的更远。

3、农业银行信贷扶贫经验总结

1）农行党委高度重视信贷扶贫工作，在指导思想、资源配置和政策制定方面

给予了积极支持

为正确分析新时期信贷扶贫工作的形势，农行领导曾先后深入到甘肃、贵州、青海、四川、西藏、内蒙古和陕西等贫困地区进行调研。在总结以往信贷扶贫工作经验教训的基础上，提出了新时期“因地制宜，方式多样，加强管理，讲求效益”的信贷扶贫工作方针以及信贷扶贫应与西部大开发结合起来的思路，从战略上明确了信贷扶贫工作的方向。

同时，为更顺利地开展信贷扶贫工作，农业银行在机构、人员、资金等资源配置上也对信贷扶贫工作做了专门部署。首先，从农行总行到国家扶贫开发重点县支行都设立了专门的信贷机构，配备了专职的信贷人员，并从社会上聘用了4000多名合同制协贷员，为信贷扶贫工作的正常展开提供了充足的人员保障；其次，信贷扶贫计划的分配也向西部贫困地区有所倾斜，增加了对扶贫重点县的扶贫专项费用，大大提高了贫困地区信贷资金资源的供给能力；第三，根据不同地区、不同时期信贷扶贫的新情况、新问题，农行适时地从制度和流程上调整和规范了信贷扶贫工作，使贫困农户和农业产业化企业能更便捷高效地享受到扶贫信贷资金的优惠。

此外，在不断总结信贷扶贫工作的经验教训的前提下，农业银行还提出了要以“是否有利于增强贫困地区社会经济可持续发展能力，是否有利于贫困农户增收脱贫，是否有利于国有金融资产保值增值”为标准来判断信贷扶贫工作的优劣；有效地将市场机制引入到了贫困地区经济发展中，实现了从片面强调扶贫贷款到户向综合扶持突出效益到户转变。

2）按照“因地制宜，方式多样，讲求效益，加强管理”的原则展开工作

首先，我国贫困地区的广阔分散性，决定了我国的信贷扶贫工作也要根据不同地区、不同贫困户的具体情况，因地制宜地选择信贷扶贫的具体实现形式：能够通过发放小额到户贷款扶贫的，要继续发放小额到户贷款；有条件支持农业产业化企业的，要通过扶持产业化企业带动贫困户脱贫；有资源优势的，可借助于支持基础设施建设、改善贫困地区脱贫致富的发展环境；同时还要继续稳妥地加强科教文卫、生态旅游特色项目的资金支持，多种方式齐力并举最终帮助贫困农户脱贫。

其次，信贷扶贫的最终目的是使贫困农户脱贫增收，所以信贷扶贫工作的落脚点也就应该是如何合理配置资金使其扶贫效益最大化，而不是单纯深究信贷扶贫采取的形式。只要是有利于贫困地区经济可持续发展，有利于贫困农户增收脱贫，有利于国有金融资产保值增值的信贷扶贫方式都是值得提倡的方式。

第三，从长远来看，信贷扶贫资金稳定的社会效益是建立在良好的经济效益基础之上的。如果信贷扶贫资金都有去无回，信贷扶贫工作的良性循环和可持续发展也就无从谈起。所以，信贷扶贫既要注重社会效益，也要讲求经济效益。

最后，扶贫贷款是政策导向性较强的信贷资金，但是政策性强并不意味着扶贫贷款的发放就可以不理会信贷资金的基本运作规律，就可以疏于管理。相反地，多年的信贷扶贫实践证明，政策性强的信贷资金尤其要加强管理，防范金融风险。所以，欲切实提高扶贫贷款的社会效益和资产质量，就要按商业化原则经营，就要不断提高信贷扶贫资金的管理水平，不仅要加强对扶贫贷款的监测和风险控制，而且更要及时了解国家的相关政策法规、产业结构调整的趋向、贫困地区的特点及条件变化，积极引导贫困地区发展经济，从源头上控制金融风险。

3）开展信贷扶贫工作，还应主动与相关政府部门沟通，加强与其他部门的合作

信贷扶贫工作是一个系统工程，要做好这项工作需要各个相关部门的配合、理解和支持。在过去的信贷扶贫工作中，农业银行既坚持了自主经营的原则，又积极主动地与地方各级党政相关部门建立保持了良好的沟通协调关系。在具体工作中，农业银行一方面提高了信贷政策、业务流程等方面的透明度、使社会各界和贫困地区的干部、农户和企业负责人能更多地了解农行的信贷扶贫工作，以更好地提供工作上的配合；另一方面，农业银行又虚心接受各级党政机关和群众的监督，认真履行职责，执行政策，总结经验，改进工作，最大限度地发挥了信贷扶贫资金的作用。

信贷扶贫工作是党中央、国务院赋予农业银行的一项光荣使命。农行人也一直以国家相关扶贫政策为指导，为实现贫困农户的脱贫致富和贫困地区的经济发展进行着不懈的努力。相信，在党中央、国务院的正确领导下，通过全国人民的共同支持，农业银行的扶贫事业定能够取得更大的成就。

（中国农业银行三农对公业务部）

（三）国家以工代赈政策

以工代赈，是指政府投资建设基础设施工程，受赈济者参加工程建设获得劳务报酬，以此取代直接救济的一种扶持政策。现阶段，以工代赈是一项重要农村扶贫政策。国家投入资金在贫困地区建设基本农田、农田水利、县乡村公路、人畜饮水、小流域治理等农村小型基础设施工程，贫困农民参加以工代赈工程建设，获得劳务报酬，直接增加收入。以工代赈政策能够同时达到三个目标，具有“一石三鸟”之功效。第一，通过组织赈济对象参加工程建设，使赈济对象得到必要的收入和最基本的生活保障，达到赈济的目的。第二，在政策实施地区形成一批公共工程和基础设施，对当地经济社会的发展长期发挥作用。第三，在政策实施地区解决农村剩余劳动力临时就业问题，激发群众自力更生、艰苦奋斗的精神，摆脱“等、靠、要”等消极意识。

自1984年实施以工代赈工程以来，国家累计安排以工代赈投资（含实物折资）980亿元，连同地方配套投资，总投资达到1300亿元。其中，1996年至2008年国家累计安排以工代赈投资693亿元，其中国债以工代赈173亿元。以工代赈投资集中投向国家确定的贫困地区，并向贫困人口多、基础设施薄弱、受灾严重的贫困地区倾斜，通过建设一大批农村小型基础设施工程，为贫困地区建设小康社会打下了坚实的基础。1996年以来，国家以工代赈的主要建设成效体现在：

——小型农田水利。安排国家以工代赈投资179亿元，其中国债以工代赈投资58亿元，连同地方配套投资，总投资248亿元，用于贫困地区小型农田水利工程建设。通过新建和扩改建微型、小型水源、水渠工程，新增和改善农田有效灌溉面积8000多万亩。改善了农业生产条件，提高了农业综合生产能力和抵御自然灾害特别是旱灾的能力，对增加粮食产量和农民收入、调整农业结构发挥了重要作用。

——基本农田建设。安排国家以工代赈投资61亿元，其中国债以工代赈投资16亿元，连同地方配套投资，总投资90亿元，用于贫困地区基本农田建设。通过新建农田、改造中低产田及坡改梯整治等工程建设，建设基本农田2480万亩，改善了农业生产条件，增加了农作物种植面积，提高了农产品产量，为贫困群众解决温饱和当地经济发展奠定了坚实的基础。

——县乡村道路建设。安排国家以工代赈投资302亿元，其中国债以工代赈投资108亿元，连同地方配套投资，总投资450亿元，用于贫困地区“晴通雨阻”公路改造、不通村的道路通达、乡村出口联接路、跨行政区断头路、资源开发及特色农业生产基地配套道路等，共计建设乡村道路45万公里。有效解决了群众行路难问题，完善了贫困地区路网功能，加强了贫困地区的对外联系，优化了经济发展环境，为当地资源开发和经济发展创造了条件。

——人畜饮水工程。安排国家以工代赈投资64亿元，其中国债以工代赈投资20亿元，连同地方配套投资，总投资93亿元，用于以打井、铺设管道、集雨、修筑塘坝、建蓄水池和简易自来水等工程为主的贫困地区人畜饮水工程建设。解决了4200万人、3000万头牲畜的饮水困难，使长期困扰贫困群众的吃水难问题得到初步解决，为贫困群众的生产生活提供了基本保障。

——小流域综合治理。生态环境恶劣是造成贫困的重要根源之一，也是贫困群众脱贫致富的主要障碍。为了改善贫困地区的生态环境，安排国家以工代赈投资35亿元，其中国债以工代赈投资15亿元，连同地方配套投资，总投资52亿元，进行小流域综合治理。初步治理水土流失面积4万多平方公里，改善了当地的生态环境，为实现经济、社会、生态长期、可持续发展打下了基础。

——增加贫困农民收入。农村贫困地区广大群众通过参加上述以工代赈工程建设，获得了大量的短期就业机会和一定的劳动报酬。为落实好以工代赈劳务报酬政策，在国家以工代赈投资中累计安排劳务报酬专项资金70多亿元，这部分资金将直接发放到参加工程建设的农民群众手中。

（国家发展改革委地区司）

（四）国家易地扶贫搬迁政策

为探索扶贫开发的新举措，针对生活在缺乏基本生存条件地区的农村贫困人口，经国务院批准，自2001年起，国家发展改革委在西部地区部分省份组织实施了易地扶贫搬迁（生态移民）试点工程。为指导各地做好这项工作，国家发展改革委于2001年印发了《关于易地扶贫搬迁试点工程的实施意见》。这项试点工程的实施范围主要是国家扶贫开发工作重点县，搬迁对象为生活在生态环境恶劣、缺乏基本生存条件地区的农村贫困人口，并兼顾生态工程建设中需要搬迁农牧民。2001年至2008年，国家累计安排国债和中央预算内资金94亿元，计划搬迁农村贫困人口200多万人，国家投资补助标准原则上人均控制在5000元以内。这项试点工程基本做到了第一年实施工程建设，第二年组织群众搬迁，第三年搬迁群众稳定下来，随后收入逐年增加，逐步走上脱贫致富和可持续发展之路。这项试点工程取得的成效主要体现在：

——有效地解决了搬迁群众的脱贫与发展问题。从已搬迁群众的情况看，生产生活条件和发展环境发生很大变化后，通过调整产业结构、提高农产品产量，及拓宽增收渠道，多数做到了搬迁后第二年脱贫，部分已开始致富。

——促进了生态环境的恢复和保护。这项试点工程通过与退耕还林、退牧还草、天然林保护等生态工程相结合，有效地恢复和保护了当地的生态环境。据云南省有关部门测算，生活在山区的群众每年人均薪柴砍伐量为2-3立方，云南省通过实施易地扶贫搬迁工程，每年可减少薪柴砍伐10多万立方，生态效益明显。

——群众的生产生活条件得到了改善。2001年以来，易地扶贫搬迁试点工程建设群众住房建设2500多万平方米，开发和调整耕地4600多万亩，修建道路1.7万公里，并进行配套的农田、水利、人畜饮水，及教育、卫生、文化等设施建设，不仅满足了搬迁群众的需要，也使安置点原有群众受益，群众的生产生活条件得到了改善。

——降低了扶贫成本。不具备生存条件的地区，多为严重缺水、山高路陡或水土流失严重地区，水、田、路等基本生产生活条件很难改善。即使能够改善的部分地区，投资成本也相当大。据测算，就地扶贫的投资，约为易地扶贫的2-3倍，且效益很不明显，工程的实施还会对生态环境造成破坏。易地扶贫搬迁虽然一次性投入较大，但总体上降低了扶贫成本。

——有效地解决了贫困群众子女入学问题。据初步了解，生活在自然条件恶劣地区、需要易地搬迁的贫困群众，其子女入学情况很差，小学毕业率约为60%，初中毕业率仅为30%左右。实施试点工程后，搬迁群众子女的九年义务教育基本得到了保证，同时教学条件得到了改善，教学点得到合理调整，师资力量得以加强。易地扶贫搬迁工程除帮助贫困群众脱贫外，更为重要的是为他们下一代的发展打下了较好的基础。

——有效整合了政府支农投资。易地扶贫搬迁试点工程是一项复杂的系统工程，仅靠国家专项试点资金难以从根本上解决问题，涉及经济、社会、生态等诸类问题，特别是群众发展的长远性问题，需要各类相关资金共同支持。为落实中央关于整合政府支农投资的有关要求，国家发展改革委要求各地在实施试点工程中，依托试点工程，积极整合有关投资，共同致力于安置区的项目建设。在帮助搬迁群众脱贫致富的同时，通过整合投资发挥资金整体效益，取得了较好的效果。

（国家发展改革委地区司）

（五）退耕还林（草）政策

1、政策背景

1999年，朱镕基总理在视察长江、黄河上中游地区有关省区生态建设工作后指出，要采取“退耕还林（草）、封山绿化、以粮代赈、个体承包”的措施，大力开展植树种草。当年，四川、陕西、甘肃三省先行启动了退耕还林（草）工作。2000年3月，根据国务院西部地区开发会议精神，国家林业局、国家计委、财政部联合发出了《关于开展2000年长江上游、黄河上中游地区退耕还林（草）试点示范工作的通知》，试点工作在长江、黄河两大流域13个省（自治区、直辖市）展开，6月又在湖南、河北、吉林和黑龙江4省的部分县扩大试点。2000年9月国务院又出台了《国务院关于进一步做好退耕还林（草）试点工作的若干意见》（国发【2000】24号）。有关部门分别制定了《以粮代赈、退耕还林（草）的粮食供应暂行办法》（计粮办【2000】241号）、《退耕还林（草）试点粮食补助资金财政、财务管理暂行办法》（财建【2000】292号）、《关于退耕还林（草）试点地区农业税政策的通知》（财税【2000】103号）、《退耕还林（草）生态林和经济林认定标准》（试行）（办造字【2000】72号）。

2、政策主要内容

国家向退耕户无偿提供粮食　每亩退耕地补助粮食（原粮）标准，长江上游地区为150千克，黄河上中游地区为100千克。粮食补助的年限，先按经济林补助5年、生态林补助8年计算，定退耕还草补助按2年计算。到期后可根据农民实际收入情况，需要补多少年再继续补多少年。粮食补助直接兑现到农户手中，并保证数量、质量和品种。

2004年4月13日，国务院办公厅下发了《关于完善退耕还林粮食补助办法的通知》(国办发【2004】34号)，规定从2004年起，原则上将向退耕户补助的粮食改为现金补助。中央按每公斤粮食（原粮）1.40元计算，包干给各省、自治区、直辖市。具体补助标准和兑现办法，由省级人民政府根据当地实际情况确定。

国家给退耕户适当的现金补助　考虑到农民退耕后医疗、教育等必要的日常开支，国家在一定时期内给农民适当的现金补助，按每亩退耕地每年补贴20元安排。现金补助的期限与粮食补助期限相同。现金补助以户为单位发放到农民手中。

国家向退耕户提供种苗补助费　退耕地还林（草）和宜林荒山荒地造林种草，由国家提供每亩50元的种苗补助费，并直接发给农民，由农民自行采购种苗。

对前期工作和科技支撑工作给予补助　退耕还林（草）试点工程的前期工作和科技支撑等方面的费用，按退耕还林（草）基本建设投资的一定比例由国家给予补助，根据工程情况在年度计划中适当安排。自2004年起，退耕还林工程前期工作费中央按退耕还林每亩补助1元的标准进行补助，同时要求省级政府每亩补助2元。

实行税收优惠政策　对应税的退耕地，自退耕之年起，对补助粮达到原收益水平的，国家扣除农业税部分后再将补助粮发给农民；停止粮食补助时，不再对退耕地征收农业税。进行生态林草建设的，按国家有关税收优惠政策执行。

采取中央对地方财政转移支付方式，对地方财政减收给予适当补偿　实施退耕还林（草）试点的县，其农业税等收入减少部分，由中央财政以转移支付的方式给予适当补助。

实行个体承包　按照“谁造林（草）、谁管护、谁受益”的原则，将责权利紧密结合起来，调动农民群众的积极性，使退耕还林（草）真正成为农民的自觉行动。农民承包的退耕地和宜林荒山荒地，植树造林以后，承包期一律延长到50年，允许依法继承、转让，到期后还可以根据有关法律和法规继续承包。

采取多种形式推进退耕还林（草）工作　有条件的地区可本着协商、自愿的原则，由农村造林专业户、社会团体、企事业单位等租赁、承包退耕还林（草）工程，其利益分配等问题由双方协商解决。鼓励在有条件的地区实行集中连片造林、种草，鼓励个人兴办家庭林场和草场，实行多种经营。

实行规范的项目管理制度　严格按规划设计、按设计施工、按标准验收、按验收结果兑现政策和奖惩。

实行报帐制　将退耕还林（草）的任务逐级落实到户，由农户按规定的数量和进度进行退耕还林（草），检查验收后，农户凭验收卡领取粮食和现金补助，并逐级报账。

协调政策、统筹安排　实施退耕还林（草）的地区，要把退耕还林（草）与扶贫开发、农业综合开发、水土保持等政策措施结合起来，对不同渠道的资金，可以统筹安排，综合使用。要调整农业支出结构，统筹安排使用支农资金。实施退耕还林（草）地区的财政扶贫资金可重点用于该地区包括基本农田、小型水利在内的基础设施建设和农牧民科技培训、科技推广，提高缓坡耕地和河川耕地的生产能力，提高农民的科技水平。

2007年8月，国务院又下发《关于完善退耕还林政策的通知》(以下简称《通知》)。《通知》规定，现行退耕还林粮食和生活费补助期满后，国家继续对退耕农户给予适当的现金补助，解决退耕农户当前生活困难。补助标准为：长江流域及南方地区每亩退耕地每年补助现金105元，黄河流域及北方地区每亩退耕地每年补助现金70元的标准。原每亩退耕地每年20元生活补助费，继续直接补助给退耕农户，并与管护任务挂钩。补助期为：还生态林补助8年，还经济林补助5年，还草补助2年。各地可结合本地实际，在国家规定的补助标准基础上，再适当提高补助标准。

《通知》规定，中央财政建立巩固退耕还林成果专项资金，解决退耕农户长远生计问题。专项资金主要用于西部地区、京津风沙源治理区和享受西部地区政策的中部地区退耕农户的基本口粮田建设、农村能源建设、生态移民以及补植补造，并向特殊困难地区倾斜。中央财政按照退耕地还林面积核定各省（区、市）巩固退耕还林成果专项资金总量，并从2008年起按8年集中安排，逐年下达，包干到省。

3 、政策执行评价

自1999年工程试点以来，国家累计投资3404亿元。累计完成退耕地造林904.98万公顷，配套荒山荒地造林1262.13万公顷，新封山育林125.65万公顷。累计粮食补助资金总计1202.42亿元，累计生活费兑现金额总计139.28亿元。

退耕还林（草）是一项深得民心的好政策，这项政策的实施退耕还林工程有力地改善了我国生态脆弱地区的生态状况，调整了农村产业结构，促进了农民就业增收，增强了农村可持续发展能力，对新农村建设和解决三农问题发挥了巨大作用。

2007年国家林业重点工程社会经济效益通过对100个退耕县连续监测结果显示：

一是森林资源持续增加，发挥重要的农业生产屏障作用。2007年，样本县森林覆盖率达到30.20%，其中，长江流域县森林覆盖率53.03%，比1998年上升14.16个百分点；黄河流域县森林覆盖率16.96%，比1998年上升9.25个百分点。同期，样本县农作物受灾面积160.38公顷，比1998年的416.83万公顷减少61.52%。

二是过度垦殖的土地利用趋势得到明显改变，陡坡耕种继续减少。2007年同1998年相比，样本县耕地面积减少9.24%，林业用地面积增长21.16%，牧草地面积增长2.74%，耕地、草地、林地面积占行政区土地面积比重分别为11.64%、43.37%和15.97%，分别比1998年增加-1.15个百分点、7.66个百分点和0.46个百分点， 25度以上陡坡耕地面积减少39.13%，15~25度耕地面积减少10.27%，工程区土地利用结构进一步趋于合理。

三是退耕地产出大幅度增长，农业产业结构继续调整。随着退耕还林工程的进展，前期造的经济林进入丰产期，林地产出快速增长，对林产品产量贡献率大。2007年，100个样本村退耕还林地的竹材、干果、鲜果和中药材产量分别比2006年增长38.56%、129.96%、7.05%和169.88%，分别占其相应总产量的82.03%、30.14%、49.17%和56.79%，对增加林产品供给发挥了重要作用；退耕还林工程加速了工程区农业产业结构的调整步伐， 2007年，100个样本县种植业、林业、畜牧业、渔业和农林牧渔服务业产值占农林牧渔总产值的比重分别为48.28%、6.30%、41.15%、2.36%和1.91%，与1998年相比，种植业比重下降11.86个百分点，林业比重增加1个百分点，有力地改变了种植业比重过大的农业产业结构。

四是粮食产量持续增长，农民收入稳步增加。与退耕前的1998年相比，样本县耕地面积减少9.24%，但粮食总产增加7.81%，出现了既建设生态又保证粮食安全的良好趋势。2007年，样本县农民人均纯收入达到3165元，比2006年增长

16.31%，快于同口径计算的全国平均增长水平（15.42%）的0.89个百分点，样本县的农民人均纯收入水平相当于全国平均水平的76.46%，比1998年提高5.12个百分点，差距逐渐缩小，成为缓解农村贫困的重要因素。

（国家林业局计划资金司）

（六） 新型农村合作医疗

新型农村合作医疗制度是由政府组织、引导、支持，农民自愿参加，个人、集体和政府多方筹资，以大病统筹为主的农民医疗互助共济制度。2002年10月，中共中央、国务院作出《关于进一步加强农村卫生工作的决定》，明确提出建立和完善新型农村合作医疗制度和农村医疗救助制度，先行试点，总结经验，逐步推广，到2010年，新型农村合作医疗制度要基本覆盖全部农村居民。政府对新型农村合作医疗和农村医疗救助给予支持。2003年开始进行新型农村合作医疗制度的试点工作。同年9月，西部12个省（自治区、直辖市）和中部9个省的试点县（市、区）参加新型农村合作医疗的农民为4351万人，占其农村人口的74%。年底全国首批启动的试点县（市、区）共有304个，中央财政对中西部地区除市区以外的参加新型农村合作医疗的农民每年按人均10元安排合作医疗补助资金，地方财政对参加新型合作医疗的农民补助每年不低于人均10元。到2004年6月30日，全国已有30个省、自治区、直辖市先后启动了310个县（市）的新型农村合作医疗试点，覆盖农业人口9504万人，实际参加新型农村合作医疗的农民达到6899万人，参合率为72.6%。其中，中西部22个省（区、市）启动了233个试点县（市），覆盖农业人口为6331万人，实际参加为4524万人，参合率为71.5%。全国共筹集资金30.2亿元，其中，各级财政补助15.01亿元，农民个人缴费10.9亿元，集体和其他渠道支持4.32亿元。中西部地区共筹集资金14.71亿元，其中农民个人缴费5.13亿元，中央财政补助3.93亿元，地方财政补助5.04亿元，其他渠道支持6188万元。

一年多的试点工作取得了初步成效，为全面建立新型农村合作医疗制度打下坚实的基础。在总结经验、分析问题的基础上，研究制订了《关于进一步做好新型农村合作医疗试点工作的指导意见》，进一步明确了新型农村合作医疗的性质是互助共济、原则是自愿参加、重点是大病统筹。

党中央、国务院对推进新型农村合作医疗试点工作高度重视。在2004年10月召开的全国新型农村合作医疗试点工作会上，中共中央总书记、国家主席胡锦涛和中共中央政治局常委、国务院总理温家宝都作出重要指示，肯定了新型农村合作医疗试点工作取得的进展，强调要继续加强领导，充分估计这项改革的艰巨性和复杂性，做好克服困难的思想准备和工作准备，充分尊重农民的意愿，因地制宜，完善试点方案，并不断探索和总结，循序渐进、扎扎实实地推进试点工作。时任中共中央政治局委员、国务院副总理吴仪同志出席会议并强调，要实事求是地认真总结成绩和经验，充分认识存在的问题，把思想统一到中央的要求上来，进一步明确任务，积极探索，稳步推进新型农村合作医疗试点工作。

2005年卫生部、国家发改委、民政部、财政部、农业部、国家食品药品监管局、国家中医药局联合发布《关于加快推进新型农村合作医疗试点工作的通知》，决定从2006年起，调整相关政策，加大力度，加快进度，扩大新型农村合作医疗试点。一是2006年全国试点县（市、区）数量达到全国县（市、区）总数的40%左右；2007年试点扩大到60%左右。二是加大财政资金支持力度。中央财政对中西部地区参加合作医疗农民的年人均补助提高到20元，地方财政也相应提高补助标准，同时将中西部农业人口占多数的市辖区和东部部分省份困难地区的县（市）纳入中央财政补助范围。充分发挥社会力量，扩大医疗救助范围，提高救助水平。重点解决好农村五保户、特困等贫困家庭的医疗困难问题。在开展新型农村合作医疗和医疗救助的地区，贫困人口参合和就医状况得到明显改善。2006年统计显示，五保户参合率为95.95%、特困人口参合率为87.84%、贫困人口参合率为81.94%。

2003年—2007年，全国开展新农合的县（市、区）达到2448个，试点县实现了60%的目标。参加新农合人口7.26亿，参合率85.96%，其中中西部地区1795个县（市、区）开展新农合，占西部地区县（市、区）总数的82.91%，参加新农合人口5.03亿，参合率84.44%。

2003年—2007年，各级财政直接用于补助参合农民的资金达541亿元，其中中央财政补助169亿元。中央财政用于支持中西部地区新农合管理经办和医疗服务能力建设的资金达46亿元，用于补助农村医疗救助资金36亿元。

2003年—2007年，全国累计已有9.2亿人受到新农合补偿，共补偿资金591亿元。补偿中包括住院补偿5943万人次，补偿资金469亿元，平均每人次住院补偿达800元；有7.1亿人次享受到门诊医疗补偿，还对1.6亿多人进行了健康体检。

在党的十七大精神指导下，2008年新型农村合作医疗工作深入开展。为实现在新的起点上又好又快发展，重点工作一是对老、少、边、穷县（市、区）在政策和资金上给予重点扶持，确保2008年新农合制度全面覆盖全国农村。二是从实际出发，落实好筹资政策，用两年时间将新农合人均筹资水平从50元提高到100元，各级财政对参合农民的补助标准将提高到每人每年80元，其中，中央财政对中西部地区的补助标准提高到40元，农民个人缴费由每人每年10元增加到20元。各级财政要切实规范财政补助资金拨付管理办法，保证资金及时足额到位；三是完善统筹补偿方案，合理使用基金，不断扩大受益面。四是加大投入力度，加强医疗机构监管，提供价廉、质优药品，努力提高农村医疗服务水平。五是规范和完善新农合基金管理运行，切实加强监管。六是加强新农合管理经办能力和信息化建设。七是加强组织领导，加强协同配合，扎实推进新农合制度建设。

到2008年9月，全国开展新农合的县（市、区）达到2729个，参加新农合人口8.14亿，参合率为91.5%，其中东部地区625个县（市、区）开展新农合，参合人口2.38亿，参合率为95.7%；中西部地区有2104个县（市、区）开展新农合，参人口5.77亿，参合率为89.9%。本年度筹资710.02亿元，其中中央财政补助资金246.09亿元，地方财政补助资金340.77亿元，农民个人缴费118.31亿元（含相关部门位救助对象参合费5.11亿元），利息收入及其他渠道4.85亿元。中西部地区本年度已筹资489.24亿元，其中，中央财政补助资金223.12亿元，地方财政补助资金198.07亿元，农民个人缴费65.65亿元（含相关部门为救助对象参合缴费3.17亿元），利息收入及其他渠道2.40亿元。2008年前三季全国累计受益36918.35万人次。

新型农村合作医疗试点工作开展以来，在党中央、国务院高度重视和各地区、各部门的共同努力下，新农合制度建设取得了显著成绩，覆盖面不断扩大。实践证明，新农合制度，符合我国国情，符合农村经济发展水平，与农民经济承受能力和医疗服务需求基本适应，在减轻农民医疗负担、缓解因病致贫、因病返贫状况、保障农民健康方面发挥了重要作用，是我国农村卫生改革发展的重大制度创新和现阶段农民基本医疗保障的重要实现形式。

（卫生部统计中心）

（七）扶持人口较少民族发展规划

《扶持人口较少民族发展规划（2005-2010年)》的实施，加快了人口较少民族地区的经济社会发展，人口较少民族地区呈现出生产发展、生活改善、民族团结、社会稳定的良好局面。

据统计，2006和2007两年，10省区共投入各类扶持资金12.78亿元，安排项目5143个。其中，扶持人口较少民族发展专项建设资金4.05亿元，少数民族发展资金3.93亿元，省级专项或配套资金3.29亿元，中央财政扶贫资金、对口帮扶、国际合作等其他资金1.51亿元。扶持资金投向分为两大类：一类是基础设施建设项目3246个、占项目总数的63.1%，安排10.47亿元、占资金总量的81.9%；另一类是群众增收项目1897个、占项目总数的36.9%，安排2.31亿元，占资金总量的18.1%。

1、基础设施建设得到加强，群众生产生活条件明显改善

2007年，在640个村的4200多个自然村中，通公路的自然村占74.0%、通电的占90.0%、通电话的占79.8%、有安全饮用水的占50.8%，分别比规划实施前提高21.8、2.8、41.9和15.4个百分点。通邮的自然村所占比重为56.2%，也比规划实施前有了较大提高。户通电率达到90.1%，户用沼气率达到11.7%，饮用安全水的户数有90395户、占总户数的45.9%，使用卫生厕所的户数有30976户、占总户数的15.7%，安居房项目的实施使3934户农牧民告别了简易住房。640个村新增或改造基本农田3.8万亩，新增桑园、茶园、果园11.0万亩，新增经济林15.9万亩，新增或改良人工草场10.4万亩，新增或改扩建道路里程3971公里。

如黑龙江19个人口较少民族聚居村通乡、通县公路都已开通，人畜安全饮水问题得到解决。贵州实施新建或改建公路、村寨步道硬化项目，解决毛南族群众行路难、运输成本高的困难。甘肃积石山县通过扶持项目的实施，重点解决直接关系保安族、撒拉族等少数民族群众生产生活的乡村道路、人畜饮水、卫生所改造、中小学危房改造等方面的困难，各族群众行路难、饮水难、就医难、上学难、住房难等“五难”问题得到了初步解决，有力带动了全县经济社会的发展。青海撒拉族聚居的22个村完成40余公里乡村路及150余公里村内道路硬化项目，2.4万撒拉族群众彻底告别了行路难的日子。

2、产业结构有所调整，促进了群众增收

几年来，各地发挥当地优势大力发展种养业、农畜产品加工业、第三产业，促进了群众增收。2007年，640个村年末大牲畜存栏46.8万头/匹，年末羊存栏189.9万只，年末猪存栏206.3万头。粮食总产量37.1万吨，经济作物总收入7.1亿元。村级集体经济收入3660.9万元，平均每村5.72万元。组织培训农牧民34.3万人次，劳务输出9万人，劳务输出总收入23926.3万元。人均劳务收入2658元，比上年增加893元。2007年，640个村绝对贫困人口为14.8万人，比规划实施前减少4.2万人，下降22.1%；贫困发生率为17.1%，比规划实施前降低2.7个百分点。640个村农牧民人均纯收入1498元，比规划实施前增加614元，增长69.5%；农牧民人均有粮345公斤，比规划实施前增加37公斤，增长12%。

如内蒙古额尔古纳市室韦俄罗斯族乡开展的家庭旅游项目使俄罗斯族群众实现了脱贫致富。黑龙江开发赫哲族“鱼家乐”旅游项目，让游客“吃赫家饭、住赫家屋、干赫家活、享赫家乐”。福建华安县扶持高山族种茶户20户，人均纯收入达到5000元。广西京族群众利用地缘和人缘优势，发展边境贸易和海产养殖加工，2006年京族聚居地区农民人均纯收入达到3976元，高于广西全区人均收入水平1176元。青海循化县开办各类培训班，受训人员近2000余名，有80%的受训者

实现劳务输出转移就业。

3、着力解决民生问题，实现社会和谐发展

各省区坚持以人为本，改善民生，促进社会事业全面发展，让各族群众共享改革发展成果。2007年，在640个村中能接收广播电视节目的自然村所占比重为73.8%，比规划实施前提高24.9个百分点，有线电视入户率为31.0%。640个村中，355个村有卫生室，占55.5%，比规划实施前提高11个百分点；310个村有文化活动室（或科技文化室），占48.4%，比规划实施前也有较大提高。640个村新增或改扩建教育用房4.4万平方米、卫生用房1.8万平方米、文化用房3.3万平方米，适龄儿童入学率普遍达到95%以上，初中毛入学率多数达到90%以上。

如云南7个人口较少民族将分别建一个本民族小型博物馆，德昂族博物馆总投资约100万元并已动工建设。西藏初步完善了人口较少民族乡村卫生院（所）门诊、住院、藏医为一体的医疗设施，为少数民族群众提供良好的医疗条件。新疆对居住在高寒山区缺乏基本生存条件的塔吉克族部分牧民实施移民搬迁，在昔日戈壁荒滩上建成了一个个牧民新村。

人口较少民族地区各族干部群众对《规划》实施带来的实实在在的好处欢欣鼓舞，对党和政府的亲切关怀衷心感谢，精神面貌焕然一新，对未来充满希望。云南兰坪县兔峨乡果力村干部说："以前村委会开会挨家挨户通知也来不齐人，现在大喇叭广播一遍，大家就一个不少的按时来开会了。"居住在西藏边境地区的门巴、珞巴族群众深有感触，他们说"共产党才是真正的活菩萨"。新疆青河县哈拉乔拉塔塔尔族村牧民玛尔哈什家收入有了较大提高，他高兴道："现在我家年人均收入3000多元，这要在以前是根本不敢想的事儿。"人口较少民族地区干部群众总结说，国家扶持人口较少民族发展是小民族大政策，小民族大扶持，小民族大发展，小民族大变化。

（国家民委经济规划司）

（八）国有贫困林场扶贫政策

1、政策背景

国有林场是我国林业的重要组成部分，在改善生态环境、培育森林资源、带动和促进地方经济发展、推广和传播先进林业技术等方面都具有不可替代的作用，在维护区域生态稳定和保障国土生态安全方面发挥着极为重要功能。国有林场在不断发展壮大，资源积累提高、生态功能扩大的同时，贫困也始终伴随着其发展过程，基础设施极为薄弱，生产生活条件极为艰苦。房舍陈旧，电力设施老化，道路年久失修，通讯、信息不畅，许多国有林场的场区还比不上农村村屯。林场职工生活极为贫困，影响林区稳定。因国家对主要生态脆弱地区森林资源实行禁伐限伐政策，国有林场失去了主要经济来源，同时，富余人员和下岗职工大幅度增加，职工生活日益贫困，已影响到林区社会稳定。1996年11月20日，原国务院副总理朱镕基同志在新华社《国内动态清样》关于"全国有1千多个生态型国有林场经营困难"阅后批示请林业部门进行研究，通过原林业部的努力和相关部门的支持配合下，从1997年起，中央财政对国有贫困林场安排一定专项资金，用于帮助国有贫困林场改善生产生活设施及发展生产。

2、政策主要内容

根据财政部和国家林业局联合颁发的《国有贫困林场扶贫资金管理办法》（财

农[2005]104号，以下简称《管理办法》）的规定，国有贫困林场扶贫资金主要用于支持贫困林场改善生产生活条件，利用林场或当地资源发展生产。具体包括3个方面：

一是基础设施建设：用于修建断头路、林场和职工危旧房改造、解决饮水安全、通电通话、电视接受设施等。

二是生产发展：用于发展种植业、养殖业、森林旅游、林产品加工业及林副产品开发等。

三是科技推广及培训：用于优良品种、先进实用技术的引进和推广、职工技能培训。

3、政策执行评价

1997-2008年，中央累计安排国有林场扶贫资金121212万元，其中，财政专项资金7000万元，扶贫资金114212万元。

通过中央财政贫困国有林场扶贫资金，已使800多个贫困国有林场生产生活条件得到改善，80多个贫困林场安装了卫星电视，60多个林场通了电话，70多个林场解决了饮水困难。已有400多个林场通过开展林下资源开发种植山野菜、经济林果等，改善了职工的经济状况。累计培训了3400人，使职工的技能得到了提高。

（国家林业局计划资金司）

三、国家扶贫项目

（一）天然林资源保护工程

1、政策背景：党的十五届五中全会通过的《关于制定国民经济和社会发展第十个五年计划的建议》中明确要求，加强生态建设，遏制生态恶化，抓好长江上游、黄河上中游等天然林资源保护工程。2000年10月国务院正式批准了《长江上游、黄河上中游地区天然林资源保护工程实施方案》和《东北、内蒙古等重点国有林区天然林资源保护工程实施方案》，这标志着受到国内外广泛关注的天然林资源保护工程在1998和1999年试点的基础上，正式启动。由此，天然林资源保护工程进入了一个按规划、有步骤实施的新阶段。

2、起止时间及政策内容：

天然林资源保护工程从2000年开始实施，截止到2010年底，工期11年。

工程实施的范围包括长江上游地区（以三峡库区为界）的云南、四川、贵州、重庆、湖北、西藏6省（自治区、直辖市）和黄河上中游地区（以小浪底库区为界）的陕西、甘肃、青海、宁夏、内蒙古、山西、河南7省（自治区），内蒙古、吉林、龙江、大兴安岭林业（森工）集团，新疆、海南、新疆生产建设兵团。总计17个省（自治区、直辖市），20个单位。

对长江上游、黄河上中游地区内3038.07万公顷天然林全面停止采伐；同时，对现有的3080.20万公顷人工林、灌木林地、未成林造林地，采取封山堵卡、专业管护与个体承包管护等形式进行全面有效管护；大力建设生态公益林。2000-2010年人工造林192.73万公顷，飞播造林713.20万公顷，封山育林367.2万公顷；2000-2005年妥善分流安置富余职工25.6万人；到2003年，东北、内蒙古等重点国有林区木材产量调减到位，共计调减木材751.5万立方米，实现森工企业的战略性转移，使3300万公顷森林得到有效管护，48.4万名富余职工得到妥善分流和安置。

3、资金规模及执行评价

天然林资源保护工程总投资962亿元，其中中央投资784亿元，地方配套投资178亿元。在中央投资中，国家预算内基本建设资金180亿元，财政专项资金604亿元。

自1998年工程实施以来，10年间工程已累计完成人工造林218.82万公顷、飞播造林297.26万公顷、新封山育林1040.26万公顷，森林管护面积每年保持在9000万公顷以上。累计完成各类建设资金657.38亿元，其中国家投资605.66亿元，占天然林资源保护工程实际完成投资总量的92.13%。经过近10年的保护与建设，天保工程区森林植被快速恢复，社会经济稳定发展，基本实现了保护森林、促进发展和改善生态的建设目标。

2007年国家林业重点工程社会经济效益通过对44个天保、35个天保森工企业监测结果显示：

一是森林资源总量增加、质量提高，森林生态供给能力显著增强。同工程实施前的1997年相比，2007年，44个样本县天保工程区有林地面积净增长74.14万公顷，增长13.99%，平均每年增加7.41万公顷，森林蓄积净增加2180.85万立方米，增长13.26%；与森林总量增长相对应，森林质量也有大幅提升。基本扭转了森林单位面积蓄积量下滑的趋势，2007年每公顷森林蓄积量为80.14立方米，有林地每公顷森林蓄积生长量为3.61立方米/公顷，高于第六次森林资源清查期间全国林分每公顷年生长量[1]，具有生态防护功能的林种（防护林和特种用途林）比重在有林地面积中的比重超过了70.00%，生物多样性增加，森林生态系统稳定。样本企业森林面积是1997年的1.06倍，年均增长0.58%。

二是森林管护力度继续加强，管护任务完成。经过近十年的工程建设，样本县天保工程区适宜造林的林业用地不断缩小，营造林将逐渐被封山育林所取代。因此，森林经营与管护将会更加受到重视，成为样本县森林保护与恢复的重要手段。同1998年相比，样本县森林管护面积增长了2倍多，森林管护面积占样本县林业用地的比重也从24.98%上升到了2007年的72.13%。2007年，样本企业森林资源实际管护面积为计划管护面积的1.04倍，为森林面积的1.20倍，森林资源管护任务得到落实。

三是人员分流与安置进展顺利，林业职工社会保障水平有所提高。截至2007年底，样本县累计分流富余人员67228人，其中，从事公益林建设8061人，占全部分流人数的11.99%；森林管护34817人，占51.79%；从事其他工作24350人，占36.22%。经过调整，样本县林业系统就业逐渐稳定。林业系统从业人员从1997年的2.45万人减少为2007年的1.86万人，其中，林业第一产业就业人员在全部林业就业人员中的比重从1997年的73.54%降为2007年的68.94%。样本企业下岗待安置职工大幅度减少，林区外出务工人数继续快速增长，林区贫困状况逐步得到缓解，2007年，样本企业在册职工18.66万人，比1997年减少了15.84万人，下降了45.91%，下岗待安置职工比重从1997年的19.92%减少到2007年的13.04%，下降6.88个百分点。2007年，样本企业在册职工参加基本养老保险统筹的参保率为89.60%，样本企业经营区内享受最低保障家庭3.81万户，占林区家庭总户数的6.06%，原林业职工外出务工人数比1997年增加了1.39万人，是1997年的6.92倍。

四是森林资源消耗保持在适度水平，木材产量调减目标趋于实现。调减森林资

1.第六次全国森林资源清查期间，全国林分单位面积年生长量为3.55立方米/公顷

源消耗量是天保工程的一个重要目标。1997 —2007 年间，样本县平均每年森林蓄积消耗量为 160.45 万立方米 ，低于最高值 251.00 万立方米（1998 年），2007 年的消耗量为最高值的 55.80%。为了满足国内木材市场日益增长的需求，考虑到长江流域优越的自然条件，样本县从 2003 年开始缓慢提升采伐限额，木材产量（尤其是商品材）逐渐回升，2007 年木材产量达到了 30.94 万立方米，但仍远低于近年来最高水平（1998 年，96.75 万立方米）。2007 年，样本企业木材产量调减幅度已达 57.31%，有望实现 62.1% 的计划木材产量调减目标。

（国家林业局计划资金司）

（二）康复扶贫贷款项目

康复扶贫贷款是以非扶贫重点县（市）中的残疾人贫困户作为资金投放受益对象，旨在解决农村贫困残疾人温饱问题而安排的信贷资金。农业银行于 1998 年开始承办此项贷款业务，业务开展的 10 多年来，农行遇到了很多的困难，也取得了较大的成绩，为我国的残疾人扶贫事业做出了应有的贡献。

康复扶贫贷款属于财政贴息贷款，农业银行以优惠利率发放贷款给有助于残疾人脱贫的项目，国家财政给与差额利息补贴。业务运行方式上：康复扶贫贷款以直接扶持农村残疾人贫困户从事有助于解决其温饱的种植业、养殖业、手工业和家庭副业的“小额到户贷款” 为主；同时，也积极扶持能带动农村残疾人增收的龙头企业和基地、能增加残疾人就业的福利企业，通过这些企业的辐射拉动作用，实现使更多残疾人受益的目的。

多年来，通过与各级残联的良好沟通协调、对贷款发放机制的反复研究探索，农业银行扶持了众多的残疾人个体与残疾人福利企业，实现了良好的社会效益。2007 贴息年度，农行发放康复扶贫贷款 65,104 万元，占该贴息年度全部扶贫贴息贷款 389,740 万元的 16.7%；2006 贴息年度，农行发放康复扶贫贷款 80,395 万元，占该贴息年度全部扶贫贴息贷款 561,651 万元的 14.31%；2005 贴息年度，农行发放康复扶贫贷款 85,597 万元，占该贴息年度全部扶贫贴息贷款 1,626,840 万元的 5.26%；2004 贴息年度，农行发放康复扶贫贷款 66,519 万元，占该贴息年度全部扶贫贴息贷款 2,092,028 万元的 3.18%；2003 贴息年度，农行发放康复扶贫贷款 55,766 万元，占该贴息年度全部扶贫贴息贷款 2,630,539 万元的 2.12%；2002 贴息年度，农行发放康复扶贫贷款 48,968 万元，占该贴息年度全部扶贫贴息贷款 1,871,978 万元的 2.62%。

在发放康复扶贫贷款的过程中，针对残疾人个体以及残疾人福利企业经济困难的现实，更好地支持残疾人脱贫，农行还采取了区别对待的原则，并在其现有的信贷制度框架内，专门明确了康复扶贫贷款的优惠政策，如放宽残疾人福利项目的资本金比例、资产负债率、固定资产抵押率等指标，延长到户贷款的期限等，体现了农行人致力于受益更多残疾人的爱心与决心。

康复扶贫贷款是我国残疾人开发工作的重要组成部分，也是党中央、国务院赋予农业银行和残联的重要任务，10 多年的贷款发放实践，给了农行人以经验与信心，在未来的道路上，农行人还将继续与残联等有关部门密切沟通协作，更加努力地为中国的残疾人扶贫事业贡献力量。

（中国农业银行三农对公业务部）

（三）小额到户扶贫贷款项目

农行小额到户扶贫贷款是农业银行按照国家有关信贷扶贫政策，向国家和省级扶贫开发工作重点县扶贫主管部门确认的贫困农户发放的享受贴息的一种经营性贷款，也是农行积极响应《中国农村扶贫开发纲要（2001－2010年）》中明确提出的“中国农业银行要积极稳妥地推广扶贫到户的小额信贷，支持贫困农户发展生产”要求的具体体现。贷款发放上坚持“因地制宜，方式多样，加强管理，讲求效益”的原则，目的是支持贫困农户发展生产、增加收入。小额到户扶贫贷款额度主要根据生产经营项目需要确定，通常最低不少于1000元，最高不超过10万元，单户贷款余额原则上不超过3万元，实行按季结息，分期还本或到期一次性还本的还款方式；贷款期限也主要根据生产经营周期确定，一般不超过1年，最长不超过3年。

农业银行多年发放小额到户扶贫贷款的经验表明：小额到户扶贫贷款是一种支持贫困农户发展生产、增加收入的有效途径。截至到2008年7月31日，农业银行有存量小额到户扶贫贷款142.50亿元，占农行全部扶贫贷款的比例为15.77%，其中小额到户扶贫贴息贷款48.23亿元，占全部扶贫贴息贷款的比例为21.82%，共扶持贫困农户595.37万户；2007年12月31日，农业银行有存量小额到户扶贫贷款143.12亿元，占全部扶贫贷款的比例为15.58%，其中小额到户扶贫贴息贷款49.09亿元，占全部扶贫贴息贷款的比例为20.89%；2006年12月31日，农业银行有存量小额到户扶贫贷款150.91亿元，占全部扶贫贷款的比例为15.71%，其中小额到户扶贫贴息贷款49.64亿元，占全部扶贫贴息贷款的比例18.61%；2005年12月31日，农业银行有存量小额到户扶贫贷款149.09亿元，占全部扶贫贷款的比例为15.76%，其中小额到户扶贫贴息贷款48.40亿元，占全部扶贫贴息贷款的比例18.70%。多年来，农行始终都在积极稳妥地推动 小额到户扶贫贷款业务的开展，为扶贫地区贫困农户的增收提供了极大的帮助。当前，在一些社会信用环境好、政府帮扶措施到位的地区，小额到户扶贫贷款已经形成了农户增收、农行增效、政府满意的多赢局面，为当地的经济可持续发展作出了巨大的贡献。

在发放小额到户扶贫贷款的过程中，农行各级分行也因地制宜地根据各地经济现实，经过反复的研究、论证、试点，探索创新出了“农作物交叉担保”、“户贷企保”、“多户联保”、“专业大户＋农户”、“基地＋农户”等多种小额到户扶贫贷款的具体形式，在为贫困农户提供更多更有效率的金融服务的同时，农行自身也实现了社会效益与经济效益的双提高。

（中国农业银行三农对公业务部）

（四）农村改水工程

我国地域辽阔，但水资源严重匮乏，特别是贫困地区水质极为恶劣，通过不卫生的水传播的疾病有50多种。向亿万农民提供安全卫生水是农村改水的根本目标和任务，受到中央政府和地方各级政府的高度重视及大力支持。将改水纳入国民经济发展五年规划，列为为民办实事的重要内容，作为两个文明建设任务一起抓。经过二十多年的改造，多数农村居民群众饮上了安全卫生水，肠道传染病，地方病明显下降。

“八五”期间，坚持以“民办公助”的方针，多渠道筹集资金157亿元，适应经济社会发展的需要，农村改水形式从初级向以兴建自来水为主的方向。到1995年底，全国9.17亿农村人口中，改水受益人口达到87.04%。其中4亿人饮用上自来水，占农村人口的43.68%。2亿人饮用手压机井水占农村人口的22.34%，近2亿人饮用改良的大口井水和窖存雨水，占农村人口的21.02%。同时在24个省164个县设立了1530个农村饮水卫生监测点，对饮用水进行理化及细菌等指标检测，较好地改善了农村饮用水的质量。

八届人大四次会议《社会发展第九个五年计划和2010年远景发展规划》规定，“改善农村居民饮用水质量和卫生状况，2000年农村改水受益人口达到90%”。1997年《中共中央、国务院关于卫生改革与发展》也提出：“在农村继续以改水改厕位重点，带动环境卫生的整治，预防和减少疾病发生，促进文明村镇建设”，尤其对于贫困地区“各级政府要把卫生扶贫纳入当地扶贫计划，安排必要的扶贫资金，帮助这些地区重点解决基础卫生设施，改善饮水条件和防治地方病”。 为实现这一目标，以兴建农村自来水为主要方向，利用专项资金和世界银行贷款等进一步加强农村饮用水改造。1998年提前两年实现”九五”农村改水规划，改水受益人口达到87.76%。占农村人口的91.83%。到2000年底，5.27亿农村人口吃上了不同形式的自来水，覆盖率达到5.22%，比八五末增加了11个百分点；2.3亿人饮用手压机井水，占农村人口的23.34 %，饮用窖存雨水，占农村人口的1.05%。其他形式饮水人口1.2亿，占农村总人的12.77%。

十五期间，全国9.44亿农村人口(不含西藏)，改水受益率达到94.10%.，其中饮用自来水的农村人口5.8亿，占农村总人口的61.32%，比“九五”末又增加1.62个百分点。手压机井受益人口占农村总人口的20.79%，饮用窖存雨水受益人口占农村总人口的1.53%，其他初级改水形式的受益人口占10.4%，比”九五”末减少2196万人。

农村改水是我国改革开放中取得的一个丰硕成果。1991年和1998年两次洪涝灾害以及2008年特大地震灾害后，未发生大疫流行，农村改水发挥了重大作用。随着饮用自来水人口的增加，介水传染病发病率明显下降，亿万农民生活质量明显提高。实践证明，农村改水，特别是搞好贫困地区改水，有利于提高群众的健康水平，提高防病能力，减少因病致贫、因病返贫现象。是提高农村居民生活质量，推动农村现代化建设不可缺少的重要组成部分，也是广大农民的迫切要求。但是目前我国还有1.53%的农村居民饮用窖存雨水，其他初级改水形式的受益人口还占10.4%，存在的困难和问题仍不容忽视，因此还需加大力度，用科学发展观指导农村改水工作，继续朝着“十一五”确定的目标努力。

（卫生部统计中心）

(五)农业部对口帮扶沼气项目

1、项目实施背景

由于多年来忽视生态环境保护，湖南湘西州和湖北恩施州森林遭受大面积砍伐，生态环境受到极大破坏，当地农民生产生活条件逐年恶化。自然灾害频繁，八十年代的洪涝发生率为30%，九十年代的洪涝发生率已达到66.7%；人畜饮水困难，居住卫生条件差，疾病发生率高。为了保护生态资源，改善生产生活条件，解决农村用能问题，农业部提出了实施生态家园富民计划，通过以农村沼气建设为切入点，带动农村基础设施、基础产业和生态环境建设。

2、项目起止时间及主要内容

农业部在湘西州、恩施州分别从2003和2002年开始实施沼气项目，之后每年都根据实际情况立项投入，以不断扩大项目的覆盖面。项目主要包括户用沼气池建设，联户沼气工程建设和服务网点建设。国家补助标准是：建一口 8m³ — 10m³ 的沼气池，国家补助 1000 元；建设一个服务网点，国家补助 1.5 万元；建设一个联户沼气工程；国家按户补助 1000 元。

3 、项目投资规模及效益评价

2003 年 -2007 年，农业部在湘西州的保靖、古丈、永顺、龙山 4 县共投入中央资金 4014 万元沼气项目建设（2003-2007 年分别为 1075 万元、528 万元、516 万元、962 万元、933 万元)。2002 年 -2007 年，在恩施州的咸丰、来凤、鹤峰、宣恩 4 县共投入中央资金 5190 万元实施沼气项目建设（2002-2007 年分别投入 736 万元、1069 万元、774 万元、528 万元、832 万元、1251 万元)。

农村沼气建设与农村经济发展、改善农民生产生活条件有机地结合起来，实现了经济、生态、社会的三赢，促进了农民增收、生态环境保护和农村精神文明建设。

(1) 促进了农民增收。一口沼气池至少可以满足农民 80% 的生活用能，节约柴草 4000 公斤左右，按现行价 30 元 /100 公斤计算，可以节约资金 1200 元。加上沼气池对当地对化肥使用量的减少，劳动力的节约方面的作用，一口沼气池每年可以为农户增收节支约 1500 元。

(2) 促进了生态环境保护。一口 10m³ 的沼气池年可产沼液 15 吨、沼渣 5 吨，大量地减少了农民对化肥的依赖，土壤条件得到改善，促进了生态农业的发展。据测试，建一个 10m³ 沼气池，相当于封山育林 4 亩，以湘西的 8.4 万口沼气池测算，相当于封山育林 33 万亩。

(3) 有利于农村精神文明建设。通过把沼气建设与农村改厕、改圈、改厨相结合，发展清洁能源，改善了农村卫生条件，降低了传染病发生率，同时还有效改变了农村面貌，促进了农村社会文化进步和发展。

（农业部区划司）

（六） 林业局对口帮扶九万大山项目

1 、政策背景

从 1987 年开始，为了从根本上改变贫困地区的落后面貌，党中央、国务院做出了中央国家机关对口帮扶贫困地区的重大决策。根据中央的统一部署，原林业部作为首批 10 家中央国家机关对口扶贫单位之一，承担了黔桂九万大山地区六个地州（市）19 个县的对口帮扶任务。

2 、政策主要内容：

一是资金的扶持。帮扶资金主要用于天然林保护、退耕还林、珠江防护林、速丰林基地、自然保护区等林业重点工程和种苗、科技支撑、森林防火、病虫害防治、森林公安等林业基础设施建设；还利用农业综合开发中央财政专项资金用于扶持生态与产业紧密结合的经济林花卉和竹林基地建设。

二是解决实际问题。包括下派干部到扶贫第一线挂职锻炼；连续举办了林业科技知识和管理培训班；为九万大山地区派出医疗队，为当地农民义诊治病，赠送了医疗器械和药品；为九万大山地区捐赠现金、衣被、书籍、仪器设备，救助辍学儿童。开展赠送报刊下乡活动，为扶贫重点县、乡赠送了《农民日报》、《中国绿色时报》和《林业科技通讯》等报刊杂志。这些活动的开展，不仅从科、教、文、卫诸多方面帮扶了贫困地区的人民群众，为他们解决了许多实际问题，从而把党的温暖和中央国家机关以及林业全行业对贫困地区的关心、干部职工的爱心带给了千家万户，密切了党群干群关系，体现了社会主义制度的优越性，而且教育了广大干部职工，提高了贫困地区林农的素质，加强了国家机关同贫困地区的经常性联系，形成了一种广泛动员、全行业参与扶贫帮困的良好氛围。

3、资金规模及执行评价

自1987年国家林业局开展对口扶贫工作以来，累计安排林业建设投资近15亿元，平均每年7500万元。

九万大山地区的贫困状况得到明显改善　截至2006年末，对口帮扶的19个县农村绝对贫困人口已从1987年的195.04万人，减少到现在的83.76万人，20年减少了111.28万人，下降了57%。19个县的地区生产总值已从17.60亿元发展到目前的211.28亿元，20年增长了11倍。

九万大山地区的生态状况更加趋于良好　20年来，九万大山地区19个县累计完成造林面积2023万亩，封山育林1352万亩，新增森林面积2326万亩，森林覆盖率从1985年的40.5%提高到2006年的64.47%，增加了近24个百分点。森林覆盖率最高的金秀县森林覆盖率已从1985年的52.60%提高到现在的87.34%，20年提高了近35个百分点。19个县已不同程度摆脱了林业扶贫起步时期林业资源危机和经济危困的“两危”困境，生态状况的持续改善，为地方经济、社会协调发展奠定了坚实的基础。

九万大山地区林业产业快速发展　帮扶地区的林业产业实力大幅提升。与1987年相比，19个县的林业产业总产值已达到32.21亿元，是1987年的16.43倍。农民人均纯收入也由1987年的240元左右上升到2006年的近2000元。在农民人均纯收入中，来自林业的收入平均达到30%以上，有的农户达到70%。

九万大山地区的林业基础设施有所加强，支撑保障能力显著增强。

为了从根本上改变制约帮扶地区加快发展的基础设施条件差的现实困难，20年来切实加大了帮扶地区的林业基础设施建设力度。特别是“十五”期间，共实施种苗工程建设项目18个，其中建成县级骨干苗圃10个，良种采种基地6个，保证了九万大山地区林业重点生态工程优良种苗供应。实施了森林重点火险区综合治理和森林公安装备建设项目，使九万大山地区19个县森林防火设施、设备得到较大改善，森林火灾和破坏森林资源案件的预防和处置能力大为提高。利用国家林业预算内基本建设投资，增添了基层林业通讯、交通和信息化管理等办公设备，使帮扶地区的基层林业工作条件得到较大改善。此外，国家林业局还在九万大山地区建设了1所林业中等学校、5个地级培训中心、6所希望小学、19个县级林业技术推广站，建成了一批基层林业工作站、木材检查站、森林病虫害防治站等社会化服务网点，九万大山地区林业自我发展能力和管理水平明显提高。

（国家林业局计划资金司）

（七）改善贫困地区儿童营养状况项目

由世界卫生组织支持，卫生部基层卫生与妇幼保健司组织实施的贫改善困地区儿童营养状况试点项目于2002年1月橐2003年12月在四川省北川县和井研县、贵州省丹寨县和长顺县、广西壮族自治区平果县和恭城县开展。该项目旨在通过进行食物营养知识教育，纠正不良饮食习惯和行为，提倡母乳喂养，推行科学的辅食制作等，促使贫困地区儿童营养状况得到改善。

项目主要内容：一是分级举办培训班。其中县级培训班 9 期，由省级专家授课，培训骨干 330 余人；村级培训班 18 期，由经过培训的骨干讲课，1860 名家长参加。二是发放宣传材料、播放 VCD 光盘。分发“1-3 岁儿童喂养”、“家长育儿知识”等材料 180000 余份；给各项目县配发“母乳喂养和辅助食品添加”光盘，在各村多次播放。三是入户访问指导。在 6 个项目县选择 180 户定期随访，进行营养指导。四是开展专题讨论。由县妇幼保健人员在乡村组织儿童家长就婴幼儿喂养等话题进行面对面交流。

项目实施效果：项目实施后，试点县 0-5 岁儿童健康状况有一定改善。如贵州省缺铁性贫血患病率从 32.4% 下降至 22.0%，营养不良患病率也有所下降。项目地区儿童家长在婴幼儿喂养知识、态度、行为等方面发生了变化。主要表现为：在怀孕期间，孕妇对自己自身的营养予以关注。许多母亲认识到怀孕期间自己的营养状况与孩子生下后的健康有关，“母亲营养好，胎儿才能长得好”。在哺乳期，许多母亲明确母乳喂养好，母乳不仅营养丰富，干净，方便，而且能增强婴儿抵抗力，增进母子感情等。对于添加辅助食品，大多数母亲已经基本掌握了添加方法，能按照“先加一种，再加多种”的方法给孩子添加。并认识到在贫困地区，只要有效利用当地天然资源，合理搭配，同样能改善孩子的营养，增进健康，如吃豆腐能预防缺钙等。许多父母还能主动向保健人员咨询孩子的营养健康问题，主动看书、看电视等，希望学习更多的育儿常识。

（卫生部统计中心）

（八）降消项目

为降低孕产妇死亡率和消除新生儿破伤风，从 2000 年 1 月开始实施了降低孕产妇死亡率和消除新生儿破伤风项目（简称“降消”项目）。这一项目由卫生部、国务院妇女儿童工作委员会和财政部联合组织实施，是我国在妇幼保健方面单项投入最大的项目。其主要任务是配合国家西部大开发战略，改善西部地区妇女儿童保健条件和健康状况，确保全国妇女、儿童发展纲要目标的如期实现。

“降消”于 2000 年在内蒙古、江西、湖南（湘西地区）、重庆、四川、贵州、云南、西藏、甘肃、青海、宁夏、新疆等 12 省、市、自治区的 378 个扶贫重点县实施。旨在通过项目实施强化政府责任；加强农村助产人员接生和急救知识与技能培训；加强边远地区乡镇卫生院的急救和产科建设，提高服务能力和服务水平；加大宣传力度，改变农村群众生育观念和行为，以及提高住院分娩率和新法接生率等。项目经费由中央财政拨款 1 亿元，地方财政配套支持 1 亿元。

项目实施前两年（2000 年 1 月——2001 年 12 月），12 个省的 378 扶贫重点县孕产妇死亡率平均下降了 28.79%。其中甘肃省下降了 72.64%，西藏从 715.8/10 万下降到 324.7/10 万。 新生儿破伤风发病率都降到 1‰以下，达到了当时的目标要求。项目支持性目标得到较好落实，住院分娩率较项目实施前 1999 年有明显提高，西藏的住院分娩率增长了两倍。部分省市消毒接生率达到了 95%。

2002 年一2003 年“降消”项目进入总结经验，巩固成果阶段。在原来 12 个省市 378 个县的基础上扩展到 16 个省及新疆生产建设兵团，共 440 县。受益人口总计 1.5 亿。中央财政投入资金 1418.9 万元，项目地区 1：1 配套，筹措资金 1782 万元主要用于技术培训和救助贫困孕产妇住院分娩，开展健康教育等。11.7 万名贫困孕产妇在项目资金的资助下达到安全的接生服务。

2005年—2007年“降消”项目扩展到22个省（区、市）和新疆生产建设兵团，共1000个县，受益人口近3亿。其中1.4%的项目县农民人均纯收入低于1000元，33.7%的项目县为1000—2000元，32.7%的项目县为2000—3000元。2007年共安排补助经费50167万元，83.2%用于国家扶贫开发工作重点县。用于县、乡产科服务能力建设，保证孕产妇急救“绿色通道”畅通并正常运转，并继续实行贫困孕产妇住院分娩救助政策等，把“降消”项目工作做到实处。到2007年“降消”项目取得了显著成效。1000个项目县的住院分娩率和新法接生率分别达到86.8%和97.7%；孕产妇死亡率降至39.4/10万，比2001年下降了48.2%，其中安徽、广西等8个省份的孕产妇死亡率下降幅度超过50%，新疆生产建设兵团无孕产妇死亡；产前检查覆盖率为89.1%，达到或高于90%的省份有12个；新生儿破伤风发病率平均降至0.06‰，只有3个项目县新生儿破伤风发病率高于1‰。8个省份无新生儿破伤风发病。救助贫困孕产妇人数达164.7万人，占项目县孕产妇的38.6%，救助人数和覆盖面较往年又有明显提高。

“降消”项目已实施8年，在各方面的努力下，取得了显著成效。但目前还有74个项目县的住院分娩率未达到50%，部分项目县的孕产妇死亡率仍居高不下，有些地方贫困救助资金没有补助到位，管理不规范、使用效率不高以及部分县乡产科服务能力较低，离实现全国妇女、儿童发展纲要目标尚有一定距离。

（卫生部统计中心）

（九）“母亲水窖”项目

为贯彻落实党和国家西部大开发的战略部署，帮助西部农村妇女及家庭解决饮用水困难，2001年，全国妇联和水利部共同下发文件，正式设立“大地之爱•母亲水窖”项目基金，由全国妇联中国妇女发展基金会组织实施，以修建集雨水窖的形式开展此项目。项目设立后首先在西部10个省区进行试点，又先后在西部12个省区、享受西部政策的3个中部省的少数民族自治州及部分革命老区全面展开实施。各级妇联在实施“母亲水窖”项目进程中，不断总结经验，提高科学扶贫能力，探索公益项目助推新农村建设的新路子，以解决安全饮水为龙头，以贫困、环境、社会性别为切入点，开展“1+5”模式，即一口水窖带动一处卫生厕所、一个沼气池或太阳灶、一圈家禽家畜、一亩树木蔬菜、一个美化的庭院，并将水、健康、发展为内容的知识培训等非工程性措施同步实施，为受益妇女及家庭提供生存和发展的基础性条件。截至2007年底，“母亲水窖”项目筹集专项资金1.9亿多元，在以中西部为主的23个省区市，累计捐建母亲水窖10万多眼，小型集中供水工程1100多处，集雨水窖蓄水后无渗漏，集中供水工程运行记录良好，供水保证率高于90%，85%以上的工程实现了自来水入户，帮助近140万妇女群众解决了饮水困难，其中妇女儿童约占65%。“母亲水窖”的实施，改善了项目受益地区妇女儿童的生存环境和生产生活条件，取得了较好的社会效益、经济效益与生态效益。2001年10月，“母亲水窖”项目被载入国务院《中国农村扶贫开发白皮书》，2003年11月被评选为“中国十大公益品牌”之一，2005年11月荣获首届“中华慈善奖”。

（全国妇联经济发展部）

（十）“母亲健康快车”项目

为配合党中央西部大开发战略的实施，落实《中国妇女发展纲要》(2001-2010)“妇女与健康”领域的目标，维护妇女健康权益，帮助改善贫困地区广大育龄妇女、孕产妇及婴幼儿缺医少药现状，2003年7月，全国妇联中国妇女发展基金会正式启动 “母亲健康快车”大型公益项目。“母亲健康快车”项目以“送健康理念、送健康知识、送健康服务”为宗旨，以“专家委员会”为业务指导，普及基本的卫生保健知识，开展健康咨询和义诊，免费对贫困妇女进行健康普查，接送孕产妇住院分娩，发放募捐药品及各种宣传资料，依托基层妇联和医院对基层医务工作者进行培训，特殊病例一对一救助，力争每辆车形成诊疗与宣传、学习与培训、具有副射效应的链条式卫生健康服务。截止到2008年10月底，共有563辆“母亲健康快车”在陕西、贵州、甘肃等19个地区，依托500多家医院开展各种形式的健康服务，受益人数近1300余万人次。“母亲健康快车”项目不断打造品牌，配合政府开展降低孕产妇死亡率、婴幼儿死亡率和消除新生儿破伤风项目中发挥了独特的作用，得到各级政府的肯定和老百姓的欢迎，此项目已逐渐成为中国公益事业的知名品牌。

（全国妇联经济发展部）

（十一）“巾帼扶贫行动”

1996年，为进一步贯彻《国家八七扶贫攻坚计划》精神，进一步加大妇女扶贫工作力度，全国妇联与国务院扶贫办共同开展“巾帼扶贫行动”。2000年3月，为落实党中央西部大开发战略，发出“举全国妇女之力，建西部美好家园”倡议，加大了对西部地区的扶持力度，进一步深化了“巾帼扶贫行动”。“巾帼扶贫行动”主要方式是：开展教育培训，组织贫困妇女学文化、学技术；建立扶贫联系点、联系户；开展“手拉手”结对帮扶；组织贫困妇女劳务输出；开展省际妇联对口帮扶活动；多渠道筹措资金，开展项目扶贫；开展小额信贷扶贫；创建农林示范基地等。截至目前，全国有30个省区市妇联开展小额信贷工作，据不完全统计，仅安徽、云南、内蒙古等10省区近两年来就协调信贷资金57.8亿元，累计放贷67万户，回收率97.4%。温家宝总理对妇联参与扶贫开发的经验和做法，给予了充分肯定，作了重要批示：“妇女是农村经济、社会发展的一支重要社会力量，要充分发挥妇联组织在扶贫开发中的作用”。

（全国妇联经济发展部）

（十二）“春蕾计划”项目

“春蕾计划”是1989年由全国妇联中国儿童少年基金会发起并组织实施的一项救助贫困地区失学女童重返校园的社会公益事业，也是一项辅助政府完成义务教育目标、提高女性素质的基础工作。“春蕾计划”包括结对救助（春蕾桥）、春蕾班、春蕾学校和春蕾计划实用技术培训四项主要内容，在支持力度上对扶贫重点县尤其是扶贫重点县进行倾斜。其中，结对救助和春蕾班以失学女童为救助对象，春蕾学校以帮助贫困落后地区新建、改建或扩建校舍为工作重点，实用技术培训以在春蕾班内套嵌实用技术培训课程和开展实用技术培训为主，帮助受助女童掌握1-2门专业知识和劳动技能，增强女童的谋生能力。经过“春蕾计划”的资助，很多贫困学生有机会上学，降低了当地包括女童在内的适龄儿童的失学率，改变了受助女童的命运，许多女童由于受到“春蕾计划”的资助成为对社会有用的人才。目前，随着修订后的《义务教育法》的颁布以及国家“两免一补”助学政策的实施，全国妇联及时调整了“春蕾计划”资助重点，使对义务教育阶段贫困女童的资助，从学费、学杂费转移到生活费用的补助，救助范围也从小学、初中阶段扩大到了高中甚至大学。此外，为了进一步深入实施“春蕾计划”，根据我国农村大量劳动力转移到城市，在农村出现了“留守儿童”和“流动儿童”的现状，“春蕾计划”又把关注的重点延伸到“留守儿童”和“流动儿童”，并推出了捐建“春蕾寄宿制学校”项目等。截止2007年，“春蕾计划”募集资金6亿多元，共资助170万余人次失学女童重返校园，捐建“春蕾小学”600余所。“春蕾计划”成为各级妇联组织共同打造的公益项目品牌，也成为促进女童教育发展最成功、最有影响力的范例。2005年“春蕾计划”被民政部授予“中华慈善奖”。

（全国妇联经济发展部）

（十三）中国农村信息网络工程

2006年中国扶贫开发协会联合中国致公党联合发起“中国农村信息网络工程（简称：中国村络工程）”，关注并通过信息化培训的方式，帮助农民掌握使用电脑网络等信息化应用技术，提升农民综合素质，走出了一条动员社会力量进行信息化扶贫的新路子。

在“中国村络工程”开展试点的过程中，先后与江苏省、山西阳高、浙江台州、福建武夷、福建南安、北京房山等地方政府开展合作，建成村级试点3个（兴苑村、兰田村、西石羊村），镇级试点1个（篷街镇），县级试点78个（江苏77个、武夷1个），试点工作得到当地政府的积极配合。其中江苏致公党推进的“中国村络工程—江苏致福工程”获得江苏省财政的大力支持。在试点实施的过程中，总结了很多实践经验、形成很好的社会效应，譬如：福建省南安市兰田村从2006年创办了“新农民培训学校”，研发了一套“世纪之村农村信息化网络软件”服务平台，村民通过该平台销售蘑菇、桂元等农副产品，当年就增收了四百多万元，有效地用信息化推动了南安市新农村建设。浙江省台州市篷街镇开展“妇女半边天QQ群”活动，加强基层妇女干部的网络化交流，起到了很好的作用；福建省武夷山已经初步建成了能为各村提供党建、经济、科技、教育、文化等全面服务的体系；“(江苏致福工程”已培训10万农民学会电脑和网络使用，并向100万的目标推进。

（中国扶贫开发协会）

第六部分：贫困问题调查研究

一、物价上涨对贫困地区农户的影响分析

从2006年末开始，在猪肉等食品价格的带动下，我国的居民消费价格指数(CPI)以及反映农村地区消费的农村消费价格指数指数开始了不断攀升的过程(见图6-1)。截止今年8月，农村居民消费价格指数指数已经连续17个月超过3%，并且2008年2月到2008年8月连续7个月超过了8%。过快的物价上涨不仅意味着宏观经济运行出现了失衡状态，而且对人民生活水平产生了重大影响。一些相关的研究表明，受到物价影响最大的往往是低收入人群和困难家庭，特别在总体物价水平是由食品价格上涨带动的情况更是如此，他们的消费支出中有更大比例的是用于食品消费。本文的主要目的是分析农村居民消费价格指数上涨对贫困地区不同收入住户实际收入以及贫困程度的影响。

图6-1 农村消费价格指数

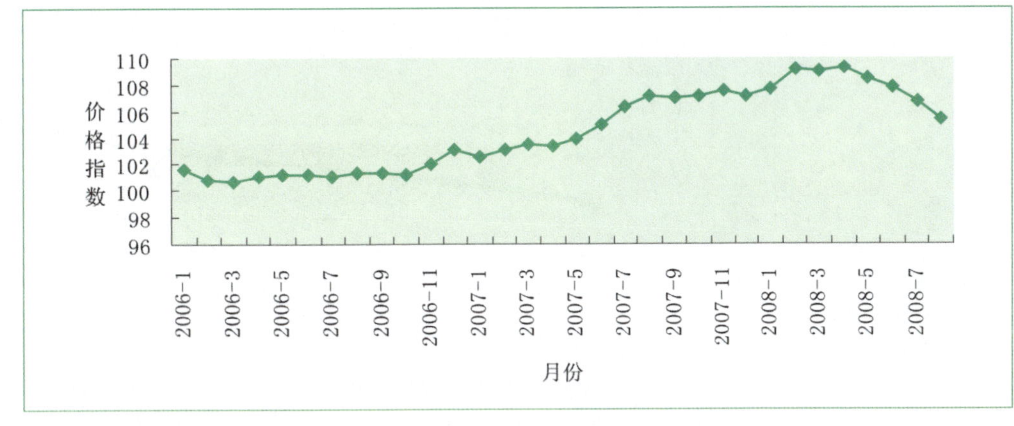

资料来源：《中国统计年鉴摘要-2008》

本文的基本分析思路可以概括为以下几个方面：第一，不同收入组人群的消费结构是不同的，不同种类消费支出在总消费支出中的比重是不同的，比如低收入人群会将更大比例的收入用于食物消费，而高收入人群则将收入的主要部分用于非食物消费。第二，物价上涨具有结构上的差异，比如2007年我国农村消费价格总体水平上涨了5.4%，其中食品价格上涨了13.6%，而纺织品价格仅上升0.2%，

日用品价格2.1%，文化、教育和娱乐价格反而下降1.6%[1]。第三，在上述两种情况下，消费价格上涨对不同收入人群的实际收入（或其货币购买力）的影响是不同的。一般而言，受到影响最大的是那些将其收入更多地花费在物价上涨率较高的消费类别上的家庭。第四，我国2007年物价上涨的结构差异对城镇居民来说，受到冲击最大的是低收入人群，因为相对来说他们的恩格尔系数较高。但是对于农村居民来说需要做细致分析，因为农村低收入家庭既是食物的消费者，又是食物的生产者，过快上升的食物价格对其实际收入影响是双重的。他们既可能从中受益，也可能从中受损。本文以下部分将对上述几方面的问题加以分析，通过分析物价上涨对不同收入人群实际收入的影响，进一步评估物价上涨对农村贫困地区贫困发生率和贫困程度的影响。同时为了对2007年农村贫困发生率出现下降的现象加以解释，我们对政府转移支付产生的减贫效应进行数量上的估计。

本文所使用的数据来自国家统计局对592个国家扶贫开发工作重点县（简称扶贫重点县）进行的贫困监测住户调查资料，该调查样本为53270个农户，我们使用的是2007年的住户收支数据。

（一）不同收入家庭组消费结构的差异

首先为了排除异常值的干扰，我们将样本中农民人均纯收入最高的百分之一农户和农民人均纯收入最低的百分之一农户剔除（共计1070户），将剩下的农户按照家庭农民人均纯收入由低到高排序，划分为100个等分组（即每组522户）。然后对每组进行编号，其中编号1的组代表平均家庭农民人均纯收入最低的组，编号100的组代表平均家庭农民人均纯收入最高的组。家庭分组和按组平均的农民人均纯收入如图6-2所示。剔除2%样本后，2007年扶贫重点县的农民人均纯收入为2325.64元。从图6-2中可以看出，农民人均纯收入在1000元以下的农户比例为12.7%，在2000元以下农户比例为48.19%，高于4000元的农户比例为11.01%，高于8000元的农户比例仅为0.1%。

图6-2 平均人均纯收入

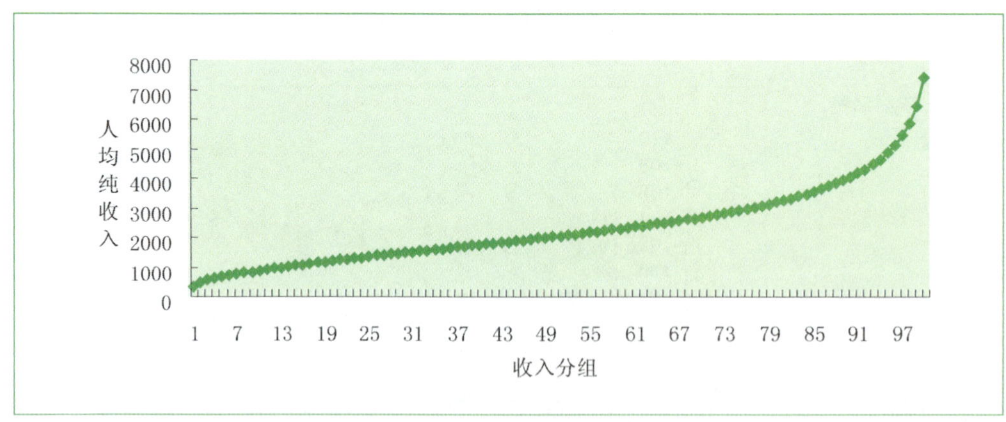

资料来源：国家贫困监测抽样调查

其次，我们根据消费价格指数的分类，分别计算每个收入组农户在食品、烟酒及用品、衣着、家庭设备用品及服务、医疗保健和个人用品、交通和通信、娱乐教育文化和居住等八类消费支出的各自份额及其占家庭总消费支出的比重。不难理解，不同收入组农户的消费结构存在着较大的差异，而且根据恩格尔系数的

1. 见《中国统计年鉴摘要－2008》，第84页。

含义，农民人均纯收入越低的家庭，食品消费支出在生活消费支出中所占的比重越高，而农民人均纯收入越高的家庭，食品消费支出在生活消费支出中所占的比重越低。也就是说，随着农民人均纯收入的上升，食品消费支出在生活消费支出中所占的比重呈现下降的趋势。图6-3给出了不同收入组食品消费支出占生活消费支出的比重，从中可以看出，低收入组食品消费支出的比重从60%左右下降到高收入组的35%左右。

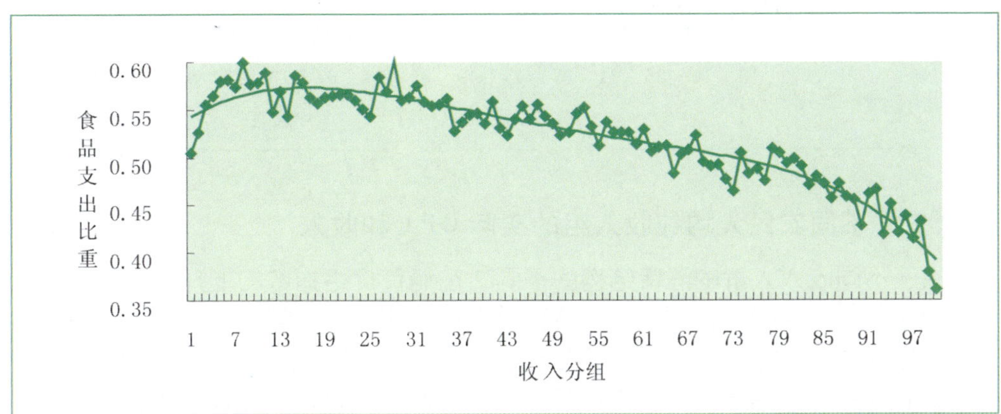

图6-3 食品支出占生活消费支出比重

资料来源：国家贫困监测抽样调查

与食品消费支出比重的变化规律相反，非食品支出比重随着收入水平的上升而上升。如图6-4所示，非食品消费支出从低收入组的40%左右上升到高收入组的65%左右。这种情况在交通通讯消费支出和文化教育娱乐消费支出中表现尤为明显。如图6-5所示，交通通讯消费支出占生活消费支出的比重随农民人均纯收入增加开始上升，对于低收入组来说，这一比重约为5%，对于高收入组来说，这一比重上升到10%左右。同样，文化、教育和娱乐占消费支出比重也随着农民人均纯收入的增长而上升，在低收入组中该项支出占总消费支出的比重为6%左右，而在高收入组中这一比重上升到10%左右（见图6-6）。

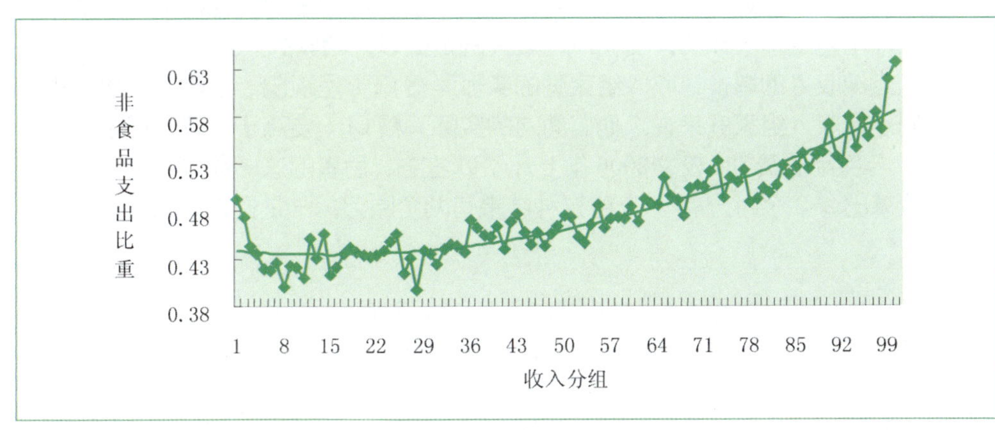

图6-4 非食品支出占消费支出比重

资料来源：国家贫困监测抽样调查

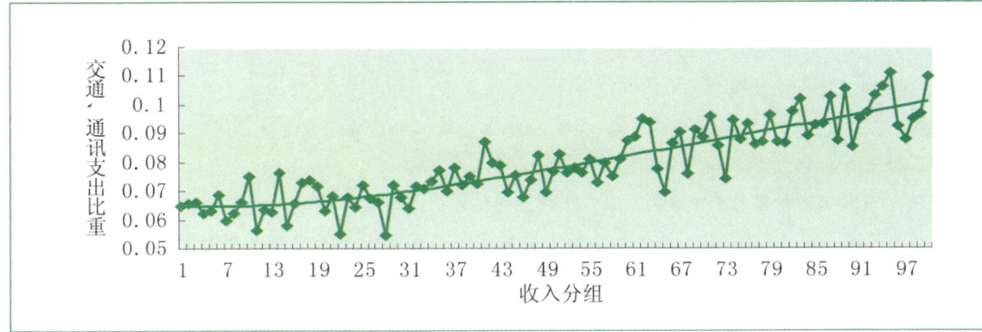

图6-5 交通、通讯占消费支出比重

资料来源：国家贫困监测抽样调查

图6-6 文化、教育和娱乐占消费支出比重

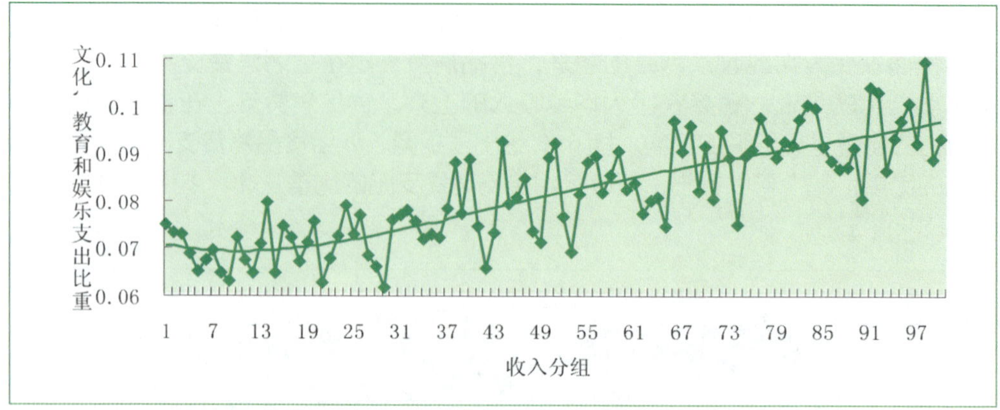

资料来源：国家贫困监测抽样调查

（二）不同农民人均纯收入组的实际CPI和收入

由于不同收入人群的消费结构的不同，在消费价格指数的上升只是由于部分消费品价格上涨过快的情况下，消费价格指数上涨对于不同消费结构人群消费购买力的影响是不同的，因而对不同收入人群的实际收入的影响也是不同的。在此，为了估计消费价格指数上涨对于不同收入人群消费和收入的影响，我们根据不同收入人群消费结构的差异，对他们所面对的实际消费价格指数进行了重新计算。

对于每一收入组，其CPI_i计算方法如下：

$$CPI_i = \sum (CS_{ij} \times PR_j) \qquad (1)$$

其中，CPI_i是第i组的实际消费价格指数，而CS_{ij}是第i收入组人群对第j种商品或服务的消费支出占其总消费支出的比重，PR_j是第j种商品或服务的价格（同比）变化率[2]。

根据2007年国家统计局公布的居民消费品分类价格指数和2007年的国家扶贫重点县农户的消费支出数据，我们计算了每一个收入分组的实际CPI[3]（图6-7）。可以看出，不同收入家庭所面对的实际CPI是不同的，因此面对外部消费品价格上涨所带来的冲击也是不一样的，受到冲击最大的是低收入组家庭。如图6-6所示，随着农民人均纯收入的增长，收入组家庭的实际消费CPI呈现出了下降的趋势。也就是说，对于低收入组家庭来说，他们面对的实际消费CPI要高于高收入组家庭，前者的2007年实际消费CPI较之2006年上升了9%左右，后者的这一数字为6%左右，前者比后者高出2-3个百分点[4]。产生这种结果有两个原因，一是低收入组的家庭由于

2.具体来说，每个收入组的消费价格指数＝该组的食品支出占其消费总支出比重×食品类价格指数＋该组其他商品和服务消费支出比重×其他商品和服务消费支出价格指数＋该组衣着消费支出比重×衣着类价格指数＋该组设备用品及服务支出比重×家庭设备用品及服务类价格指数＋该组医疗保健和个人用品消费支出比重×医疗保健和个人用品类价格指数＋该组交通和通信消费支出比重×交通和通信类价格指数＋该组娱乐教育文化消费支出比重×娱乐教育文化类价格指数＋该组居住消费支出比重×居住类价格指数。

3.由于统计局数据缺少其他商品和服务消费支出价格指数，因此在对每组CPI进行计算的时候，其他商品和服务消费支出分类价格指数设定为100，由于其他商品和服务消费支出占消费支出比重较小，且其他商品和服务价格变化不大，因此这样的处理对结果不会产生大的影响。

4.2007年的农村消费价格的上涨率为5.4%，而我们估计出来的各收入组面对的实际物价指数都要高于全国农村的消费价格上涨水平。这种差异的主要原因是我们的数据来自贫困地区的住户调查，他们的消费结构和消费习惯与全国农户的平均水平有一定的差别，即他们用于食品消费支出的比重更大。这也说明这次物价上涨对贫困地区农户产生了更大的影响。

食物消费在消费支出中所占的比重较大，二是食物价格上升过快，超过其他消费品和服务的价格上涨幅度。

因此，贫困地区低收入家庭面对更高的CPI时，受到的冲击更大，他们的实际生活水平也就受到更大的影响。

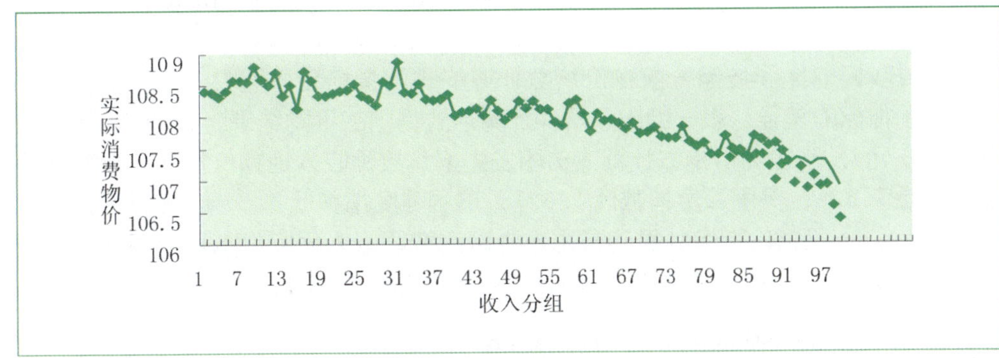

图6－7 不同收入人群实际CPI

资料来源：国家贫困监测抽样调查

（三）物价上涨对贫困发生率的影响

根据前面所计算出来的不同收入组的实际消费CPI数据，我们利用国家扶贫重点县农户的2007年的农民人均纯收入，分别计算了每个农户以2006年不变价衡量的2007年的实际农民人均纯收入。计算公式为：

2007年农户实际农民人均纯收入=2007年农户农民人均纯收入/所在收入组的实际CPI

在计算出每个农户实际农民人均纯收入的基础上，我们相应地算出了每组平均的实际农民人均纯收入。

图八为农民人均纯收入最低的百分之二十农户的名义收入和实际收入走势图，而图九为农民人均纯收入最高的百分之二十农户的名义收入和实际收入走势图。由两幅图的比较可以看出与高收入农户相比，低收入农户的名义收入和实际收入之差更加明显。

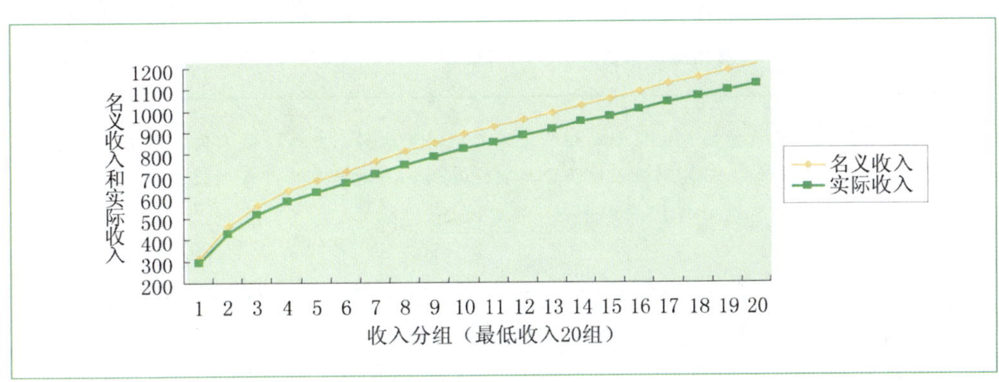

图6－8 低收入组名义收入和调整后的实际收入

资料来源：国家贫困监测抽样调查

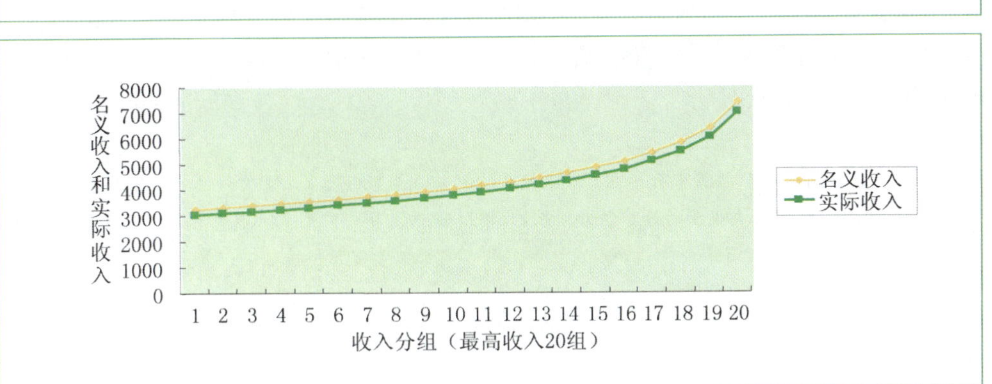

图6－9 高收入组名义收入和调整后的实际收入

资料来源：国家贫困监测抽样调查

在计算出每户实际农民人均纯收入的基础上，我们利用2006年农村低收入线（农民人均纯收入在958元以下）和贫困线（农民人均纯收入在693元以下）对于贫困发生率进行了重新估计。我们计算了农民人均纯收入在958元和693元以下的家庭以及这些家庭的人数。根据我们的计算，在样本农户52200户225652人中一共有7183户34521人的实际农民人均纯收入在958元以下，人口比例为15.3%；有3185户15219人的实际农民人均纯收入在693元之下，贫困发生率为6.74%。

同时我们对比了按照一般物价指数计算的贫困指标和按照收入组物价指数计算的贫困指标的差异，表一给出了两种计算方式得出的不同结果。按2006年贫困线（693元），一般物价指数计算的贫困发生率比按照收入组物价指数计算的贫困发生率低7.32%，贫困深度指数低1.62%，贫困强度指数低3.27%。按低收入标准（958元），一般物价指数计算的贫困发生率比按照收入组物价指数计算的贫困发生率低5.96%，贫困深度指数低2.2%，贫困强度指数低4.45%。

表6-1 按两种不同方式和不同贫困线计算的贫困指标

指标名称		按照一般物价指数计算的贫困指标	按照收入组物价指数计算的贫困指标	两种计算方式结果的差别（%）
贫困线=693元（2006年）	贫困发生率（%）	6.28	6.74	-7.32%
	贫困深度指数	167.96	170.68	-1.62%
	贫困强度指数	28210.56	29131.66	-3.27%
低收入线=958元（2006年）	贫困发生率（%）	14.44	15.3	-5.96%
	贫困深度指数	257.84	263.52	-2.2%
	贫困强度指数	66481.47	69442.79	-4.45%

资料来源：国家贫困监测抽样调查

注：按照一般物价指数计算的贫困指标是按照全国农村消费价格指数统一对农民人均纯收入进行折算，并进而计算贫困指标，而按照收入组物价指数计算的贫困指标是指以每个收入组的实际消费价格指数对农民人均纯收入进行折算，并进而计算贫困指标。

下图（图6-10）为2006年和2007年的国家扶贫重点县的贫困发生率[5]。相较于前几年国家扶贫重点县贫困发生率的显著下降的情况， 2007年的贫困发生率相对于2006年只是出现了轻微的下降。如果以693元的贫困线来衡量，2007年的贫困发生率只比2006年下降1.2个百分点，而以985元的贫困线来衡量，2007年和2006年的贫困发生率基本持平。

5.2006年的贫困发生率数据来自于《2007中国农村贫困监测报告》，需要说明的是《2007中国农村贫困监测报告》的贫困发生率的计算方法与本文不同，报告使用的贫困发生率使用了"双指标计算法"，即同时考虑农户的收入与消费水平，如果农户只是收入水平低于贫困标准，不一定是贫困户，只有消费水平也比较低，才被认定为贫困户。因此本文只使用收入法计算的贫困发生率，比《2007中国农村贫困监测报告》的贫困发生率要高。2年可比的实际差距，以693元的贫困线来衡量，2007年比2006年下降1.3百分点，以985元的贫困线来衡量，2007年比2006年下降2.5百分点。

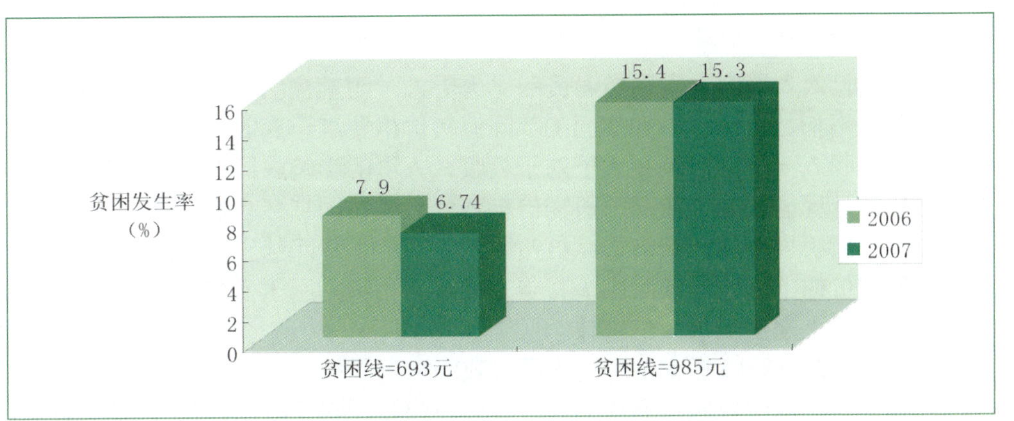

图6–10 2006年和2007年贫困发生率

资料来源：国家贫困监测抽样调查

（四）政府转移支付的减贫效果

我们的上述分析结果表明，相对于2006年来说，虽然受到物价上涨的影响，但是2007年扶贫重点县的贫困发生率仍有所下降。我们进一步分析则表明这种下降主要归功于政府转移支付的作用。这里的转移支付包括了无偿扶贫款、退耕还林补贴、低保金、种粮补贴、救灾救济等多项内容。对此，我们做了两项模拟分析，分别估计了在完全没有政府转移支付情况下和假定2007年的政府对农民的转移支付保持在2006年水平的贫困发生率。表二给出了政府转移支付的减贫效果的估计结果。假定没有任何政府转移支付，那么2007年的贫困发生率将是8.9%，比2006年的贫困发生率高出1个百分点；同时低收入线（958元）以下的人口比重将是17.1%，比2006年高出1.2个百分点。如果假定政府转移支付没有增加，继续保持2006年的水平，那么2007年的贫困发生率是7.4%，比2006年的贫困发生率低0.5个百分点，比2007年的实际贫困发生率高0.7个百分点。前者可以理解为收入增长的减贫效应，而后者则是政府转移支付的减贫效应。由此可见，后一种效应要大于前一种效应。同样地，对于低收入线（958元）以下的人口比重来说，政府转移支付的减贫效应同样大于收入增长的减贫效应。

表6–2 政府转移支付的减贫效果

政府转移支付差别	贫困标准	按照收入组物价指数计算的贫困发生率（%）
2006年	贫困线＝693元（2006年）	7.9
	低收入线＝958元（2006年）	15.9
2007年（有政府转移支付）	贫困线＝693元（2006年）	6.7
	低收入线＝958元（2006年）	15.3
2007年（假定无政府转移支付）	贫困线＝693元（2006年）	8.9
	低收入线＝958元（2006年）	17.1
2007年（假定政府转移支付保持在2006年水平）	贫困线＝693元（2006年）	7.4
	低收入线＝958元（2006年）	15.7

资料来源：国家贫困监测抽样调查

（五）结论：

由于低收入人群用于食品类消费的比重更大，随着食品类价格快速上涨所带动的消费价格指数上涨，导致他们的实际消费价格要高于高收入人群，因此物价上涨对于低收入人群的影响要大于对于高收入人群的影响。同时用两种方法对于贫困指标的计算也表明，按照一般物价指数计算的贫困指标会低估贫困人群所受到的影响。分析也发现，扶贫重点县贫困发生率的下降趋势出现了放缓迹象。意味着在消费价格上涨中，政府应该将更大的财力和精力用于低收入人群，因为他们才是受物价上涨影响最大的群体。

我们同时对政府转移支付产生的减贫效应进行了模拟分析，分析结果表明政府的转移支付的减贫效应是非常明显，其效应超过了农民收入增长带来的减贫效应。这意味着在食物价格上涨主导的消费价格上升的时期，对农村贫困人口和低收入人群提高公共转移支付的力度，在很大程度上会缓解他们的生活困难，抵消消费价格上涨给他们带来的冲击。

（李实、关冰、毛磊[6]）

二、农村社会救助的历史传承及发展进路

贫困是当今社会的一个结构性问题（structural problem）[7]。据《说文解字》，贫，财分少也；会意兼形声。财物合则多，分则少。困，故庐也；从囗（囗为四周环绕之意）；苦闷切。因此，我们认为，贫困是指农民由于事实因素或社会制度的原因，处于对社会性资源占有的不利地位，导致不能维持其基本生活需要、影响自身发展能力，甚至危及其生存的一种社会状态。贫困有着多重面孔[8]，不同人群、不同地区、不同时期的贫困的表征不尽相同。具体来说，贫困涉及经济、社会、政治、文化、宗教、教育、卫生等方面，有收入贫困、能力贫困、资源贫困、生态贫困、生产性贫困、社会性贫困、历史性贫困等。

为深入了解农村的贫困状况，2004年以来，民政部社会救助司（2008年8月前称最低生活保障司）会同北京师范大学社会发展与公共政策学院开展了若干农村家庭问题专题调查。调查结果显示，近年来，尽管农民收入总体呈上升趋势，连年持续增收，但仍有一部分农民的生活十分困难，其贫困的事实因素主要表现为：农村贫困人口家庭规模大劳动力负担重；劳动力整体受教育程度普遍较低；收入及消费结构单一、水平低，基本上处于入不敷出的状态。贫困农户取得的纯收入不足以维系当年的生活消费，根本谈不上进行扩大再生产；农村贫困的代际传递普遍；贫困农民缺乏自我发展的能力等[9]。

新中国成立后，国家实行了以户籍制度为核心的一系列城乡分割的制度，导致城镇居民和农民在政治权利、经济权利和社会权利等方面不平等。国家“将占人口80%的农村人口排除在这些福利保障制度之外。国家既无力将保障福利制度延

6．李实：北京师范大学收入分配与贫困研究中心主任；关冰：国家统计局农村司贫困监测处处长；毛磊：北京师范大学博士。

7.Lutz Leisering and Stephan Leibfried ,*Time and Poverty in Western Welfare States* ,Cambridge University Press1999,p12

8．同注7。

9．民政部最低生活保障司、亚洲开发银行中国代表处：《中国农村最低生活保障制度研究》（内部资料）。

伸到农村，也无力让大批农村人口进城分享市民的福利保障……不断累加的附着于户籍制度之上的福利保障制度，使城市户口具有了很高的含金量，形成了市民与农民事实上的权利不平等”[10]。“农村游离于社会保障体系之外……农村老人晚年生活保障支柱单一、生活困苦”[11]，“城市人民享受着总体来说比我们发展阶段要高的社会福利，我们又没有实力把农民的社会福利提高到城市的水平上去”、“从土地上获得的公共收入大部分游离于预算之外，绝大部分用于城市建设”[12]。城乡居民的“国民待遇”存在天壤之别。再从人均收入和支出看，城乡居民人均纯收入（可支配收入）的比率从1998年的2.51：1上升到2007年的3.33：1，城乡居民收入差距在逐步扩大；人均现金消费从。有人将这些城乡差距、农民贫困、贫富差距等病态现象称为“病态发展”、“低度发展”或“不发达的发展”（the development of under-development）[13]。可以认为，这是农村贫困的最重要的社会制度原因之一。

表6-3 1998年—2007年城乡居民家庭人均收入及比例

年份	农村居民家庭人均纯收入	城镇居民家庭人均可支配收入	比率
1998	2162.0	5425.1	1：2.51
1999	2210.3	5854.0	1：2.65
2000	2253.4	6280.0	1：2.79
2001	2366.4	6859.6	1：2.90
2002	2475.6	7702.8	1：3.11
2003	2622.2	8472.2	1：3.23
2004	2936.4	9421.6	1：3.21
2005	3255	10493	1：3.22
2006	3587	11759	1：3.28
2007	4140	13786	1：3.33

资料来源：《中国统计年鉴－2008》

伴随经济的发展和改革的不断深化，国家在不同的历史时期都采取制度“矫正”的方式缓解农村贫困问题。自1950年代建立农村五保供养制度以来，国家建立和实施了扶贫开发、农村最低生活保障（以下简称农村低保）、农村特困户救助等反贫困制度，取得了显著效果。农村税费改革以来，国家推进了农村五保供养和农村低保的转型，并以这两项基本生活救助制度为基础，建立起了涵盖医疗、教育等各个方面的社会救助体系，较好地保障了近七千万（含医疗救助）低收入农民的基本生活需要，为中国乃至世界的反贫困事业作出了重要贡献。

（一）传承与转型：农村社会救助制度的演进

中国社会救助的历史源远流长，中华民族扶贫济困的优良品格代代相传。从

10．肖冬连：《中国二元社会结构形成的历史考察》，《中共党史研究》2005年第1期。

11．《和谐社会呼唤完备的社会保障：和谐社会与社会保障理论座谈会发言摘要》，《中国劳动保障报》2006年7月13日。

12．楼继伟：《关于效率、公平、公正相互关系的若干思考》，《学习时报》2006年6月19日。

13．尹保云：《病态发展：城乡差距与分配不平等的根源》，《战略与管理》2004年第2期。

原始社会到满清时期，社会救助事业一直不曾间断。古代是社会救助有着丰富的思想基础，典型的有大同社会论，如《孟子》“人饥己饥，人溺己溺”，“出入相友，守望相助，疾病相扶持，则百姓亲睦”；民本仁政思想，如《尚书》“德惟善政，政在养民”，《礼记》“以保息养万民，一曰慈幼，二曰养老，三曰振穷、四曰恤贫，五曰宽疾，六曰安富”[14]，《孟子》“恻隐之心，仁之端也”、“制民之产，必使仰足以事父母，俯足以蓄妻子，乐岁终身饱，凶年免于死亡”；调均思想，如孔子的“不患寡而患不均，不患贫而患不安”，董仲舒“使富者足以示贵而不致于骄，贫者足以养生而不致于忧”等，成为当时的社会救助思想基础。古代社会救助包括扶助鳏寡孤独人员，如汉文帝“赐天下孤寡布帛絮”、朱元璋“鳏寡孤独废疾者，存恤之”等[15]，以及应对灾荒等危机事件的物质或货币性的无偿救助、为对老龄人口的免除徭役、刑律优免等的优待，如朱元璋规定“贫民年八十以上，月给米五斗，酒三斤，肉五斤；九十以上者，岁加帛一匹，絮一斤”。[16]历朝都设置了社会救助的管理机关或职官，如西周地官司徒，秦汉时期的丞相、唐朝的户部、宋朝尚书省下的户部、元朝的中书省、明清时的户部等，均负责管理社会救助事务。此外，古代还设置大量的官办社会救助机构和民办社会救助机构，为救助对象提供服务。官办救助机构如历代的常平仓，唐代病房、普救病房、悲田院，宋代的福田院、居养院、安济坊、漏泽园等，元朝的养济院、安乐堂、惠民药局，明朝的养济院、栖流所、惠民药局、漏泽园、义冢，清代习艺所、迁善公所、育婴堂、施粥厂、埋葬局等[17]；民办救助机构为义仓，其储备粮来源于民户的义务输纳；宗族内创办的救助机构，如宋代的田和义庄、明代赡宗堂等。

新中国成立以来，较好地继承和发扬了中华民族的社会救助精神。1950年初，国家成立了中央救灾委员会和中国人民救济总会，通过了《中国人民救灾总会章程》，并确立了“生产自救，节约度荒，群众互助，以工代赈，并辅之以必要的救济”的救灾工作方针；1950年到1954年国家共发放10亿元农村救灾救济款，同时还发放了大量的救济物资。二是组织群众互助互济，开展捐赠“一把米”、“一件衣”、“一元钱”活动，支援困难群众。三是减免农业税，减免军烈属和贫困农民的公粮。1956年，第一届全国人大第三次会议通过《高级农业生产合作社示范章程》，明确提出了对没有依靠的鳏寡孤独社员给予吃穿、烧、年幼的受教育和年老的死后安葬五个方面的保障，简称为“五保”——这是新中国针对农村贫困群众的第一项规范性制度安排。1963年，国家下发《关于做好当前五保户、困难户供给、补助工作的通知》，农村五保供养制度得以进一步完善并延续至今。

1980年代以后，一些地方积极进行社会救济改革，主要做法是：一是实行农村定期定量救济，保证农村救济费用的正常使用。民政部把推行定期定量救济作为农村社会救济改革的重要内容，先后推广了北京市门头沟区、青海省海东地区等定期定量救济的经验，要求各地保障救济经费固定使用，减少救济工作的随意性。二是加大对农村贫困对象的扶持力度。1982年，国家经贸委、民政部等9部委联合发出《关于认真做好扶助农村贫困户的通知》，要求各地扶持贫困户发展生产。各地每年从农村社会救济费中拨付一部分资金用于贫困户生产自救，并创办救灾扶贫经济实体。三是探索实行乡镇统筹困难补助经费，缓解贫困村集体无力筹集救助经费的困

14.《周礼·地官司徒·大司徒之职》。

15.多吉才让：《中国最低生活保障制度研究与实践》，人民出版社2001年10月版。

16.《明史》卷3《本纪》第13。

17.多吉才让：《中国最低生活保障制度研究与实践》，人民出版社2001年10月版。

难。以五保供养为标志，1985 年起，全国逐步推行乡镇统筹解决五保供养经费的办法，保证五保对象的基本生活来源。1994 年国务院颁布《农村五保供养工作条例》，规定五保供养经费由“村提留或乡统筹”中列支。据不完全统计，1978 年到 1996 年，农村集体用于五保供养和贫困户补助（含农村低保）的资金总计达 200 多亿元，超过各级政府财政下拨的农村社会救济费用（不含救灾费）[18]。

2000 年，国家在安徽省开始实行税费改革试点。2003 年，全国所有省区市全部开展税费改革试点工作。2006 年，在中国历史上绵延 2600 年的农业税正式终结，这是一件具有划时代意义的事情[19]。农村税费改革是继土地改革、家庭联产承包责任制之后我国农村分配关系的又一次重大变革，其目标设计不仅在于减轻农民的负担，而且触及农村经济和社会管理等方面的深层次问题，对农村社会救助制度产生了广泛而深远的影响。

1 、农村税费改革初期社会救助面临的挑战

1 ）农村五保供养制度亟待转型

《农村五保供养工作条例》（1994 年）规定，五保供养经费由“村提留或乡统筹”中列支。农村税费改革后，取消“村提留、乡统筹”，五保供养经费主要从中央专项财政转移支付、地方财政转移支付和财政预算中解决。农村税费改革后，尽管一些地方提出确保供养标准不低于改革前的水平，但实际操作中经费无保障，影响五保供养事业的可持续发展。

一是五保供养资金总量不足，难以满足供养需要。中央财政专项转移支付中五保供养资金是按照税费改革前上报的基数确定的。由于税费改革前是集体供养，村集体为减轻自身负担，不愿意评议和上报五保对象，导致多数乡镇上报的五保对象数据偏小，相当一部分符合五保供养条件的贫困农民未纳入五保范围。同时，一些地方在计算五保供养金支出额度时，一般只计算蔬菜、肉类、衣服、燃料、食用油等生活必须费用，未计算或少计算粮食、医疗和丧葬费用，以致计算出的五保供养金支出偏少，不能满足供养需要。税费改革前未列入和此后新增加的五保对象无法享受到供养待遇，纳入供养范围的农村五保对象因经费无保障，改为享受其它救助。一些地方规定，符合五保供养条件的农村特困群众只有 60 周岁以后才能享受五保供养待遇。2001 年到 2003 年，全国五保供养对象从 395.9 万人降到 305 万人[20]，降幅达 23%。

二是五保供养资金管理方式不尽合理，难以落实到位。根据现行农村税费改革政策，多数地区把五保供养经费、村干部报酬和村办公经费作为村级三项费用与其他资金“打捆”下拨，并未明确五保供养金在其中所占比例和额度，各地在转移支付资金使用上未严格管理和规范操作，具有一定的随意性，一些财政困难的乡（镇）挤占五保供养资金的问题比较严重。还有一些乡（镇）将农村五保供养经费、村干部报酬和村办公经费村级三项费一并交村委会自主支配和使用，就更加难以保证五保供养资金落实。供养经费落实不到位影响着五保供养水平。根据统计，1999 年和 2000 年，农村五保供养的年均标准分别为 994 元、985 元， 2001 至

18．多吉才让：《中国最低生活保障制度研究与实践》，人民出版社 2001 年 10 月版。

19．农业税是我国一种古老的税种，如果从春秋时期鲁宣公 15 年（公元前 594 年）的“初税亩”算起，我国农业税的历史有 2600 年，如果从公元前 21 世纪的“禹帝制九州”、“任土作贡”、“按等征赋”作为农业税的雏形算起，则有 4000 多年的历史。参见《温家宝在全国农村税费改革试点工作会议上的讲话》。

20．参见民政部统计年鉴。

2003年，全国农村五保供养的平均标准（现金给付部分）分别为301.6元、371.33元和417.25元，而同期全国农村居民家庭平均每人生活消费支出分别为1741.09元、1834.31元和1943.30元[21]。农村五保供养标准远低于《农村五保供养工作条例》规定的“不应低于当地村民的一般生活水平”。许多地区的“五保”已经变为仅能“保吃”的“一保”，有些地区甚至连“保吃”也做不到，沦为“无保”。我们在调研中发现，湖南省财政2003年按五保对象人均825元下拨了2.4亿元五保经费，但由于逐级扣减，最终到五保户手中，人均才300多元，有的甚至只有100多元。

2）农村低保制度后继乏力

1992年山西省左云县率先进行农村低保试点，1994年上海在3个区建立试点。1996年民政部总结试点地区的经验，印发了《关于加快农村社会保障体系建设的意见》，提出“凡开展农村社会保障体系建设的地方，都应该把建立最低生活保障制度作为重点，即使标准低一点，也要把这项制度建立起来。”同时还制定了《农村社会保障体系建设指导方案》，要求最低生活保障资金由地方各级财政和村集体分担，分担比例根据各地实际确定。农村低保制度在税费改革前得以蓬勃发展，低保建制县市曾达到2037个。低保经费主要由县、乡镇财政和村民委员会承担，而其中相当一部分的经费源头为“三提五统”。1999年全国共投入农村居民最低生活保障金62240.6万元，其中国家预算安排32483.8万元，剩余为村集体负担；北京农村低保支出为295万元，其中国家支出229万元，占78%，集体支出66万元，占22%；上海市农村低保支出为1031万元，其中国家支出434万元，占42%[22]。2002年，全国农村低保资金支出13.6亿元，其中集体经济支出4.07亿元，占总支出的29.93%。

表6-4 农村税费改革前农村最低生活保障制度建制情况

实施情况	省份
所辖县市全部建制	天津、河北、辽宁、吉林、上海、江苏、浙江、山东、河南、广东、广西、陕西，共12个省份
50%以上县市建制	山西、内蒙古、安徽、福建、江西、湖南、甘肃、青海，共8个省份

资料来源：民政部统计年鉴

税费改革后，“三提五统”被取消，农村低保制度缺乏后续发展的物质保障，开始逐步萎缩，中西部许多地区的农村低保资金“空账运行”，虽有制度之名而无制度之实。如2004年初江苏盐城等地反映，农村税费改革造成资金困难，已经开展多年的农村低保制度难以为继，直到2005年江苏省财政列支了农村低保专项资金后，才扭转了这一状况。2003年4月，民政部要求无资金支持能力的地方不再实行有名无实的最低生活保障制度，在中西部地区实行农村特困户救助制度，即对不能达到五保供养条件但生活极为困难的鳏寡孤独人员、丧失劳动能力的重残家庭及患有大病而又缺乏自救能力的困难家庭，按照一定数额的资金或实物标准，定期发放救济物资。此项制度称为农村特困户救助。农村低保和农村特困户救助经费主要由地方财政负担。税费改费后，基层政府财政收入降低，一些乡镇财政赤字，很难保证农村特困户救助资金足额和及时到位。除此之外，有些地方由于五保供养资金不足，把一些

21．参见民政部统计年鉴。

22．张太英、刘小姚：《中国农村的社会保障制度建设》，《中国农村研究》2000年第19期。

分散供养的五保对象列入了特困群众救助范围，客观上挤占了特困群众救助资金。

需要引起关注的是，农村低保和特困户救助资金筹集过程中存在一种矛盾现象，即经济发达地区的地方财政和村集体的财力都比较强，而贫困人口或救助对象相对不是很多，因此救助水平较高。在中西部，尤其是欠发达地区，地方财政比较吃紧，救助资金筹集十分困难，但这些地区贫困人口多，救助需求较大，整个农村社会救助的供需矛盾十分突出。

2 、农村社会救助制度的历史传承与转型

为适应农村税费改革形势， 国家积极调整相关政策，千方百计解决农村贫困群众的基本生活问题。从2002年开始，国家出台的一系列政策文件规定，要求各地健全农村社会救助制度，见表3。

表6-5 2002年以来国家有关农村社会救助的政策规定

序	文件	发文时间	内容
1	中共十六大报告	2002	有条件的地方，探索建立农村养老、医疗保险和最低生活保障制度。
2	中共中央国务院关于进一步加强农村卫生工作的决定	2002	对农村贫困家庭实行医疗救助。医疗救助对象主要是农村五保户和贫困农民家庭。医疗救助形式可以是对救助对象患大病给予一定的医疗费用补助，也可以是资助其参加当地合作医疗
3	中共中央关于完善社会主义市场经济体制若干问题的决定	2003	有条件的地方探索建立农村最低生活保障制度。
4	中共中央、国务院关于促进农民增加收入若干政策的意见	2004	对丧失劳动能力的特困人口，要实行社会救济，适当提高救济标准。有条件的地方要探索建立农民最低生活保障制度。
5	2004年政府工作报告	2004	对城乡特殊困难群众，要给予更多的关爱。继续完善社会救助制度。切实帮助特殊困难家庭解决就医看病、子女上学、住房、冬季取暖等实际困难。完善农村“五保户”生活保障制度，确保供养资金。
6	中共中央、国务院关于进一步加强农村工作提高农业综合生产能力若干政策的意见	2004	有条件的地方可以探索建立农村社会保障制度。
7	2005年政府工作报告	2005	有条件的地方可探索建立农村居民最低生活保障制度。各地要加快建立城乡特殊困难群众的社会救助体系，帮助他们解决看病、住房、子女上学等实际困难。完善农村“五保户”供养制度。
8	中共中央、国务院关于推进社会主义新农村建设的若干意见	2005	进一步完善农村“五保户”供养、特困户生活救助、灾民补助等社会救助体系。有条件的地方，要积极探索建立农村最低生活保障制度。
9	2006年政府工作报告	2006	完善农村“五保户”供养、特困户救助、灾民救济等制度，增加资金支持并适当提高救助标准。有条件的地方要探索建立农村居民最低生活保障制度。各地都要加快城乡特殊困难群众社会救助体系建设。
10	国民经济和社会发展第十一个五年规划纲要	2006	有条件的地方要建立农村最低生活保障制度。完善农村“五保户”供养、特困户生活补助、灾民救助等社会救助体系。
11	中共中央关于构建社会主义和谐社会若干重大问题的决定	2006	逐步建立农村最低生活保障制度……加强对困难群众的救助，完善城市低保、农村五保供养、特困户救助、灾民救助、城市生活无着的流浪乞讨人员救助等制度。
12	中共中央国务院关于积极发展现代农业扎实推进社会主义新农村建设的若干意见	2007	在全国范围建立农村最低生活保障制度，各地应根据当地经济发展水平和财力状况，确定低保对象范围、标准，鼓励已建立制度的地区完善制度，支持未建立制度的地区建立制度，中央财政对财政困难地区给予适当补助
13	2007年政府工作报告	2007	完善城乡社会救助体系。健全城乡医疗救助制度。今年要在全国范围建立农村最低生活保障制度，这是加强“三农”工作、构建和谐社会的又一重大举措。
14	中共十七大报告	2007	完善城乡居民最低生活保障制度，逐步提高保障水平……健全社会救助体系
15	中共中央国务院关于切实加强农业基础建设进一步促进农业发展农民增收的若干意见	2008	完善农村最低生活保障制度，在健全政策法规和运行机制基础上，将符合条件的农村贫困家庭全部纳入低保范围。中央和地方各级财政要逐步增加农村低保补助资金，提高保障标准和补助水平。落实农村五保供养政策，保障五保供养对象权益。
16	2008年政府工作报告	2008	健全社会救助体系。重点完善城乡居民最低生活保障制度，建立与经济增长和物价水平相适应的救助标准调整机制。健全临时救助制度。
17	2003年政府工作报告	2003	建立和完善对低保的救助制度。发展社会福利、社会救济、优抚安置和社会互助等社会保障事业。
18	中共中央关于推进农村改革发展若干重大问题的决定	2008	到二〇二〇年，农村基本生活保障、基本医疗卫生制度更加健全。完善农村最低生活保障制度，加大中央和省级财政补助力度，做到应保尽保，不断提高保障标准和补助水平。全面落实农村五保供养政策，确保供养水平达到当地村民平均生活水平。

1）推进建立新型农村五保供养制度

2004年，民政部联合财政部、国家发展和改革委员会下发了《关于进一步做好农村五保供养工作的通知》，要求各地将农村五保供养资金除保留原由集体经营收入开支的以外，从农业税附加收入中列支；村级开支确有困难的，乡镇财政给予适当补助。免征、减征农业税及其附加后，原从农业税附加中列支的五保供养资金，列入县乡财政预算。地方在安排使用农村税费改革转移支付资金时，应当确保五保供养资金的落实，不得截留、挪用。

2004年至2005年，民政部在对全国五保供养工作进行全面调研的基础上，向国务院专门报告，对新形势下的五保供养工作提出了政策建议，并积极协调有关部门，提出了《农村五保供养工作条例》的修订意见。2006年1月11日，国务院第121次常务会议审议通过了《农村五保供养工作条例（修订草案）》。新修订的《农村五保供养工作条例》（下称《条例》）规定，农村五保供养资金在地方人民政府财政预算中安排；有农村集体经营等收入的地方，可以从农村集体经营等收入中安排资金；中央财政对财政困难地区予以补助。《条例》还规定，农村五保供养标准不得低于当地村民的平均生活水平，并根据当地村民平均生活水平的提高适时调整。

在五保供养的内容和方式方面，《条例》规定，五保供养的具体内容包括：一是供给粮油、副食品和生活用燃料；二是供给服装、被褥等生活用品和零用钱；三是提供符合基本居住条件的住房；四是提供疾病治疗，对生活不能自理的给予照料，五保对象的疾病治疗，应当与当地农村合作医疗和农村医疗救助制度相衔接；五是办理丧葬事宜。农村五保对象未满16周岁或者已满16周岁仍在接受义务教育的，应当保障他们依法接受义务教育所需费用。《条例》还规定，五保对象自行选择供养形式，可以在当地的农村五保供养服务机构集中供养，也可以在家分散供养。集中供养的五保对象，由农村五保供养服务机构提供供养服务；分散供养的五保对象，可以由村民委员会提供照料，也可以由农村五保供养服务机构提供有关供养服务。

《条例》颁布实施后，民政部督促各地结合实际，制定公布了新的农村五保供养标准，并按照公布的标准为五保对象提供符合要求的供养服务。2007年1月，民政部将全国31个省（自治区、直辖市）调整前和调整后的农村五保供养标准通过新闻媒体向社会公布，并将所有有农业人口的县（市、区、旗）的农村五保供养标准通过民政部网站向社会公开。

农村税费改革后，五保对象从“集体的人”转变为“国家的人”，供养责任主体上升为国家，村集体的角色从供养服务的提供者变成了传送者。至此，农村五保供养由农村集体福利事业向现代社会保障制度转型，新型农村五保供养制度得以全面建立和实施。

2）全面建立农村低保制度，为农村困难群众基本生活提供可持续的制度保障

2006年12月召开的中央农村经济工作会议和《中共中央国务院关于积极发展现代农业扎实推进社会主义新农村建设的若干意见》明确提出“在全国范围建立农村最低生活保障制度，各地应根据当地经济发展水平和财力状况，确定低保对象范围、标准，鼓励已建立制度的地区完善制度，支持未建立制度的地区建立制度，中央财政对财政困难地区给予适当补助”。2007年1月9日，胡锦涛总书记在有关材料上批示，当务之急是要建立农村低保制度。3月5日，温家宝总理在十届人大五次会议所作《政府工作报告》中宣布，今年要在全国范围建立农村最低生活保障制度。5月23日，国务院常务会议专题研究在全国建立农村最低生活保障制度工

作。6月26日，国务院在北京召开在全国建立农村低保制度工作会议。会议要求，今年内要在全国农村全面建立低保制度，并将低保金发放到户。7月11日，国务院下发了《关于在全国建立农村最低生活保障制度的通知》，明确提出，国务院决定2007年在全国建立农村最低生活保障制度。通过在全国范围建立农村最低生活保障制度，将符合条件的农村贫困人口全部纳入保障范围，稳定、持久、有效地解决全国农村贫困人口的温饱问题。同时规定了农村低保的对象范围、低保标准、低保资金筹集和监管、申请审批程序、动态管理等内容。8月2日，财政部、民政部下发了《关于下达2007年农村最低生活保障补助资金的通知》，中央财政安排30亿元专项资金支持地方，尤其是财政困难地区建立和实施农村低保制度。

表6－6　农村税费改革以来农村最低生活保障制度建制情况

年份	建制省份（个别省份为改革原资金渠道，继续实施低保制度）
2003年	北京、上海、天津、浙江、广东
2004年	江苏、福建、辽宁
2005年	河北、陕西、海南、四川、吉林
2006年	内蒙古、黑龙江、山西、河南、江西，山东、甘肃、湖南、重庆、青海、广西、安徽
2007年	湖北、贵州、云南、西藏、宁夏、新疆

资料来源：民政部统计年鉴

截至2007年底，全国31个省（自治区、直辖市）均已出台农村低保政策文件，全国2777个涉农县（市、区、旗）已全部建立和实施了农村低保制度。

（二）绩效与价值：农村社会救助制度的评估

农村社会救助制度为农村反贫困政策体系的主要组成部分，是一项典型的公共政策（社会政策）。对农村税费改革以来的社会救助制度进行绩效评估和价值评估，即对其实施效果、影响、蕴涵的社会价值等进行科学客观的评估，有助于更加全面地理解社会救助制度的功能、定位及对反贫困事业的重要贡献，以进一步完善相关政策规定，更好地保障农村低收入人群的合法权益。

1、农村社会救助制度的绩效评估

绩效评估是指社会救助制度实施后产生的各种结果与影响。农村税费改革以来，我国初步建立较完善的农村社会救助政策体系，各地建立起“政府领导、民政主管、部门配合、乡村落实”的工作机制，建立起了地方财政投入为主的资金筹措渠道，建立起严格规范的申请审批制度和周密的监管制度，各项政策措施落实到位，较好地解决了贫困农民的基本生活问题。

1）社会救助制度保障了农村贫困人群的生存权

生存权是指公民要求国家采取各种积极措施保障其享有健康与文化生活的权利，它包括两方面：有生存能力者能够享受物质与文化生活的权利；丧失生存能力者有请求国家予以救济，维持其生存的权利[23]。生存权的目的“在于保障国民能过像人那样的生活，以在实际社会生活中确保人的尊严；其主要是保护帮助生活贫困者和社会的经济上的弱者”[24]。根据西方宪政理论，社会救助待遇是专属救助

23．莫纪宏：《宪法学》，社会科学文献出版社2004年。

24．［日］大须贺明：《宪法保障中的生存权问题》，《宪政论丛》（第1卷），法律出版社1998年。

对象的“新财产”(new property)，对公民至关重要，不能再被视为随时都可取消的馈赠，而是类似于财产的个人权利，对其剥夺受正当程序的限制，政府在剥夺前必须经过某种听证[25]。社会救助制度的不断完善，救助水平的不断提高，救助覆盖面不断扩大，有效保障了农村贫困群众的基本生活需求，解决了他们的温饱问题，实现了农村居民“人人有权享受为维持他本人和家属的健康和福利所需的生活水准……在遭到失业、疾病、残废、守寡、衰老或在其他不能控制的情况下丧失谋生能力时，有权享受保障”[26]，以及“人人有权享受其本人及家属所需之适当生活程度，包括适当之衣食住及不断改善之生活环境；人人有免受饥饿之基本权利”[27]的目标，切实保障了他们的生存权。据统计，农村五保供养对象从2001年的395.9万人增加到2008年9月的531万人，增幅为34.1%，供养标准（补助水平）从301.6元增加到1743元，增幅为478%。农村低保对象从2001年的304.6万人增加到2008年9月的3857.7万人，增幅为1166%，月人均补助从12.8元增加到43元，增幅为236%。

表6-7 2001年—2008年9月农村五保供养情况

年份	2001年	2002年	2003年	2004年	2005年	2006年	2007年	2008年
供养人数（万人）	395.9	312.1	305	328	354	503.3	531.1	531
年增长（%）	57.8	−21.2	−2.2	7.5	7.6	42.2	5.5	0
年人均标准（元）	301.6	371.33	417.25	989.7	1064	1416.4	1692.5	1743

数据来源：民政部统计资料

表6-8 2001年—2008年9月农村低保情况

年份	2001年	2002年	2003年	2004年	2005年	2006年	2007年	2008年
保障人数（万人）	304.6	407.8	367.1	488	825	1593.1	3566.3	3857.7
年增长（%）	/	33.9	−10	32.9	69.1	93.1	123.9	8.2
救助资金（亿元）	4.69	7.1	9.32	16.2	28	43.5	109.1	144.4
月人均补助（元）	12.8	14.50	21.2	27.7	28	34.5	38.8	43

数据来源：民政部统计资料

2）社会救助制度维护了救助对象的发展权

发展是人类社会最重要的目标之一，是不可剥夺的人权，而“人是发展进程的主体……创造有利于人民和个人发展的条件是国家的主要责任”[28]，每个人“均应有权在尊严和自由中生活和享受社会进步的成果”[29]。发展有三个核心价值：生活必需品——满足社会基本需求的能力；自尊——成为一个人；摆脱奴役——能够选择[30]。社会救助不仅提供了救助对象的生活必须品，还帮助他们解决医疗、教

25．“新财产包括社会福利和公共职业等政府馈赠”。张千帆：《宪法学导论——原理与应用》（第二版），法律出版社2008年。

26．《世界人权宣言》第二十五条。

27．《经济、社会及文化权利国际公约》第十一条。

28．联合国《发展权宣言》。

29．联合国《社会进步和发展宣言》第一条。

30．张秀兰、徐月宾、梅志里：《中国发展型社会政策论纲》，中国劳动社会保障出版社2007年7月版。

育、就业、住房等关乎发展的相关问题。2003 年，国家建立农村医疗救助制度，资助农村五保对象、低保对象或其他贫困群众参加当地新型农村合作医疗，并对其医疗费用予以补助，保障他们“人人在患病时能得到医疗照顾”[31]。2004 年，民政部会同有关部门进一步完善了教育救助制度，保障农村困难家庭的子女“人人都有受教育的权利”[32]，使“在经济上和在社会上处于边缘地位的成人和儿童受了教育以后，就能够脱离贫困”[33]。一些地方还建立了住房救助制度，保障 农村困难群众“不论其收入或经济来源如何都享有住房权利”[34]；建立就业救助、科技救助、生产救助等，帮助困难群众发展生产、实现就业以摆脱贫困，少数地方还建立了生育救助、冬季取暖补助、交通救助等制度。2003 年和 2007 年，国务院分别颁布《法律援助条例》和《诉讼费用收费办法》，建立和实施了法律救助制度，对农村五保对象、低保对象无偿提供法律服务，并减免其诉讼费用，切实保护他们的合法权益。这些专项救助制度有效提高了农村贫困人群的生存能力和自我发展能力，协助其自立和发展，维护了他们的发展权。

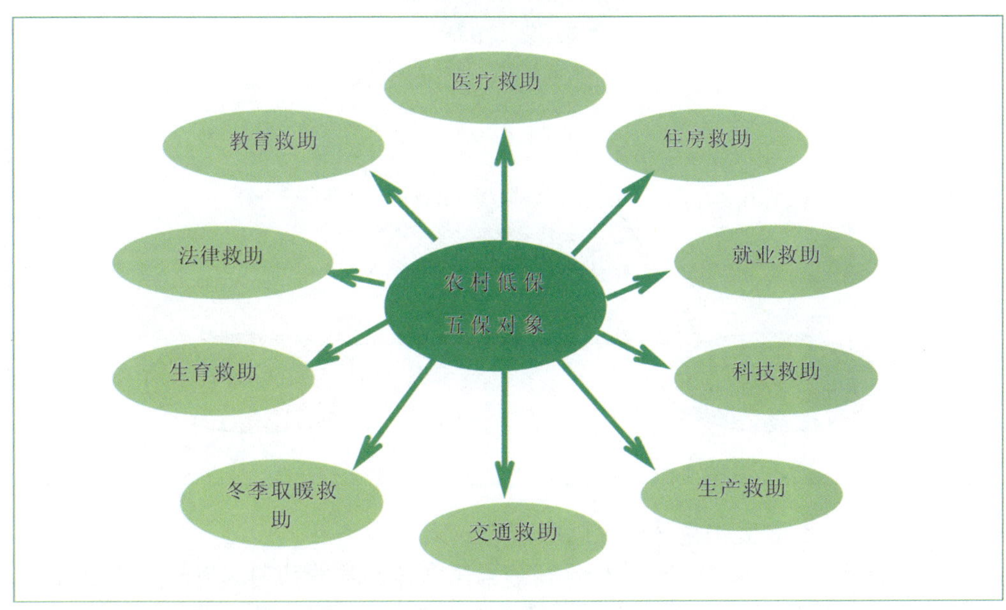

图 6–11：农村社会救助对象可获得的相关救助待遇

3）社会救助制度完善和发展了农村社会保障体系

农村社会保障体系包括社会保险、社会救助、社会福利和社会慈善几个部分。由于我国农村一直传承家庭保障和土地保障，从未建构起现代社会保障体系的基本框架，绝大多数农民长期以来没有任何公共财政支持的社会保障安排。大体而言，我国农村社会保障制度主要包括社会养老保险、新型农村合作医疗、社会救助、计划生育奖励扶助等制度。二十世纪九十年代以后，部分地区根据农村社会经济发展实际，按照“个人缴费为主、集体补助为辅、政府给予政策扶持”的原则，建立了个人账户积累式的养老保险。2002 年以来，各地开始建立以大病统筹为主的新型农村合作医疗制度，由政府组织、引导、支持，农民自愿参加，政府、集

31.《经济、社会及文化权利国际公约》第十二条。

32.《世界人权宣言》第二十六条；《经济、社会及文化权利国际公约》第十三条。

33. 联合国人权事务高级专员、人权事务中心：《国际人权文书——各人权条约机构通过的一般性意见和一般性建议汇编》。

34. 同注 29。

体、个人多方筹资。这两项制度都是典型的社会保险制度，农民只有先行缴费才能够享受相关待遇。而对那些因疾病、残疾，鳏寡孤独，劳动能力缺乏而导致生活困难的人群来说，他们无力支付社会保险的“入门”资金而被社会保险排除在外，同时又无自我发展能力通过生产或就业而实现自食其力，解决基本的生活问题。正是社会救助编织的“最后安全网”发挥了兜底保障作用，不仅解决这部分人最基本的生活需要，还承载了帮助他们参加社会保险、或获取相应的社会慈善、社会福利等待遇，以提高生存质量、防御各种社会风险的功能。农村五保供养的标准已经从“最低生活需要”上升到“村民的平均生活水平”，其制度功能从“兜底保障”向上延伸，发挥着社会福利功能[35]，全面提升了五保对象的生活质量和生存安全。

图6－12：农村社会保障体系

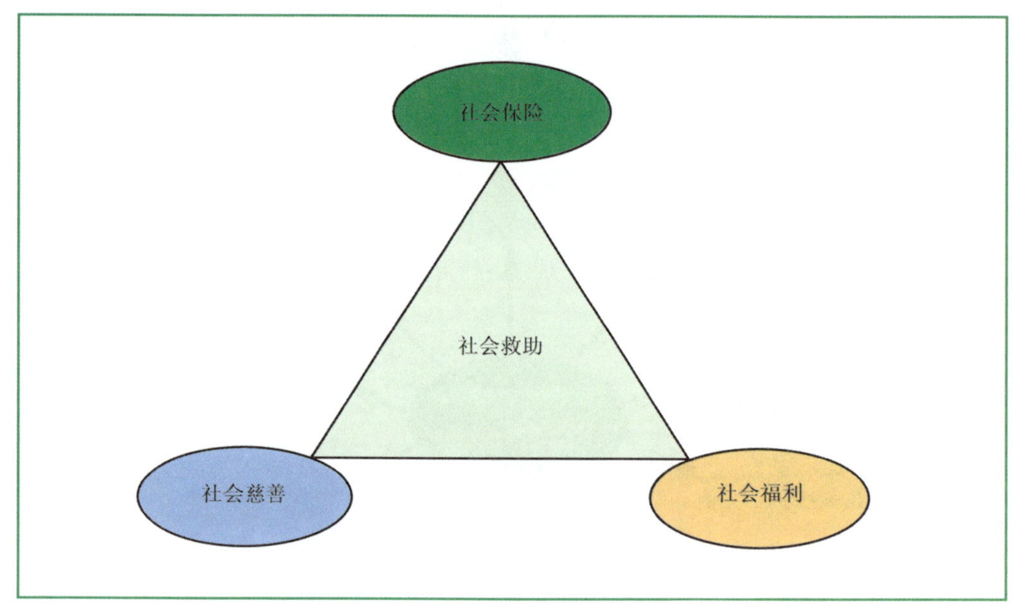

4）社会救助制度丰富了国家强农惠农政策体系

农村发展的一个核心问题是如何有效消化农村剩余劳动力，进而推进城镇化。城镇化是农村人口转化为城市人口及城市不断发展完善的过程，其主要任务之一是农业人口向非农人口转移，向城镇集中。城镇化的最终目的是解决农村问题，只有持续地、有条不紊地实现农村人口的转移，才能逐步增加农民的收入，减少贫困，实现农业现代化。国家出台了许多政策措施，积极推进城镇化进程。农业部、劳动和社会保障部、教育部、科技部、财政部、建设部等部门于2003年9月联合制订了《2003 － 2010年全国农民工培训规划》，决定大力实施农村劳动力转移培训，每年培训2000万人次农民工，争取使新增转移的农村劳动力基本掌握一项在城镇创业、就业的技能。为了做好农民培训工作，农业部等部委已先后推出旨在提高农民科技文化素质的绿色证书培训工程、青年农民科技培训工程、新型农民创业培植工程、农业远程培训和农村富余劳动力转移就业培训工程等五大培训工程。2004年至2008年，每年的中央1号文件都明确提出要千方百计增加农民收入。国家相继出台了粮食直补、良种补贴、农机补贴和稳定化肥等农业生产资料价格，建立重要粮食品种最低收购价格制度，保护耕地和基本农田、对小型农田水利设

35.《农村五保供养工作条例》（2006年）第十条规定：“农村五保供养标准不得低于当地村民的平均生活水平，并根据当地村民平均生活水平的提高适时调整。”

施建设进行补助等一系列政策措施。农村贫困人口除享受上述强农惠农政策外，还可获得相应的基本生活及其它专项救助。因此，社会救助制度丰富了强农惠农政策体系，使农村低收入群体得到更多的帮助和实惠，对他们而言是一项“好上加好”的制度安排。

5）实现与国际社会救助制度的接轨

我国农村社会救助制度长期以来植根于深厚的历史渊源和基本国情，近年来随着经济社会发展进行了调整和完善，但总体上自成体系，相对独立。改革开放以来，尤其是农村税费改革以来，国家将农村社会救助资金全部纳入公共财政支付范围，承担起保障贫困农民基本生活的全部责任。农村五保供养制度转型、农村低保建制等，积极吸收和借鉴了亚欧国家和地区的成功经验，得到世界银行、联合国开发计划署、亚洲开发银行等国际机构的广泛赞誉。尤其值得一提的是，《中华人民共和国社会救助法（征求意见稿）》明确规定：“对共同生活的家庭成员人均收入低于当地居民最低生活保障标准且家庭财产状况符合所在省、自治区、直辖市人民政府有关规定的家庭，由县级人民政府民政部门给予最低生活保障”[36]。这是国家首次明确对社会救助申请人的家庭财产进行限制，并将其上升为法律规范。此规定与台湾的低收入户是“指经申请户籍所在地直辖市、县（市）主管机关审核认定，符合家庭总收入平均分配全家人口，每人每月在最低生活费以下，且家庭财产未超过中央、直辖市主管机关公告之当年度一定金额者”[37]，和日本“为维持最低限度的生活，保护应以生活贫困者可以利用的资产、能力及其他所有物的活用为要件进行”[38]等的立法精神一致，目的在于更加精确地甄别“穷人”，合理地设置社会救助“门槛”，提高社会救助政策瞄准机制的有效性，避免社会救助的负面效用。

2、农村社会救助制度的价值评估

价值评估是指社会救助制度实施后对经济和社会发展、公平正义、公众满意度等进行的评估，是最高层次的评估。

1）社会救助制度促进了经济的发展

社会政策是生产力要素之一。社会政策的缺失会造成一定的社会与经济成本[39]。社会救助作为典型的社会政策，既有再分配的功能，也有社会投资的功能，跨越了“工具性问题、权利性问题和社会资本问题”三个层次[40]，其社会性支出可以实现经济和社会的双赢[41]。在我国，投资、消费和出口是拉动经济发展的“三驾马车”，社会救助对经济发展的促进作用是显而易见的。首先，社会救助有利于扩大内需。由于市场经济遵从效率优先的原则，优胜劣汰的竞争规则和按劳分配不会自发地为低收入群体提供保护。“收入差距的过于悬殊将会降低整个国民经济的边际消费倾向，引起有效需求不足[42]，而需求是指在不同价格下消费者真正愿意购买的产品数量，而

36．国务院法制办2008年8月公布的《中华人民共和国社会救助法（征求意见稿）》。

37．台湾《社会救助法》（2008年）第四条。

38．日本《生活保护法》（2005年）第四条。

39．梁祖彬：《演变中的社会福利政策思维——由再分配到社会投资》、《中国发展型社会政策论纲》，中国劳动社会保障出版社2007年7月版。

40．“社会保障功能有三个层次：工具性问题、权利性问题和社会资本问题”。万明国：《社会保障的市场跨越》，社会科学文献出版社2005年8月版。

41．张秀兰、徐月宾、梅志里：《中国发展型社会政策论纲》，中国劳动社会保障出版社2007年7月版。

42．潘莉：《社会保障的经济分析》，经济管理出版社2006年8月版。

不是消费者想要消费的数量[43]。消费支出对总需求具有明显的正面作用，可以提高总需求水平。实践证明，社会救助金是大多数农村社会救助对象消费支出的重要来源，"社会保障救济金常常刺激了经济运行和增长。社会保障及其所支持的支出是现代经济不可缺少的极其重要的组成部分"[44]。其次，社会救助通过教育、就业等专项救助，重视对潜在劳动力的投资，为市场提供劳动力，并提高劳动者素质，为经济发展提供了人力资源和智力支持。最后，社会救助机构建设（如敬老院、福利院等）可以增加投资，对经济建设和发展也发挥着积极作用。

图6-13：社会救助对经济发展的作用

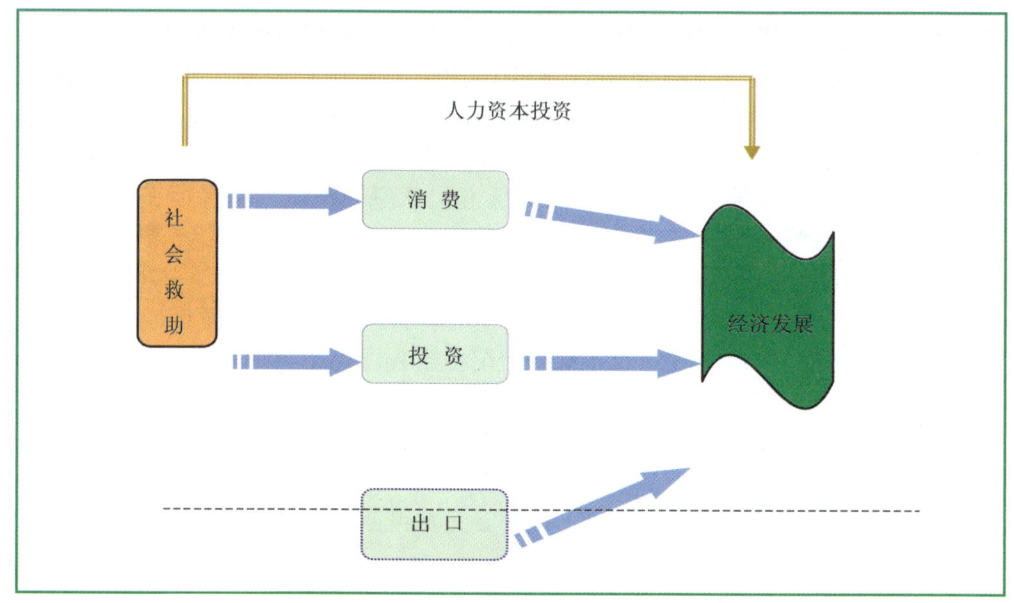

2）社会救助制度维护了社会的和谐稳定

"中国正处在前所未有的社会转型与社会分化时期，同时也进入新一轮的社会不稳定期"[45]。所谓稳定不是静止不动的，而应是建立在公正基础上的社会秩序。胡锦涛指出，我们要始终牢记没有稳定的社会局面，就什么事也干不成，妥善处理好改革发展稳定的关系，保持社会大局的稳定[46]。"没有稳定的社会环境，不但难以发展，而且连现有的成果也可能丧失掉"[47]。社会救助对于维护和促进农村的社会和谐和稳定发挥着积极的、无可替代的作用。一方面，社会救助促进农村居民间的利益平衡。财产占有差异和利益分配不均始终是破坏社会稳定的最危险因素[48]。社会救助通过再分配，促进了农村居民间的利益平衡，即促进社会个体相对平等地占有财产和利益，缓解了潜在的社会冲突。这是确保农村社会稳定的最根本的基础。另一方面，社会救助创造了良好的和谐氛围。贫困农民享受救助待遇，减轻或消除了萦绕其心的剥夺感，他们不因自己处于弱势而仇视国家和社会，也不会对其他社会群体产生嫉妒或抱怨社会不公平。其他群体则通过社会帮扶、邻

43.[美]　安塞尔·M·夏普等：《社会问题经济学》，中国人民大学出版社2003年2月版。
44.同注43。
45.胡鞍钢、胡联合：《转型与稳定—中国如何长治久安》，人民出版社2005年11月版。
46.胡锦涛：《没有稳定的社会局面，就什么事也干不成》
http://www.chinanews.com.cn/news/2005/2005-04-21/26/565754.shtml
47.胡鞍钢、胡联合：《转型与稳定—中国如何长治久安》，人民出版社2005年11月版。
48.柳砚涛：《行政给付研究》，山东人民出版社2006年8月版。

里互助等方式，给予贫困农民力所能及的关怀和帮助，形成了政府、社会和贫困农民互连互存、和谐共处的社会氛围，维护和促进了社会稳定。

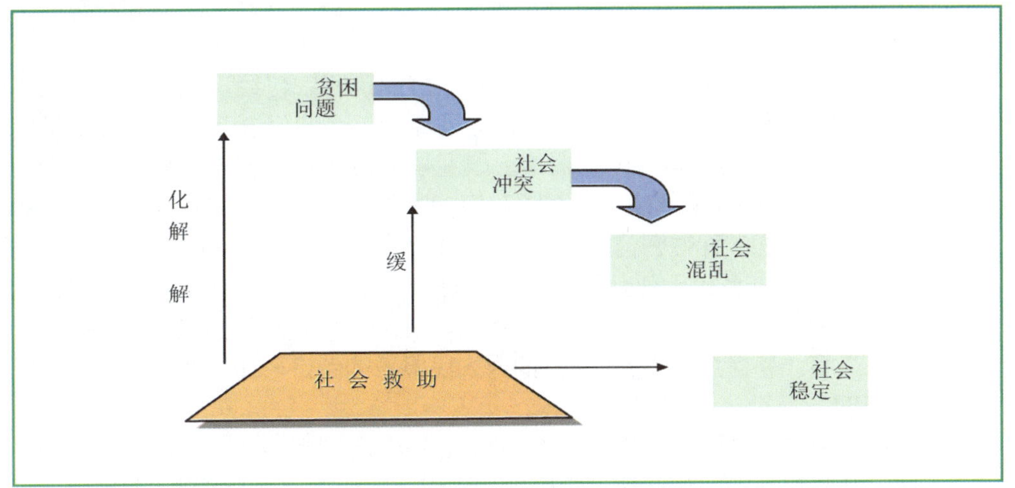

图6–14 社会救助维持社会稳定的功能

3）社会救助制度增进了社会的公平正义

公平正义是现代社会文明进步的标志，也是保障公民自由和利益的永恒主题，“是所有社会事务或社会存在的终极价值取向”[49]。罗尔斯认为，每个人都有平等权利来享受最广泛的基本自由，并与其他人所享受的类似的自由保持一致。社会和经济的各种不平等以如下方式得到解决，即为社会中处于最不利地位的人们提供最大可能的利益，同时确保公平的机会平等[50]。无论什么样的社会，也不论社会发展到什么程度或阶段，总有一部分社会成员因个人、家庭或社会原因陷入贫困，基本生存受到威胁。按照罗尔斯的社会正义原则，人们在收入和财富方面的分配是不平等的，但这种分配必须是对“最少受惠者”最有利的[51]。而亚里士多德认为，公正必定是适度的、平等的[52]。国家通过社会救助为这些低收入公民提供适度和平等的物质保障，增进了社会公正。其一，社会救助结果促进社会公正。社会救助通过再分配，缩小了低收入农民和其他群体之间的收入差距，促进了社会公正橥如果低收入农民得不到应有的救助，显然是违背公平正义的价值取向。其二，社会救助制度本身体现了社会公正。社会救助作为低收入农民获取和增加财富的制度安排，其自身就是社会公平正义的晴雨表。

4）社会救助制度助推了政府治理方式的转变

增进人民的福祉并使其最大化是现代政府公共管理的基本要求。孟德斯鸠曾说：“对一个大街上衣不蔽体的人给与施舍并不是履行了国家的职责，国家的职责在于给每一个公民提供某种保障，让他们丰衣足食，身心健康。”农村社会救助的实施，推进了基层政府治理方式的转变。一方面，社会救助制度体现了基层政府的公共服务职能。按照宪政理论，国家权力的行使者只能是为了保护公民权利，或为公民权利的行使提供条件，或为增进公民福利[53]。各级人民政府通过建立社会救助制度，不断加大对投入，改善服务民生的质量，保障好困难群众的基本生活，

49．同注44。

50．尼古拉斯．巴尔：《福利国家经济学》，郑秉文等译，中国劳动社会保障出版社2003年1月版。

51．沈宗灵：《现代西方法理学》，北京大学出版社1992年版。

52．亚里士多德：《论公正》，《政治哲学经典西方卷》，人民出版社2008年7月版。

53．肖泽晟：《宪法学—关于人权保障与权力控制的学说》，科学出版社2003年3月版。

实践了现代政府履行公共服务职责的内在要求，也是完善公共服务体系，建设服务型政府的重要措施，实践并生动体现了“保证人民赋予的权力始终用来为人民谋利益”[54]。另一方面，社会救助制度助推基层政府转变治理方式。农村税费改革已经远远超出一般意义上的减轻农民负担，使国家、集体与农民之间的分配关系发生历史性重大变化，并将进一步引发农村上层建筑和农村经济社会各个领域的深刻变革，同时强化了中央政府在乡村的治理能力，乡政府将在更大程度上被纳入国家的官僚体制，因此有可能从根本上改变长期存在的中国先前乡政权一级的“绅权”性质[55]。税费改革“停止了乡镇政府的收费功能，为强化乡镇政府的服务功能，实现乡镇职能的理性归位创造了条件”[56]。取消农业税，乡镇政府成为名副其实的服务型政府，乡村干部从繁琐的收粮派款中解脱出来，减少与农民群众的直接摩擦；实施社会救助，乡村干部送粮送款，其工作内容和行为方式彻底转变，从“黄世仁”变“菩萨”，树立了新时期为人民服务的良好形象，赢得了广大农民的支持和尊敬。

5）社会救助制度促进了农村的社会融合（social inclusion）

人民公社时期，农业生产活动由村集体组织，农民吃“大锅饭”。农村后，人民公社解体，集体经济逐步萎缩。农民以户为单位，实行联产承包责任制，“大包干，直来直去不拐弯”，一方面，调动了农民的积极性，解放和发展了农村社会生产力。另一方面，弱化了农民之间、农民和基层组织之间的联系。实行市场经济以后的一段时期，城乡二元结构有所加剧，农村社会事业和公共服务水平维持较低水平，区域发展不平衡，城乡收入差距和农民之间收入差距扩大，农村社会利益格局发生深刻变化，农民的内部分化较为严重，一些地区干群关系紧张，基层政府和基层自治组织的公信力大大降低，农村呈现一盘散沙的局面。近年来，国家在坚持扶贫开发的同时，建立和完善农村社会救助制度，解决了农村贫困群众的基本生活问题，逐步缩小了他们同其他群众的收入差距，有力地改变了农村不同群体，尤其是困难群体的利益格局，农民群众特别是困难农民对政府的信赖和对社会的归属感得到加强，农村社会出现再融合的良好局面。同时，社会救助坚持公开、公平、公正的原则，实行民主评议、上榜公示等制度，重新树立了政府“秉公执法”、“为人民服务”的形象，赢得群众的信任。农业税取消后，社会救助成为村党支部、村民委员会的主要工作，极大地改善和增进了与农民群众的关系，增强了基层组织的凝聚力。社会救助与农村社区建设等社会管理活动使农村社会的融合有了操作平台和实践载体。

（三）机遇与路径：农村社会救助制度可持续发展建议

1、从更高层次更大格局考量农村社会救助

建立现代社会救助体系是健全社会保障制度的重点之一，是社会建设的重要组成部分，是落实科学发展观、建设社会主义和谐社会，统筹经济与社会、城市与农村的协调发展，健全收入分配秩序、尊重和保障人权等内容的题中之义。我们要用发展的眼光，从更高层次更大格局统筹思考农村社会救助制度。

1）要从农村改革发展的高度考量社会救助制度

54. 胡锦涛：《高举中国特色社会主义伟大旗帜　为夺取全面建设小康社会新胜利而奋斗——在中国共产党第十七次全国代表大会上的报告》，人民出版社2007年10月版。

55. 苏力：《当代中国的中央与地方分权—重读毛泽东〈论十大关系〉第五节》，《新华文摘》2004年第11期。

56. 戴军勇：《乡镇政府职能的转变》，《学习时报》第319期。

我国当前“黄金发展期”与“矛盾凸现期”并存[57]。推进农村改革发展具备许多有利条件，也面对不少困难和挑战，特别是城乡二元结构造成的深层次矛盾突出。农业基础仍然薄弱，最需要加强；农村发展仍然滞后，最需要扶持；农民增收仍然困难，最需要加快[58]。大力推进农村改革，必须进一步完善农村收入分配体制，切实增加贫困农民的收入。“穷人之所以有怀旧之情，是因为过去的许多革新都妨碍了他们的物质利益；富人之所以不那么具有怀旧之情，也恰恰是因为他们在现有的制度安排当中得到了更多的好处”[59]。要实现到2020年农村绝对贫困现象基本消除的目标，必须完善农村社会救助制度，使其更好地发挥再分配的功能，更进一步地缩小贫困农民和其他农民之间的收入差距，让他们能够同步享受改革发展的成果。

2）要从人权保障的角度完善社会救助制度

获得社会救助是公民一项基本权利，即社会救助权，它是现代社会公民的基本人权，具有不可转让和替代的独特属性。同时，获得社会救助是公民作为国家主人基于自身权利对于国家的“要求权”，是政府责任是否切实履行的可操作性检验[60]。然而，由于城乡二元结构等原因，我国关于农民权利保障的立法缺失现象不仅比较严重，而且也迫切需要尽快予以完备[61]。当前社会救助工作体现了社会权利贫困的“中国现象”，包括现行法规没有保障平等的公民权利、政府法规的制订者忽视穷人权利、明文规定的权利难以得到强制实行、弱势群体缺乏参与制订游戏规则的权利、特定的弱势群体的社会权利严重不足等[62]。“中国最重要的公民权利，当是乡民的权利；中国最重要的人权，当是农人的人权”[63]。我国《宪法》第四十五条规定“中华人民共和国公民在年老、疾病或者丧失劳动能力的情况下，有从国家和社会获得物质帮助的权利。国家发展为公民享受这些权利所需要的社会保险、社会救济和医疗卫生事业”；“国家尊重和保障人权”。这是社会救助的宪法基础和立法依据。事实上，“不仅要在宪法中保障个人的权利，而且要规定一定的客观制度，由制度来保障公民个人权利的实现”[64]。因此，必须从权利保障的角度，进一步完善农村社会救助制度，切实保护好农民的合法权益。

3）要从完善农村社会保障制度的立场推进社会救助制度建设

《国民经济和社会发展第十一个五年规划》和十七大明确提出，到二〇二〇年，覆盖城乡居民的社会保障体系基本建立，人人享有基本生活保障……要加快完善社会保障体系……完善城乡居民最低生活保障制度，逐步提高保障水平……健全社会救助体系。十七届三中全会提出，到二〇二〇年，农村基本生活保障、基本医疗卫生制度更加健全。由于农村地区社会保险、社会福利和社会慈善制度的严重缺失，当前和今后一段时期，社会救助成为农村社会保障的首要制度和“关

57.陈冰：《中国政治向“精密化”转型 》，http://www.zaobao.com/yl/tx060721_501.html

58.《中国共产党第十七届中央委员会第三次全体会议公报》。

59.郇建立：《“弱者的武器”及其意义》，《二十一世纪》2007年6月号。

60.余南平：《让“社会保护”成为政府公共管理理念》，《农村工作通讯》2007年4期。

61.张德瑞：《我国农民平等权利法律保障：回顾、反省与前瞻》，《宪法学、行政法学》（人大复印报刊资料）2006年第2期。

62.洪朝辉：《论社会权利的“贫困”》，《当代中国研究》（美国）2002年第4期

63.夏勇：《我这十年的权利思考》，《读书》2004年12期。

64.杨春福：《自由、权利与法治䶣法治化进程中公民权利保障机制研究》，法律出版社2007年12月版。

键少数”，必将继续担当调节收入分配、消除贫困、维护社会稳定等的核心角色。因此，必须结合农村实际，进一步推进农村社会救助工作。

4）要从可持续发展角度推进社会救助制度建设

由于各种原因，我国农村社会救助制度还面临法制建设滞后、救助资金总量不足、救助标准偏低、管理不够规范等挑战。而“帮助穷人的办法是取决于国内资源的多少可供使用，也取决于是否存在相应的政治意志把资源用来缓解贫困问题”[65]。因此，当前必须大力推进农村社会救助制度从“粗放型”向“精确型”转变，即通过修订现有制度、建立新制度等方式，建立与经济发展水平和低收入家庭的需求相适应、可持续发展的现代社会救助体系。所谓现代社会救助体系至少有三层含义：从制度安排看，是指社会救助制度门类齐全、项目完备，即建立起适合农村经济发展发展水平，以基本生活保障为重点，涵盖医疗、教育、住房、就业、司法等各个方面完善的、不同层次的和可持续发展的社会救助制度体系。从覆盖人群看，是指社会救助制度覆盖全体低收入农民，即各项社会救助制度能够有效地帮助不同境遇的最低收入农民、低收入农民以及遭遇突发急难事故的农民抵御各种风险。从统筹城乡协调发展看，是指城乡社会救助制度均衡发展，即提速农村社会救助制度，促进城乡一体化而不是二元化，推动城乡利益分配的公平化而不是畸形化，建立起城乡一体、标准有别的社会救助制度体系，让全体农民能够与城市居民平等地分享改革发展的成果。

2 、农村社会救助制度可持续发展的进路

1）加快社会救助法律制度建设

在依法治国、建设社会主义法治国家的宪政方略之下，依法行政、依法救助显然已经不再是空洞的口号。一种利益只有具备了道德合法性、法律合法性和司法上的可诉求性，才能成为一项权利[66]。“法者，天下之程式，万事之仪表”[67]。当前必须建立健全社会救助法律体系。

一是加快制定《社会救助法》。《社会救助法》是社会救助工作的直接法律依据，也是社会救助制度建设的法律框架和支撑，它不仅仅是一项制度和秩序，更重要的是法律本身隐藏着公平正义的价值，代表了一种理想和文化。制定一部体系完备、内容和谐，规范适当，极具可操作性而又兼顾长远与现实的法律是社会救助立法的关键。农村社会救助类别涉及医疗、教育、住房、司法等，救助对象包括老年人、残疾人、妇女、儿童等。因此，《社会救助法》主必须对现行的社会救助制度进行总结和提高，同时为今后的社会救助制度设定基本制度规范，其主要内容包括社会救助的基本原则、救助对象及其权利义务、救助条件、救助种类、救助标准、救助程序、救助机构、资金筹集和监管、法律责任等。

二是制定和修订相关法规和规章。在条件成熟时，制定《农村居民最低生活保障条例》，《医疗救助条例》等法规，较为系统科学地对农村社会救助度进行规范。此外，有关部门可根据相关法律法规的规定，制定颁布社会救助的规章；各地可根据宪法和相关法律法规，结合本地实际，制定颁布有关社会救助的地方性法规和规章，规范、指导和推进本地区的农村社会救助工作。

---

65. 弗雷德里克(Frederick C. Turner)、亚历航德罗(Alejandro J. Corbacho)：《国家的角色》，《国际社会科学杂志》2001 年1 期。转引自于秀丽，《日本生活保护制度的经验、困境及对我国的启示》，《东北亚论坛》2006 年第4 期。

66. 夏勇：《农民的权利》，《朝夕问道—政治法律学札》，上海三联书店2004 年6 月版。

67. 田成有：《质疑与创新——法学边缘处的深思》，云南人民出版社1999 年3 月版。

需要指出的是，“富者在权利的实现方面具有优势，而穷者则处于劣势”[68]。社会救助法是权利保障法而不是事务管理法，不能把权利保障的立法宗旨加以淡化或放在次要位置。在立法过程中把历史文化传统中与现代社会保障思想息息相通的保民、安民、济民、振穷、恤贫的优秀文化思想[69]等充分纳入社会救助法视野。

2）充分开发并有效配置社会救助资源

充足的、来源稳定的救助资源是开展社会救助的基础和提高救助水平的物质保障，是社会救助制度可持续发展的基本前提。

一是全面落实财政政策，确保稳定的救助资源。从财政收入上看，我国已具备了建立健全现代农村社会救助制度的财力基础，关键是如何调整支出结构的问题。事实上，我国的“财政支农”有着清晰的政策目标，“让公共财政阳光照耀到广大农村……保证农民获得平等的发展机会，共享现代化成果，促进城乡、区域、经济社会实现全面、协调、可持续发展……支持探索建立农村社会保障制度，加快推进新型农村合作医疗制度建设，建立更加规范和有效的农村社会救助制度”[70]。今后，各级财政应当积极调整支出结构，加大社会救助投入，不断扩大救助资金总量，提高救助标。尤其需要指出的是，中央财政应加大对农村社会救助的投入，对财政困难地区予以适当补助。这是国家承担社会救助义务最主要的方式。“无论制定出多么好的法律，若其性质不伴随着预算，要想充分发挥其作用是不可能的”[71]。有关部门应当严格按照《预算法》的要求，编制农村社会救助预算，确保将社会救助所需资金列入预算并按时足额拨付。救助资金实行专项管理，专款专用；加大资金监管力度，坚决防止和杜绝救助资金被挤占、挪用，确保救助资金的筹集、管理和发放到位。

二是动员社会资源参与社会救助。我国现实的制度安排并不利于救助资源的开发。我国税收方面的优惠力度不足，严重影响了企业和个人参与捐助活动的积极性。捐赠法律规定，企业捐赠只有投向五家公益组织，才能获得减免税的优惠；由于不存在遗产税，所以很多富豪就愿意积累财富，留给自己的子孙后代。有关资料显示，我国慈善事业发展潜力巨大。全国各级慈善（协、总）会由2005年前的395个增加到695个，全国各省基本都建立了省级慈善（总、协）会，基金会也由两年前的936个增加到1340个。从1996年开始，由民政部门主导的社会捐助共接收社会捐助款物400多亿元，其中捐款超过327亿元，接收棉衣被超过14亿件，有近5亿多人次的灾民和城乡困难群众得到了救助。在2008年南方低温、雨雪、冰冻灾害和汶川地震中，全国接受捐赠款物分别为23亿元和近600亿元[72]。因此，改革现行有关政策制度，充分发掘民间资源是今后缓解社会救助资源供需矛盾的有效措施之一。

3）切实提高社会救助能力

一是完善农村社会救助工作机构和人员。考虑到目前我国社会救助涉及民政、卫生、教育、建设、司法、劳动、财政、人事等政府部门，还有工会、共青团、妇联和其他社会团体及组织，社会救助资源分散，各部门在实施救助工作时缺乏有效的协调，往往出现多头救助、重复救助、救助遗漏等无序救助现象，可借鉴国

68．郝铁川：《权利实现的差序格局》，《中国社会科学》2002年5期。

69．李步云：《人权法学》，高等教育出版社2005年2月版。

70．金人庆：《大力支持社会主义新农村建设》，《人民日报》2006年3月3日。

71．韩君玲：《日本最低生活保障法研究》，商务印书馆2007年6月版。

72．民政部社会福利和慈善事业促进司统计资料。

外设立国家社会保障委员会的做法以及一些地方成立社会救助议事协调机构的办法，在中央政府设立国家社会救助委员会或社会救助工作领导小组等协调机构，统筹城乡社会救助工作。各地还应根据实际情况，以利用闲置资源在乡镇设立社会救助所，在村委会设立社会救助站或社会救助点等，为农村社会救助工作提供机构保障。

二是加强教育培训。不断更新救助工作人员的知识结构，树立现代社会救助理念和意识，提高决策水平，确保社会救助各项决策既有前瞻性又兼顾现实，既有理论深度又结合客观实际；提高社会救助政策执行水平，确保各项救助措施落实到位；开展技能培训，尤其需要针对服务人员开展医疗护理、生活照料等的技能培训，提高社会救助的服务水平。

三是创新救助方式。各地可结合本地实际，对农村社会救助工作进行大胆探索和创新。内蒙古呼和浩特市的"一站式"审批值得借鉴[73]。呼和浩特市推行"一站式"审批，形成上下联动机制和责任追究机制。即在街道办事处设立城市低保审批服务大厅，申请人直接向审批大厅递交申请和相关材料后，由社区、街道办事处、区（旗、县）民政局三级低保工作人员联合对申请人的家庭情况进行入户调查，然后由社区、街道办事处、区（旗、县）民政局对入户调查情况定进行民主评议，形成完整的评议记录，并进行公示。公示期满后，对符合低保条件的及时予以审批，并报市民政局备案；对不符合低保条件的，书面通知本人并说明理由。"一站式"审批打破现有低保管理体制的纵向隶属关系，强化社区、街道办事处和区（旗、县）民政局三级机构间的横向联合，既节省了管理成本、提高了工作效率，而且有利于避免在审批过程中一些不规范操作，推进动态管理，强化对低保工作的监督管理。

四是鼓励和支持社会力量开展救助。一方面要广泛培育各类救助主体，减轻政府的救助负担。要充分发动各种NGO、国际机构积极参与社会救助，动员单位、自然人之间开展力所能及的救助和帮扶活动。我们呼吁一切关注和参与中国扶贫的NGO行动起来！回应贫困群体的现实呼唤，响应中国政府《扶贫纲要》对NGO扶贫的号召，研究问题，理性行动，担起促进社会公平、稳定与和谐的历史大任，打一场有效持久的反贫困之战[74]。另一方面，要总结和推广现在一些地方"部门包保"、"单位包保"、"结对帮扶"、"慈善一日捐"、"爱心超市"、志愿者活动等的做法，提高其救助的规范性和针对性。

（高华俊[75]　朱勋克[76]）

三、我国秦巴山区扶贫开发调研及有关意见建议

在全国建立覆盖贫困人口的农村低保制度的情况下，如何继续做好扶贫开发工作，是必须解决的一个重大问题。根据国务院扶贫开发领导小组的安排，国家发展改革委与国务院有关部门组成扶贫联合调研组，于2007年7月赴陕西省南部和四川省北部的秦巴山区进行扶贫调研，考察了8个国家扶贫开发工作重点县（以下

73．民政部社会救助司：《全国社会救助工作探索创新集锦》（内部资料）。
74．中国NGO反贫困北京宣言，中国网2001年10月31日。
75．高华俊：民政部社会救助司农村处处长。
76．朱勋克：北京师范大学社会发展与公共政策学院博士。

简称“国家重点县”）的14个贫困村，并与当地干部群众进行了座谈。主要情况如下：

（一）基本情况

四川、陕西两省地处我国西部，是我国扶贫开发的重点省份。国土面积分别为48.5万平方公里和20.56万平方公里，其中山区丘陵面积分别占93%和80%以上；2006年底，两省乡村人口分别为6927万人和2274万人，其中绝对贫困人口184.8万人和187.5万人，低收入人口229.8万人和278万人。秦巴山区是我国集中连片的贫困区域之一。区内共有58个县（区），其中33个是国家重点县；有贫困人口365万人，其中未解决温饱问题的120万人；该地区山大沟深，自然灾害频繁，基础设施差，耕地资源总体匮乏，社会事业滞后，各项经济发展指标低于本省平均水平；2006年，四川省秦巴山区农民人均纯收入2723元，陕西省秦巴山区农民人均纯收入1678元，分别为当年全国平均水平的76%和47%。

2001年以来，地方各级党委政府认真贯彻落实《中国农村扶贫开发纲要(2001-2010年)》(以下简称《纲要》)，坚持以扶贫开发统揽贫困地区农村工作的全局，突出重点，统筹协调，推进了贫困地区社会主义新农村建设。从调研情况看，各地在推动扶贫工作中，结合新形势、新情况，积极探索新思路、新举措，不断激发群众的内在活力，积极协调部门加强服务，以连片开发建设提升扶贫成效，以综合治理工程整合支农资金，取得了明显成效。6年来，贫困地区面貌发生了深刻变化，基础设施得到改善，主导产业初具规模，贫困人口大幅减少，贫困程度有所缓解，贫困地区自我发展的能力得到提升。

为贯彻落实国务院关于在全国建立农村最低生活保障制度的精神，两省全面启动了农村低保工作，并逐步加大了力度。陕西省按低标准、小范围起步，逐步提高保障标准和扩大范围的原则，启动并推进农村低保工作，并决定于今年底将人均纯收入低于693元的农村贫困人口全部纳入保障范围，人均补助标准每月不低于25元。四川省按家庭是否缺乏劳动力这一标准，将农村困难家庭分为“重点保障家庭”和“一般保障家庭”进行管理。对“重点保障家庭”逐步实现应保尽保；对“一般保障家庭”，侧重通过扶贫开发加以扶持。

（二）面临的主要问题

1、贫困人口量大面广，区域性贫困问题突出

截止2006年底，两省贫困人口和低收入人口还有880万人，约占两省乡村人口的9.6%，大多分布在地处边远、自然条件严酷的高原区和中高山区，且居住分散，构成复杂，综合素质较低，脱贫能力差。陕西省有50个国家重点县和27个省级扶贫重点县，占全省县数的72%，全省纳入整村推进规划的村有10700个，占全省行政村总数的38.4%。四川省西部的甘孜、阿坝和凉山三个州呈现出整体贫困的态势。

2、贫困地区基础设施落后，社会服务水平较低

四川省秦巴山区5市30县中，2006年底只有75%的村通公路，且路况较差；近25%的人口面临季节性饮水困难；农田有效灌溉面积仅占耕地面积的31%；乡村两级卫生网点不健全，地方病较为严重，地氟病发病率为15‰，碘缺乏病发病率为87‰；科技人才缺乏，人口素质总体不高，农村文盲和半文盲现象较多。

3、自然灾害频发，返贫问题突出

四川省2001年以来，贫困人口总体在减少，但每年剩余的贫困人口总量中，

由自然灾害造成的返贫人口始终保持在20%左右。今年以来，两省相继遭受干旱、洪涝等多种自然灾害，共有130多个县区受灾，约有130多万人返贫，削弱了扶贫的成果。

4、扶贫投入不足，资金缺口较大

以整村推进为例，一是规划覆盖范围不大，两省国家重点县中，纳入扶贫规划的村仅占需要扶持村的20%到50%不等，多数村5年内难以得到扶持；二是补助标准不高，四川省确定的标准为每村50万元，陕西省仅为30万元，而调研组考察的一些效果较好的重点扶持村，每村总体投入都在200万元以上，有的甚至达到400万元；三是实施进度不快，两省规划扶持的重点村各有约一万个，目前仅实施了一半左右；四是目前重点村建设主要还是着眼于改善内部条件，改善外部发展环境问题因投入不足而难以统筹安排。

5、农村低保存在一定局限，难以完全解决温饱问题

按照国务院关于在全国范围内建立农村最低生活保障制度的要求，符合条件的农村贫困人口将全部纳入保障范围，稳定、持久、有效地解决温饱问题。从两省的情况看，目前难以达到这一要求。一是现行低保标准难以“越温”，筹措低保资金以地方为主，受地方财力制约，保障标准与群众的温饱标准存在较大差距；二是部分贫困人口尚未进入低保，目前低保对象以缺乏劳动能力、无生活来源的农村“五保户”为主；三是对集中分布的贫困人口缺乏“瞄准”机制，目前的低保对象一般先由上级下达指标，再由群众评议确定，这种办法解决个别问题时简单有效，但难以解决贫困乡村人口的整体保障问题。

（三）意见和建议

通过调研我们感到，当前我国农村扶贫开发的任务仍然十分艰巨，贫困地区各级干部对建立农村低保的情况下继续搞好扶贫开发有着清醒的认识，广大群众对脱贫致富也有着强烈的愿望。因此，当前扶贫开发的主要任务，就是要全面学习领会党的十七大精神，增加贯彻落实科学发展观的自觉性和坚定性，更加自觉地走科学发展道路，切实把科学发展观贯彻落实到扶贫开发工作中，逐步提高扶贫标准，提高扶贫开发水平，开创扶贫工作新局面。

1、深入贯彻落实科学发展观

按照十七大精神要求，深刻领会科学发展观的科学内涵、精神实质、根本要求：把发展作为扶贫开发的第一要义，加快转变贫困地区经济发展方式，坚持把发展现代农业、繁荣农村经济作为首要任务，加快农村基础设施建设，健全农村市场和农业服务体系；把以人为本作为扶贫开发的核心，尊重贫困农民在扶贫开发工作的主体地位，引导和帮助贫困地区广大群众参与扶贫开发，进一步增强贫困人口脱贫致富能力；把全面协调可持续作为扶贫开发的基本要求，全面推进贫困地区经济建设、政治建设、文化建设、社会建设，增强发展的协调性，实现资源、人口和环境的良性循环；把统筹兼顾作为扶贫开发的根本方法，统筹贫困地区城乡发展、区域发展、经济社会发展、人与自然和谐发展。

2、继续坚持开发式扶贫的方针

完善扶贫开发机制，落实《纲要》提出的尽快解决少数贫困人口的温饱问题，巩固温饱成果等基本目标和任务。一是把扶贫开发放在国民经济和社会发展更加重要的位置，统筹协调，加大投入力度，开发当地资源，发展商品生产；二是促进贫困地区更加自觉地走科学发展道路，积极调整经济结构，改善生态环境，逐步改变经济社会落后状况；三是夯实农村经济基础，深入研究贫困地区“三农”问题的特殊性并加以解决，毫不放松地抓好农业生产，推进农业产业化经营，促进农产品深加工，巩固和发展贫困人口增收的好势头。

3、进一步完善“大扶贫”格局

扶贫开发是全党全社会共同的任务，促进贫困地区发展是一个系统工程，要不断深化工作内涵，拓展工作范畴，提升工作成效，为《纲要》提出的“从根本上改变贫困地区经济社会的落后状况，缩小地区差距”这一宏伟目标创造条件。一是贫困地区要以扶贫开发工作统揽全局，并将其作为推动各项工作的“牛鼻子”来抓；二是把扶贫开发放在经济社会发展全局中统筹考虑，“跳出扶贫看扶贫”；三是进一步发挥政府部门的作用，调动部门参与扶贫开发的积极性，促使更多的政府“涉农投入”向“涉扶投入”转化，加大对贫困地区的支持力度；四是提高扶贫工作的开放性，积极引导和鼓励社会资源投向贫困地区。

4、积极构建扶贫开发与区域经济发展的互动机制

我国集中连片的贫困地区往往处于两个或多个行政区和经济区的过渡交叉地带和结合部，既有地处偏远的劣势，也有多元带动的优势。要发挥区域经济发展对贫困地区的带动作用，把贫困地区的发展纳入区域协调发展的格局中，引导贫困地区积极参与区域经济发展，实现自身的加快发展。一是进一步开发开放，通过改善自身发展条件，提高外部投资的吸引力；二是充分发挥“后发”优势，科学开发，逐步实现资源的可持续利用；三是围绕区域经济结构调整的趋势来明确贫困地区的主导产业，避免盲目性；四是大力发展特色产业，提高农业产业化水平，带动农民增收。

5、不断深化贫困地区政府支农资金的整合

一是完善部门之间的沟通协调机制，把部门履行职能和扶贫开发的目标、任务和重点工作有机结合，共同促进贫困地区的全面发展；二是加强“政策整合”，寻求各项支农政策措施与扶贫开发的“结合部”，强化对贫困地区的政策倾斜；三是做好“规划整合”，在贫困地区经济社会发展总体规划的指导下，做好扶贫规划与各项涉农专项规划之间的衔接，整合前移，把资金整合与规划整合结合起来；四是继续坚持“渠道不乱、用途不变”的原则，做到各渠道资金分工明确，有机结合，提高政府投入的整体效益。

6、努力提升扶贫工作的着力点

建立农村低保有利于解决贫困人口的基本生活困难，也有利于解决因灾因病等临时性返贫问题，对进一步搞好扶贫开发是一个有力推动。要按照功能区分、相互促进的原则，把扶贫开发与农村低保工作有机结合起来，并以此为契机，不断提升各项措施的着力点和成效。一是提高扶贫工作的针对性。建档立卡工作要区分开发和救济两类不同的扶持对象，并实行动态管理；整村推进要进一步加强规划编制工作，提高规范性和可操作性；产业扶贫要逐步扩大覆盖面，提高带动效应；劳动力转移技能培训要进一步瞄准对象，强化后期服务。二是把扶贫开发与贫困地区社会主义新农村建设进一步结合起来，点线面统筹安排，综合治理。在加强贫困村内部建设，改善生产生活条件的同时，注重改善外部发展环境，加强基础设施建设，连片开发建设，促进整体发展。三是把“赈济救助”与“开发建设”有机结合起来，认真组织实施以工代赈并逐步扩大规模，引导和组织贫困群众进一步发扬自力更生精神，克服“等、靠、要”观念，积极参加以工代赈建设并获得报酬。四是稳步推进易地扶贫搬迁，实现群众脱贫与生态改善的双重目标。对生活在生态环境恶劣、不适宜生存地区的困难群众，实施易地扶贫搬迁，并优先安排最为困难的那部分困难群众，在帮助搬迁群众脱贫致富的同时，缓解

迁出区生态压力，逐步改善生态环境。

（国家发展改革委地区司）

四、西部5000农村妇女发展状况问卷调查

西部大开发和新农村建设是党中央统揽全局、落实科学发展观作出的重大决策，是促进区域和城乡协调发展的重大战略部署。农村妇女是农业生产和新农村建设的生力军，也是实施区域和城乡协调发展的重要力量。为深入了解农村妇女在西部大开发、社会主义新农村建设中的生产生活状况及发展诉求，研究探讨新形势下如何提高西部农村妇女的文化科技素质，帮助她们实现增产增收，更好地发挥她们在西部大开发和新农村建设中的积极作用，全国妇联于2007年4月至7月在内蒙古、广西、重庆、四川、贵州、云南、陕西、甘肃、青海和宁夏10个省区市的50个县的100个村进行问卷调查。

这次调查共发放问卷5000份，回收有效问卷4867份，有效回收率97.3%，共获得137万个原始数据，通过运用SPSS和Excel进行数据统计分析，集中地显示出西部农村妇女的发展状况、诉求及期盼等方面的信息，我们本着尊重客观、实事求是的态度，运用这些基础数据撰写和研究调查报告。

调查显示：

年龄状况：被调查农村妇女年龄集中在26—46岁之间，占被调查者的79.8%，是农村劳动的主力人群。其中：25岁以下的占8.7%，26—35岁的占31.5%，36—45岁的占39.6%，46—55岁的占15.9%，56岁以上的占4.2%。

受教育状况：在被调查者中，88.2%的人上过学。其中25岁以下的占1.6%，26—35岁之间的占13.7%，36—45岁之间的占27%，46—55岁之间的占41.4%，56岁以上的占16.2%。

有11.8%的妇女没有上过学。在上过学的妇女中，平均上学年限为7年。其中，有四成多的人读完了小学，近五成的人读完了初中，近一成的人读完了高中，0.8%的人上过大学。

民族状况：被调查妇女79.6%是汉族，其他分布在16个少数民族中，即：布朗、布依、藏、傣、侗、哈尼、回、拉祜、傈僳、蒙古、苗、羌、土家、彝、仡佬、壮族等。

婚姻状况：已婚占91.6%，未婚占3.9%，离异占0.9%，丧偶占1.4%，再婚占2.2%。

以下是对问卷数据的初步分析。

（一）妇女的生存发展现状

调查显示，西部农村妇女生存发展状况方面比以前有明显进步，但同东部农村妇女相比，存在着差距。我们通过2006年和2007年在农村妇女中开展的两次调查，发现她们在经济收入及其构成、外出务工、消费水平等方面存在一些差异化特征。在本次调查中，西部农村妇女的健康状况、家庭生活状况呈现出本土区域的特点。

1、经济收入和负债状况

（1）西部地区被调查农村妇女家庭年平均毛收入是12212.2元，比东部少

11536.3元。在2006年开展的万名农村妇女调查中，被调查的东部农村妇女家庭的年平均毛收入均为23748.5元。

(2) 西部农村妇女个人年平均毛收入是1825.3元，比东部少3712.3元。在2006年开展的万名农村妇女调查中，被调查的东部农村妇女个人年平均毛收入为5537.6元。

(3) 东西部农村妇女个人收入的来源有异同。在2006年的万名农村妇女调查中，被调查的东部农村妇女个人收入的第一来源为种粮食（38.2%），第二来源是在本乡镇打工（30.2%）：而本次调查显示，西部农村妇女个人收入的第一来源是种粮食（33.5%），依次是家禽家畜饲养（18.6%）、外出打工（16.3%）。

(4) 西部农村妇女外出打工的比例高于东部农村妇女，表明东部地区妇女的就地就业机会要多于西部。在2006年的万名农村妇女调查中，被调查的东部农村妇女外出打工的占37.4%，没有打过工的占62.4%；本次调查中，西部农村妇女有过外出打工经历的占43.7%，而没有打过工的占56.3%。

2、生活条件状况

(1) 家庭生活燃料主要是柴草和煤（43.8%和22.7%）。调查显示，有18.2%的家庭用上了煤气或天然气，使用沼气的家庭占9.4%。

(2) 家庭生活用水主要是自来水和井水（60.7%和28%）。调查显示，仍有2.5%的家庭使用公共水窖的窖水，3%的用家存雨水，5.8%的要到外面去挑河水或溪水。

(3) 有61.1%的农村家庭安装了固定电话。这是农村家庭很重要的信息通道，也是对外联络的重要手段。在信息化时代，固定电话普及率对农民致富、农村发展至关重要。调查显示，仍有38.9%的家庭没有安装固定电话。

3、妇女健康状况

(1) 有25.3%的农村妇女年内做过体检。调查显示，有33%的人是去年或两年前做过体检，没有做过体检的高达41.6%。在参加体检的被调查者中，检查项目依次是：妇科检查（32.4%）、B超（25.7%）内科（11.5%）和血液检查（11.2%）。

(2) 近90%的妇女参加了农村合作医疗。调查显示，有88.9%的被调查者2006年参加了农村新型合作医疗，“村里有，但还没参加”的占7.5%，“不知道有没有合作医疗”的占3.5%。

（二）妇女的生存发展诉求

在西部大开发和新农村建设中，要坚持以人为本、关注民生，着力解决农村妇女面临的诸多发展中的问题。调查显示，妇女在生活、生产方面存在一些困难，在提高自身素质、实现增收致富、促进社会和谐方面表现出迫切意愿，需要政府和社会帮助解决奔小康、谋发展中的突出障碍。她们求知、求富、求发展的愿望不仅代表农村妇女，也反映出西部广大农民群众的要求。

1、生产、生活诉求

(1) 农村妇女认为家庭经济状况不好的原因是“三缺”，即缺资金、缺技术、缺市场信息，迫切需要发展资源。调查显示，有98.2%的农村妇女认为自己的家庭经济状况不好，仅有1.8%的认为家庭经济状况好。认为经济状况不好的主要原因依次是：缺资金（29.7%）、缺技能技术（20.9%）、缺市场信息（12.2%）、家里有人生病（12.1%）、缺少劳力（10.2%）。

(2) 有91.5%的妇女目前生产发展中遇到的困难是“三难”即“没资金”、“没有生产技术”、“找不到好点子”。这跟东部地区乃至全国农村的情况是一致的。调查显示，目前发展中面临困难的妇女占91.5%，认为没有困难的仅占8.5%。在有困难的人群中，面临的主要困难依次是：“没资金”(32.7%)、“没有生产技术”(18.8%)、“找不到好点子”(16.55%)、“缺乏市场信息”(16%)、“出不了门，老人孩子没人照顾”(10.4%)、“缺乏领头人”(5.3%)。

(3) 80%的被调查者认为，自己存在着解决温饱之后的困难。调查显示，有80%的被调查者目前存在生活困难，没有困难的占20%。目前生活困难主要是温饱解决之后谋求进一步发展的问题。依次为：够吃穿但没钱花（32.7%）、生大病没钱治(16.8%)、住房破旧没钱修（15%）、孩子上学缺钱或没学上（8.9%）、遭遇自然灾害(8.3%)、赡养老人缺钱（7.6%）。

2、自立能力诉求

(1) 88.6%的妇女拿手的技术是干农活。在对农村妇女“已经掌握的技术”的问卷调查中，有88.6%的被调查者认定自己有拿手技术。依次是：干农活占66.2%，做饭做菜占8.3%，做家务占8.1%，手工工艺占5.2%，缝纫编织占5%，做小生意占2.7%，技术工占2.2%等，均属较低层次的技能技术，而有些技术含量的拿手活依次是：财会（0.1%）、行医看病（0.3%）、驾驶（0.3%）。学会上述技术的主要途径是：自学（55%），跟家里长辈学（46.9%），参加技术培训班（13.4%），跟师傅学(12.1%)。

(2) 54.5%的妇女今年有挣钱的打算，一是搞种植，二是外出务工，三是搞养殖。在“今年打算从事什么工作挣钱”的调查中，有54.5%的被调查者表示自己年内有挣钱打算，其中有0.8%表示自己的计划将会因缺资金而难以实现。她们计划做的挣钱项目依次是：种植占37%，外出务工占24.5%，养殖占22.7%，从事个体经营的占7.8%，就近务工的占2.3%，做手工工艺的占1%。

3、提高素质诉求

(1) 94.1%的妇女最想学习的知识和技术是种养技术和家庭教育知识。调查显示，有94.1%的被调查者想学习知识和技术，5.9%的不想学。“想学哪些知识和技术”的回答依次是：种植业（23.7%）、养殖业（20%）、家庭教育知识（12.5%）、手工工艺（7.9%）、进城务工知识（6.9%）、医疗卫生（6%）、自主创业（5.8%）、心理健康知识（4.4%）。

(2) 妇女喜欢的培训方式是定期来村指导、上课和电视（网络）、光盘教学。调查显示，想学知识、技术的妇女喜欢的培训方式依次是：技术人员定期来指导(37.7%)、老师来村里上课（34%）、电视/网络/光盘教学（10.8%）、技术指导热线电话（9.5%）、农业广播学校（7.8%）。

4、社会参与诉求

(1) 96.7%的妇女关心村里公共事务。调查显示，有96.7%的妇女关心村里的公共事务，3.3%的表示不关心。关心村里公共事务的主要项目依次是：村民选举(18.5%)、计划生育（13.4%）、医疗卫生（13%）、村庄建设（11.7%）、治安管理(7.7%)、环境治理（7.2%）、村庄文化建设（5.6%）、财务收支（5.6%）、扶贫帮困（5.5%）。

(2) 98.7%的妇女反感不文明现象。调查显示，有98.7%的妇女反感不文明现象，主要包括：打架斗殴（17.7%）、偷盗行为（17.6%）、黄赌毒现象（16.4%）、夫妻吵架（10.2%）、村容不整洁（9.9%）、邻里不和（9.8%）、污染破坏环境（9.5%）、破坏公共秩序（8.7%）。

5、自我感受评价

65.1%的农村妇女有幸福感。调查显示，有65.1%的被调查妇女有幸福感，30%左右的人没有幸福感，4%的人说不清。其中：“幸福”(33%)、“比较幸福”(32.1%)、

"不太幸福"(23.1%)、"不幸福"(7.8%)、"不清楚"(4%)。感到不幸福的原因依次是：没钱（32.4%)、没致富能力（21.2%)、文化低（16.7%)、生病（15.7%)、孩子上学成绩不好（6.3%)。

（三）妇女对政府和妇联工作的认知与期盼

国家实施的西部大开发等为民谋利的惠农政策，妇联在农村开展的"双学双比"等各项活动，得到了广大西部农村妇女的赞许、支持和参与。同时，妇女对如何参与西部大开发，参加"双学双比"活动，接受技能培训，提高自身素质，实现增收致富等提出了热切的希望和期盼。

1、97.3%的人认为西部大开发带来了三大好处，即惠农政策落实了、外出打工人多了、家庭收入增加了

调查显示，有76.3%的被调查者听说过西部大开发，其中97.3%的人认为西部大开发带来了好处，依次是：惠农政策得到落实（26.3%)、村里外出打工的人多了（25.5%)、收入增加了（18.9%)、找到致富路子（17.6%)、生态环境改善了(8%)。

2、97.7%的妇女认为自己从惠农政策中得到好处

主要集中在：种粮补贴政策占23.9%，免提留统筹占22.1%，农村合作医疗政策占16.1%，义务教育学杂费减免占13.2%，退耕还林或还草补贴占8.4%，良种补贴占6.1%，扶贫帮困政策占4.1%，科技下乡政策占3.7%。

3、45.8%的妇女参加过政府或其他组织提供的免费培训

参加过免费培训的内容主要是：种植技术（32.1%)、养殖技术（23.4%)、法律知识（15.5%)、医疗卫生知识（10.5%)、文化知识（6.6%)、进城务工职业技能（5.4%)、手工工艺技术（4%)、计算机（22%)。参加过上述培训的人当中，有59.8%的人认为"学了都有用"，35.4%的人认为"一些有用，一些没用"，另有4.7%的认为"多数没有用"。

4、有8.8%的人舍得花钱参加收费培训

调查显示，在参加过收费培训的人当中，平均培训缴费额为1826.7元，多数人的培训缴费在300元以内，占52.6%，缴费501-1000元的占4.3%，缴费1001-2000元的占7.8%，而缴费8000元以上的占3.7%。参加收费培训的内容依次是：种植技术（20.7%)、养殖技术（19.3%)、计算机技术（13.3%)、进城务工职业技能（11.7%)、手工工艺（10.6%)。在参加收费培训的被调查者中，有59.7%的人认为"多数学了都有用"，有35.2%的人认为"一些有用，一些没用"，另有5.1%的人认为"多数都没有用"。

5、在11%没上过学的被调查者中，50岁以下有近40%的人参加过扫盲培训

调查显示，在上过扫盲培训班的被调查者中，认为效果较好的占31.7%，效果很好的占5.6%，效果一般的占53.8%，认为效果差的占8.9%。

6、有69.9%的人参加过妇联组织的活动。参加最多的活动是"双学双比"和"文明家庭"

调查显示，有69.9%的被调查妇女参加过妇联的活动，有21.8%的妇女"没参加过，但听说过"，另有8.3%的妇女"没听说过"。在参加过妇联活动的被调查者中，参加最多的依次是："双学双比"活动占53.8%（其中"双学双比"活动占32.2%，专项农技培训占10%，"三八绿色工程"活动占7.6%，"巾帼扶贫"活动占6%)，"文明家庭"创建活动占33.4%。

7、45%的妇女喜欢妇联的活动，因为这些活动能"增加收入"、"促进家庭

社区和谐”、“满足娱乐需求”

调查显示，有45%的妇女喜欢妇联的活动。在喜欢妇联活动的被调查者中，喜欢的活动排在前几位的是：“双学双比”活动占43.6%（其中“双学双比”活动25.9%，专项农技培训13.1%、转移就业技能培训4.6%），“文明家庭创建”活动占24.7%，文体休闲类活动占10.2%。喜欢妇联活动的主要原因是：增加收入占22.3%，促进家庭社区和谐占17.8%，满足自己的爱好和娱乐需求占14.1%，学习文化、开拓眼界、提高认识占10.8%，解决生产生活面临的困难和学习农业生产技能均占9%。

8、33%的妇女所在村开展了“巾帼示范村”创建活动，其中有97.2%的妇女认为活动有效果

主要效果是：帮助妇女增收（23.5%）、有效保护妇儿权益（18.9%）、组织妇女外出打工（16.8%）、村庄自然环境得到改善（16.7%）、乡村陋习明显减少（13.3%）、妇代会比以前发挥作用（10.7%）。

9、96.1%的妇女希望妇联能帮助自己

希望妇联帮助的是：提供致富信息（69.8%）、组织技能培训（43.2%）、组织妇科检查（37.3%）、维护合法权益（29.1%）、提供保健知识（24.3%）。

10、97.8%的妇女希望得到政府帮助

主要是：让农民都能参加医疗保险，占53.7%；在农村建立养老保险制度，占52.1%；对农村孩子上学实行教育优惠政策，占43.6%；为农民提供优质便宜的医疗服务，占42.4%；制止农资乱涨价，占26.2%；帮助销售农副产品，占18.8%；增加对农村家庭的生产贷款，占18.5%。

（四）思考与建议

党的十七大报告中指出：“农业基础薄弱、农村发展滞后的局面尚未改变，缩小城乡、区域发展差距和促进经济社会协调发展任务艰巨。”在西部大开发和新农村建设中，广大农村妇女积极参与，发挥着生力军和骨干作用。但是，被调查妇女在生产中存在的缺资金、缺技术、缺信息等困难，自身素质较低、技能单一的状况与在新农村建设和西部大开发中发挥妇女生力军作用的要求不相适应；被调查妇女的生存现状同实现奔小康和地区协调发展的要求也不相适应；被调查妇女的生存现状同实现奔小康和地区协调发展的要求也不相适应。各级政府和有关职能部门应按照十七大报告的要求，“着力解决人民最关心、最直接、最现实的利益问题”，重视改善西部农村妇女的生存发展状况，倾听她们的生存发展诉求，为解决她们的困难提供更多的帮助和服务，落实发展条件，营造发展环境，更好地发挥她们参与农村政治建设、经济建设、文化建设与和谐社会建设中的积极作用。根据本次调研提供的信息，提出如下思考与建议：

1、加强对农村各项政策落实情况的检查督察，建立科学评估机制

国家为统筹城乡协调发展、加快西部大开发、建设社会主义新农村出台了一系列政策。必须加大相关政策的落实力度。在落实普惠性政策的同时，尤其要落实对西部的倾斜性政策。同时，要对中央和各部委出台的涉农政策的落实情况和效果，加强督察，进行追踪检查。在此基础上，建立科学评估指标，健全评估机制，确保国家对西部政策的贯彻落实，使支持力度不减弱、投入不减少，倾斜优惠不改变，执行政策的立场不动摇。

2、加大政策倾斜力度，帮助西部妇女解决资金问题

调查显示，资金是西部妇女生存发展中最稀缺要素，也是她们高频率的诉求，因而应是首要解决的困难。各地各部门在落实银监会下发的《关于银行业金融机构大力发展农村小额贷款业务的指导意见》时，要创新培育竞争性农村金融市场，结合国际上帮扶贫困、促进发展的成功实践，总结梳理妇女开展小额信贷的经验，扩大小额信贷规模，加大对西部妇女的小额信贷扶持力度，满足妇女创业、就业和发展生产的需求，确保贫困妇女贷得到、用的起扶贫贷款，解决生产资金短缺问题。

3、加大培训力度，提高西部妇女的文化科技和就业能力

调查显示，针对被调查妇女群体受教育以中小文化为主，个人技能以干农活为主，家庭及个人收入以种养业为主的情况，以及参加过技能培训和扫盲的效果不理想的状况。我们认为：

一是要加大政府的培训投入，强化西部妇女的教育培训。在国家开展的“农民科学素质行动计划”、“阳光工程”以及“2003—2010年全国农民工培训计划”的实施中，要向西部妇女倾斜，逐年加大西部妇女受训比例，提高培训质量和应用效果。

二是要改进培训方式，丰富培训内容，增强培训和扫盲的针对性，重视50岁以下妇女的扫盲工作，提高培训的效果，增强妇女从事非农产业的技能技术，着力解决妇女文化科技素养不高的问题。

三是要建立短期实用培训与系统职业教育相结合的西部妇女人才培养机制。一方面，短期培训要以实用性强、投资少、见效快的普及性技能技术为主，辅以非农技术技能、有一定科技含量的提高型培训，倡导创业型、订单型培训，扩大西部妇女的受训覆盖面。另一方面，要完善西部县、乡、村三级职业教育网络，为西部经济社会发展培养大批技能型妇女人才和较高素质的妇女劳动者。

4、扩大就业门路，促进就地转移。就业是民生之本

调查表明，西部农村妇女个人及家庭收入来源主要是种养业，外出就业受到本地就业空间限制和赡养老人抚养孩子的拖累，这些都是影响西部农村妇女脱贫致富的因素。妇女素质与妇女就业和增收致富是一个因果链。提高素质是为了就业，就业为的是增收致富。建议有关部门要为西部农村妇女扩大就业门路，特别要通过调整地区产业结构，提高第二、第三产业比重，在做好妇女劳动力输出转移的同时，加大就地转移和就业工作力度。

一是做好东部地区和西部地区的劳务协作，积极开展有计划、有组织、多种形式的劳务输出，提高“离土离乡”转移的有序性，减少盲目性，促进城乡劳动者和男女劳动者实现平等就业。

二是大力倡导从当地实际出发，吸纳农村妇女劳动力就地就业的模式。一是“离土不离乡”的就业转移。如农村旅店、商店、农家乐旅游等服务业，手工编织等多种形式的来料、加工、乡镇及县域的加工制造业等适合妇女就业的工种岗位，都是就地转移的巨大空间；二是“不离土不离乡”的就业模式，如农业生态园、农家庭院经济等符合实际的就业模式；三是外出务工妇女“返乡就业创业”，通过回乡投资办厂，成为就业创业带头人。上述三种就地就业模式既解决了农村妇女就业难的问题，又有利于她们照顾家庭、赡养老人、教育子女，应该大力倡导和推广。

三是大力支持扶贫龙头企业，带动贫困妇女就业增收。政府要为龙头企业提供良好的发展条件，给予资金、培训、税收减免等方面的支持，增强扶贫龙头企业的市场竞争力，在企业与贫困户之间建立互利互惠的共同利益关联，增强企业吸纳贫困妇女就业、带动贫困户增收致富的能力。

5、在改善西部农村生活基础设施和条件方面发挥妇女的作用

调查显示，西部妇女家庭的生活条件虽有提高，但在生活燃料、生活用水、居住条件等基础设施条件方面还亟待进一步改善。建议政府有关部门结合新农村建设，实施村庄规划，把改水、改灶、改厕、改圈等农户生活设施建设作为重点项目，给予重视，加大支持，加快推进。

6、创新妇女工作载体，增强品牌活动带动力

全国妇联围绕党和政府的中心工作，在组织、带领广大妇女实现现代化和建设全面小康社会的实践中，成功地创造了在农村开展工作的活动载体，“双学双比”活动得到了被调查者的高度评价和认同。在西部大开发、新农村建设中，为了更好地带领、组织广大西部农村妇女积极参与，从广大西部农村妇女最关心的、最需要、最切实的民生问题入手，提高妇女素质，促进妇女发展，维护妇女权益，建议妇联组织在增强原有活动品牌效应的同时，加强品牌活动的带动力，扩大品牌活动的影响力。

一是创新“双学双比”活动的内涵，开展多种形式的牵手活动和服务。按照城乡统筹，以城带乡，城乡协调发展的战略思路，深化“双学双比”活动，搭建城乡牵手平台，实现城乡资源共享，城乡改革成果共享，城乡妇女共同发展。牵手的内容和形式多种多样，比如城里的科技工作者与农村女能人的“科技牵手”，科技致富项目与农村妇女对接受益的“项目牵手”，城市巾帼文明岗与农村文明岗牵手，企业与村庄牵手，女老板与巾帼示范村牵手等丰富、多样化信息服务，都给“双学双比”活动增添新内容，注入新活力，使这一品牌活动在不断创新中具有旺盛的生命力和日趋增大的社会影响力。

二是创建“巾帼示范村”活动。创建“巾帼示范村”的活动仅仅开展一年多时间，就得到了所在地妇女的高度赞同，不仅表明它符合广大妇女的根本利益，反映了她们的共同意愿，而且说明它是一个好的平台，好的载体。“巾帼示范村”活动最大的特色就是通过“创建”平台，为农村妇女搭建“舞台”，让广大农村妇女唱主角，在农村的经济建设、政治建设、文化建设和社会建设中大显身手，得到锻炼提高。农村妇女的积极广泛参与，推动着“四位一体”建设不断深入，主体与客体互动，四大建设与妇女发展融合在同一过程，从而把农村全面发展与妇女全面发展提升到一个更加协调务实的高度，巩固党在农村的执政根基，为新农村建设和西部大开发再做贡献。

（全国妇联）

五、农村低保制度全面建立后扶贫开发工作研究

2007年一号文件明确提出，在全国范围建立农村最低生活保障制度。农村低保制度建立之后，农村扶贫开发工作是否还有进行的必要？本文在认真分析了农村扶贫开发与农村最低生活保障制度之间差别与联系的基础上，认为在新形势下，仍然必须坚持开放式扶贫的方针，但今后扶贫开发工作在目标任务、对象、工作重点和政策措施等方面则需要根据新形势作出必要的调整。

(一)农村扶贫开发与农村最低生活保障制度的基本情况

1、基本概念

在贫困的研究与实践中，贫困的界定和测度是一个重要的理论和现实问题。

1998年度诺贝尔经济学奖获得者阿玛蒂亚·森认为，贫困真正的含义是贫困人口创造收入能力和创造机会的贫困，贫困意味着贫困人口缺少获取和享受正常生活的能力。联合国开发署《人类发展报告》和《贫困报告》中认为，贫困指的是缺乏人类发展最基本的机会和选择秉长寿、健康、体面的生活、自由、社会地位、自尊和他人的尊重。上述对贫困的界定，各自从不同的角度加以阐述，形成了各自的特点，但是也有其共性的一面。从影响因素看，贫困不仅仅是单一因素，它涉及了收入水平、机会、能力、安全水平、权利等主要因素，具有多元化特征；从其侧重点看，突出强调了个人的生存和发展能力；从其内容看，随着对贫困认识的逐步深化，由早期的注重贫困人口的物质缺乏，转向强调贫困是因为能力的缺乏。

农村扶贫开发是指“以经济建设为中心，引导贫困地区群众在国家必要的帮助和扶持下，以市场为导向，调整经济结构，开发当地资源，发展商品生产，改善生产条件，走出一条符合实际的、有自己特色的发展道路。通过发展生产力，提高贫困农户自我积累、自我发展能力”[77]。

农村最低生活保障制度是指“对家庭人均纯收入低于当地最低生活保障标准的家庭，按最低生活保障标准给予救助的制度，是在农村特困群众定期定量生活救济制度的基础上逐步发展和完善的一项社会救助制度”[78]。它是对农村特困户生活救助制度的完善和发展，是解决农村特殊困难群体基本生活问题的长效机制。其本质是人道地解决那些尚不能温饱人口的生存问题，而不是摆脱贫困问题。

2、两者区别

扶贫开发和建立农村贫困人口最低生活保障制度都是缓解农村贫困的方式，但是两者在目标、工作对象、工作手段、性质、实施主体和工作机制等方面存在不同之处。

一是目的不同。建立低保制度的目的是维持贫困人口的最低生活水平，保障贫困群众的基本生活权益，使社会主体平等地享受改革开放和经济社会的发展成果，实现社会公平，促进农村经济社会稳定协调发展。扶贫开发工作的目的是提高贫困地区、贫困人口自我发展的能力，培养贫困人口的自立自强精神，使其真正走上脱贫奔康之路，并获得尊严、自信和可持续发展能力。

二是工作对象不同。低保制度的目标是应保尽保，因此工作对象是农村家庭人均纯收入低于当地最低生活保障标准的全部贫困人口，并以家庭为单位提供补助。扶贫开发涵盖了所有贫困人口和低收入人口，而且扶贫开发除了支持贫困家庭以外，还支持贫困村、重点县的发展。

三是工作手段、性质不同。扶贫开发是一种扶持生产的开发形式，其手段是创造生产条件，提供生产发展机会。低保制度是一种社会救济制度，其手段则是通过财政转移支付，给予贫困人口现金或实物的生活补助。因此，低保是输血式的扶贫，关注的是人的生存权；而扶贫开发是造血式的扶贫，关注的是人的发展权。

四是实施主体和工作机制不同。低保工作是以民政部门为主体的，其工作机制是识别低保对象，逐层进行资金和物质传递。扶贫工作是由扶贫部门主管，项目多方实施管理，扶贫工作机制是项目实施机制。

77.引自《中国农村扶贫开发纲要（2001—2010年）》

78.引自民政部有关材料

（二）扶贫开发与建立农村最低生活保障制度并行不悖

农村扶贫开发和农村最低生活保障制度作为国家对农村贫困群体扶助政策体系的两大组成部分，他们之间不是相互排斥、替代的关系，而是相辅相成、互为补充的。

1、当前农村贫困群体的多元化特点决定了政府扶助政策体系须多样化

当前我国农村贫困人口规模大，从成因上看，大体可以分为几种类型：一是无劳动能力的；二是因病因灾因学致贫的；三是缺乏生产资料的；四是文化素质低下，思想观念落后的；五是好逸恶劳者。从分布情况看，东部地区主要是零散、个体分布，中部地区主要以村为单元分布，地处中部的湘西、鄂西和西部地区主要以县、乡为单元分布，部分地区呈片状分布，如：西南大石山区、西北黄土高原区、秦巴山区以及青藏高寒地区等。对不同类型和区域的各种贫困对象，政府的扶助政策和措施应区别对待。对无劳动能力的，可实施低保；因病、因灾、因学致贫的主要以临时救助为主；其他的人，主要以开发式扶贫为主。只采取单一的政策措施都是有缺陷的。

2、低保制度是对扶贫开发的有效补充

虽然扶贫开发的工作对象是全国所有贫困人口，但是扶贫开发的性质和工作重点决定了它只能是扶助“可扶之人”，绝对贫困人口中部分人群无法通过开发式扶贫摆脱贫困。而且，目前财政扶贫资金的投向主要集中在全国592个扶贫开发工作重点县、15万个重点村，但这些县、村并不能覆盖全国所有贫困人口。因此，低保制度“应保尽保”的目标，使得低保制度成为扶贫开发的有效补充。

一是绝对贫困人口中有相当一部分分布在一些自然条件恶劣、交通不便的地区，其中51.4%的绝对贫困人口居住在山区，连续贫困的群体中有76%居住在自然条件特别恶劣的地区，要通过扶贫开发的办法使这些贫困人口摆脱贫困，其成本过高；还有一部分人因身患残疾、长期慢性病或其他原因导致丧失劳动能力，靠自身努力摆脱贫困的希望很小。这两类人群的贫困问题都可以通过低保制度来解决，以使扶贫开发工作的目标更准确，力量更集中，效果更明显。二是有一部分人虽然已经跨过贫困线的人，但是他们抵御各种自然的、经济的、社会的和家庭的风险的能力很低，容易重新陷入贫困。这部分因灾因病因学短期陷入贫困的农村人口，通过低保制度可以保证其基本生存，再通过扶贫开发恢复其生产能力，就可以减轻财政的负担，化消极为积极。

3、扶贫开发是缓解低保压力、稳定脱贫的有效手段

根据国家统计局农村贫困监测抽样调查的结果，2007年全国农村1479万绝对贫困人口中，只有6.8%是因年迈、残疾、疾病等原因丧失劳动能力需要救济救助的，其余93.2%是有劳动能力、可以通过开发式扶贫脱贫致富的。同时，这1479万人并不是一个固定的群体，其中70%是不断变动、波动出现的。只有逐步提高这70%易返贫人群的自我发展能力，才有可能稳定地解决贫困问题。

扶贫开发一方面通过为贫困人群创造机会，提高贫困人口的发展能力，促进其可持续发展。另一方面通过帮助贫困人口稳定脱贫，可以控制低保规模始终保持在一定范围内，避免“低保”越保越多。同时通过促进经济发展和农民生活水平提高，可以为低保提供更多的资金来源，也为低保制度的执行创造更有利的条件。因此，坚持扶贫开发，能够有效减轻对社会和低保的压力，促进社会的平稳和谐。

（三）坚持开发式扶贫是历史的经验，现实的需要

与最低生活保障制度解决的是部分贫困人口的吃饱肚子，或者说解决最基本的生存保障问题不同，开发式扶贫解决的是增加贫困人口收入，缩小这部分人同全社会收入差距，甚至使其实现富裕的问题。

1、开发式扶贫成效显著

我国自上世纪80年代中期开始实施开发式扶贫以来，取得了非常明显的成效。农村贫困人口持续减少，农民人均纯收入持续增长，贫困地区基本生产生活条件进一步改善，各项社会事业有了较大进步。2004年，上海全球扶贫大会的召开和中国国际扶贫中心的成立，不仅肯定了我国在减贫方面所取得的成就，而且表明了我国开发式扶贫理念和模式已经为国际社会所赞同。十六届五中全会通过的《国民经济和社会发展第十一个五年规划纲要》明确要求坚持开发式扶贫的方针。2006年9月，胡锦涛总书记在新疆考察时再次强调“扶贫开发是构建社会主义和谐社会的一项重要内容，要坚持开发式扶贫方针”。

2、农村贫困人口规模仍然很大，绝大多数贫困人口可通过开发式扶贫摆脱贫困

当前农村贫困人口数量较大，其中绝大多数人主要是因为人均资源不足，基础设施落后，生产条件差，就业能力低而致贫的。多数贫困人口可以通过开发式扶贫增加收入，走上致富之路。

根据国家统计局数据，2007年底，农村绝对贫困人口有1479万，低收入贫困人口有2841万，两者合计4320万人。而在4320万农村贫困人口中，因为年迈、残疾、疾病等原因丧失劳动能力的只有350万人，只占8.1%。

帮助如此大规模贫困群体稳定发展生产，提高生活水平，缩小与其他社会群体的差距，必须坚持开发式扶贫的方针。

3、通过开发式扶贫促进贫困地区发展、提高贫困地区农民收入水平，仍是党和政府面临的重大历史任务

全面建设小康社会，构建社会主义和谐社会，客观要求在经济社会发展方面缩小地区差距，缩小收入差距。然而，现实的情况是：贫困地区农民和财政“双穷”，自身反贫困能力弱的状况没有改变，贫困人口分布的区域性特征仍很明显。

从重点县发展现状看，重点县与非重点县差距扩大的趋势并没有改变。2002年底，重点县绝对贫困发生率8.8%，高于全国3%的平均水平5.8个百分点；重点县农民人均纯收入1350元，为全国平均水平的54.5%。2007年底，重点县绝对贫困发生率6.3%，仍然高于全国1.56%的平均水平4.74个百分点；重点县农民人均纯收入2278元，为全国平均水平的55%。

从重点贫困村情况看，截至2007年底，全国15万个重点贫困村，只有7.2万个村实施了整村推进，尚有52%的贫困村等待扶贫开发。到2007年底，“三个确保”村[79]还有40.6%自然村不通公路。

此外，从区域发展的角度看，我国西部农村呈现区域性贫困特征。一些自然条件特别恶劣地区贫困发生率达到30%以上，而且多数是政治上、民族上、宗教上十分敏感地区，如青海玉树、果洛、黄南地区，四川甘孜、阿坝、凉山地区，云

79.“三个确保”村是指国务院扶贫办在《关于确保完成实施三类地区整村推进扶贫规的通知》(国开办发[2008]5号）中提出的：2010年底前，要确保完成以下三类地区贫困村的整村推进工作（简称“三个确保”）：一是人口较少民族尚未实施整村推进的209个贫困村；二是内陆边境60个国家扶贫开发工作重点县中距边境线25公里范围内尚未实施整村推进的432个贫困村（其他边境县可参照执行）；三是592个国家扶贫开发工作重点县中300个革命老区县的尚未实施整村推进的24008个贫困村。

南直过区等。这些地区需要连片规划，进行开发式扶持。

总之，促进贫困地区发展，增加这些地区农民群众收入，最终实现地区均衡发展，实现共同富裕，都需要继续加大扶贫开发力度。

（四）建立农村最低生活保障制度后扶贫开发政策措施的调整

随着农村最低生活保障制度的全面建立，我国农村扶贫开发的目标任务不再是解决贫困人口温饱问题，而是要着力于促进贫困人口增加收入，促进贫困地区发展。在这一新形势下，应当坚持实事求是的原则，按照与时俱进的要求，调整扶贫开发的政策措施。

今后农村扶贫开发的对象主要是两个：一是贫困人口，包括没有纳入低保范围的低收入群体和纳入低保范围但具有扶贫开发条件的绝对贫困人口。二是农村落后地区。重点是中部地区贫困乡村和西部地区贫困片区。

今后扶贫开发目标任务的调整：一是由解决贫困人口温饱问题，转变到提高贫困人口收入水平，扭转贫困人口与其他社会群体收入差距扩大趋势，并争取逐步缩小这一差距；二是由注重点上扶贫开发，转变到点面结合，侧重于促进贫困地区区域发展，逐步缩小贫困地区与其他地区间经济社会发展差距，为贫困地区新农村建设和构建和谐社会奠定基础。

今后扶贫开发工作重点的调整：在扶持重点上，由划分重点县、重点村，转变到确定贫困区域，由片面强调整村推进，转变到围绕支持区域优势特色产业发展，支持贫困劳动力转移就业。在财政扶贫资金使用上，由到村到户分散使用，转变到集中投入、解决制约区域经济发展的关键性因素和问题，由扶贫资金单打独斗，转变到与其他支农资金整合使用。因此，今后农村扶贫开发要支持贫困地区发展主导产业和劳动力转移就业，增加农民收入，促进区域经济发展。具体来讲，就是要着力支持贫困人口发展生产和转移就业，增加贫困人口收入；着力促进贫困地区区域发展，重点解决部分特殊困难地区发展面临的瓶颈问题，逐步改变贫困地区整体落后的面貌；着力支持贫困社区公共基础设施建设，改善基本生产生活条件；着力提高贫困人口素质，增强可持续发展能力。

今后农村扶贫开发的主要政策措施：第一，加快整合扶贫资源，增强扶贫动力。加强专项扶贫资金与其他支农资金的整合；促进政府扶贫资源与信贷扶贫、社会扶贫资源的有效协调。第二，统筹规划，突出重点。第三，采取“点面结合”的方式，针对不同的贫困成因和贫困分布的特点，因地制宜确定扶贫开发的措施。对东部和中部地区以点状存在的贫困乡村，针对其最迫切、最关键的致贫因素采取专项措施进行扶持。对中部和西部特殊类型的贫困地区进行连片扶贫开发。对少数民族聚居地区、边境少数民族地区和22个较少民族，按照已经制定的发展规划，加大扶持力度，确保按规划完成目标任务。第四，需要研究建立一套包括贫困人口数量减少、贫困人口收入增加、贫困地区整体发展状况等多项指标的综合评价扶贫开发成效的方法和指标体系。

（财政部农业司）

六、贫困地区国家粮食补贴政策实施有效性及减贫影响评价

摘要：国家在全国范围内对农民种粮提供直接补贴并在重点产区对种植的部分作物采用优良品种的农民提供补贴（简称“两补”政策）。这项政策出台以来有关其有效性和合理性的讨论几乎从来就没有停止过。本研究利用国家扶贫工作重点县的样本调查数据，对贫困地区“两补”政策实施的有效性和分配效应进行分析。结果表明：“两补”政策的实施对增加贫困地区农民的收入、缓解农村贫困和不平等都产生了积极的影响，但在实践中农民对“两补”政策形成了稳定的预期，“两补”政策对农民种粮的激励作用在弱化，同时在贫困地区也存在“两补”资金发放时的溢出现象和平均主义倾向。

从2004年开始，国家在全国范围内对农民种粮提供直接补贴，并在重点产区对种植的部分作物采用优良品种的农民提供补贴（简称“两补”政策），以增加农民的收入，保护农民的种粮积极性，稳步提升粮食产量和提高粮食的优质品率，保证国家的粮食安全。这项政策出台和实施以来，据不完全统计，中央财政通过将粮食风险金转为直接补贴等方式，为全国农民累计提供了700亿元的粮食直接补贴；另外累计提供了超过200亿元的良种补贴。

根据中央有关政策规定，粮食直补政策的受益对象包括全国种植粮食的所有农户，补贴按播种面积发放。但补贴标准在粮食主产区与非主产区之间有一定差异。总体上粮食主产区单位播种面积粮食补贴标准，高于非主产区。良种补贴政策（见文后的附录）的受益对象只包括部分省区（主产区）种植良种作物的农民。2007年前良种补贴品种包括水稻、小麦、玉米和大豆四种粮食作物，2007年新增了对棉花和油菜的良种补贴。

粮食补贴和良种补贴两项政策出台并实施以来，有关“两补”政策有效性的争论就没有停止。但由于缺乏可靠的全面的数据，加之方法上存在的问题，对“两补”政策有效性的评价多停留在理论层面，可信的实证研究并不多见。另外，作为一种对农业生产者收入补贴的政策，补贴的分配效应如何，也就是说，补贴在不同收入农户间的分配情况怎么样，也没有得到充分的讨论和分析。有鉴于此，本文利用国家扶贫开发重点县（以下简称扶贫重点县）的抽样调查资料，对“两补”政策实施的有效性及其分配效应进行实证研究，以便为改革和完善“两补”政策提供可靠的依据。

表6-9 2006年样本分布及基本信息

区域类型	样本户数	户均人口	户均劳动力	户均耕地面积（亩）	户均粮食播种面积（亩）	人均粮食产量（公斤）	农民人均纯收入（元）
合计	46175	4.3	2.9	9.5	8.5	514.1	1916.8
分类一							
东部	3967	3.8	2.8	7.7	7.8	641.2	2551.7
中部	13009	4.1	2.9	10.8	10.0	678.6	1995.7
西部	29200	4.5	3.0	9.2	7.9	432.1	1810.6
分类二							
粮食主产区	18668	4.1	2.9	11.1	10.2	682.3	2143.5
非主产区	27508	4.5	3.0	8.4	7.4	410.6	1777.4

数据来源：国家统计局贫困监测抽样调查

为了考察“两补”政策有效性及分配效应的动态变化，分析所用数据只包括了2006和2007年两年连续调查样本农户。该样本包括21个省557个扶贫重点县的46175个农户，约占原来总样本数的86.7%。样本农户分布在西部、中部和东部扶贫重点县[80]的样本比例分别为63.2%、28.2%和8.6%。根据农业部确定的13个粮食主产省（市、区）名单，本研究样本覆盖的粮食主产区包括河北、内蒙古、吉林、黑龙江、安徽、江西、河南、湖北、湖南和四川等10个省（市、区），其样本占总样本的比例为40.4%。(见表6-9)。

（一）贫困地区“两补”政策实施情况

1、超过40%的农户得到粮食直补

表6-10　2006和2007年扶贫重点县“两补”政策受益农户比重

区域分类	粮食直补（%）		良种补贴（%）		两种补贴都获得比重（%）	
	2006	2007	2006	2007	2006	2007
合计	40.3	47.6	11.7	14.3	8.4	10.8
分类一						
东部	64.7	79.2	0.5	4.4	0.0	3.8
中部	64.8	70.6	30.2	34.3	28.1	31.3
西部	26.0	33.0	5.0	6.7	0.8	2.6
分类二						
粮食主产区	70.6	79.1	21.4	25.7	19.7	23.4
非主产区	19.7	26.2	5.1	6.5	0.8	2.3

数据来源：国家统计局贫困监测抽样调查

2006年和2007年在所研究的国家扶贫重点县中分别有40.3%和47.6%的样本农户得到粮食直补。分地区来看，中部和东部地区受益农户的比重相对较高，2007年分别达到70.6%和79.2%，西部地区只有33%得到粮食直补；粮食主产区受益农户所占比重较高，2007年粮食主产区有79.1%的农户得到粮食直补，而非主产区同年只有26.2%的农户得到该项补贴（见表6-10）。贫困地区农户从粮食直补政策受益比重较低主要有四个方面的原因。第一，贫困人口区域分布与粮食直补政策受益区域分布偏离。在研究的样本贫困农户中分布在西部地区和非粮食主产区的农户分别占全部样本农户的63.2%和59.6%，而国家粮食直补资金的80%左右（2005年为87.1%）分配给了粮食主产区，可贫困人口相对集中分布的西部地区没有一个粮食主产省；第二，在贫困人口相对比较集中的西部地区，部分省区安排的粮食直补仅覆盖其划定的粮食主产县的种粮农民，如云南只补贴了20个县，其中是国家扶贫重点县的只有5个，仅占该省国家扶贫重点县数的7%，类似的省份还有贵州、重庆、广西等，这导致这些省区的相当大部分农户被排除在粮食直补政策的受益对象之外；第三，有些省区，如广西、新疆，将粮食直补通过指定的粮食收购企业发放给出售粮食的农民，这样一方面只有出售粮食的农民才会享受到直补政策的好处，另一方面即使是卖粮的农民也将因直补政策实施所提高的粮价视同普通的国家提高粮食收购价格，因而在填写粮食直补

80．本样本分布在21个省（市、区），其中东部地区包括河北和海南2省，中部地区包括山西、吉林、黑龙江、安徽、江西、河南、湖北和湖南等8省，西部地区包括内蒙古、广西、重庆、四川、贵州、云南、陕西、甘肃、青海、宁夏、新疆等11个省（市、区）。

收入时予以忽略。与此类似的还有少部分农户因不能分清各种补贴的名称和来源，在填表时将粮食直补放在转移性收入的其他项中，这在统计上也降低了粮食直补政策的受益面；第四，粮食直补政策主要对水稻、小麦和玉米三种主要粮食作物种植农户提供补贴，2007 年粮食主产区和非主产区扶贫重点县种植该三种作物的农户比例均约为 90%，这可能导致即使在全省范围内实施粮食直补政策的主产省区，也有一部分农户被排除在外。

2、近 15% 的农户得到良种补贴

2006 和 2007 年国家扶贫重点县分别只有 11.7% 和 14.3% 的样本农户得到良种补贴。分地区来看，中部地区受益农户比重较高，2007 年达到 34.3%，西部和东部分别只有 6.7% 和 4.4% 农户从中受益；粮食主产区受益农户的比重较高，2007 年有 25.7% 的农户得到良种补贴，而非主产区只有 6.5% 得到了良种补贴。贫困地区良种补贴受益农户比重低，主要是由于良种补贴区域和补贴的优良作物品种的限定所致。在全国 592 个重点扶贫县中，陕西、甘肃、青海、宁夏、山西和海南不在任何一个品种补贴区域内，合计有 156 个县，占全国重点县的 26.3%。贫困人口相对较集中的云南、贵州、新疆和广西也只有一个品种在良种补贴政策覆盖区内，四省区重点县占全国的 30.1%。云南、贵州和新疆补贴的油菜和棉花产地多不在扶贫重点县。即使在良种补贴政策覆盖区域较广的省区，由于种植作物及使用品种等因素，也有相当大部分农户难以从良种补贴政策中受益。

3、只有 10% 的农户同时得到“两补”

扶贫重点县获得良种补贴的农民，多数同时也获得粮食直补。2006 和 2007 年扶贫重点县获得良种补贴的样本农户中分别有 71.8% 和 75.6% 的农户得到了粮食直补。中部地区 90% 以上获得良种补贴的农户同时得到了粮食直补。

4、2007 年人均粮食直补比上年提高 26%

2007 年，粮食直补受益农户（即实际获得农户，下同）人均补贴额为 44 元，比上年增长 26%（见表 6-11）。分地区看，粮食直补受益户平均获得的直补额呈现出中部地区较高、西部和东部地区较低的格局。与上年相比，2007 年东、中、西部扶贫重点县粮食直补受益户人均获得的直补额分别为 38.9 元、56.7 元和 33.9 元，增加 12.2 元、11.3 元和 8.2 元，增长 45.7%、24.7% 和 31.9%，地区间的相对差距缩小。

粮食主产区扶贫重点县粮食直补受益农户平均获得直补额远高于非主产区。与上年相比，2007 年粮食主产区和非主产区粮食直补受益农户人均获得直补额分别增加 10.6 元和 9 元，分别增长 25.7% 和 45%，二者的相对差距进一步缩小。

表 6－11　2006 年和 2007 年扶贫重点县“两补”受益农户的补贴金额

区域分类	粮食直补（元）				良种补贴（元）			
	2006 年		2007 年		2006 年		2007 年	
	户均	人均	户均	人均	户均	人均	户均	人均
合计	146.8	34.7	185.3	43.9	68.2	15.4	89.3	20.4
分类一								
东部	102.6	26.7	146.8	38.9	58.4	16.6	94.3	22.7
中部	190.2	45.4	236.0	56.7	75.8	17.1	89.3	20.6
西部	113.5	25.7	149.5	33.9	47.9	10.6	88.9	19.9
分类二								
主产区	170.2	41.3	212.4	51.9	75.6	17.2	89.4	20.7
非主产区	90.0	20.0	129.7	29.0	47.2	10.4	89.0	19.7

数据来源：国家统计局贫困监测抽样调查

按耕地面积和粮食播种面积计算的亩均补贴额，2007年分别为19元和21元，比上年的增幅都超过40%（见表6-12）。与上年相比，分别增加5.7元和6元，增长42.9%和40.5%。

表6-12 2006年和2007年扶贫重点县“两补”受益农户的补贴金额[81]

区域分类	亩均粮食直补（元）				亩均良种补贴（元）			
	2006年		2007年		2006		2007	
	耕地	粮食播种面积	耕地	粮食播种面积	耕地	粮食播种面积	耕地	粮食播种面积
合计	13.3	14.8	19.0	20.8	9.6	9.0	13.3	13.2
分类一								
东部	12.5	11.8	19.4	19.0	4.7	5.0	13.1	17.9
中部	17.1	17.9	23.6	24.0	11.3	9.9	14.5	13.4
西部	9.4	11.9	14.5	17.7	5.9	6.6	11.2	12.5
分类二								
主产区	14.8	16.0	21.0	22.3	10.8	9.5	13.7	13.1
非主产区	9.0	11.1	14.3	16.9	6.5	7.2	12.4	13.6

数据来源：国家统计局贫困监测抽样调查

5、2007年人均良种补贴比上年提高33%

2007年，良种补贴受益农户人均补贴额为20元，比上年增长33%（见表6-11）。分地区看，良种补贴受益户平均获得的直补额呈现出东部最高、中部地区次之、西部较低的台阶格局。与上年相比，2007年东、中、西部扶贫重点县良种补贴受益户人均获得的直补额分别为22.7元、20.6元和19.9元，增加6.1元、3.5元和9.3元，增长36.7%、20.5%和87.7%，地区间的相对差距缩小。

粮食主产区扶贫重点县良种补贴受益农户平均获得直补额远高于非主产区。与上年相比，2007年粮食主产区和非主产区良种补贴受益农户人均获得直补额分别增加20.7元和19.7元，分别增长20.3%和89.4%，二者的相对差距进一步缩小。

按耕地面积和粮食播种面积计算的亩均补贴额，2007年分别为19元和21元，比上年的增幅都超过40%（见表6-12）。与上年相比，分别增加5.7元和6元，增长42.9%和40.5%。

（二）“两补”政策目标实施的有效性

国家出台和实施粮食“两补”政策直接目标是通过增加种粮农民和良种采用农户的收入来稳定和增加粮食和优良品种农作物的种植，增加粮食和优质农作物的产量和市场供应量。因此，评价“两补”政策目标实施的有效性，主要考察政策实施以后，（1）政策收益是否准确瞄准了政策设定的目标群体，亦即：是否存在不应享受政策的农民享受到了而应该享受的没有充分享受；（2）受益农户的粮食种植面积、粮食产量和销售量是否有所增加；（3）“两补“政策对受益农户的种粮行为是否有持续的影响。

1、“两补”政策更多地瞄准种粮大户，但也存在一定的溢出现象和平均主义倾向

81. 这里的统计扣除了当年没有耕地的农户，理由见后面的正文。

总体来看，粮食直补政策较好地瞄准了粮食生产规模较大的农户。为了更具体地观察粮食播种面积与粮食直补政策实施之间的数量关系，我们将样本农户按户均粮食播种面积自低向高分成五等份。总体来看，国家扶贫重点县农户获得粮食直补的机会与其粮食播种面积成正比。2006 年扶贫重点 20% 户均粮食播种面积最低的组获得粮食直补的比例最低，为 32.2%，而 20% 最高组农户获得粮食直补的比例也最高，达 51.4%。中间 3 个组农户获得直补比例随着粮食播种面积上升而提高（见表 6-13）。这种分布格局在按户均粮食播种面积具体规模不等分组中反映更加明显，如家庭粮食播种面积在 2 亩以下的农户获得粮食直补的比例是 28.8%，播种面积在 2 – 6 亩的农户的收益比例为 36.4%，播种面积 20 亩以上的农户，获得直补的比例超过 50%。与 2006 年相比，除了个别组外，2007 年粮食播种面积各分组农户获得粮食直补的机会都有不同程度的增加，但提高幅度大小与播种面积分组排序成反向关系，即增加幅度最大的是户均播种面积最低 20% 组或人均 2 亩以下组，其次是 20% 最低组或 2 – 6 亩组，而 20 亩以上组反而下降了 3.7%。因此各组别农户获得粮食直补的比重的差距大幅度缩小，但总体排序依然未变。

表 6–13 2006–2007 年扶贫重点县按户均粮食播种面积分组[82]的粮食直补受益比例和平均直补额

指标名称	2006 年				2007 年			
	获得比例（%）	户均（元）	人均（元）	播面亩均（元）	获得比例（%）	户均（元）	人均（元）	播面亩均（元）
合计	40.8	142.2	33.5	14.0	48.2	183.9	42.9	20.0
分组一								
20% 最低组	32.2	61.6	15.8	26.3	45.1	89.1	22.8	39.2
20% 中低组	36.3	76.6	18.4	17.7	46.4	108.9	26.0	25.5
20% 中等组	40.2	94.2	21.9	15.0	49.2	124.6	29.2	20.1
20% 中上组	43.7	122.5	27.6	13.3	50.1	169.0	38.3	18.6
20% 最高组	51.4	293.4	68.3	12.8	51.9	392.2	91.2	17.8
分组二								
2 亩以下	28.8	61.4	16.6	41.6	42.9	84.9	22.8	57.4
2 – 6 亩	36.4	75.7	18.3	17.7	47.0	106.4	25.7	25.1
6 – 10 亩	42.6	111.0	25.4	13.8	49.5	153.4	35.1	19.1
10 – 20 亩	48.0	180.9	40.6	12.9	51.7	255.8	57.5	18.3
20 亩以上	56.9	464.7	113.2	12.7	53.2	617.6	150.6	17.2

数据来源：国家统计局贫困监测抽样调查

溢出现象表现为没有耕地和没有种植粮食作物的农户也从“两补”政策中受益。2006 年扶贫重点县有 1.7% 的样本农户没有承包耕地，其中有 7.7% 和 1.7% 的农户分别获得了粮食直补和良种补贴，分别占粮食直补和良种补贴受益户总数的 0.3% 和 0.2%。受益于粮食补贴的无地户户均和人均分别获得粮食直补 497 元和 114 元，受益于良种补贴的无地户户均和人均分别获良种补贴 101 元和 23 元。2007 年情况与 2006 年类似。若排除没有耕地的农户，2006 年和 2007 年扶贫重点县获得粮食直补农户的比例分别提高 0.55 和 0.67 个百分点，获得良种补贴的农户比例平均提高近 0.2 个百分点。这一现象

82. 这里扣除了当年无耕地或没有种粮食的农户。

可能反映了少数地区不是根据核定耕地面积或粮食播种面积分配粮食直补和良种补贴，而是简单地按人头分配。考虑到有无耕地，对粮食直补的获得及效果会产生一些影响，在后面的分析中将排除没有耕地的农户。

2006和2007年扶贫重点县分别有2.5%和2.9%的农户没有种植粮食，在这些农户中，分别有17.3%和20.2%的农户获得了粮食直补，占当年粮食直补受益农户总数的1.1%和1.3%（见表6-14）。这两年未种植粮食却享受粮食直补的受益农户人均分别获得粮食直补73元和84元。分地区看，在粮食主产区的扶贫重点县，当年没有种植粮食的农户获得粮食直补的机会要大于非产区，且平均获得的补贴额较平均水平高出的幅度也要大于后者。从部分地区的实地调查情况来看，这种现象主要与耕地转包有关。当部分外出务工农民将承包耕地转包出去之后，虽然他们自己不种粮食，但在以耕地面积或粮食种植面积作为分配粮食直补和良种补贴的主要或唯一依据的情况下，他们依然可以获得国家提供的粮食直补和良种补贴。这一情况从一个侧面反映了现行“两补”政策存在的制度上的缺陷。

表6-14 2006-2007年扶贫重点县没有种植粮食农户获粮食直补的比例及平均金额

指标名称	2006年			2007年		
	小计	主产区	非主产区	小计	主产区	非主产区
没有种植粮食农户	1172	461	711	1359	515	844
占样本比例（%）	2.5	2.5	2.6	2.9	2.8	3.1
获得直补比例（%）	17.3	34.1	6.5	20.2	35.9	10.7
占受益农户比例（%）	1.1	1.2	0.9	1.3	1.3	1.3
受益户户均补贴额（元）	273.0	334.8	61.8	321.3	367.7	225.9
受益户人均补贴额（元）	72.5	91.3	15.1	84.3	100.8	54.5

数据来源：国家统计局贫困监测抽样调查

从数据来看，在粮食直补政策实施中也存在一定程度的平均主义倾向。一些地区按照耕地面积而非播种面积分配粮食直补资金的情况。具体表现为单位粮食播种面积直补额与农户粮食播种面积成反比。

2006年扶贫重点县户均粮食播种面积处于20%最低组的粮食直补受益农户，户均和人均分别获得粮食直补资金62元和16元，而20%最高组的受益户户均和人均直补额分别达到293元和68元，中间3个20%组受益户户均和人均额也随家庭粮食播种面积由小到大依次上升。这说明，粮食播种面积越多，可能获得的粮食直补资金也越多，从而形成了粮食直补政策与粮食播种面积之间的一种有效作用机制。不过，粮食播种面积亩均直补额，随着农户粮食播种面积的增加反而有明显的减少。粮食播种面积20%最低组农户亩均可获粮食直补26元，而20%最高组农户亩均仅获粮食直补13元。　2007年各组农户获得的平均直补额都有不同程度的增加，且户均和人均直补额增加大小与播种面积基本成正向关系，而亩均直补增加额大小与播种面积成反向关系。

这种均等化状况还有强化的趋势。2006年20%最低组获得直补的农户比例(34.5%)比20%最高组农户比例（47.6%）低13.1个百分点，小于按播种面积分组时相应组间19.2%的差距（见表6-15）。到2007年按人均耕地面积分组的各组农户间获得粮食直补的比例，除了0.5亩以下组和2－4亩组受益农户比例较低外，20%最低组与20%最高组的比例几乎差不多。虽然人均耕地面积为 4 亩以上的农户仍然比 0.5 亩以上农户要高，但二者差距大大缩小，由上年相差 19.5 个百分点降低到仅差 5.3 个百分点。这说明在贫困地区确实普遍存在着按耕地面积而非粮食播种面积分配粮食直补资金的情况。

表 6-15 2006-2007 年扶贫重点县按人均耕地面积分组的粮食直补比例和平均直补额

指标名称	2006 年				2007 年			
	获得比例（%）	户均（元）	人均（元）	播面亩均（元）	获得比例（%）	户均（元）	人均（元）	播面亩均（元）
分类一								
20% 最低组	34.5	68.3	14.3	28.0	47.2	89.8	19.1	37.6
20% 中低组	40.3	77.6	17.3	19.0	50.6	112.4	24.9	27.2
20% 中等组	41.2	100.1	23.1	17.0	49.2	147.6	34.5	25.1
20% 中上组	40.6	124.6	30.8	14.0	46.8	173.6	43.5	19.7
20% 最高组	47.6	317.2	86.3	10.8	47.4	402.2	111.9	14.5
分类二								
0.5 亩以下	31.5	69.3	14.6	38.2	44.2	89.6	19.0	50.5
0.5 － 1 亩	38.8	73.1	15.9	20.2	50.1	102.7	22.6	28.8
1 － 2 亩	41.0	103.7	24.1	16.5	49.2	148.4	34.6	23.7
2 － 4 亩	40.9	141.5	35.8	12.7	44.9	191.0	49.6	17.8
4 亩以上	51.0	371.6	103.6	10.7	49.5	472.8	134.1	14.3

数据来源：国家统计局贫困监测抽样调查

2 、“两补”政策对农民粮食生产的激励作用弱化，但对提高良种使用率有一定积极作用

相对于非受益户，“两补”政策受益户的粮食种植规模较大，土地生产率较高，粮食产量较多，提供商品粮比例较大，粮食生产结构优质化程度较高。2006 年扶贫重点县获得粮食直补农户的粮食平均种植规模为 10 亩，比非受益户高 28%；每亩播种面积产粮 276 公斤，比非受益户高 13%；户均粮食产量为 2757 公斤，比非受益户高 45%；粮食商品率达 41%，比非受益户高 14 个百分点；优质粮产量占当年粮食总产量的 19%，比非受益户高 1 倍多；当年销售的粮食中优质粮占 20%，是非受益户 10% 优质商品粮的 2 倍。

从统计数据看，粮食直补似乎对农户粮食生产决策影响甚微或者没有明显影响，但有可能影响他们的销售行为。2006 年得到粮食直补的农户在 2007 年的粮食种植面积和粮食产量都有轻微减少，而粮食出售量有一定的增加。2006 年粮食直补政策受益户 2007 年户均粮食生产量下降 3.1%，比非受益户多下降 2.5 个百分点；同期户均粮食销售量提高 6.8% 或 77 公斤，而非受益户提高 7.2% 或 37 公斤。从中很难判断上年是否得到粮食直补对农民粮食生产行为有没有明显的激励作用。形成粮食直补政策增产效应较弱的原因，主要可能是由于农民对政府粮食直补政策已形成稳定的预期，将粮食直补视为一个固定的收入来源，这种预期被现实中存在的按承包耕地面积而不是粮食播种面积发放粮食直补的做法进一步强化，这样在农民决定是否多种粮食时更多地考虑的是其它因素。

表6-16 2006年扶贫重点县粮食直补受益与非受益户粮食生产和销售量的年度变化比较

单位：亩、公斤

指标名称	2006年受益户			2006年未受益户		
	2006年	2007年	差额	2006年	2007年	差额
户播种面积	10.0	9.8	–0.1	7.8	7.7	–0.1
户粮食产量	2757	2672	–85	1907	1895	–12
户粮食售量	1137	1214	77	511	547	37
人均播种面积	2.35	2.33	– 0.02	1.78	1.78	0
人均粮食产量	652	635	–17	437	438	1
人均粮食出售量	269	288	20	117	127	10

数据来源：国家统计局贫困监测抽样调查

良种补贴政策在改善农户生产和销售粮食的优质品率方面具有一定的积极作用。如表9所示， 2006年扶贫重点县良种补贴受益农户每亩播种面积产粮326公斤，比非受益户的253公斤高出近30%；户均和人均粮食产量分别为2477公斤和558公斤，分别比非受益户高11%和8%；优质粮产量占当年粮食总产量的36%，当年销售的粮食中优质粮占37%，分别比非受益户高出26和24个百分点。

表6-17 2006年扶贫重点县良种补贴受益与未受益户粮食生产和销售量的年度变化比较

单位：亩、公斤

指标名称	2006年受益户			2006年未受益户		
	2006年	2007年	差额	2006年	2007年	差额
播种面积	7.5	7.6	0.1	8.8	8.7	–0.1
粮食产量	2477	2433	–45	2224	2182	–42
粮食售量	857	958	101	754	801	47
优质粮产量	897	898	1	228	209	–19
优质粮出售量	314	334	20	97	105	8
人均播种面积	1.70	1.72	0.02	2.05	2.04	– 0.01
人均粮食产量	558	549	–8	518	513	–6
人均粮食售量	193	216	23	176	188	12
人均优质粮产量	202	203	1	53	49	–4
人均优质粮出售量	71	75	4	23	25	2

数据来源：国家统计局贫困监测抽样调查

为了进一步验证上述判断，我们计算了2006年“两补”与当年及下年农民粮食产销量之间的相关系数（见表6-18）。结果表明农民得到的粮食直补资金与良种补贴额与当年的粮食产销售量的相关系数同其与下年产销量的相关系数之间没有明显的差别。2006年粮食直补额对当年粮食生产的影响似乎还略大于其对2007年的影响。不过2006年良种补贴额对农户2007年优质粮的产销量的影响大于对当年的影响。这一结果再次印证了前面的判断，即：农民对粮食直补已形成了稳定的预期，粮食直补政策对农民粮食生产的激励作用在弱化；而良种补贴政策至少在短期还能对农民采用优良品种产生一定的积极作用。

表6－18　2006年扶贫重点县“两补”受益农户当年和下年粮食产量及销售量与2006年补贴额的相关系数

关联指标	粮食直补		良种补贴		粮食直补＋良种补贴	
	2006年补贴额		2006年补贴额		2006年补贴额	
	与当年	与下年	与当年	与下年	与当年	与下年
播种面积	0.487	0.476	0.399	0.371	0.556	0.522
粮食产量	0.386	0.339	0.440	0.390	0.575	0.541
粮食销售量	0.354	0.389	0.387	0.398	0.514	0.546
优质粮产量	0.120	0.105	0.070	0.078	0.111	0.118
优质粮售量	0.134	0.124	0.109	0.119	0.164	0.177

数据来源：国家统计局贫困监测抽样调查

（三）“两补”政策的分配效应及其对减缓贫困的影响

1、高收入农户获得“两补”资金的机会更多

虽然“两补”政策本身并不是收入分配政策，但由于中国绝大多数农户都种植粮食，“两补”政策的实施对农户间的收入分配必然会产生不同程度和方向的影响。这里按农户人均纯收入五等份分组来考察“两补”政策所形成的收益在不同收入组农户间的分配。2006年低收入组有35.7%的农户获得粮食直补，中低、中等和中高收入组获得粮食直补的比例分别比低收入组高1.7、5.1和7.4个百分点，高收入组有47%的农户获得粮食直补，比低收入组高出11.3个百分点（表6-19）。造成高、低收入组农户在粮食直补获得机会上的较大差别的一个主要原因，是低收入组居住在非主产区的比例较高（67%），而高收入组居住在主产区的比例较高（54%）。到2007年时各收入组获得粮食直补的机会都有不同程度的增加，其中低收入组农户受益比例提高最少，为6.1%，高收入组提高了7%，这导致低收入组与其它各组在获得粮食直补机会上的差距进一步拉大。

扶贫重点县各收入组之间粮食直补受益农户平均每亩粮食播种面积获得的直补额相差不大，总体上较低收入组要比较高收入组少。按收入五等份分组，2006年粮食直补政策受益农户每亩粮食播种面积获得的直补额各收入组受益户之间差距在0.5－1.5元之间，其中低收入组为14.2元，比高收入组的15.5元低1.3元。

2007年，扶贫重点县各收入组粮食直补受益农户粮食播种面积亩均直补额比2006年都有不同程度的增加，但大体上较低收入组农户比较高收入组农户增加更少，较低收入组农户与较高收入组农户之间的差距有所拉大。如2007年五等分组中低收入组和高收入组受益农户亩均直补额分别比上年提高5.2元和6.6元，二者差距也从前一年的1.3元增加到2.7元。

由于不同收入组农户人均耕地面积、家庭人口规模等因素的差异，虽然总体上来看，较高收入组按农户、人口与粮食播种面积统计的平均的粮食直补收入也比较高，但并不存在与收入高低完全一致的排列。

表6-19 2006和2007年扶贫重点县农户按人均纯收入五等分组获得粮食直补比例和平均直补额

指标名称	2006年				2007年			
	获得比例(%)	户均(元)	人均(元)	播面亩均(元)	获得比例(%)	户均(元)	人均(元)	播面亩均(元)
五等分组								
低收入组	35.7	149.1	31.9	14.2	41.8	173.0	36.9	19.4
中低收入组	37.4	139.8	30.8	14.4	45.5	163.1	35.6	19.2
中等收入组	40.8	140.9	32.2	14.0	49.0	176.8	40.8	19.7
中高收入组	43.1	142.7	34.5	15.0	50.9	190.5	46.9	21.0
高收入组	47.0	154.8	42.8	15.5	54.0	205.1	57.3	22.1

数据来源：国家统计局贫困监测抽样调查

从2006年到2007年，扶贫重点县各收入组粮食直补受益农户户均和人均获得的直补额都有不同程度的增加，但大体上较低收入组的增幅要小于较高收入组，且最低和最高收入组之间的差距有明显的扩大。在2006-2007年间，低收入组受益户户均和人均直补额分别增加24元和5元，分别提高16.0%和15.7%，而高收入组分别增加50元和15元，分别提高32.5%和33.9%，二者差距明显扩大。前者户均直补额相当于后者的比例分别由上年96.3%降低到84.3%，下降12个百分点，人均直补额前者相当于后者的比例由74.5%下降到64.4%，下降10.1个百分点。

与粮食直补政策受益情况的分布相比，扶贫重点县良种补贴的获得机会在各收入组间的分布更为平均，并不存在明显的趋势性差别。2006年扶贫重点县农户按人均纯收入五等分组获得良种补贴的比例，各组与平均水平相差不超过1个百分点(见表6-20)。到2007年各收入组获得良种补贴的机会都略有增加，其中低收入组和高收入组均增加1.6个百分点，比其他收入组的增加额低1－2个百分点，分别达到13.8%和12.8%。结果2007年各收入组获得良种补贴比例与平均水平相差不超过2个百分点。

从补贴水平来看，各收入组良种补贴受益农户每亩粮食播种面积获得的良种补贴额非常接近，2006年在8.5－9.6元之间，2007年在11.9－14.2之间，与当年平均水平相差都不超过2元。

表6-20 2006和2007年扶贫重点县农户按人均纯收入五等分组的获得良种补贴比例和平均补贴额

指标名称	2006年				2007年			
	获得比例(%)	户均(元)	人均(元)	播面亩均(元)	获得比例(%)	户均(元)	人均(元)	播面亩均(元)
五等分组								
低收入组	12.2	63.0	12.7	8.5	13.8	84.7	17.3	12.7
中低收入组	11.3	69.0	14.8	9.4	15.0	75.3	16.4	11.9
中等收入组	12.0	62.4	13.9	8.8	15.3	90.3	20.3	13.2
中高收入组	12.6	62.3	14.5	8.6	15.6	93.9	22.4	13.9
高收入组	11.2	85.7	22.6	9.6	12.8	103.7	28.3	14.2

数据来源：国家统计局贫困监测抽样调查

此外，各收入组良种补贴受益农户的粮食播种面积除高收入组较高以外都比较接近，各收入组受益户户均获得的良种补贴额也比较接近。2006年低收入组良种补贴受益户户均获良种补贴63元，高收入组为86元，前者比后者低23元。到2007年低收入组良种补贴受益户户均增加补贴22元，同期高收入组户均增加18元，二者差距有所缩小。

如果将“两补”政策的分配情况综合起来考察，可以更清楚地看出不同收入组农户获得“两补”资金分布特征。低收入组获得补贴所占比重最低，且随着收入的提高，各收入组农户获得的补贴总额占总补贴资金的比重依次增加。2006年粮食直补资金在各收入组之间分配的比重随着收入提高而提高，其中低收入组占17.7%，高收入组占24.3%，前者比后者低6.6个百分点（见表6-21）。除高收入组占的比重较高外，良种补贴资金在其他收入组的分配相对较均匀。若将粮食直补和良种补贴加总起来看，总补贴资金在各收入组的分配也呈现随收入的提高而比重提高的趋势。到2007年，较低收入组所获补贴占总补贴额的比重略有降低，而较高收入组所占比重则略有提高。其中，低收入组粮食直补额占比减少1.6个百分点，良种补贴额占比减少1个百分点，结果两项补贴合计占比减少1.4个百分点，为16.4%，中低收入组两项补贴合计占比减少1个百分点，而高收入组两项补贴合计占比增加0.8百分点，达25%，分别比其粮食播种面积占比20.9%和人口占比16.9%高4.1和8.1个百分点（见表6-22）。

表6－21　2006年扶贫重点县按人均纯收入五等分组的“两补”受益率和收入贡献

单位：%

指标名称	低收入组	中低收入组	中等收入组	中高收入组	高收入组
（1）各组所获补贴占全部补贴比例					
粮食直补	17.7	18.0	19.5	20.6	24.3
良种补贴	19.0	19.3	18.5	19.4	23.8
二者合计	17.8	18.1	19.4	20.5	24.2
（2）补贴占纯收入比重					
粮食直补	1.50	0.90	0.76	0.63	0.49
良种补贴	0.22	0.13	0.10	0.08	0.07
二者合计	1.72	1.03	0.85	0.71	0.56
（3）受益户补贴占纯收入比重					
粮食直补	4.34	2.46	1.88	1.47	1.07
良种补贴	1.70	1.16	0.80	0.62	0.58
二者合计	4.60	2.56	1.93	1.54	1.14

数据来源：国家统计局贫困监测抽样调查

表6－22　2007年扶贫重点县按人均纯收入五等分组的“两补”受益率和收入贡献

单位：%

指标名称	低收入组	中低收入组	中等收入组	中高收入组	高收入组
（1）各组补贴占全部补贴比例					
粮食直补	16.12	17.05	19.61	21.60	25.61
良种补贴	18.01	17.32	21.19	22.86	20.62
二者合计	16.36	17.09	19.81	21.76	24.98
（2）补贴占纯收入比重					
粮食直补	1.85	1.09	0.97	0.85	0.65
良种补贴	0.30	0.16	0.15	0.13	0.08
二者合计	2.15	1.25	1.12	0.97	0.72
（3）受益户补贴占纯收入比重					
粮食直补	4.52	2.44	2.00	1.68	1.23
良种补贴	2.10	1.09	0.98	0.81	0.62
二者合计	4.85	2.58	2.16	1.81	1.30

数据来源：国家统计局贫困监测抽样调查

2、非贫困户获得“两补”资金的机会更多

2006年扶贫重点县贫困户和低收入户获得粮食直补的比例均约为36%，比其他农户平均低6个百分点，到2007年贫困户和低收入户获得粮食直补比例分别提高了5和6个百分点，而同期其他农户提高了8个百分点，贫困户和低收入户与其它农户间的差距继续扩大（见表6-23）。形成贫困户、低收入户与其他农户在获得粮食直补机会上的差异的原因主要是：第一，分布在非粮食主产区的贫困户和低收入户的比重相对较高，2007年全国扶贫重点县分别有63%和68%的贫困户和低收入户分布在非粮食主产区，同年其他农户中只有58%分布在非主产区；第二，贫困户、低收入农户与其他农户间种植的粮食品种结构存在一定的差异，不利于贫困户享受粮食直补政策的优惠，2007年贫困户中种植三种主要补贴品种，即水稻、小麦和玉米的农户比重为80%，低于同年低收入户和其他农户中89%和91%的比重；第三，贫困户和低收入户的人均耕地面积也少于其他农户，2007年贫困户和低收入户人均耕地面积分别为2.09和1.83亩，分别比其他农户少0.03和0.29亩。

2006年扶贫重点县贫困农户和低收入农户获得良种补贴的比例分别为12.6%和12.5%，约比其他农户的11.7%高出近1个百分点；到2007年贫困户和低收入户分别提高了0.5%和1.3%，而其他农户提高了3%，这使得2007年贫困户和低收入户获得良种补贴机会比其他农户稍低。

表6－23 2006和2007年扶贫重点县农户“两补”获得比例和平均补贴额

单位：%，元

指标名称	2006年				2007年			
	获得比例（%）	户均（元）	人均（元）	播面亩均（元）	获得比例（%）	户均（元）	人均（元）	播面亩均（元）
一.粮食直补								
贫困户	36.4	167.4	36.9	14.9	40.5	180.9	39.7	19.0
低收入户	36.3	138.9	29.1	13.9	41.6	172.6	35.9	19.6
其他农户	41.7	144.7	34.8	14.9	49.5	185.0	44.6	21.0
二.良种补贴								
贫困户	12.6	67.9	13.9	8.7	13.1	85.9	17.6	12.0
低收入户	12.5	59.9	12.0	8.4	13.8	84.6	17.1	13.4
其他农户	11.7	69.1	15.9	9.1	14.7	89.9	21.0	13.3

数据来源：国家统计局贫困监测抽样调查

扶贫重点县贫困户、低收入户和其他农户的受益户之间按粮食播种面积计算的粮食直补和良种补贴平均水平的差别不大。2006年扶贫重点县粮食直补受益贫困户、低收入户和其他农户每亩粮食播种面积获得的直补额分别为15、14和15元，2007年比前一年三类农户分别提高了4元、6元和6元。良种补贴按播种面积计算的平均水平，在2006年良种补贴受益贫困户、低收入户和其他农户之间的相互差别为0.4－0.7元间，其中低收入户最低，为8.4元；2007年三者亩均良种补贴额的相互差别在0.1－1.4元之间，其中贫困户最低，为12元。

按人均计算的粮食直补和良种补贴额，扶贫重点县受益农户中低收入户最低，贫困户和其他农户比较接近。2006年粮食直补受益低收入户人均获得直补29元，比受益贫困户和其他户分别少8元和6元，到2007年增加到36元，与其他两组差距分别缩小到4元和9元。2006-2007年粮食直补受益贫困户人均直补额只增加了3元，小

于受益低收入户增加的7元和其他农户增加的10元。2006年良种补贴受益低收入户人均获得良种补贴12元，分别比受益贫困户和其他农户少2元和4元，到2007年增加到17元，与其他两组差距分别缩小到1元和4元。同期良种补贴受益贫困户人均补贴额只增加了4元，落后于受益低收入户和其他农户。

表6－24　2006和2007年扶贫重点县“两补”农户受益率和收入贡献

单位：%

指标名称	2006年受益户			2006年未受益户		
	2006年	2007年	差额	2006年	2007年	差额
(1) 各组补贴占全部补贴比例						
粮食直补	7.47	7.58	84.95	6.18	6.23	87.59
良种补贴	7.74	8.43	83.83	6.59	6.99	86.43
二者合计	7.50	7.68	84.81	6.23	6.33	87.44
(2) 补贴占纯收入比重						
粮食直补	2.70	1.23	0.65	3.22	1.57	0.84
良种补贴	0.38	0.19	0.09	0.50	0.25	0.12
二者合计	3.08	1.42	0.73	3.71	1.82	0.96
(3) 受益户补贴占纯收入比重						
粮食直补	7.73	3.47	1.54	8.81	3.82	1.70
良种补贴	2.66	1.41	0.73	3.58	1.81	0.85
二者合计	8.21	3.70	1.62	9.47	4.07	1.82

数据来源：
国家统计局贫困监测抽样调查

综合来看，贫困户和低收入户获得的粮食直补和良种补贴资金占总补贴资金的比重在2006年分别为7.5%和7.7%，到2007年分别下降到6.2%和6.3%。同期其他农户获得粮食直补和良种补贴资金占比从84.8%提高到87.4%，提高了2.6个百分点（见表6-24）。贫困户与低收入农户获得全部“两补”资金比重，低于其在人口和粮食播种面积中的比重。

3、“两补”政策对缓解贫困有重要作用

“两补”政策的实施，增加了受益农民的转移性收入，从而对减缓扶贫重点县农村贫困和收入不平等产生了积极的影响。前面的分析表明，扶贫重点县低收入农户获得的“两补”资金绝对额少于非贫困户，但获得补贴占其家庭纯收入的比重还略高于其他农户。2006年扶贫重点县低收入组全部农户获得的两项补贴占他们家庭纯收入的比重为1.7%，至少获得这两项补贴之一的受益农户获得的补贴收入占其家庭纯收入的比重达4.6%，比高收入组受益户的1.1%高出3.5个百分点（见表6-21）。到2007年，低收入组全体农户获得的“两补”占其家庭纯收入的比重上升到2.2%，其中至少获得这两项补贴之一的受益农户该比例提高到4.9%。

在2006-2007年，扶贫重点县贫困户和低收入户获得的“两补”政策转移收入在其家庭纯收入的比重从1.9%，提高到2.4%。至少获得粮食直补和良种补贴之一的贫困户和低收入户中“两补”转移收入在家庭纯收入中的比重从2006年的5.1%提高到5.7%。两年间粮食直补受益贫困户和低收入户获得的直补额占他们家庭纯收入的比重分别提高了1.1和0.3个百分点。

为了分析“两补”政策实施对减缓贫困和收入不平等的影响，我们以当年的收入为基准，同时设定当年收入扣除农户当年获得的粮食直补额（假设1）、或良种补贴额（假设2）、或两种补贴额（假设3）3种条件，分别模拟扶贫重点县没有实施“两补”政策时的贫困和收入分配状况，然后再与基准状况进行比较，以估计“两补”政策对减缓贫困和收入不平等的影响。

表6－25　2006年扶贫重点县“两补”政策对贫困和收入不平等的影响

指标名称	(1) 基准	(2) 扣除粮食直补	(3) 扣除良种补贴	(4) 扣除粮食直补和良种补贴	(5) (2)－(1)	(6) (3)－(1)	(7) (4)－(1)
(一)绝对贫困标准							
贫困发生率(%)	8.12	8.45	8.17	8.51	0.33	0.05	0.39
贫困深度指数	0.0266	0.0284	0.0269	0.0287	0.0018	0.0003	0.0021
贫困强度指数	0.0262	0.0278	0.0264	0.0280	0.0016	0.0002	0.0018
(二)低收入标准							
贫困发生率(%)	18.18	18.63	18.27	18.70	0.45	0.09	0.52
贫困深度指数	0.0543	0.0568	0.0547	0.0572	0.0025	0.0003	0.0029
贫困强度指数	0.0328	0.0347	0.0331	0.0350	0.0019	0.0002	0.0021
(三)基尼系数	0.3235	0.3253	0.3238	0.3256	0.0018	0.0003	0.0021

数据来源：国家统计局贫困监测抽样调查

如表6-25所示，采用国家绝对贫困标准，2006年样本基准条件下贫困发生率为8.12%，扣除粮食直补后贫困发生率上升到8.45%，比基准增加0.33个百分点，增幅相当于基准的4.1%；扣除良种补贴后贫困发生率上升到8.17%，比基准增加0.05个百分点，增幅相当于基准的0.6%；同时扣除两项补贴后贫困发生率上升到8.51%，比基准增加0.39个百分点，增幅相当于基础的4.8%。或者说，如果以扣除粮食直补和良种补贴资金时的收入为基准，那么因为有了这两项补贴，贫困发生率的降幅相当于基准的4.6%。在上述3种假设条件下，贫困深度指数和贫困强度指数相对于基准都有不同程度增加，表明如果没有“两补”政策所提供的转移收入，贫困人口的平均收入有所减少，贫困人口的收入分配状况也有不同程度的恶化。贫困深度指数的增幅相当于基准的比例在3种假设条件下分别为6.8%、1.1%和7.9%；贫困强度指数的增幅相当于基准的比例在3种假设条件下分别为6.1%、0.8%和6.9%。

2007年样本基准贫困发生率为8.33%，在假设1、假设2和假设3条件下，贫困发生率都有不同程度的增加，增幅相当于基准的比例分别为4.6%、0.7%和5.5%，与2006年相比分别增加0.5%、0.1%和0.7%，表明2007年扣除补贴后对贫困发生率的影响较上年有所增加（见表6-25）。在3种假设条件下贫困深度指数的增幅相当于基准的比例分别为5.8%、0.9%和7.0%，低于前一年3种假设条件下贫困深度指数的增幅，表明通过“两补”提供的转移收入对贫困人口的平均收入减少的程度要低于上年。2007年在3种假设条件下贫困强度指数的增幅相当于基准的比例分别为3.0%、0.4%和3.6%，比上年3种假设条件下也有所降低，表明“两补”政策所起的改善贫困人口收入分配状况的作用比上年有所减弱。

采用低收入标准，2006年样本贫困发生率为18.18%，在假设1、假设2和假设3条件下贫困发生率的增幅分别相当于基准的2.5%、0.5%和2.9%。增加的幅度低于采用绝对贫困标准时的情况，表明“两补”对收入处于绝对贫困线以下附近人口的影响要比收入处于低收入线以下附近人口的影响大。　2007年样本贫困发生率为17.1%，在假设1、假设2和假设3条件下，贫困发生率增幅相当于基准的比例分别为2.9%、0.5%和3.4%，与2006年相比分别增加了0.4%、0.03%和0.5%，表明2007年扣除补贴后对贫困发生率的影响较上年略有增加。在3种假设条件下，贫困深度指数的增幅相当于基准的比例分别为4.7%、0.7%和5.4%，与上年的增幅比例基本持平，而贫困强度指数的增幅相当于基准的比例分别为3.8%、0.5%和4.4%，比上年有所降低，表明扣除各项补贴后使贫困人口的收入分配恶化的程度相比上年有所降低，也即补贴所起的改善贫困人口收入分配状况的作用比上年有所减弱。

总之，“两补”政策的实施，对减缓贫困发生率、改善贫困人口的收入水平和分配状况，都产生了积极的重要的作用。

表6-26 2007年扶贫重点县“两补”对贫困和收入不平等的影响

指标名称	(1) 基准	(2) 扣除粮食直补	(3) 扣除良种补贴	(4) 扣除粮食直补和良种补贴	(5) (2)-(1)	(6) (3)-(1)	(7) (4)-(1)
(一)绝对贫困标准							
贫困发生率(%)	8.33	8.71	8.40	8.79	0.38	0.06	0.46
贫困深度指数	0.0330	0.0349	0.0332	0.0352	0.0019	0.0003	0.0023
贫困强度指数	0.0702	0.0723	0.0705	0.0727	0.0021	0.0003	0.0025
(二)低收入标准							
贫困发生率(%)	17.10	17.59	17.19	17.68	0.49	0.09	0.58
贫困深度指数	0.0573	0.0600	0.0577	0.0605	0.0027	0.0004	0.0031
贫困强度指数	0.0585	0.0607	0.0588	0.0611	0.0022	0.0003	0.0026
(三)基尼系数	0.3341	0.3360	0.3344	0.3364	0.0020	0.0003	0.0023

数据来源：国家统计局贫困监测抽样调查

“两补”政策的实施，对改善扶贫重点县农村居民收入分配状况也产生了一定的积极作用。2006年样本农户收入分配的基准基尼系数为0.324，在3种假设情况下，基尼系数分别增加了0.0018、0.0003和0.0021，增幅相当于基准的0.6%、0.1%和0.6%。2007年样本基准基尼系数为0.334，在假设1、假设2和假设3下，基尼系数的增幅相当于基准的比例分别为0.6%、0.1%和0.7%，与上年基本持平。这表明扣除“两补”后，扶贫重点县农村收入不平等状况有所恶化，换言之，“两补”政策的实施减轻了贫困地区农户间的收入分配不平等状况。

4、“两补”政策使粮食主产区贫困发生率将低了10%

由于粮食主产区与非主产区间农户获得“两补”资金的比例和标准有较大的差异，这种差异是否也体现在其对贫困和不平等的缓解中值得考虑。在2006年粮食直补和良种补贴使按绝对贫困标准统计的贫困发生率分别多降低了0.73和0.1个百分点，或者说“两补”使贫困发生率降低了10.1%和1.4%，两者合计使贫困发生率降低了11.5%（表6-27）。其影响大大高于在非粮食主产区（1.15%）。

如果按低收入标准统计，“两补”合计使粮食主产区2006年的贫困发生率降低了7.03%，也大大高于其对非粮食主产区的影响，同年在非粮食主产区“两补”政策使低收入标准计算的贫困发生率降低了0.99%。

表6-27 2006-2007年扶贫重点县粮食主产区"两补"对贫困的影响

指标名称	粮食主产区				非主产区			
	基准	扣除粮食直补	扣除良种补贴	扣除"两补"	基准	扣除粮食直补	扣除良种补贴	扣除"两补"
2006年								
(一)								
绝对贫困标准								
贫困发生率(%)	7.21	7.94	7.31	8.06	8.68	8.76	8.7	8.78
贫困深度指数	0.025	0.0291	0.0256	0.0297	0.0276	0.028	0.0276	0.0281
贫困强度指数	0.0191	0.0229	0.0195	0.0233	0.0306	0.0309	0.0307	0.0309
(二)								
低收入标准								
贫困发生率(%)	14.92	15.85	15.09	15.97	20.18	20.34	20.22	20.38
贫困深度指数	0.0476	0.0529	0.0483	0.0538	0.0585	0.0592	0.0586	0.0593
贫困强度指数	0.0272	0.0314	0.0277	0.032	0.0363	0.0367	0.0363	0.0368
(三)								
基尼系数	0.3265	0.3313	0.3271	0.3319	0.3142	0.3146	0.3143	0.3147
2007年								
(一)								
绝对贫困标准								
贫困发生率(%)	7.13	7.82	7.24	7.96	9.07	9.26	9.11	9.3
贫困深度指数	0.0371	0.0411	0.0377	0.0418	0.0304	0.0311	0.0305	0.0312
贫困强度指数	0.1174	0.1222	0.1181	0.1231	0.041	0.0414	0.041	0.0415
(二)								
低收入标准								
贫困发生率(%)	14.11	15.02	14.25	15.18	18.95	19.18	19	19.23
贫困深度指数	0.0546	0.0599	0.0554	0.0608	0.059	0.0601	0.0592	0.0603
贫困强度指数	0.0844	0.0891	0.0851	0.09	0.0425	0.0432	0.0426	0.0433
(三)								
基尼系数	0.334	0.3386	0.3348	0.3394	0.3293	0.3302	0.3294	0.3303

数据来源：国家统计局贫困监测抽样调查

2007年"两补"使粮食主产区按绝对贫困标准和低收入标准计算的贫困发生率分别多降低了0.83和1.07个百分点，或者说使贫困发生率降低了11.64%和7.58%，同年"两补"政策是按绝对贫困标准和低收入标准计算的贫困生率降低2.53%和1.48%。"两补"政策使粮食主产区和非主产区的基尼系数分别下降了1.62%和0.3%。

"两补"政策对粮食主产区贫困和不平等程度减缓贡献的差异，表明如果增加农户获得"两补"政策受益机会、提高补贴标准，"两补"政策对减缓贫困和不平等的作用会显著增大。

5、"两补"政策使部分农民免于陷入贫困

利用样本数据的连续跟踪特性，我们可以考察"两补"政策对农户贫困状况的动态变化的影响。

采用绝对贫困标准，在2006－2007年期间，2.04%的农户一直处于贫困当中，

86.92%的农户一直维持非贫困状态，有5.42%的农户摆脱了贫困，该部分农户占2006年贫困户的72.69%，还有5.62%的农户从非贫困陷入贫困，他们占2006年非贫困户的6.08%。

假设从家庭纯收入中扣除粮食直补和良种补贴两项转移性收入，有2.19%的农户一直处于贫困中，比基准高0.15个百分点；一直维持非贫困状态的农户占86.21%，比基准低0.71个百分点；5.67%的农户经历了从贫困到摆脱贫困的变化，比基准高0.25个百分点，该部分农户占2006年贫困户的72.1%；5.93%的农户经历了从非贫困到陷入贫困的变化，比基准高0.31个百分点，他们占2006年非贫困户的6.44%。

由此可以看出，按绝对贫困标准计算，“两补”政策的实施，在2006-2007年间使更多的农民摆脱了贫困，也使更多的本来会陷入贫困的农民免于陷入贫困。

表6-28　2006-2007年扶贫重点县农户在基准和假设情况下的贫困动态变化（绝对贫困标准）

单位：%

指标名称		假设：扣除粮食直补和良种补贴				合计
		06贫困->07贫困	06贫困->07非贫困	06非贫困->07贫困	06非贫困->07非贫困	
基准	06贫困->07贫困	2.04	0.00	0.00	0.00	2.04
	06贫困->07非贫困	0.07	5.35	0.00	0.00	5.42
	06非贫困->07贫困	0.06	0.00	5.56	0.00	5.62
	06非贫困->07非贫困	0.02	0.32	0.37	86.21	86.92
合计		2.19	5.67	5.93	86.21	100

数据来源：国家统计局贫困监测抽样调查

以低收入标准进行衡量，样本在2006年共有16.48%的农户处于贫困之中，到2007年这一比例下降到15.5%（见表6-29）。在这期间，6.4%的农户一直处于贫困之中，74.47%的农户一直处于非贫困状态，脱贫的农户比例为10.1%，该部分农户占2006年贫困户的61.16%，还有9.05%的农户由非贫困变为陷入贫困，他们占2006年非贫困户的10.83%。

表6-29　2006和2007年扶贫重点县农户在基准和假设情况下的贫困动态变化（低收入标准）

单位：%

指标名称		假设：扣除粮食直补和良种补贴				合计
		06贫困->07贫困	06贫困->07非贫困	06非贫困->07贫困	06非贫困->07非贫困	
基准	06贫困->07贫困	6.40	0.00	0.00	0.00	6.40
	06贫困->07非贫困	0.17	9.91	0.00	0.00	10.08
	06非贫困->07贫困	0.13	0.00	8.91	0.00	9.05
	06非贫困->07非贫困	0.03	0.39	0.38	73.67	74.47
合计		6.73	10.30	9.30	73.67	100

数据来源：国家统计局贫困监测抽样调查

在扣除粮食直补和良种补贴假设情况下，样本在2006年有17.03%的农户处于贫困之中，比基准高0.55%，增幅相当于基准的3.3%。到2007时，处于贫困的农户比例为16.03%，比基准高0.58%，增幅相当于基准的3.8%。即假设情况下样本贫困状况在2006和2007年都有所恶化，但恶化程度低于应用绝对贫困标准时的程度，其中2007年样本贫困状况恶化程度稍高于2006年。从2006－2007年期间样本的贫困动态变化看，在假设情况下，有6.73%的农户一直处于贫困当中，比基准高0.33%；非贫困农户占73.67%，比基准低0.8%；10.3%的农户经历了从贫困到摆脱贫困的变化，他们占2006年贫困户的60.48%；9.3%的农户经历了从非贫困到陷入贫困的变化，该部分农户占2006年非贫困户的11.21%。

同样，按低收入标准计算，“两补”政策的实施，在2006－2007年间使更多的农民摆脱了贫困，也使更多本来会沦入贫困的农民避免了新入贫困的结局。

（四）改革和完善“两补”政策的建议

1、适时对粮食“两补”政策进行改革，分开粮食补贴政策的农民收入保障功能和对粮食产销的激励功能

从以上对贫困地区2006-2007年“两补”政策实施情况和影响的分析，我们发现：（1）农民对粮食直补以形成稳定的预期，“两补”政策对农民种粮的激励作用在弱化；（2）“两补”政策在减缓贫困地区尤其是粮食主产区扶贫重点县农民的贫困和不平等方面发挥了积极的作用。这一结果促使我们对“两补”政策出台的目标进行反思。在设计“两补”政策时，政府希望这些政策的实施能通过增加种粮农民的收入来发挥稳定和增加粮食生产的作用，希望“两补”政策同时发挥保障农民收入功能和对粮食产销的激励功能。现在看来政府的这一设想在实践中面临着挑战。

但是现在农民对“两补”政策以形成稳定的预期，取消“两补”必然会引起农民对政策连续性和稳定性的怀疑，继续实施“两补”可能又难以起到激励农民种粮的作用。一种比较现实的政策选择是适时对粮食“两补”政策进行改革，分开粮食补贴政策的农民收入保障功能和对粮食产销的激励功能。一方面继续实行对种粮农民的补贴政策，并将这种补贴作为国家对农民收入保障政策的一个部分加以完善；另一方面在“两补”政策之外根据国家粮食安全和粮食供求关系继续实施并加强对农民卖粮的价格补贴，发挥对农民粮食产销的激励作用。

2、加大中央对贫困地区，特别是非主产区粮食直补资金支持力度，扩大直补覆盖范围

如果将“两补”政策视为对农民收入保障的一种政策工具，中央应加大对贫困地区尤其是非主产区扶贫重点县的粮食直补资金支持力度，扩大直补政策的覆盖范围。具体来说，在非粮食主产区，全面按照粮食主产区的标准实行粮食直补。这种调整一方面可以增加农民的收入，有效地扩大农村尤其是非主产区农民的需求，另一方面能够较大幅度地减缓农村贫困，缩小农村内部的收入不平等程度。

3、完善“两补”资金的分配和发放方式

目前全国地区间“两补”资金的分配和发放方式存在较大的差异，使部分地区的农民无法明显感觉到国家提供的“两补”给他们带来的好处。建议在清楚分开粮食补贴政策对农民收入保障功能和对粮食产销的激励功能之后，按耕地面积直接发放补贴。

（吴国宝　关冰　谭清香[83]）

83．吴国宝：中国社科院研究员。谭清香：中国社科院博士。

附：农作物良种补贴简介

（一）水稻：2004年设立。从2004年至2007年一直按照以计税水田为基数的实际种植面积补贴。2004年~2006年，补贴区域为湖南、湖北、江西、安徽、辽宁、吉林、黑龙江7省，补贴标准为早稻10元/亩，中稻、粳稻15元/亩，晚稻7元/亩。2007年，国务院决定补贴区域增加四川、广西、重庆3省区。2008年，国务院决定对全国4.4亿亩水稻全部实施补贴，同时将晚稻补贴标准由7元/亩提高到15元/亩，执行早稻10元/亩，中稻、粳稻、晚稻15元/亩的补贴标准，按照实际种植面积进行补贴。

（二）小麦：2003年设立。补贴标准为10元/亩，补贴品种主要为优质强筋和弱筋小麦品种，兼顾优质高中筋和中筋小麦品种。2003~2004年，每年安排1亿元，补贴面积1000万亩，补贴区域为河北、河南、山东、江苏、安徽5省。2005~2007年，补贴规模增加到每年10亿元，补贴面积1亿亩，补贴区域扩大到河北、山西、江苏、安徽、山东、河南、湖北、四川、陕西、甘肃、新疆11个省区。2008年，国务院决定将补贴规模增加到20亿元，补贴面积2亿亩，占全国小麦播种面积（3.44亿亩）的58%，补贴区域增加内蒙、宁夏2省区，扩大到13个省区。

（三）玉米：2004年设立。补贴标准为10元/亩，补贴品种为青贮玉米、高淀粉、高油等专用玉米。2004~2005年，每年分别安排1亿元，补贴面积1000万亩，补贴区域为内蒙古、辽宁、吉林、黑龙江、河北、河南、山东和四川8省区。2006~2007年，补贴规模扩大到3亿元，补贴面积增加到3000万亩，继续在原有8省区实施。2008年，国务院决定将补贴规模扩大到20亿元，补贴面积2亿亩，占全国玉米播种面积（4.3亿亩）的46.5%，补贴区域扩大到玉米种植面积1000万亩的省份，包括河北、山西、内蒙古、辽宁、吉林、黑龙江、安徽、山东、河南、四川、贵州、云南、陕西等13个省区。

（四）大豆：2002年设立。补贴区域为东三省和内蒙古高油大豆生态适宜区，补贴标准为10元/亩，补贴品种主要为高油大豆（高油大豆是指含油率21%以上、蛋白质含量不低于38%，主要用于榨油的大豆）。2002年安排1亿元，补贴面积1000万亩；2003年补贴规模增加到2亿元，补贴面积2000万亩；2004~2007年，每年分别安排1亿元，补贴面积1000万亩。2008年初，国务院决定将补贴规模扩大到4亿元，补贴面积增加到4000万亩，占全国大豆播种面积（1.29亿亩）的31%。该项政策对提高大豆单产水平、大豆品质起到积极作用。

（五）棉花：2007年设立。补贴区域为黄淮海、长江流域、新疆等三大棉花主产区，补贴省份为河北、山东、河南、江苏、安徽、湖南、湖北、新疆等8个省区，补贴规模5亿元，补贴面积3333万亩，补贴标准15元/亩。

（六）油菜：2007年设立。补贴区域为长江流域撍□蛤油菜优势区，包括江苏、浙江、安徽、江西、湖北、湖南、重庆、四川、贵州、云南省（市）以及河南的信阳地区（10＋1），补贴面积1亿亩，补贴标准10元/亩。

七、2007年灾情及减灾救灾情况

2007年，洪涝、干旱、台风、风雹、地震、山体滑坡、泥石流、低温冷冻和雪灾、病虫害、森林火灾等灾害均有不同程度发生，其中洪涝灾害和旱灾尤为严重。经民政部会同有关部门核定，2007年全国各类自然灾害共造成约39777.9万人（次）不同程度受灾，因灾死亡2325人，紧急转移安置1499.1万人（次）；农作物受灾面积48992.5千公顷，其中绝收面积5746.8千公顷；倒塌房屋146.7万间；因灾直接经济损失2363亿元。安徽、四川、河南、湖南、云南、重庆、浙江、陕西等地受灾较为严重。2007年的自然灾害大多发生在粮食主产区、革命老区和少数民族地区，给群众生产生活带来了很大困难。

（一）灾害特点

1、多灾并发，水旱灾害损失重

2007年，淮河发生新中国成立以来仅次于1954年的流域性大洪水，华东、华中、西南部分地区连续遭受暴雨洪涝灾害；东北、江南、华南部分地区发生了历史罕见的夏伏旱，入秋后，华北、江南、华南部分地区又发生严重秋冬旱，旱灾持续时间之长，受灾范围之广近年少见。水旱灾害发生频次偏多、量级偏高、地域偏大，旱涝并重格局明显。

2、点多面广，重复受灾区域大

全国31个省（自治区、直辖市）和新疆生产建设兵团均不同程度受灾。四川、重庆2006年遭受百年不遇的大旱，2007年又发生严重春旱，入汛后旱涝急转，连续发生多次严重暴雨洪涝灾害。5月下旬以来，四川遭受较大洪涝灾害袭击多达5次，重庆5次，湖北3次，洪涝灾害发生的地域和时间之集中、频率之高、强度之大，为历史同期所罕见。

3、气候异常，极端天气事件发生多

2007年我国气候异常，极端天气气候事件频发，多项灾害记录被刷新，局部地区遭受重创。一是出现百年不遇的暴风雪。3月上旬，东北及山东等地出现有气象记录以来历史同期最强暴风雪。二是部分地区发生特大干旱。6月辽宁、吉林平均降水量为1951年以来同期最少，出现特大初夏旱；7－8月，黑龙江及江南、华南部分地区发生历史罕见特大伏旱，广东7月降雨量为有气象记录以来同期最少。三是局部雨情超历史。7月17日，重庆城区24小时降雨量达266.6毫米，创重庆城区有气象记录115年来最高记录。7月18日济南市1小时降水量达151毫米，为有气象记录以来历史最大值。10月8日，受台风“罗莎”影响，杭州主城区3小时雨量达117毫米，创下历史上短时最强降雨纪录。四是龙卷风等风灾频繁发生。江苏、浙江、安徽、山东、湖北、天津、河北等地相继遭受了龙卷风袭击，其中7月初江苏高邮市遭遇50年来最强的龙卷风袭击。五是雷击死亡人数之多近年罕见。2007年雷击致死597人，占因灾死亡人口总数的25.6%。六是夏季江南、华南等地出现大范围持续性高温天气。广东、福建、浙江等地部分地区最长连续高温日数超过历史极大值。

4、城市受灾，经济社会影响程度深。

与往年比较，2007年城市受灾情况比较突出。3月上旬的特大暴风雪一度导致沈阳、大连、鞍山等城市交通瘫痪。入汛后，暴雨导致武汉、西安、郑州、杭州等大中城市城区进水、数百个城镇被淹。特别是7月17－18日，重庆、济南两大城市先后受到特大暴雨袭击，损失严重。重庆的沙坪坝区最深积水达4米，璧山、铜梁县城被洪水围困；济南全城进水，部分地区水深超过2.5米，造成37人死亡，城市交通、通信、电力等公共设施损毁严重。

（二）灾害区域分布情况

对比2007年东、中、西部地区的受灾情况，中西部地区的大部分指标都高于东部地区，尤其是西部地区的死亡人口和倒塌房屋数量高出中部和东部地区。东部地区因多次遭受台风和洪涝灾害影响，紧急转移安置人口高于中西部。直接经济损失中部地区最高，其次是东部地区，西部地区最少，但从经济损失与国民生产总值的比例情况看，西部地区最高，其次是中部地区，东部地区最少。总体看，2007年中西部地区，尤其西部地区受自然灾害的影响较为严重，对当地的人民生产、生活造成较大影响。

（三）分灾种情况

1、旱灾

2007年，我国气温普遍偏高，降水严重不均，全国有30个省（自治区、直辖市）以及新疆生产建设兵团的近1800个县（市、区）发生了不同程度的干旱灾害，发生范围广、持续时间长、损失重，局部地区持续、重复受旱，旱情、灾情超历史，属于严重旱灾年。2007年全国因旱共造成农作物受灾面积29385.6千公顷，其中绝收面积3190.4千公顷；受灾人口1.56亿人次，有2990.4万人发生饮水困难；因灾直接经济损失785.2亿元。

2、洪涝、滑坡和泥石流灾害

2007年，全年降水分布不均，呈现出西多东少的特点，其中西北地区中西部显著偏多，东部地区则呈中间多、南北少态势。汛期，西北太平洋副热带高压持续偏西偏强，淮河流域、长江中上游、珠江中游、汉江、黄河中上游、海河南部、浙闽沿海和西南等地降雨明显偏多，其中淮河流域较常年同期偏多2－3倍，黄河上游偏多3－6成，西部大部地区偏多3－7成。9月26日至10月14日，西北中东部、华北中南部、黄淮北部等地出现1951年以来同期罕见的持续阴雨（雪）天气，降水量比常年同期偏多2－5倍。灾害共造成约13582.6万人（次）不同程度受灾，因灾死亡1467人，紧急转移安置676.2万人（次）；农作物受灾面积10463.3千公顷，其中绝收面积1641.5千公顷；倒塌房屋100.8万间，损坏房屋245.1万间；因灾直接经济损失845.3亿元。属中等偏重年份。

3、风雹灾害

2007年，我国中东部地区大风、冰雹、龙卷风灾害发生频繁，点多面广，人员伤亡和财产损失较重，共造成全国4647.1万人受灾，死亡748人，紧急转移安置69.9万人；农作物受灾面积2985.9千公顷，绝收430.0千公顷；倒塌房屋26.3万间，损坏房屋93.8万间；因灾直接经济损失227.6亿元。灾害损失较近年总体偏轻。

4、台风灾害

2007年，我国大陆地区共受到8个台风（或热带风暴）的影响，其中9号超强台风“圣帕”、13号超强台风“韦帕”和16号台风“罗莎”造成的损失最大。据统计有4226.05 万人（次）不同程度受灾，死亡76人（含失踪人口），紧急转移安置727.33 万人；农作物受灾面积2085.71 千公顷，绝收面积213.48 千公顷；倒塌房屋8.41 万间，损坏房屋17.11万间；因灾直接经济损失297.97亿元。

5、地震灾害

2007年我国大陆地区共发生5级以上地震6次，其中6级以上地震2次。地震未造成大的损失。

6、低温冷冻和雪灾

2007年低温冷冻和雪灾共造成1655.1 万人（次）受灾，死亡31 人，紧急转移安置5.4 万人；农作物受灾面积4072 千公顷，绝收271.4 千公顷；倒塌房屋1.4 万间，损坏房屋4.0 万间；造成直接经济损失186.5 亿元。

（四）减灾救灾工作

全力以赴帮助灾区开展减灾救灾工作；受灾地区各级党委、政府积极应对，广大解放军指战员、武警官兵、公安民警和民兵预备役官兵冲锋在前，社会各界大力支持、无私援助，形成了防灾抗灾救灾的巨大合力，最大程度地降低了灾害造成的损失。

1、党和国家领导人高度重视抗灾救灾工作

2007年中国自然灾害严重，胡锦涛总书记、温家宝总理、回良玉副总理、华建敏国务委员等中央领导同志先后多次对抗灾救灾工作做出重要指示和批示，对抗灾救灾工作提出了明确要求。中共中央总书记、国家主席、中央军委主席胡锦涛亲临重庆灾区慰问受灾群众，视察救灾工作。中共中央政治局常委、国务院总理温家宝和中共中央政治局委员、国务院副总理回良玉也亲赴安徽阜阳，慰问奋战在抗洪救灾一线的广大军民，了解受灾群众的安置情况，并对抗洪救灾工作作出重要部署，极大地鼓舞了灾区广大干部群众夺取抗灾救灾全面胜利的信心。

2、及时启动应急救助预案

面对严重灾情，国务院有关部门密切配合、通力协作，针对各地灾情，及时启动相关预案。2007年国家减灾委、民政部共启动救灾应急响应49次，是我国建立应急救灾响应机制以来最多的一年。应急响应范围遍及全国26个省（自治区、直辖市），国家减灾委、民政部共派出应急响应工作组48个，有力地支持了灾区的抗灾救灾工作。

3、国务院召开常务会议决定提高灾害补助标准

2007年8月15日，国务院总理温家宝主持召开国务院常务会议，研究部署全国抗灾救灾工作。会议决定：（一）中央财政根据灾害情况增加并及时拨付防汛抗旱经费，保证防汛抗旱需要；（二）提高倒房重建补助标准，将因灾倒塌房屋重建的补助标准由每间600元提高到1500元，地震灾害损房补助标准也相应提高；（三）行蓄洪区移民迁建，按每户2.04万元标准给予补助。淮河流域行蓄洪区移民迁建工作，纳入淮河治理工程统筹考虑；（四）提高受灾群众冬春生活困难补助标准，由每人126元调整为150元；（五）增加旱灾救助项目，对因旱灾造成生活困难、需要政府救济的群众给予适当补助；（六）追加农业生产救灾资金，用于解决灾区恢复生产所需的农业生产资料及灾后动物防疫；（七）增加医疗卫生救灾补助资金，加大对灾区防疫的支持力度。根据上述各项需要，中央财政在已安排抗灾救灾资金67亿元的基础上，追加到115.4亿元。

4、及时下拨中央救灾款物

为支持灾区做好抗灾救灾工作，保障受灾群众的基本生活，民政部和财政部提高了中央救灾补助标准，共安排中央特大自然灾害救济补助费50.39亿元，其中应急资金8.61亿元；为做好紧急转移受灾群众的临时安置工作，民政部共向灾区调拨救灾帐篷5.8万顶。同时，民政部充分发挥抗灾救灾综合协调职能，积极协商财政、发展改革、水利、农业、交通、国土资源、教育、卫生等部门加大对受灾地区的支持力度。

5、认真做好灾区民房恢复重建工作

2007年，全国灾区共需恢复重建民房151万间，民政部会同财政部向各地灾区下拨恢复重建资金11.09亿元。为进一步推动全国恢复重建工作的开展，8月份，民政部向部分受灾严重的省份派出恢复重建工作组，检查落实恢复重建工作的各项要求。

6、认真做好全国春荒冬令工作

2007年春荒救济人数5201万人、冬令需救济人数6919万人。民政部、财政部先后下拨春荒灾民生活救济资金10亿元，冬令灾民生活救济资金14.43亿元。同时，按照《春荒、冬令灾民生活救助工作规程》，对受灾群众生活困难状况全面评估，确定了144个重点监控县，以保障因灾困难群众的基本生活。

（民政部救济救灾司）

第七部分：统计资料

资料使用说明

一、数据来源

（一）《中国统计年鉴》：指国家统计局出版的历年《中国统计年鉴》，其具体数据来源请参阅该年鉴的有关说明。

（二）《县（市）社会经济统计年鉴》指国家统计局农村司（原农调总队）出版的历年《县（市）社会经济统计年鉴》，该年鉴以农村司的分县社会经济统计为基础。

（三）全国农村住户抽样调查：是指国家统计局农村司在全国31个省开展的全国农村住户抽样调查，样本包括864个县的6.8万农户，调查结果对国家和省一级有代表性。

（四）全国农村贫困监测抽样调查：是指国家统计局农村司进行的国家农村贫困监测抽样调查，该调查在1997年－2001年期间在592个国家贫困县中开展，2002年起在592个国家扶贫开发工作重点县开展。调查样本包括5400个村、5.4万农户的资料，调查结果对所有国家和分省扶贫开发工作重点县（贫困县）有代表性。

（五）林业和卫生资料来源于部门统计，其中林业资料为内部出版资料，卫生资料为卫生部公开出版的《中国卫生统计年鉴》。

二、其他技术性说明

（一）本书中的全国数据未包括香港、澳门特别行政区和台湾省。

（二）本书所列指标的计量单位均采用公制。

（三）空栏为没有收集到数据或数据太小，“--”为有关年份或有关调查中没有设置该指标。

（四）由于机器汇总造成的部分分项数与汇总数之间的尾数差异，本书中未作调整。

1.综合资料

1-1 贫困状况与区域发展

1-1-1 历年农村贫困人口及贫困发生率

年 份	贫困人口（万人）		贫困发生率（%）	
	全国[a]	重点县[b]	全国[a]	重点县[b]
1978 年	25000	—	30.7	—
1985 年	12500	—	14.8	—
1990 年	8500	—	9.4	—
1991 年	9400	—	10.4	—
1992 年	8000	—	8.8	—
1994 年	7000	—	7.7	—
1995 年	6500	—	7.1	—
1997 年	4962	2600	5.4	13.4
1998 年	4210	2200	4.6	11.1
1999 年	3412	1800	3.7	9.2
2000 年	3209	1700	3.5	8.9
2001 年	2927	1812	3.2	9.1
2002 年	2820	1752	3.0	8.8
2003 年	2900	1763	3.1	8.9
2004 年	2610	1613	2.8	8.1
2005 年	2365	1433	2.5	7.1
2006 年	2148	1266	2.3	6.3
2007 年	1479	1051	1.6	5

数据来源：
(a)全国农村住户调查
(b)国家农村贫困监测调查

1-1-2 历年农村低收入人口及占乡村人口比重

年 份	低收入人口（万人）		占乡村人口比重（%）	
	全国[a]	重点县[b]	全国[a]	重点县[b]
2000 年	6213	—	6.7	—
2001 年	6103	—	6.6	—
2002 年	5825	3076	6.2	15.5
2003 年	5617	2946	6.0	14.8
2004 年	4977	2580	5.3	12.9
2005 年	4067	2179	4.3	10.8
2006 年	3550	1844	3.7	9.1
2007 年	2841	1569	3.0	8.0

数据来源：
(a)全国农村住户调查
(b)国家农村贫困监测调查

1-1-3 2007年全国及扶贫重点县基本情况

指标名称	单位	全国[a]	重点县[b]
1．县（县级市、区）个数	个	2859.0	592.0
2.行政区域土地面积	万平方公里	960.0	252.4
3．乡（镇）个数	个	40813.0	9589.0
4.村民委员会个数	个	640139.0	142949.0
5.年末总人口	万人	132129.0	23548.2
其中：乡村人口	万人	94908.0	20319.8
6.就业人口合计	万人	76990.0	12031.3
其中:乡村就业人员	万人	47640.0	11001.7
7.农业机械总动力	万千瓦特	76589.6	11504.0
8.有效灌溉面积	千公顷	56518.0	8930.0
9.境内公路里程	万公里	358.4	77.0
10.农村用电量	亿千瓦时	5509.9	262.6
11.固定电话年末用户	万户	36563.7	0.0
12.移动电话年末用户数	万户	54730.6	0.0
13.民用汽车拥有量	万辆	4358.4	0.0
其中：私人汽车拥有量	万辆	2876.2	0.0
14.城镇在岗职工平均工资	元	24932.0	17401.5
15.农村居民人均纯收入	元	4140.4	2278.0

数据来源：
(a)中国统计年鉴
(b)县（市）社会经济统计年鉴

1-1-4 2007年全国及扶贫重点县综合经济情况

指标名称	单位	全国[a]	重点县[b]
1.国内生产总值	亿元	249529.9	16131.0
（1）第一产业增加值	亿元	28095.0	4206.6
（2）第二产业增加值	亿元	121381.3	6812.4
其中：工业	亿元	107367.2	5668.4
（3）第三产业增加值	亿元	100053.5	5109.7
2.财政总收入	亿元	51321.8	1590.9
其中：地方财政预算内收入	亿元	23572.6	670.0
3.财政支出	亿元	49781.4	3054.3
其中：农业支出	亿元	3404.7	273.6
科学支出	亿元	1783.0	12.4
教育事业费支出	亿元	7122.3	762.4
4.年末金融机构各项存款余额	亿元	389371.2	13340.6
其中：城乡居民储蓄存款余额	亿元	172534.2	9285.8
5.年末金融机构各项贷款余额	亿元	261690.9	7039.3
其中：农业贷款	亿元	15428.2	1875.6
6.出口总额	亿美元	12177.8	67.4
7.当年实际使用外资金额	亿美元	783.4	23.8

数据来源：
(a)中国统计年鉴
(b)县（市）社会经济统计年鉴

1－1－5　2007年全国及扶贫重点县农业、工业、基本建设投资及社会发展

指标名称	单位	全国[a]	重点县[b]
1.农作物总播种面积	千公顷	153464	36050.3
其中：粮食作物播种面积	千公顷	105638	25285.2
2.粮食产量	万吨	50160.3	10045.3
3.棉花产量	万吨	762.4	79.1
4.油料产量	万吨	2568.7	553.4
5.肉类总产量	万吨	6865.7	1501.5
6.水果产量	万吨	18136.3	1588.4
7.蔬菜产量	万吨	56336.7	6692.6
8.国有企业及规模以上工业企业数	个	336768.0	13641.0
9.国有企业及规模以上工业企业总产值（现价）	亿元	405177.0	10877.0
10.国有企业及规模以上工业企业从业人员年均数	万人	7875.2	284.3
11.国有企业及规模以上工业企业产品销售收入	亿元	399717.0	9965.0
12.国有企业及规模以上工业企业利润总额	亿元	27155.0	996.2
13.社会消费品零售总额	亿元	89210.0	4453.4
14.普通中学数	万个	7.5	1.4
15.小学数	万个	32.0	10.0
16.中学在校学生人数	万人	8243.3	1461.4
17.小学在校学生人数	万人	10564.0	2285.6
18.医院、卫生院床位数	万床	370.1	35.6
19.医院、卫生院技术人员数	万人	590.7	41.7
20.社会福利院数	万个	4.4	0.9
21.社会福利院床位数	万床	240.4	29.4
22.参加养老保险的人数	万人	20136.9	453.3
23.参加农村新型合作医疗的人数	万人	72600.0	16227.6

数据来源：
(a)中国统计年鉴
(b)县（市）社会经济统计年鉴

1-1-6 历年扶贫重点县扶贫资金使用情况

单位：亿元

指标名称	2002 年	2003 年	2004 年	2005 年	2006 年	2007 年
扶贫投资总额	250.9	277.0	292.0	266.4	278.9	316.8
（一）按资金来源分：						
1.中央扶贫贴息贷款累计发放额	102.5	87.5	79.2	59.7	55.3	70.5
2.中央财政扶贫资金	35.8	39.6	45.9	48.3	54.0	60.3
3.以工代振	39.9	41.8	47.5	43.3	38.4	35.4
4.中央专项退耕还林还草工程补助	22.6	37.4	45.2	44.1	46.1	63.2
5.省级财政安排的扶贫资金	9.9	10.4	11.6	9.9	10.8	14.2
6．利用外资（实际投资额）	17.6	31.5	34.5	29.0	30.9	19.1
7.其他资金	22.0	29.4	28.0	32.3	43.2	54.0
（二）按资金投向分：						
1.种植业	25.2	22.2	26.2	23.8	31.5	39.4
2.林业	27.0	37.4	45.9	46.3	48.0	53.6
3.养殖业	22.9	24.7	25.5	24.1	27.2	31.5
4.农产品加工	15.6	17.3	15.3	10.2	12.8	11.0
5.其他生产行业	22.0	22.3	19.0	21.9	16.6	18.7
6.基本农田建设	15.3	16.8	16.8	15.6	14.5	13.9
7.人畜饮水工程	12.2	12.1	11.1	10.3	11.3	13.7
8.道路修建及改扩建	49.5	36.1	34.6	35.5	38.5	47.6
9.电力设施	14.5	37.0	26.9	16.6	12.1	10.1
10.电视接收设施	1.6	1.7	1.4	1.1	0.9	1.0
11.学校及设备	6.3	5.6	5.6	6.4	3.9	3.6
12.卫生室及设施	3.5	3.7	3.9	2.9	3.0	2.9
13.技术培训／技术推广	2.0	2.1	2.7	3.5	4.2	4.0
14.资助儿童入学／扫盲	1.8	2.0	2.3	2.4	2.5	2.9
15.其　　他	30.8	35.8	53.5	45.2	53.6	60.1

数据来源：国家农村贫困监测调查

1-2 社区发展与农户经济状况

1-2-1 2007年全国及扶贫重点县农村环境、资源与生产条件状况

指标名称	单位	全国[a]	重点县[b]	重点村
一、基础设施				
1.通公路的自然村占全部自然村的比重	%	98.2	82.8	81.1
2.通电的自然村占全部自然村的比重	%	99.7	96.5	95.5
3.通电话的自然村占全部自然村的比重	%	98.7	85.2	82.2
4.能接收电视节目的自然村占自然村比重	%	98.9	92.2	91.6
5.有幼儿园/学前班的村占调查村的比重	%	—	54.3	48.3
6.有卫生室的村占调查村的比重	%	—	75.6	71.6
7.有合格乡村医生/卫生员的村占比重	%	—	76.5	72.9
8.有合格接生员的村占比重	%	—	72.9	70.1
二、人口状况				
1.平均每个村农户数	户	547.9	436.7	389.8
2.平均每个村人口数	人	2095.1	1782.5	1612.4
3.平均每个村总劳动力	人	1171.3	975.4	866.4
4.平均每个村外出打工半年以上劳动力人数	人	—	196.8	167.8
5.平均每个村当年举家外迁的户数	户	—	5.9	4.6
6.平均每个村当年举家迁回的户数	户	—	1.8	1.5
三、资源情况				
1.人均耕地面积	亩	2.2	1.7	1.9
# 水田、水浇地比重	%	—	0.6	0.6
# 梯田面积比重	%	—	0.2	0.2
#25度以上坡耕地面积比重	%	—	0.2	0.3
2.人均桑园、茶园、果园面积	亩	—	0.1	0.2
3.人均林地面积	亩	—	1.7	2.0
4.人均牧草地面积	亩	3.9	3.4	6.9
5.人均荒山荒坡面积	亩	—	0.6	0.7

数据来源：
(a)全国农村住户调查
(b)国家农村贫困监测调查

1-2-2 2007年国家扶贫重点县农村村级经济情况

指标名称	单位	重点县[b]	重点村
1.人均粮食作物播种面积	亩	1.6	1.7
2.人均粮食总产量	公斤	494.7	408.8
3.平均每个村乡镇企业个数	个	0.7	0.5
4.平均每个村乡镇企业从业人数	人	11.4	7.5
5.平均每个村乡镇企业销售总收入	万元	30.1	23.3
6.使用节水栽培技术的村的比重	%	5.7	6.8
7.有塑料大棚/温室的村的比重	%	14.1	13.7
8.是农牧业新技术示范户的村的比重	%	25.7	24.9
9.举办过专业技术培训的村的比重	%	39.3	38.6

数据来源：国家农村贫困监测调查

1-2-3 2007年国家扶贫重点县农村当年受灾及救助情况

指标名称	单位	重点县	重点村
1.当年遭遇严重自然灾害的村的比重	%	48.2	50.1
2.自然灾害的类型比例	%		
(1)旱灾	%	59.8	62.2
(2)水灾	%	22.6	20.9
(3)病虫害	%	7.6	6.8
(4)冷冻灾害	%	2.7	2.1
(5)干热风灾	%	2.5	2.4
(6)其他灾害	%	4.9	5.6
3.灾害程度	%		
(1) 减产3--5成的比重	%	80.5	80.1
(2)减产5--8成 的比重	%	15.1	14.9
(3)减产8成以上的比重	%	4.4	5.0
4.缺粮需要救济的农户比重	%	6.7	8.1
5.当年收到过救济救灾款物的农户比例	%	6.4	7.8
6.当年收到过救济救灾款物的农户平均每户收到款	元	323.1	240.2
7.年末参加低保的农户比例	%	4.0	5.0
8.年末参加特困救济的农户比例	%	1.9	2.3

数据来源：国家农村贫困监测调查

1-2-4 2007年全国及扶贫重点县农户人均生产支出及构成

指标名称	单位	全国[a]	重点县[b]	重点村
一、家庭经营费用支出	元	1432.7	809.3	762.3
1.第一产业生产费用支出	元	1270.5	743.4	704.5
(1)农业生产费用支出	元	674.6	423.6	403.6
(2)林业生产费用支出	元	10.1	15.2	9.4
(3)牧业生产费用支出	元	540.34	300.3	290.3
(4)渔业生产费用支出	元	45.46	4.3	1.2
2.第二产业生产费用支出	元	59.57	23.0	22.1
(1)工业生产费用支出	元	45.45	14.1	15.7
(2)建筑业生产费用支出	元	14.13	8.9	6.4
3.第三产业生产费用支出	元	102.62	42.9	35.8
(1)交通运输邮电业生产费用支出	元	49.1	19.5	17.3
(2)批零贸易餐饮业生产费用支出	元	37.72	15.2	10.8
(3)社会服务业生产费用支出	元	6.68	2.8	2.7
(4)文教卫生业生产费用支出	元	3.33	1.4	1.6
(5)其他行业生产费用支出	元	5.8	4.1	3.3
二、家庭经营支出构成				
1.第一产业生产费用支出	%	88.7	91.9	92.4
(1)农业生产费用支出	%	47.1	52.3	52.9
(2)林业生产费用支出	%	0.7	1.9	1.2
(3)牧业生产费用支出	%	37.7	37.1	38.1
(4)渔业生产费用支出	%	3.2	0.5	0.2
2.第二产业生产费用支出	%	4.2	2.8	2.9
(1)工业生产费用支出	%	3.2	1.7	2.1
(2)建筑业生产费用支出	%	1.0	1.1	0.8
3.第三产业生产费用支出	%	7.2	5.3	4.7
(1)交通运输邮电业生产费用支出	%	3.4	2.4	2.3
(2)批零贸易餐饮业生产费用支出	%	2.6	1.9	1.4
(3)社会服务业生产费用支出	%	0.5	0.3	0.4
(4)文教卫生业生产费用支出	%	0.2	0.2	0.2
(5)其他行业生产费用支出	%	0.4	0.5	0.4

数据来源：
(a)全国农村住户调查
(b)国家农村贫困监测调查

1-2-5 2007年全国及扶贫重点县农户土地及生产性固定资产

指标名称	单位	全国[a]	重点县[b]	
				重点村
一、户均土地使用情况				
1.耕地面积	亩	8.7	9.4	10.3
其中:水田、水浇地面积	亩	—	2.9	2.7
梯田面积	亩	—	0.8	1.0
2.林地面积	亩	—	2.7	2.5
3.桑园、茶园、果园面积	亩	—	0.5	0.5
4.牧草地面积	亩	15.5	20.4	28.1
5.荒山/荒坡面积	亩	—	0.8	0.8
6.粮食播种面积	亩	—	8.3	8.6
二、每百户拥有生产性固定资产				
1.生产用房及建筑物面积	平方米	2782.1	2600.1	2613.8
2.汽车	辆	1.9	1.1	1.0
3.大中型拖拉机	台	2.9	2.3	2.3
4.手扶拖拉机/三轮车	台	25.7	16.4	16.4
5.胶轮大车	辆	8.9	10.8	12.4
三、户均年末生产性固定资产原值	元	8389.8	5099.2	5168.0
其中:年末生产用房原值	元	2421.1	1497.6	1443.2
四、当年人均粮食产量	公斤	765.9	510.9	484.8
当年人均棉花产量	公斤	27.6	10.5	11.1
当年人均油料产量	公斤	28.5	17.6	16.5
当年人均肉类产量	公斤	50.9	35.1	34.6
五、人均期末存粮	公斤	—	392.9	377.8

数据来源:
(a)全国农村住户调查
(b)国家农村贫困监测调查

1-2-6 2007年全国及扶贫重点县农民人均纯收入及构成

指标名称	单位	全国[a]	重点县[b]	重点村
一、全年纯收入	元	4140.4	2278.0	2165.0
(一)工资性收入	元	1596.2	783.6	707.9
其中：外出务工收入	元	651.1	403.1	372.2
(二)家庭经营纯收入	元	2193.7	1306.0	1267.3
1.第一产业纯收入		1745.1	1149.2	1123.8
(1)种植业纯收入	元	1303.8	816.1	783.0
(2)林业纯收入	元	59.2	72.0	71.8
(3)牧业纯收入	元	335.1	254.4	264.8
(4)渔业纯收入	元	47.1	6.7	4.1
2.第二产业纯收入		137.6	37.5	39.5
(1)工业纯收入	元	76.9	19.3	20.7
(2)建筑业纯收入	元	60.7	18.2	18.8
3.第三产业纯收入	元	311.0	119.2	104.0
(三)财产性收入	元	128.2	52.0	49.1
(四)转移性收入	元	222.3	136.3	140.6
二、收入构成				
(一)工资性收入	%	38.6	34.4	32.7
其中：外出务工收入	%	15.7	17.7	17.2
(二)家庭经营纯收入	%	53.0	57.3	58.5
1.第一产业纯收入	%	42.1	50.4	51.9
(1)种植业纯收入	%	31.5	35.8	36.2
(2)林业纯收入	%	1.4	3.2	3.3
(3)牧业纯收入	%	8.1	11.2	12.2
(4)渔业纯收入	%	1.1	0.3	0.2
2.第二产业纯收入	%	3.3	1.6	1.8
(1)工业纯收入	%	1.9	0.8	1.0
(2)建筑业纯收入	%	1.5	0.8	0.9
3.第三产业纯收入	%	7.5	5.2	4.8
(三)财产性收入	%	3.1	2.3	2.3
(四)转移性收入	%	5.4	6.0	6.5

数据来源：
(a)全国农村住户调查
(b)国家农村贫困监测调查

1-2-7 2007年全国及扶贫重点县农民人均消费支出及构成

指标名称	单位	全国[a]	重点县[b]	重点村
一、生活消费支出总额	元	3223.9	1931.3	1811.5
1.食品消费支出	元	1389.0	980.1	930.2
其中：在外饮食支出	元	189.8	71.9	64.0
2.衣着消费支出	元	193.5	111.8	108.7
3.居住消费支出	元	573.8	289.3	271.4
4.家庭设备用品及服务消费	元	149.1	79.8	75.4
5.医疗保健支出	元	210.2	161.5	147.6
6.交通通讯支出	元	328.4	160.6	138.9
7.文化教育、娱乐用品及服务	元	305.7	114.4	107.7
8.其他商品及服务支出	元	74.2	33.7	31.6
二、生活消费支出构成	%			
1.食品消费支出	%	43.1	50.8	51.3
其中：在外饮食占食品支出	%	5.9	3.7	3.5
2.衣着消费支出	%	6.0	5.8	6.0
3.居住消费支出	%	17.8	15.0	15.0
4.家庭设备用品及服务消费	%	4.6	4.1	4.2
5.医疗保健支出	%	6.5	8.4	8.1
6.交通通讯支出	%	10.2	8.3	7.7
7.文化教育、娱乐用品及服务	%	9.5	5.9	5.9
8.其他商品及服务支出	%	2.3	1.7	1.7

数据来源：
(a)全国农村住户调查
(b)国家农村贫困监测调查

1-2-8 2007年全国及扶贫重点县农民人均食物消费情况

指标名称	单位	全国[a]	重点县[b]	重点村
一.粮食消费量	公斤	200.8	196.7	195.4
(一)谷物消费量	公斤	194.9	187.6	185.9
(二)薯类消费量	公斤	2.9	5.3	5.8
(三)豆类消费量	公斤	3.0	3.8	3.8
二.油脂类消费量	公斤	6.0	4.4	4.3
三.烟叶消费量	公斤	0.1	0.2	0.2
四.豆制品	公斤	2.3	1.1	0.9
五.蔬菜及菜制品消费量	公斤	99.0	87.3	80.7
六. 瓜类	公斤	5.0	2.9	2.4
七.水果类	公斤	13.1	8.0	7.3
八.消费茶叶	公斤	0.3	0.5	0.6
九.坚果消费量	公斤	1.0	0.7	0.7
十.肉禽及其制品	公斤	20.5	19.6	18.9
十一.蛋类及蛋制品	公斤	4.7	2.2	1.9
十二.奶和奶制品	公斤	3.5	1.8	2.4
十三.水产品	公斤	5.4	1.6	1.3
十四.食糖	公斤	1.1	0.9	0.8
十五、酒	公斤	10.2	7.6	7.1

数据来源：
(a)全国农村住户调查
(b)国家农村贫困监测调查

1-3 就业、教育、卫生及扶贫项目村、户参与情况

1-3-1 2007年全国农村及扶贫重点县乡村人口、劳动力就业情况

指标名称	单位	全国[a]	重点县[b]	重点村
1.户均人口	人	4.0	4.3	4.4
2.户均劳动力	人	2.8	3.0	3.0
3.人口的年龄组构成				
(1)0—6岁人口比重	%	5.3	5.7	5.8
(2)7—15岁人口比重	%	11.5	13.0	13.8
(3)16岁以上人口比重	%	83.2	81.3	80.4
4.劳动力负担系数		1.4	1.5	1.5
5.劳动力行业构成	%			
(1)农业	%	59.9	74.7	75.7
(2)林业	%	0.2	0.4	0.4
(3)牧业	%	2.2	2.7	3.7
(4)渔业	%	0.4	0.1	0.1
(5)采矿业	%	0.8	0.9	0.8
(6)制造业	%	13.0	6.8	6.1
(7)电、煤及水的生产和供应业	%	0.3	0.2	0.2
(8)建筑业	%	5.3	4.1	3.8
(9)交通运输仓储和邮政业	%	2.0	1.1	0.9
(10)批发和零售业	%	2.8	0.9	0.7
(11)住宿和餐饮业	%	1.6	1.3	1.3
(12)居民服务和其他服务业	%	3.8	2.0	1.6
(13)教育	%	0.8	0.5	0.5
(14)卫生社会保障和社会福利业人	%	0.5	0.3	0.3
(15)文化体育和娱乐业	%	0.2	0.1	0.1
(16)其他	%	6.0	3.8	3.7
6.当地乡镇企业职工人数占劳动力比重	%		0.8	0.6

数据来源:
(a)全国农村住户调查
(b)国家农村贫困监测调查

1-3-2 2007年全国农村及扶贫重点县农村劳动力文化程度及培训情况

指标名称	单位	全国[a]	重点县[b]	重点村
1.劳动力文化程度构成	%			
(1)文盲、半文盲	%	6.3	17.7	20.3
(2)小学	%	25.8	38.5	40.1
(3)初中	%	52.9	37.8	34.3
(4)高中	%	11	4.3	3.7
(5)中专	%	2.5	1.3	1.2
(6)大专及以上	%	1.4	0.5	0.4
2.曾受过技能培训劳动力比重	%	23.4	10.0	10.8
3.少数民族中会汉语的人口比例	%		74.9	69.3

数据来源:
(a)全国农村住户抽样调查
(b)全国农村贫困监测抽样调查

1-3-3 2007年国家扶贫重点县劳动力流动情况

指标名称	单位	全国[a]	重点县[b]	重点村
一、流动方式				
1.政府或单位组织	%	8.5	5.4	6.6
2.亲戚朋友介绍	%	51.6	34.8	32.6
3.自发	%	39.9	59.8	60.8
二、流出地区	%		0.0	0.0
1.县内乡外	%	14.3	7.5	8.0
2.省内县外	%	29.9	16.3	18.3
3.省外	%	55.9	76.2	73.8
三、在外时间	%			
1.0—6个月	%	16.5	26.9	30.6
2.6个月以上	%	83.5	73.1	69.4
四、在外收入				
1.总收入	元	8968.2	6099.9	5834.2
2.自己生活消费支出	元	3067.3	2587.5	2405.1
3.寄回或带回的现金及实物	元		1793.7	1759.0

数据来源:
(a)全国农村住户调查
(b)国家农村贫困监测调查

1—3—3 （续）

指标名称	单位	全国[a]	重点县[b]	重点村
五、外出比重				
1.当年外出打工人数占劳动力比重	%	21.3	13.6	12.8
2.未外出劳动力中曾经外出过的劳动力比重	%	——	2.8	2.6
六、返回的主要原因	%			
1.找不到工作	%	——	7.5	6.3
2.要不到工资	%	——	2.0	1.7
3.缺乏安全感	%	——	2.4	1.2
4.生活不习惯	%	——	4.9	5.2
5.疾病、伤残	%	——	1.7	2.0
6.回家结婚、生育	%	——	15.3	13.3
7.家中缺乏劳动力	%	——	33.5	34.1
8.其他	%	——	32.6	36.1
七、开始外出时间	%			
1.1年前开始打工	%	——	66.7	63.4
2.今年第1年打工	%	——	33.3	36.6
八、在外持续时间	%			
1.0—2年	%	——	45.6	48.6
2.2年以上	%	——	54.4	51.4
九、自己感受到的打工收入变化	%		0.0	0.0
1.变化不大	%	——	26.0	24.6
2.时多时少	%	——	21.1	20.4
3.逐年增多	%	——	18.0	17.1
4.逐年变少	%	——	1.5	1.3

数据来源：
(a)全国农村住户调查
(b)国家农村贫困监测调查

1-3-4 历年全国及扶贫重点县学校数

年 份	普通中学学校数（个）		小学校数（个）	
	全国[a]	重点县[b]	全国[a]	重点县[b]
1993 年	82795	13015	696681	182418
1994 年	82358	14795	682588	192348
1995 年	81020	14481	668685	190372
1996 年	79967	14362	645983	188042
1997 年	78642	14154	628840	179749
1998 年	77888	14905	609626	171849
1999 年	77213	13606	582291	167539
2000 年	77268	13914	553622	162493
2001 年	80432	14578	491273	146328
2002 年	80067	14904	456903	139083
2003 年	79490	14750	425846	131118
2004 年	79058	14834	394183	124910
2005 年	77977	14834	366213	112950
2006 年	76703	14834	341639	124910
2007 年	74790	14462	320061	100486

数据来源：
(a)中国统计年鉴
(b)县（市）社会经济统计年鉴

1-3-5 历年全国及扶贫重点县专职教师数

年 份	普通中学教师数（万人）		小学教师数（万人）	
	全国[a]	重点县[b]	全国[a]	重点县[b]
1994 年	323.4	46.4	561.1	113.0
1995 年	333.4	46.4	566.4	114.7
1996 年	346.5	46.4	573.6	113.2
1997 年	358.7	51.2	579.4	110.6
1998 年	369.7	53.7	581.9	110.1
1999 年	384.1	55.7	586.1	110.2
2000 年	400.5	59.4	586.0	113.3
2001 年	418.8	62.7	579.8	113.3
2002 年	437.6	67.1	577.9	116.9
2003 年	453.7	69.5	570.3	113.5
2004 年	446.8	72.6	562.9	111.1
2005 年	447.1	75.6	559.2	110.5
2006 年	485.0	72.6	558.8	111.1
2007 年	490.7	80.4	561.3	111.8

数据来源：
(a)中国统计年鉴
(b)县（市）社会经济统计年鉴

1-3-6 历年全国及扶贫重点县每万人口在校学生人数

年 份	中学生人数		小学生人数	
	全国[a]	重点县[b]	全国[a]	重点县[b]
1993年	454	242	1048	1036
1994年	476	326	1070	1202
1995年	511	350	1089	1202
1996年	542	371	1112	1229
1997年	566	366	1132	1201
1998年	588	428	1118	1263
1999年	621	460	1076	1231
2000年	660	507	1028	1202
2001年	697	538	983	1173
2002年	733	587	946	1155
2003年	763	619	910	1110
2004年	776	639	870	1060
2005年	785	638	836	1016
2006年	785	637	819	994
2007年	777	637	804	994

数据来源：
(a)中国统计年鉴
(b)县（市）社会经济统计年鉴

1-3-7 2007年扶贫重点县农村儿童入学情况

指标名称	单位	重点县[b]	重点村
一、学生结构	%		
1.小学	%	46.8	48.9
2.初中	%	29.0	29.3
3.高中	%	17.1	15.6
4.中专及以上		7.2	6.2
二、儿童入学率:	%	96.4	95.8
其中:女童	%	96.3	95.7
1.7—12岁	%	97.7	97.1
其中:女童	%	97.7	97.0
2.13—15岁人口	%	94.4	94.0
其中:女童	%	94.4	93.9
三、平均每个学生教育费用	元	1318.4	1140.4
其中:学杂费和书本费	元	549.2	467.9
四、年内受到社会捐助的学生比重	%	9.6	12.0
五、小学生上学所需时间	%	100.0	100.0
1.<0.5小时	%	66.9	66.4
2.0.5—1小时	%	19.1	19.4
3.1–2小时	%	2.9	3.5
4.2小时以上	%	1.8	1.3
5.住校	%	9.3	9.4
六、中学上学所需时间	%		
1.<0.5小时	%	22.3	20.9
2.0.5—1小时	%	15.7	15.8
3.1–2小时	%	4.4	4.7
4.2小时以上	%	1.5	1.6
5.住校	%	56.1	57.1

数据来源:国家农村贫困监测调查

1-3-8 2007年扶贫重点县农村儿童失学情况

指标名称	单位	重点县[b]	重点村
一、7—15岁儿童失学率:	%	3.6	4.2
其中:女童	%	3.7	4.3
1.7—12岁	%	2.3	2.9
其中:女童	%	2.3	3.0
2.13—15岁人口	%	5.6	6.0
其中:女童	%	5.6	6.1
二、7—15岁儿童失学的主要原因	%		
1.经济困难	%	24.4	23.1
2.自己不愿意	%	32.4	32.4
3.家中缺少劳动力	%	4.8	7.0
4.没考上高一级学校	%	3.5	2.7
5.没老师、没校舍、离校太人	%	2.2	2.1
6.其他	%	32.5	32.4
三、曾完成的最高学历	%		
1.从未念过书	%	35.4	40.0
2.读过1—3年级	%	20.2	21.1
3.小学未毕业	%	13.5	13.9
4.小学毕业	%	10.7	9.3
5.初中未毕业	%	20.0	15.5
四、本人是否有继续读书的愿望?	%		
1.是	%	45.0	44.0
2.否	%	54.8	55.7

数据来源:
国家农村贫困监测调查

1-3-9 历年全国及扶贫重点县农村医院、卫生院床位和人员数

年份	医院、卫生院床位数(万床)		医院、卫生院技术人员数(万人)	
	全国[a]	重点县[b]	全国[a]	重点县[b]
1994年	280.2	28.9	419.9	—
1995年	280.6	28.6	425.7	—
1996年	283.4	29.7	431.2	—
1997年	286.9	30.7	439.8	39.3
1998年	287.8	30.6	442.4	40.1
1999年	289	30.8	445.9	40.6
2000年	290.8	30.8	449.1	42.6
2001年	293.5	31.1	450.8	42.0
2002年	290.7	31.7	427.0	42.0
2003年	295.5	31.2	430.6	40.7
2004年	304.7	31.4	439.0	40.5
2005年	313.5	31.8	446.0	40.6
2006年	351.2	31.4	562.0	40.5
2007年	370.1	33.4	590.7	40.4

数据来源:
(a)中国统计年鉴
(b)县(市)社会经济统计年鉴

1-3-10 2007年扶贫重点县农民健康状况

指标名称	单位	重点县	重点村
一、身体健康状况			
1.残疾人数占人口的比重	%	1.1	1.2
2.患有大病人数占人口的比重	%	0.4	0.5
3.长期慢性病人数占人口的比重	%	1.5	1.4
4.体弱多病人数占人口的比重	%	3.8	3.9
5.健康人数占人口的比重	%	93.2	93.0
二、有病是否能及时就医?	%		
1.是	%	88.6	86.2
2.否	%	11.4	13.8
三、不能及时就医的主要原因	%		
1.经济困难	%	58.5	59.0
2.医院太远	%	31.9	30.2
3.没有时间	%	0.7	1.0
4.本人不重视	%	2.1	2.6
5.小病不用医	%	3.0	3.4
6.其他	%	3.6	3.9

数据来源:
国家农村贫困监测调查

1-3-11 历年全国卫生总费用

指标名称	1980年	1990年	1995年	2000年	2005年	2006年
卫生总费用(亿元)	143.2	747.4	2155.1	4586.6	8659.9	9843.3
政府预算卫生支出	51.9	187.3	387.3	709.5	1552.5	1778.9
社会卫生支出	61.0	293.1	767.8	1171.9	2586.4	3210.9
个人卫生支出	30.3	267.0	1000.0	2705.2	4521.0	4853.6
卫生总费用构成(%)	100.0	100.0	100.0	100.0	100.0	100.0
政府卫生支出	36.2	25.1	18.0	15.5	17.9	18.1
社会卫生支出	42.6	39.2	35.6	25.5	29.9	32.6
个人卫生支出	21.2	35.7	46.4	59.0	52.2	49.3
卫生总费用占GDP%	3.17	4.03	3.54	4.62	4.73	4.67
人均卫生总费用(元)	14.51	65.4	177.9	361.9	662.3	748.8
城市	…	158.8	401.3	828.6	1122.8	1145.1
农村	…	38.8	112.9	209.4	318.5	442.4

注:①卫生总费用为测算数;②本表按当年价格计算。

数据来源:
中国卫生统计年鉴

1-3-12 农村乡镇卫生院及床位、人员数

指标名称	1990年	2000年	2005年	2006年	2007年
乡镇数	55838	43735	35509	34675	34369
机构数(个)	47749	49229	40907	39975	39876
中心卫生院	10054	9631	10025	10178	10396
乡卫生院	37695	39598	30882	29797	29480
床位数(张)	722877	734807	678240	696231	74715
中心卫生院	293963	285638	281456	296189	317022
乡卫生院	428914	449169	396784	400042	430134
人员数(人)	889219	1169826	1012006	1000112	1032921
卫生技术人员	776925	1026244	870500	859945	863662
医生	358770	514119	398848	393251	396181
护师(士)	115884	182208	164412	165729	175713
平均每院床位数	15.1	14.9	16.6	17.4	18.7
平均每院人员数	18.6	23.8	24.7	25.0	25.9
卫生技术人员	16.3	20.8	21.3	21.5	21.7
医生	7.5	10.4	9.8	9.8	9.9
护师(士)	2.4	3.7	4.0	4.1	4.4
每千农业人口乡镇卫生院床位数	0.81	0.80	0.78	0.81	0.85
每千农业人口乡镇卫生院人员数	0.99	1.28	1.16	1.16	1.18

数据来源：
中国卫生统计年鉴

1-3-13 乡镇卫生院医疗服务及病床使用情况

年份	诊疗人次（亿次）	入院人数（万人）	病床周转次数（次）	病床使用率（%）	平均住院日（日）
1985年	11.00	1771	26.4	46.0	5.9
1990年	10.65	1958	28.6	43.4	5.2
1995年	9.38	1960	29.9	40.3	4.6
1996年	9.44	1916	28.6	37.0	4.4
1997年	9.16	1918	25.8	34.5	4.6
1998年	8.74	1751	24.2	33.2	4.6
1999年	8.38	1688	24.2	32.8	4.6
2000年	8.24	1708	24.8	33.2	4.6
2001年	8.24	1700	23.7	31.3	4.5
2002年	7.10	1625	28.0	34.7	4.0
2003年	6.91	1608	28.1	36.2	4.2
2004年	6.81	1599	27.0	37.1	4.4
2005年	6.79	1622	25.8	37.7	4.6
2006年	7.01	1836	28.8	39.4	4.6
2007年	7.59	2662	36.7	48.4	4.8

数据来源：
中国卫生统计年鉴

1-3-14 历年村卫生室及人员数

指标名称	1985 年	1990 年	1995 年	2000 年	2005 年	2006 年	2007 年
总村数(个)	940617	743278	740150	734715	652718	624680	612712
设置卫生室的村数	625992	646529	655105	652923	583209	550365	543360
占总村数%	66.6	87.0	88.5	89.8	83.7	88.1	88.7
村卫生室数(个)	777674	803956	804352	709458	583209	609128	613855
村办	305537	266137	297462	300864	313633	333790	340082
联营 Joint	88803	87149	90681	89828	38561	36805	33726
乡卫生院设点	29769	29963	36388	47101	32396	34803	33797
私人办	323904	381844	354981	255179	180403	186524	186841
其他	29661	38863	24840	16486	18216	17206	19409
执业(助理)医师	—	—	—	—	103863	104210	117238
乡村医生和卫生员数(人)	1293094	1231510	1331017	1319357	916532	957479	931761
其中乡村医生	643022	776859	955933	1019845	864168	906340	882218
平均每村乡村医生和卫生员	1.80	1.64	1.81	1.81	1.40	1.53	1.52
每千农业人口乡村医生和卫生员	1.55	1.38	1.48	1.44	1.05	1.11	1.06

注： ①总村数指村民委员会个数；②2006 年农业人口系推算数。

数据来源：
中国卫生统计年鉴

1-3-15 历年新法接生及住院分娩率

年 份	新法接生(%)			住院分娩率(%)		
	总计	市	县	总计	市	县
1985 年	94.5	98.7	93.5	43.7	73.6	36.4
1990 年	94.0	98.6	94.0	50.6	74.2	46.0
1995 年	89.3	…	87.6	58.1	70.7	50.2
2000 年	96.6	98.9	95.2	72.9	84.9	65.2
2001 年	97.3	99.0	96.1	76.0	87.0	69.0
2002 年	96.7	98.8	96.0	78.8	89.4	71.6
2003 年	96.4	98.7	94.8	79.4	89.9	72.6
2004 年	97.5	99.2	96.4	82.8	91.4	77.1
2005 年	97.8	99.2	96.9	85.9	93.2	81.0
2006 年	97.8	98.7	97.2	88.4	94.1	84.6
2007 年	98.4	99.1	97.9	91.6	95.8	88.8

数据来源：
中国卫生统计年鉴

1-3-16 历年监测地区孕产妇死亡率

单位：1/10万

年份	总计	城市	农村
1990年	88.9	45.9	112.5
1995年	61.9	39.2	76
2000年	53	28.9	69.6
2001年	50.2	33.1	61.9
2002年	43.2	22.3	58.2
2003年	51.3	27.6	65.4
2004年	48.3	26.1	63
2005年	47.7	25	53.8
2006年	41.1	24.8	45.5
2007年	36.6	25.2	41.3

补充资料：解放前孕产妇死亡率为150/万

数据来源：
中国卫生统计年鉴

1-3-17 2007年监测地区孕产妇死亡原因

疾病名称	合计			城市			农村		
	位次	孕产妇死亡率	构成(%)	位次	孕产妇死亡率	构成(%)	位次	孕产妇死亡率	构成(%)
总计		47.7	100.0		25.0	100.0		53.8	100.0
产科出血	1	13.5	36.8	1	6.4	25.3	1	16.2	39.1
羊水栓塞	2	4.7	12.9	3	3.1	12.1	2	5.4	13.0
妊高征	3	4.2	11.3	4	2.5	10.1	3	4.8	11.6
心脏病	4	4.0	11.0	2	3.6	14.1	4	4.3	10.4
肝病	5	1.8	4.8	6	1.0	4.0	5	1.1	2.7
静脉血栓及肺栓塞	6	1.1	3.1	5	1.3	5.1	6	1.1	2.7

数据来源：
中国卫生统计年鉴

第七部分

统计资料

1-3-18 历年监测地区5岁以下儿童死亡率

	1991	1995	1997	2000	2003	2004	2005	2006	2007
总计									
新生儿死亡率(‰)	33.1	27.3	—	22.8	18	15.4	13.2	12.0	10.7
婴儿死亡率(‰)	50.2	36.4	33.1	32.2	25.5	21.5	19.0	17.2	15.3
5岁以下儿童死亡率(‰)	61	44.5	42.3	39.7	29.9	25	22.5	20.6	18.1
城市									
新生儿死亡率(‰)	12.5	10.6	—	9.5	8.9	8.4	7.5	6.8	5.5
婴儿死亡率(‰)	17.3	14.2	13.1	11.8	11.3	10.1	9.1	8.0	7.7
5岁以下儿童死亡率(‰)	20.9	16.4	15.5	13.8	14.8	12	10.7	9.6	9.0
农村									
新生儿死亡率(‰)	37.9	31.1	—	25.8	20.1	17.3	14.7	13.4	12.8
婴儿死亡率(‰)	58	41.6	37.7	37	28.7	24.5	21.6	19.7	18.6
5岁以下儿童死亡率(‰)	71.1	51.1	48.5	45.7	33.4	28.5	25.7	23.6	21.8

数据来源:
中国卫生统计年鉴

1-3-19 2002-2007年扶贫重点县村级扶贫活动参与情况

指标名称	单位	2002年	2003年	2004年	2005年	2006年	2007年
一、重点村占总村数的比重	%	51.4	49.9	48.7	47.5	49.0	46.7
二、当年参加项目的村占总村数比重	%	29.8	33.1	39.9	37.2	43.0	51.0
三、参加的扶贫活动形式分的村比重	%						
1.现金扶持的村占总村数的比重	%	20.0	21.6	28.8	29.1	34.7	43.6
2.实物扶持的村占总村数的比重	%	18.6	22.1	22.8	18.5	19.3	18.0
3.技术援助的村占总村数的比重	%	10.0	11.8	12.9	10.2	12.5	12.6
四、平均每村当年到位扶贫资金总额	万元	3.6	5.9	6.2	6.8	8.4	11.1
五、当年使用的扶贫资金总额	万元	3.4	4.7	5.7	6.7	8.2	11.6
六、平均每村扶贫项目成果							
1.种植业	户	5.9	5.8	5.9	6.9	7.7	11.4
2.林业	户	2.1	2.0	1.8	1.1	1.3	2.0
3.养殖业	户	2.9	4.4	4.4	4.2	3.4	4.4
4.农产品加工业	户	0.2	0.1	0.1	0.1	0.1	0.4
5.其他生产行业	户	0.4	0.4	0.2	0.5	0.8	0.4
6.修建基本农田	亩	7.4	11.2	5.4	8.6	6.2	9.0
7.人畜饮水工程	户	7.6	7.9	6.8	7.0	6.9	8.2
8.修建及改建公路	公里	0.4	1.0	0.6	0.6	0.6	0.8
9.电力设施	公里	0.2	0.3	0.2	0.3	0.1	0.3
10.电视接收设施	个	0.0	0.1	0.0	0.1	0.3	0.2
11.学校及学校设施	个	0.0	0.0	0.1	0.0	0.0	0.0
12.卫生室及设施	个	0.0	0.0	0.1	0.0	0.0	0.1
13.技术培训	人次	4.8	7.1	4.9	5.1	6.3	7.3
14.扫盲、资助儿童入学	人次	0.6	1.3	0.8	1.1	1.0	1.0
15.退耕还林还草	亩	37.3	59.1	89.8	98.3	159.6	158.8
七、希望某种扶持项目分的村数比重							
1.种植业	%	28.6	48.0	48.5	46.0	44.0	46.2
2.林业	%	4.4	7.5	8.2	7.3	7.2	8.9
3.养殖业	%	27.9	45.0	43.7	42.2	39.7	43.9
4.农产品加工业	%	5.1	8.5	8.7	10.4	10.4	12.1
5.其他生产行业	%	0.7	2.5	2.5	3.0	3.0	6.8
6.修建基本农田	%	6.2	10.2	11.3	12.5	13.2	12.6
7.人畜饮水工程	%	10.6	15.5	14.8	16.4	16.8	14.6
8.修建及改建公路	%	13.2	21.9	23.2	24.2	25.6	23.1
9.电力设施	%	2.7	4.4	4.4	4.0	4.0	4.0
10.电视接收设施	%	1.9	2.4	2.7	2.3	2.7	3.6
11.学校及学校设施	%	3.7	5.9	5.4	5.4	5.7	4.4
12.卫生室及设施	%	0.8	2.5	3.2	3.7	4.3	5.2
13.技术培训	%	4.9	10.0	11.9	11.4	11.5	14.1
14.扫盲、资助儿童入学	%	0.7	1.1	1.2	1.0	0.8	0.0
15.退耕还林还草	%	7.3	10.6	7.1	7.1	7.1	0.5
16.其他	%	1.7	3.6	3.2	3.2	3.8	0.0

数据来源：
国家农村贫困监测调查

1-3-20　2002-2007年扶贫重点县农户参与扶贫活动情况

单位：%

指标名称	2002年	2003年	2004年	2005年	2006年	2007年
一、对村级扶贫情况的了解和参与						
1.农户知道村里落实了新项目的比重	77.0	67.7	76.8	75.9	72.4	74.9
2.农户知道的途径						
(1)到本次调查才知道	10.2	6.1	11.2	7.6	6.7	12.5
(2)通过村民会议、村委会的公示户	63.0	70.5	67.5	70.2	70.2	66.8
(3)作为村干部接到上级的通知	8.1	7.3	6.0	5.4	6.4	4.9
(4)通过村干部的个别通知	11.1	8.5	8.4	6.5	6.7	6.6
(5)通过亲朋好友	4.0	3.2	2.7	4.0	4.2	3.5
(6)其他途径	3.8	4.4	4.1	6.2	5.7	5.7
3.项目确定前有机会参与意见农户比重	42.1	50.6	50.7	52.6	46.4	44.0
二、农户参与的扶贫活动情况						
1.参加或完成某项扶贫的农户比重	43.2	52.8	60.6	53.0	17.8	20.8
2.参加／当年完成的扶贫项目主要是						
(1)种植业	14.8	10.6	10.4	10.0	7.9	7.5
(2)林业	4.7	4.3	1.6	1.4	1.0	1.2
(3)养殖业	9.2	10.9	8.4	7.3	4.3	3.5
(4)农产品加工	0.4	0.1	0.0	0.0	0.0	0.1
(5)其他生产行业	0.5	0.1	0.0	0.1	0.2	0.2
(6)基本农业建设	5.9	4.1	1.2	1.4	1.0	1.4
(7)人畜饮水	14.5	11.3	5.6	6.6	3.8	3.9
(8)修建及改扩建道路	15.5	13.7	11.4	11.9	7.0	7.9
(9)电力设施、技术培训	4.7	4.8	1.6	0.6	0.9	1.3
(10)电视接收设施	0.4	0.5	0.3	0.3	0.2	0.2
(11)学校及设备	3.3	2.0	1.4	1.9	0.5	0.3
(12)卫生及设备	1.0	1.0	0.7	1.0	0.7	0.2
(13)技术培训	0.4	0.3	0.2	0.3	0.2	0.2
(14)儿童入学和扫盲	0.6	0.5	0.0	0.6	0.1	0.1
(15)退耕还林	18.2	27.8	53.1	49.2	67.5	63.9
(16)其他	5.9	8.0	3.9	7.3	4.8	8.2
3.得到扶贫项目资助的农户比重	61.1	71.2	77.2	66.6	86.9	81.7
4.得到项目内容是自选的农户比重	38.1	42.8	36.1	37.3	49.3	47.8

数据来源：国家农村贫困监测调查

2.分地区资料

2-1 生产、收入和消费

2-1-1 2007年各地区农机总动力和农村用电量

地 区	农机总动力（万千瓦）		农村用电量（亿千瓦时）	
	全国[a]	重点县[b]	全国[a]	重点县[b]
全 国	76589.6	11504.0	5509.9	262.6
河 北	9134.5	1331.1	430.1	44.1
山 西	2440.8	366.3	75.9	7.4
内蒙古	2209.3	776.4	34.1	13.7
吉 林	1678.3	218.1	32.6	4.2
黑龙江	2785.3	396.8	41.0	7.8
安 徽	4535.3	1038.4	82.0	20.5
江 西	2506.3	563.9	63.1	10.0
河 南	8718.7	2068.7	223.4	32.1
湖 北	2551.1	349.1	87.8	15.4
湖 南	3684.4	433.3	76.4	6.9
广 西	2127.2	411.6	40.3	7.6
海 南	328.5	28.8	4.7	0.6
重 庆	860.3	344.9	48.4	11.9
四 川	2523.1	0	123.3	10.8
贵 州	1411.7	677.4	30.2	12.3
云 南	1861.9	781	48.5	17.7
陕 西	1576.1	560.9	102.0	17.5
甘 肃	1577.3	544.5	36.9	14.7
青 海	348.6	192.9	3.5	1.8
宁 夏	629.8	209	10.6	2.3
新 疆	1274.7	210.9	45.8	3.5

注：四川因灾害原因，核实延后未报。

数据来源：
(a)中国农村统计年鉴
(b)县（市）社会经济统计年鉴

2-1-2 2007年各地区化肥使用量和有效灌溉面积

地 区	化肥使用量（万吨）		有效灌溉面积（千公顷）	
	全国[a]	重点县[b]	全国[a]	重点县[b]
全 国	4927.7	850.7	56518.3	8930.0
河 北	304.9	46.7	4579.0	840.5
山 西	98.3	19.5	1255.7	0.0
内蒙古	128.5	46.4	2816.6	811.7
吉 林	146.7	11.8	1640.6	298.3
黑龙江	162.2	24.7	2950.3	485.0
安 徽	294.3	82.0	3403.2	889.1
江 西	132.6	28.3	1839.9	432.3
河 南	540.4	145.5	4955.8	1197.9
湖 北	292.5	55.9	2095.4	264.4
湖 南	214.7	29.0	2696.6	349.6
广 西	210.7	24.8	1522.3	239.7
海 南	39.5	4.9	169.9	21.4
重 庆	80.5	31.9	633.7	188.9
四 川	228.2	40.6	2499.8	353.1
贵 州	80.2	55.1	779.7	330.3
云 南	150.4	75.8	1517.1	784.3
陕 西	149.7	53.6	1287.4	333.2
甘 肃	76.5	32.0	1063.0	320.6
青 海	7.2	11.8	176.6	64.1
宁 夏	31.9	8.5	426.2	84.3
新 疆	119.6	21.7	3465.4	641.2

数据来源：
(a)中国统计年鉴
(b)县（市）社会经济统计年鉴

2-1-3 2007年各地区粮、棉、油播种面积

地 区	农作物总播种面积（千公顷）		粮食播种面积（千公顷）	
	全国[a]	重点县[b]	全国[a]	重点县[b]
全　国	153463.9	36050.3	105638.4	25285.2
河　北	8652.7	1962.4	6168.2	1406.7
山　西	3653.2	1015.7	3028.2	857.6
内蒙古	6761.5	2503.7	5119.9	1854.6
吉　林	4944.0	525.3	4334.7	379.2
黑龙江	11898.5	1937.0	10820.5	1687.5
安　徽	8853.9	2455.1	6477.8	1794.6
江　西	5245.1	1277.7	3525.3	921.0
河　南	14087.8	3796.8	9468.0	2482.7
湖　北	7030.0	2220.9	3981.4	1359.7
湖　南	7390.7	1287.4	4531.3	799.4
广　西	5594.4	1244.3	2984.0	730.8
海　南	754.3	106.8	402.6	54.4
重　庆	3134.7	1605.2	2195.8	1150.4
四　川	9278.2	1990.5	6450.0	1426.0
贵　州	4464.5	2808.4	2821.8	1825.1
云　南	5801.9	3309.7	3994.5	2311.7
陕　西	4044.7	1845.8	3099.8	1394.8
甘　肃	3759.0	2294.8	2687.0	1726.1
青　海	516.7	256.3	301.8	144.4
宁　夏	1189.8	717.0	856.3	513.3
新　疆	4202.6	889.3	1379.1	465.2

数据来源：
(a)中国农村统计年鉴
(b)县（市）社会经济统计年鉴

2-1-3 续表

地区	棉花播种面积（千公顷）		油料播种面积（千公顷）	
	全国[a]	重点县[b]	全国[a]	重点县[b]
全　国	5926.1	626.1	11315.8	3169.9
河　北	680.0	119.7	498.3	156.0
山　西	104.0	1.1	166.8	101.5
内蒙古	2.6	0.0	532.5	173.0
吉　林	0.5	2.8	243.2	78.2
黑龙江	0.0	0.0	176.5	111.5
安　徽	375.9	101.7	864.3	268.5
江　西	81.7	3.5	603.5	134.2
河　南	700.0	182.8	1497.4	470.4
湖　北	514.2	13.6	1171.7	293.9
湖　南	172.0	1.5	693.7	151.3
广　西	2.5	1.1	152.8	36.2
海　南	0.0	0.0	32.9	3.0
重　庆	0.2	0.2	192.9	141.9
四　川	21.6	1.9	996.1	221.7
贵　州	1.4	1.4	433.1	258.8
云　南	0.2	0.3	135.9	115.1
陕　西	89.1	27.9	252.1	146.6
甘　肃	79.3	0.1	278.7	173.4
青　海	0.0	0.0	150.6	78.1
宁　夏	0.0	0.0	51.1	39.5
新　疆	1782.6	166.5	130.0	17.0

数据来源：
(a)中国农村统计年鉴
(b)县（市）社会经济统计年鉴

2-1-4 2007年各地区粮、棉、油、肉产量

地 区	粮食产量（万吨）		棉花产量（吨）	
	全国[a]	重点县[b]	全国[a]	重点县[b]
全 国	50160.3	10045.3	7623597	791458
河 北	2841.6	548.0	724738	125844
山 西	1007.1	182.7	115076	587
内蒙古	1810.7	550.7	3621	1
吉 林	2453.8	138.2	500	1931
黑龙江	3462.9	590.3	0	0
安 徽	2901.4	1027.0	374208	137878
江 西	1904.0	480.5	127641	11295
河 南	5245.2	1424.1	750000	180234
湖 北	2185.4	525.4	557300	18023
湖 南	2692.2	417.8	244200	1544
广 西	1396.6	255.6	2070	687
海 南	177.5	23.9	0	0
重 庆	1088.0	448.6	114	114
四 川	3027.0	647.9	16731	1259
贵 州	1100.9	769.8	562	539
云 南	1460.7	778.1	308	192
陕 西	1067.9	367.3	89771	29603
甘 肃	824.0	411.0	129424	62
青 海	106.2	50.3	0	0
宁 夏	323.5	107.8	30	0
新 疆	867.0	300.5	3012744	281665

数据来源：
(a)中国农村统计年鉴
(b)县（市）社会经济统计年鉴

2-1-4 续表

地区	油料产量（万吨）		肉类总产量（万吨）	
	全国[a]	重点县[b]	全国[a]	重点县[b]
全 国	2568.7	553.4	6865.7	1501.5
河 北	138.1	27.0	396.2	79.1
山 西	13.5	7.3	58.1	20.7
内蒙古	79.4	18.7	205.0	85.0
吉 林	28.7	5.4	231.7	21.4
黑龙江	21.3	15.1	165.0	36.2
安 徽	199.2	52.0	323.8	125.8
江 西	82.7	18.7	244.7	54.6
河 南	484.0	145.7	542.9	128.5
湖 北	254.8	48.9	310.0	84.4
湖 南	110.1	23.7	422.7	71.2
广 西	33.8	4.0	329.0	67.0
海 南	6.8	0.9	54.7	5.4
重 庆	30.7	21.4	159.3	79.0
四 川	204.3	47.2	564.2	184.8
贵 州	69.7	36.5	150.6	135.9
云 南	22.1	15.9	266.1	173.8
陕 西	39.1	19.5	96.0	43.6
甘 肃	42.4	22.5	76.9	43.8
青 海	28.0	14.5	31.4	16.4
宁 夏	7.7	5.1	22.8	9.1
新 疆	26.9	3.5	125.7	36.1

数据来源：
(a)中国统计年鉴
(b)县（市）社会经济统计年鉴

2-1-5 2007年各地区农村居民年末拥有主要生产性固定资产原值和数量

地区	固定资产原值(元/户)		房屋及建筑物面积(平米/户)		汽车(辆/百户)	
	全国[(a)]	重点县[(b)]	全国[(a)]	重点县[(b)]	全国[(a)]	重点县[(b)]
全 国	8389.8	5099.2	27.8	26.0	1.9	1.1
河 北	10561.7	5664.7	22.1	16.8	3.4	1.7
山 西	5086.9	3390.2	13.5	14.2	4.0	2.4
内蒙古	15359.9	11045.6	57.7	42.8	1.7	1.1
吉 林	13244.3	8282.6	37.1	22.3	2.3	0.5
黑龙江	14017.7	8721.1	28.8	21.8	1.1	0.3
安 徽	8229.9	3078.2	21.9	14.5	1.5	0.7
江 西	5020.5	2379.3	31.0	22.7	1.1	0.5
河 南	7756.5	5522.8	13.7	12.4	1.4	1.1
湖 北	4996.0	2351.1	24.4	23.7	1.0	0.8
湖 南	4063.3	2257.5	26.6	18.8	1.0	0.1
广 西	5186.5	4563.5	24.2	20.0	0.9	0.8
海 南	7512.2	4274.7	9.6	4.0	0.5	1.3
重 庆	3862.2	2887.9	35.1	31.4	0.8	1.4
四 川	5820.3	5956.0	39.1	42.4	1.2	1.3
贵 州	4738.9	4521.5	27.9	27.1	1.2	1.0
云 南	7927.7	5924.3	36.4	35.8	2.3	0.7
陕 西	7240.0	3592.6	16.3	16.0	1.8	0.9
甘 肃	7995.6	5356.0	31.9	23.2	1.1	1.6
青 海	11223.9	8219.5	41.7	45.8	2.5	1.9
宁 夏	16917.7	9818.7	61.9	49.5	4.5	2.2
新 疆	14676.7	5725.5	39.0	37.7	1.9	1.8

数据来源：
(a)全国农村住户调查
(b)国家农村贫困监测调查

2-1-6 2007年各地区农村居民家庭经营费用支出

地区	家庭经营支出（元/人）		其中：种植业（元/人）		林业（元/人）	
	全国[a]	重点县[b]	全国[a]	重点县[b]	全国[a]	重点县[b]
全　国	1432.7	809.3	507.9	423.6	10.1	15.2
河　北	1627.8	795.0	485.1	424.1	5.8	2.1
山　西	872.4	357.2	307.9	231.6	2.5	1.9
内蒙古	2501.3	1451.8	986.1	796.4	3.0	4.1
吉　林	2045.1	1851.4	1143.6	1591.3	3.4	14.4
黑龙江	3282.9	1927.1	1547.3	1732.7	5.7	1.7
安　徽	1062.2	724.6	550.5	459.0	5.3	13.1
江　西	1148.6	618.6	471.3	379.4	4.4	3.8
河　南	1194.5	863.9	457.0	515.6	6.1	10.4
湖　北	1262.0	767.0	510.4	351.9	8.6	5.1
湖　南	1150.6	595.6	352.2	277.4	7.4	7.1
广　西	1243.9	918.6	512.5	334.8	11.4	28.3
海　南	1208.9	633.9	414.9	190.3	27.8	26.0
重　庆	846.3	847.4	198.8	287.8	4.8	2.6
四　川	1368.5	1024.3	311.6	353.5	3.9	10.3
贵　州	723.0	623.5	214.9	220.0	1.8	2.3
云　南	1423.9	933.0	476.2	441.4	57.9	58.0
陕　西	1011.6	551.7	395.8	333.3	4.9	8.6
甘　肃	884.5	455.8	475.9	288.3	18.0	12.9
青　海	795.9	510.4	250.9	198.7	2.2	2.4
宁　夏	1769.9	1010.6	574.0	471.2	4.1	1.8
新　疆	2630.3	929.2	1025.1	586.2	17.1	7.3

数据来源：
(a)全国农村住户调查
(b)国家农村贫困监测调查

2-1-6 续表1

地区	牧业（元／人）		渔业（元／人）		二、三产业（元／人）	
	全国[a]	重点县[b]	全国[a]	重点县[b]	全国[a]	重点县[b]
全国	540.3	300.3	45.5	4.3	45.5	14.1
河北	644.1	207.1		1.0	166.2	53.8
山西	253.0	86.2		0.1	12.7	2.4
内蒙古	1186.0	615.4	0.8	0.2	12.5	3.3
吉林	533.7	216.9	1.4	0.3	26.5	5.5
黑龙江	730.2	183.1	21.3	4.5	1.6	0.0
安徽	245.4	138.3	45.3	26.5	11.8	41.5
江西	372.1	160.2	26.7	9.1	40.1	8.4
河南	448.5	221.0	13.7	3.1	52.1	28.1
湖北	369.8	345.7	77.6	3.0	19.2	8.8
湖南	464.0	259.7	28.1	1.6	46.9	4.6
广西	504.2	432.1	34.9	4.6	23.8	35.2
海南	317.7	186.3	299.6	194.8	46.3	0.0
重庆	547.8	496.2	5.4	0.9	2.9	12.0
四川	840.5	583.4	27.3	0.9	16.0	18.4
贵州	429.5	370.0	1.9	0.5	5.1	4.1
云南	607.2	389.3	3.1	3.3	17.5	6.2
陕西	337.1	152.7	0.9	1.6	13.3	2.3
甘肃	204.2	116.0	0.7	0.0	5.4	7.7
青海	259.1	165.9	2.7	0.0	12.5	4.6
宁夏	795.1	484.6	64.5	0.0	66.0	16.2
新疆	501.0	275.0		0.0	9.9	7.9

数据来源：
(a)全国农村住户调查
(b)国家农村贫困监测调查

2-1-6 续表2

地 区	建筑业（元／人）		交通运输邮电业（元／人）		批零贸易餐饮业（元／人）	
	全国[a]	重点县[b]	全国[a]	重点县[b]	全国[a]	重点县[b]
全 国	14.1	8.9	49.1	19.5	37.7	15.2
河 北	7.2	40.6	60.5	25.9	63.5	26.9
山 西	2.6	3.2	71.3	19.1	73.7	9.6
内蒙古	5.5	2.6	13.8	9.2	14.5	13.6
吉 林	2.1	1.6	22.2	4.2	7.1	14.3
黑龙江	11.4	1.0	27.5	3.1	5.1	0.0
安 徽	2.7	7.6	27.1	28.4	39.5	4.1
江 西	30.4	13.0	29.7	8.1	52.4	24.1
河 南	19.7	20.6	35.4	23.7	36.2	32.3
湖 北	32.6	5.5	36.0	21.1	42.4	17.2
湖 南	13.7	5.3	46.5	9.5	63.9	24.7
广 西	2.4	10.5	39.5	39.0	32.2	21.4
海 南	1.0	1.1	34.3	5.1	0.4	24.5
重 庆	2.4	3.5	10.7	14.5	28.4	14.7
四 川	4.7	6.4	56.7	24.6	21.1	19.9
贵 州	7.5	4.5	18.5	9.5	9.2	5.8
云 南	1.4	5.8	48.6	17.5	45.6	6.0
陕 西	16.4	4.1	61.1	35.5	21.5	4.7
甘 肃	3.2	2.9	21.2	12.2	18.7	11.4
青 海	4.1	3.1	73.8	42.6	98.0	79.1
宁 夏	0.5	0.3	71.5	22.6	9.3	7.4
新 疆	7.0	13.3	93.1	13.6	42.1	10.2

数据来源：
(a) 全国农村住户调查
(b) 国家农村贫困监测调查

2-1-6 续表 3

地 区	社会服务业（元／人）		文教卫生业（元／人）		其他行业（元／人）	
	全国[(a)]	重点县[(b)]	全国[(a)]	重点县[(b)]	全国[(a)]	重点县[(b)]
全 国	6.7	2.8	3.3	1.4	5.8	4.1
河 北	8.3	5.3	10.5	3.4	5.03	4.7
山 西	21.9	1.8	2.1	0.6	7.04	0.9
内蒙古	2.9	4.4	0.9	1.4	1.52	1.1
吉 林	0.1	0.0	0.4	0.0	2.2	2.9
黑龙江	0.6	0.1	0.5	0.4	1.56	0.6
安 徽	3.1	3.1	1.6	1.5	4.11	1.5
江 西	11.0	3.2	4.8	1.5	11.8	7.8
河 南	6.9	5.1	5.5	1.7	2.65	2.2
湖 北	8.0	1.5	1.5	1.8	3.28	5.5
湖 南	12.7	1.7	9.0	2.4	9.75	1.9
广 西	1.1	4.1	2.4	2.4	2.95	6.1
海 南	2.8	5.0	0.1	0.1	1.18	0.8
重 庆	1.5	2.4	1.0	0.8	1.41	11.9
四 川	6.8	2.1	1.8	0.1	1.79	4.5
贵 州	1.5	0.6	5.1	3.2	2.13	3.0
云 南	1.6	1.1	1.4	0.4	6.58	4.0
陕 西	10.7	2.5	2.9	1.9	7.44	4.7
甘 肃	6.2	3.0	0.2	0.3	3.92	1.1
青 海	0.5	0.1	3.9	1.5	10.42	12.4
宁 夏	2.6	0.4	0.2	0.2	1.36	5.8
新 疆	4.7	9.0	3.7	0.2	14.12	6.5

数据来源：
(a)全国农村住户调查
(b)国家农村贫困监测调查

2-1-7 2007年各地区农村居民人均纯收入

地 区	人均纯收入（元）		其中：工资性收入		家庭经营收入	
	全国[a]	重点县[b]	全国[a]	重点县[b]	全国[a]	重点县[b]
全 国	4140.4	2278.0	1596.2	783.6	2193.7	1306
河 北	4293.4	2793.8	1754.3	1198.1	2249.7	1375
山 西	3665.7	1951.0	1521.0	925.0	1860.4	851
内蒙古	3953.1	2225.2	716.9	608.7	2786.1	1136
吉 林	4191.3	1968.9	711.3	281.6	2830.7	1293
黑龙江	4132.3	2152.6	773.9	231.9	2848.9	1477
安 徽	3556.3	2759.9	1470.1	1230.4	1820.9	1355
江 西	4044.7	2082.1	1611.5	844.0	2212.7	1110
河 南	3851.6	3174.7	1267.7	1336.1	2398.2	1641
湖 北	3997.5	2353.0	1454.5	1025.1	2379.8	1170
湖 南	3904.2	1923.4	1712.3	685.3	1963.8	1083
广 西	3224.1	2429.1	1128.8	841.2	1973.4	1454
海 南	3791.4	2433.6	665.2	315.7	2870.4	1961
重 庆	3509.3	2582.3	1559.3	1135.6	1639.8	1270
四 川	3546.7	2395.0	1438.7	718.6	1863.3	1524
贵 州	2374.0	2059.3	846.9	757.3	1320.1	1143
云 南	2634.1	2056.9	521.6	470.8	1910.2	1442
陕 西	2644.7	2164.4	1036.2	938.3	1346.3	955
甘 肃	2328.9	1780.5	716.4	629.4	1426.9	989
青 海	2683.8	2241.0	790.9	706.4	1477.3	1323
宁 夏	3180.8	2216.5	1021.4	815.2	1862.1	1099
新 疆	3183.0	2202.2	330.8	296.1	2625.7	1795

数据来源：
(a)全国农村住户调查
(b)国家农村贫困监测调查

2-1-8 2007年各地区农民人均生活消费支出

单位：元/人

地区	人均消费支出		其中：1.食品		2.衣着	
	全国[(a)]	重点县[(b)]	全国[(a)]	重点县[(b)]	全国[(a)]	重点县[(b)]
全　国	3223.9	1931.3	1389.0	980.1	193.5	111.8
河　北	2786.8	2019.3	1025.7	863.9	185.7	133.0
山　西	2682.6	1615.6	1033.7	764.0	260.9	153.4
内蒙古	3256.2	2177.8	1280.1	958.4	228.4	152.3
吉　林	3065.4	2041.3	1240.9	1005.2	228.0	134.8
黑龙江	3117.4	1828.6	1077.3	773.1	254.0	145.6
安　徽	2754.0	2293.7	1192.6	1102.3	166.3	122.1
江　西	2994.5	1939.0	1492.0	1019.1	147.7	81.0
河　南	2676.4	2245.8	1017.4	997.2	189.7	157.6
湖　北	3090.0	2483.7	1479.0	1329.7	168.6	109.6
湖　南	3377.4	1739.2	1675.2	1005.0	161.8	74.8
广　西	2747.5	2248.7	1378.8	1151.0	86.9	73.6
海　南	2556.6	1812.4	1430.3	1067.9	86.3	69.7
重　庆	2526.7	2393.4	1376.0	1320.7	136.3	126.5
四　川	2747.3	1867.6	1435.5	1175.6	156.7	107.1
贵　州	1913.7	1706.2	998.4	935.1	99.4	81.5
云　南	2637.2	1902.9	1226.7	1012.2	112.5	80.2
陕　西	2559.6	1919.8	941.8	829.0	161.1	121.3
甘　肃	2017.2	1599.8	944.1	835.6	112.2	91.7
青　海	2446.5	1783.3	1069.0	927.7	191.8	149.9
宁　夏	2528.8	2094.5	1019.4	906.7	184.3	134.6
新　疆	2350.6	1433.5	939.0	738.9	218.2	165.8

数据来源：
(a)全国农村住户调查
(b)国家农村贫困监测调查

2-1-8 续表1

单位：元/人

地区	3.居住		4.家庭设备用品及服务		5.医疗保健	
	全国[a]	重点县[b]	全国[a]	重点县[b]	全国[a]	重点县[b]
全　国	573.8	289.3	149.1	79.8	210.2	161.5
河　北	628.0	352.7	140.5	113.3	188.1	197.5
山　西	392.8	173.2	120.9	62.1	170.9	140.6
内蒙古	474.0	259.1	117.6	80.1	281.5	220.2
吉　林	399.1	168.4	121.0	70.0	311.4	206.2
黑龙江	691.0	349.1	105.0	55.6	272.5	151.0
安　徽	479.5	349.0	144.2	113.8	177.0	246.7
江　西	474.5	241.5	121.5	77.9	167.7	153.4
河　南	615.6	450.1	136.4	115.0	173.2	214.6
湖　北	434.9	366.3	166.3	104.9	178.8	176.0
湖　南	508.3	177.1	152.6	70.1	220.0	105.2
广　西	554.1	400.0	112.2	89.4	149.0	203.5
海　南	305.9	170.8	93.3	74.7	95.6	170.2
重　庆	263.7	305.5	138.3	106.6	168.6	185.8
四　川	366.5	174.4	142.6	65.9	174.8	113.5
贵　州	329.6	258.4	70.9	65.3	79.3	127.7
云　南	586.1	350.9	107.2	68.6	167.9	148.1
陕　西	512.4	248.1	106.8	87.7	222.5	181.2
甘　肃	295.2	223.2	91.4	62.5	149.8	134.6
青　海	359.7	206.1	122.2	66.3	229.3	177.6
宁　夏	450.6	348.4	109.3	108.9	239.4	205.3
新　疆	445.0	230.2	91.5	48.3	210.7	97.0

数据来源：
(a)全国农村住户调查
(b)国家农村贫困监测调查

2-1-8 续表2

单位：元/人

地区	6.交通和通讯		7.文教娱乐用品及服务		8.其他消费支出	
	全国[a]	重点县[b]	全国[a]	重点县[b]	全国[a]	重点县[b]
全　国	328.4	160.6	305.7	114.4	74.2	33.7
河　北	318.2	200.2	243.3	124.1	57.4	34.5
山　西	268.8	205.7	371.0	94.4	63.8	22.3
内蒙古	375.6	287.4	423.8	178.0	75.3	42.4
吉　林	337.5	208.1	339.8	193.2	87.9	55.3
黑龙江	335.3	199.3	312.3	128.3	70.0	26.7
安　徽	258.3	197.9	283.2	122.4	53.0	39.6
江　西	277.2	206.9	252.8	115.9	61.1	43.3
河　南	269.5	151.6	212.4	122.5	62.3	37.2
湖　北	281.1	208.8	284.1	139.2	97.1	49.3
湖　南	278.8	163.0	293.9	105.3	86.9	38.8
广　西	246.0	166.7	172.5	110.9	48.0	53.6
海　南	248.1	137.3	224.0	81.1	73.2	40.7
重　庆	208.7	186.8	196.0	134.9	39.1	26.7
四　川	241.5	101.0	177.2	94.4	52.6	35.9
贵　州	154.5	153.7	147.3	57.0	34.2	27.6
云　南	216.7	115.8	181.7	100.9	38.4	26.3
陕　西	254.7	240.9	304.5	164.5	55.7	47.0
甘　肃	186.2	136.9	208.9	97.3	29.4	18.1
青　海	292.1	71.4	135.1	143.2	47.2	41.0
宁　夏	265.8	149.1	192.0	204.1	68.2	37.5
新　疆	234.7	41.8	166.3	99.2	45.3	12.4

数据来源：
(a)全国农村住户调查
(b)国家农村贫困监测调查

2-1-9 2007年各地区农村居民人均主要食品消费量

单位：公斤/人

地区	谷物及制品		食用油		蔬菜及制品	
	全国[a]	重点县[b]	全国[a]	重点县[b]	全国[a]	重点县[b]
全　国	194.9	187.6	6.0	4.4	99.0	87.3
河　北	185.4	186.7	7.2	5.3	55.2	66.4
山　西	187.2	174.9	6.4	4.5	74.1	66.9
内蒙古	190.9	174.7	3.8	2.5	77.7	66.3
吉　林	182.9	200.7	6.8	3.3	132.5	97.6
黑龙江	152.3	163.2	10.8	7.6	105.4	85.8
安　徽	191.9	200.6	6.4	6.2	76.4	99.6
江　西	238.4	214.9	7.4	5.4	137.7	121.5
河　南	203.2	227.3	4.6	4.8	102.1	98.4
湖　北	201.3	153.3	3.8	3.3	143.6	124.6
湖　南	220.0	206.2	8.0	3.9	131.5	110.6
广　西	183.8	177.4	4.3	2.2	102.8	75.8
海　南	208.7	208.2	4.2	3.7	98.9	68.9
重　庆	186.6	158.7	4.7	4.5	144.4	146.4
四　川	196.7	184.1	4.6	5.2	132.3	103.4
贵　州	173.8	181.8	3.2	2.1	130.6	110.2
云　南	174.6	174.3	3.1	3.2	86.4	92.4
陕　西	179.1	157.3	6.8	5.6	52.7	70.4
甘　肃	240.5	221.5	3.7	4.0	38.9	62.3
青　海	196.1	191.8	3.0	5.6	42.6	38.6
宁　夏	198.4	201.0	6.3	5.7	76.5	65.6
新　疆	221.9	211.8	10.8	8.5	70.8	41.4

数据来源：
(a)全国农村住户调查
(b)国家农村贫困监测调查

2-1-9 续表1

单位：元/人

地区	肉类		禽蛋		奶类	
	全国[a]	重点县[b]	全国[a]	重点县[b]	全国[a]	重点县[b]
全　国	20.5	19.6	4.7	2.2	3.5	1.8
河　北	9.4	8.7	6.3	4.5	3.4	1.8
山　西	7.1	5.7	6.0	3.4	6.9	2.5
内蒙古	26.8	19.8	4.4	2.7	6.6	4.5
吉　林	15.8	18.5	7.5	2.6	2.6	0.8
黑龙江	12.2	7.7	5.6	3.5	3.2	0.7
安　徽	15.2	13.5	4.9	4.4	1.1	0.6
江　西	19.2	16.1	3.3	1.9	1.6	0.8
河　南	8.8	11.6	8.9	5.1	1.5	1.1
湖　北	22.7	24.1	4.2	2.0	0.5	0.3
湖　南	23.4	17.7	3.2	1.5	0.9	0.2
广　西	25.6	31.9	1.3	1.0	0.2	0.1
海　南	25.9	21.1	1.5	1.0	0.1	0.1
重　庆	32.1	37.8	5.8	4.0	1.2	0.6
四　川	33.1	28.9	4.8	1.9	1.6	5.7
贵　州	28.4	27.4	1.3	1.2	0.2	0.1
云　南	33.0	28.2	1.9	1.6	0.3	0.2
陕　西	7.3	10.0	2.2	1.7	3.1	1.4
甘　肃	14.5	13.8	1.7	1.4	2.4	1.4
青　海	25.2	23.7	0.7	0.6	26.7	11.4
宁　夏	16.2	13.9	2.3	2.5	5.0	2.0
新　疆	14.5	13.2	1.1	0.5	6.2	7.8

数据来源：
(a)全国农村住户调查
(b)国家农村贫困监测调查

2-1-9 续表2

单位：公斤/人

地区	水产品		水果		酒类	
	全国[a]	重点县[b]	全国[a]	重点县[b]	全国[a]	重点县[b]
全国	5.4	1.6	13.1	8.0	10.2	7.6
河北	2.6	1.4	12.7	8.9	9.6	10.4
山西	0.8	0.4	12.5	5.6	4.0	3.0
内蒙古	1.9	1.4	10.1	8.4	14.4	11.9
吉林	4.4	4.4	19.1	10.1	17.0	12.9
黑龙江	4.2	3.3	17.0	9.5	19.1	12.6
安徽	5.8	4.8	6.6	4.6	12.7	12.0
江西	6.1	4.5	12.2	8.3	10.8	7.7
河南	1.5	2.3	10.3	7.9	6.3	8.2
湖北	9.4	3.1	11.5	8.2	12.4	11.4
湖南	7.0	2.2	17.1	11.7	5.7	3.9
广西	4.2	2.5	9.7	7.5	8.0	11.3
海南	15.2	14.9	10.6	6.2	4.3	8.3
重庆	3.1	1.3	9.7	8.5	12.5	13.6
四川	2.6	0.6	13.6	5.4	9.2	8.4
贵州	0.5	1.0	9.1	8.5	6.3	7.2
云南	1.6	1.0	11.6	8.8	7.5	7.7
陕西	0.4	0.4	10.4	7.4	3.9	5.7
甘肃	0.3	0.2	6.3	4.2	5.9	4.3
青海	0.3	0.2	6.5	4.5	3.3	2.2
宁夏	0.7	0.2	23.9	18.8	3.1	2.9
新疆	0.5	0.0	22.2	11.0	1.2	0.5

数据来源：
(a)全国农村住户调查
(b)国家农村贫困监测调查

2－2 教育与卫生

2-2-1 2007年各地区中小学学校数

单位：个

地 区	普通中学数		小学数	
	全国[a]	重点县[b]	全国[a]	重点县[b]
全 国	76703	14641	341639	106537
河 北	4464	944	19162	5943
山 西	3207	746	21647	8216
内蒙古	1484	426	4884	1920
吉 林	1591	173	7010	701
黑龙江	2516	283	9288	1478
安 徽	4087	1160	18204	5969
江 西	2732	667	14244	4191
河 南	6045	1371	31410	8860
湖 北	3198	713	11422	4315
湖 南	4394	756	15859	3421
广 西	2776	525	15152	3753
海 南	574	72	3050	435
重 庆	1373	463	8754	4725
四 川	5181	903	17372	3622
贵 州	2633	1353	14076	9439
云 南	2266	1174	18127	12342
陕 西	2688	1032	18590	9918
甘 肃	2155	1033	14685	11841
青 海	498	248	2841	1668
宁 夏	403	162	2373	1875
新 疆	1891	437	4815	1905

数据来源：
(a)中国统计年鉴
(b)县（市）社会经济统计年鉴

2-2-2 2007年各地区中小学专职教师数

单位：人

地区	中学专职教师数		小学专职教师数	
	全国[a]	重点县[b]	全国[a]	重点县[b]
全国	4850660	796749	5587557	1112530
河北	287121	52722	315278	65607
山西	165122	29310	193386	41669
内蒙古	95116	27009	116582	39710
吉林	94619	8456	134450	13707
黑龙江	142528	13308	160511	19169
安徽	208365	51299	256368	68441
江西	162742	38544	195538	50052
河南	376406	86070	478153	119509
湖北	235681	50250	209342	50829
湖南	256047	44799	247567	44439
广西	154368	24547	206912	42010
海南	29756	3068	51635	5657
重庆	95782	31377	113724	45340
四川	265540	42185	306886	61348
贵州	128274	67037	188762	104237
云南	138465	68364	222022	121247
陕西	162876	58087	184573	76165
甘肃	106106	54830	135491	77534
青海	20765	10197	28124	13271
宁夏	23343	8135	33108	14816
新疆	106975	27155	134718	37773

数据来源：
(a)中国统计年鉴
(b)县（市）社会经济统计年鉴

2-2-3 2007年各地区中小学在校学生数

单位：人

地区	中学在校学生数		小学在校学生数	
	全国[a]	重点县[b]	全国[a]	重点县[b]
全国	8451.9	1482.9	10711.5	2315.6
河北	480.6	87.1	470.2	94.9
山西	263.9	45.1	337.7	68.5
内蒙古	155.1	41.5	156.4	46.0
吉林	149.0	8.8	155.6	12.0
黑龙江	216.8	20.4	210.3	25.1
安徽	470.2	127.0	558.3	166.6
江西	267.6	68.6	399.9	116.4
河南	772.2	179.1	997.1	274.7
湖北	435.9	92.5	391.3	105.6
湖南	384.6	62.3	429.3	75.6
广西	303.0	46.5	460.1	79.1
海南	61.3	5.4	104.7	8.8
重庆	179.4	64.8	252.3	113.3
四川	501.5	85.0	721.8	164.2
贵州	256.3	135.2	474.4	278.9
云南	244.6	125.8	452.3	255.6
陕西	307.9	108.0	325.1	126.1
甘肃	204.7	106.6	298.4	183.5
青海	32.7	14.4	52.2	23.8
宁夏	42.1	16.6	69.7	32.5
新疆	157.3	42.2	209.8	64.4

数据来源：
(a)中国统计年鉴
(b)县（市）社会经济统计年鉴

2-2-4 2007年各地区农村乡镇卫生院及床位、人员数

地区	机构数(个)	床位数(张)	人员数(人)	每千农业人口		乡镇数(个)
				床位	人员	
总计	39876	747156	1032921	0.85	1.18	34369
北京	150	3323	6716	1.17	2.36	183
天津	180	2366	4948	0.62	1.30	137
河北	1962	42759	44497	0.88	0.92	1961
山西	1727	21500	28092	0.93	1.21	1196
内蒙古	1616	13170	19435	0.91	1.35	641
辽宁	1008	21916	24194	1.02	1.12	942
吉林	791	13243	25459	0.89	1.72	621
黑龙江	920	12675	21418	0.64	1.08	899
上海	6	360	406	0.20	0.22	110
江苏	1352	52187	74063	1.31	1.86	1055
浙江	1857	18626	42399	0.56	1.28	1203
安徽	1842	41122	54571	0.79	1.05	1273
福建	853	16938	20237	0.73	0.88	929
江西	1531	21748	33126	0.66	1.00	1396
山东	1677	64019	82839	1.08	1.40	1388
河南	2084	58493	86088	0.72	1.06	1892
湖北	1160	33143	65087	0.89	1.75	944
湖南	2325	45903	65717	0.86	1.23	2166
广东	1336	39167	73294	1.00	1.87	1148
广西	1266	27212	37781	0.66	0.92	1126
海南	309	5000	8238	0.96	1.58	204
重庆	1049	19877	26309	0.84	1.12	897
四川	4834	65838	73549	0.99	1.10	4409
贵州	1453	19162	19290	0.57	0.58	1449
云南	1397	27412	23884	0.75	0.66	1305
西藏	666	2207	1873	0.97	0.82	682
陕西	1701	22339	29169	0.82	1.06	1581
甘肃	1333	15955	16684	0.80	0.84	1222
青海	381	2323	2769	0.64	0.76	366
宁夏	242	1615	3439	0.42	0.89	191
新疆	868	15558	17350	1.34	1.50	853

注：全国及各地区农业人口系推算数。

资料来源：
2008年中国卫生统计年鉴

2-2-5 2007年各地区乡镇卫生院诊疗人次及住院人数

地区	诊疗人次（万人次）	其中：门急诊	入院人数（万人）	出院人数（万人）	病床使用率（%）	平均住院日（日）	医师人均每日担负 诊疗人次	医师人均每日担负 住院床日
总计	**75855.9**	**72123.2**	**2662.2**	**2644.5**	**48.4**	**4.8**	**7.69**	**0.89**
北京	834.5	828.7	4.2	4.1	31.0	6.7	12.51	0.35
天津	534.6	500.5	11.3	11.3	54.3	3.8	8.86	0.49
河北	3323.3	3062.6	124.7	125.2	43.8	4.8	7.22	0.98
山西	1236.3	1060.6	33.5	32.4	33.6	5.1	4.11	0.50
内蒙古	1119.6	1055.2	32.9	30.2	38.8	4.0	4.95	0.49
辽宁	1088.8	1047.3	60.2	59.7	39.0	3.9	4.84	0.86
吉林	859.5	822.5	37.8	36.5	32.2	3.6	3.73	0.48
黑龙江	897.1	825.3	42.8	42.4	58.7	12.1	4.63	1.87
上海	46.2	44.9	0.3	0.3	79.2	28.4	10.64	1.53
江苏	5872.5	5705.7	123.3	122.0	47.7	6.6	8.66	0.86
浙江	5516.5	5172.7	28.3	28.2	33.6	6.3	12.02	0.29
安徽	3653.6	3479.4	143.6	147.3	46.0	4.0	7.75	0.94
福建	1857.9	1760.3	114.7	113.1	55.2	2.8	8.95	1.11
江西	2191.7	1972.1	154.2	150.3	58.8	2.6	7.30	1.00
山东	5195.8	4860.8	183.0	183.6	44.9	4.7	6.46	0.80
河南	5349.1	5091.6	254.1	249.8	54.6	7.4	8.50	1.24
湖北	3081.3	2994.2	88.2	88.9	49.1	5.8	5.04	0.64
湖南	3318.8	3075.1	162.7	163.6	54.6	6.4	4.89	0.85
广东	7080.9	6914.7	156.7	156.8	52.5	4.4	12.15	0.85
广西	3191.3	3111.1	166.5	164.4	60.2	3.2	9.33	1.13
海南	554.3	550.5	14.1	14.1	34.2	4.2	10.45	0.78
重庆	2586.5	2530.8	86.2	86.4	62.5	4.8	8.77	1.02
四川	7322.4	7013.1	305.4	304.7	54.8	3.9	8.91	1.07
贵州	1472.6	1395.0	106.2	106.5	55.8	3.2	6.41	1.09
云南	2587.2	2470.9	76.2	75.0	43.9	5.1	9.87	1.10
西藏	237.2	213.4	2.3	2.8	30.3	3.2	29.50	1.00
陕西	1695.0	1658.0	43.6	43.1	34.5	6.3	6.22	0.71
甘肃	1426.9	1321.5	40.6	38.2	23.9	4.4	8.59	0.80
青海	251.5	227.0	11.3	11.2	49.7	2.5	7.70	0.80
宁夏	377.5	368.8	3.6	3.6	35.6	4.6	8.78	0.31
新疆	1059.6	988.7	49.5	48.6	60.2	5.1	7.37	1.44

数据来源：
中国卫生统计年鉴

2-2-6 2007年各地区村卫生室及人员数

地　区	总村数(个)	村卫生室(个)	设置卫生室的村占总村数(%)	乡村医生和卫生员(人)	每千农业人口乡村医生和卫生员(人)
总　计	**612712**	**613855**	**88.7**	**931761**	**1.06**
北　京	3954	2834	71.7	3612	1.27
天　津	3840	1893	49.3	4681	1.23
河　北	49162	60271	100.0	76126	1.57
山　西	28167	24538	87.1	31473	1.36
内蒙古	11433	15025	100.0	16393	1.14
辽　宁	11760	21346	100.0	25938	1.20
吉　林	8838	8825	99.9	13905	0.94
黑龙江	9054	12746	100.0	22347	1.13
上　海	1830	1577	86.2	2204	1.21
江　苏	17080	12336	72.2	40889	1.02
浙　江	30978	14842	47.9	12291	0.37
安　徽	18106	20642	100.0	44433	0.85
福　建	14803	17470	100.0	29452	1.27
江　西	16866	22367	100.0	35827	1.08
山　东	80866	57464	71.1	110495	1.87
河　南	47533	60792	100.0	109101	1.34
湖　北	25722	23714	92.2	38180	1.03
湖　南	44203	39030	88.3	35910	0.67
广　东	19493	24308	100.0	32175	0.82
广　西	14361	21818	100.0	35420	0.86
海　南	2543	2021	79.5	2423	0.46
重　庆	9065	10102	100.0	21530	0.91
四　川	48919	50748	100.0	61139	0.92
贵　州	18091	19154	100.0	25070	0.75
云　南	11036	13040	100.0	34083	0.94
西　藏	5746	3418	59.5	2220	0.98
陕　西	27526	24505	89.0	33163	1.21
甘　肃	16239	13768	84.8	15807	0.79
青　海	4164	3568	85.7	4329	1.18
宁　夏	2370	2718	100.0	3748	0.97
新　疆	8964	6975	77.8	7397	0.64

注：北京、天津、浙江等地区部分村的基本医疗服务由社区卫生服务站和诊所提供。

数据来源：
中国卫生统计年鉴

2－3 环境保护与林业

2-3-1 各地区六次森林资源清查中森林覆盖率

单位：%

地 区	第一次全国森林资源清查(1973-1976)	第二次全国森林资源清查(1977-1981)	第三次全国森林资源清查(1984-1988)	第四次全国森林资源清查(1989-1993)	第五次全国森林资源清查(1994-1998)	第六次全国森林资源清查(1999-2003)
全 国	12.7	12.0	13.0	13.9	16.6	18.2
北 京	11.2	8.1	12.1	15.0	18.9	21.3
天 津	2.7	2.6	5.4	7.5	7.5	8.1
河 北	10.8	9.0	10.8	13.4	18.1	17.7
山 西	7.0	5.2	33.0	8.1	11.7	13.3
内蒙古	0.8	11.9	6.3	12.1	12.7	17.7
辽 宁	17.8	25.1	11.9	26.9	31.0	33.0
吉 林	25.8	32.2	27.0	33.6	37.4	38.1
黑龙江	34.9	33.6	34.4	35.6	38.7	39.5
上 海	1.7	1.3	1.5	2.5	3.7	3.2
江 苏	3.3	3.2	3.8	4.0	4.5	7.5
浙 江	38.9	33.7	39.7	43.0	50.8	54.4
安 徽	12.7	13.0	16.4	16.3	23.0	24.0
福 建	48.5	37.0	41.2	50.6	60.5	63.0
江 西	36.7	32.8	35.9	40.4	53.4	55.9
山 东	8.7	5.9	10.5	10.7	12.6	13.4
河 南	10.9	8.5	9.4	10.5	12.5	16.2
湖 北	23.5	20.3	20.7	21.3	26.0	26.8
湖 南	31.1	32.5	31.9	32.8	38.9	40.6
广 东	33.9	27.7	27.3	36.8	45.8	46.5
广 西	23.3	22.0	22.0	25.3	34.4	41.4
海 南	_	_	25.4	31.3	39.6	48.9
重 庆	_	_	_	_	_	22.3
四 川	13.3	12.0	19.2	20.4	23.5	30.3
贵 州	14.5	13.1	12.6	14.8	20.8	23.8
云 南	24.9	24.0	24.4	24.6	33.6	40.8
西 藏	5.1	5.1	5.1	5.8	5.9	11.3
陕 西	22.3	21.7	22.9	24.2	28.7	32.6
甘 肃	3.2	3.9	4.5	4.3	4.8	6.7
青 海	0.3	0.3	0.4	1.5	0.4	4.4
宁 夏	0.5	1.4	1.8	0.4	2.2	6.1
新 疆	0.9	0.7	0.9	0.8	1.1	2.9

注：全国森林覆盖率数据含香港特别行政区、澳门特别行政区和台湾省。

资料来源：
五次全国森林资源统计

2-3-2 2007年各地区天然林资源保护工程建设情况

单位：公顷

地区	公益林建设									
	当年造林面积								年末实有封山育林面积	
	合计	按造林方式分		按林种用途分					合计	其中:本年新封
		当年人工造林面积	当年飞播造林面积	用材林	经济林	防护林	薪炭林	特种用途林		
全国合计	732882	113711	70004	549167	25822	7713	686855	200	12292	5480946
北京										
天津										
河北										
山西	25468			25468			25468			196497
内蒙古	123338		29998	93340			114643		8695	518889
辽宁										
吉林										137097
黑龙江										532438
上海										
江苏										
浙江										
安徽										
福建										
江西										
山东										
河南	6287			6287	1452		4835			65464
湖北	16832	2280		14552	934	673	15225			395326
湖南										
广东										
广西										
海南										22014
重庆	36650			36650	3180	127	33343			185272
四川	251612	67369		184243	9560	1838	239497	200	517	1017364
贵州	32148			32148	334	600	30147		1067	353855
云南	66237	12963		53274	4407	2708	59043		79	752568
西藏	1119	133		986			1119			107401
陕西	107455	15850	40006	51599	5155	1767	100533			476029
甘肃	33552	13739		19813	800		30818		1934	295690
青海	15964	1377		14587			15964			213405
宁夏	16220			16220			16220			116800
新疆										94837
大兴安岭										

数据来源：
林业统计年鉴

2-3-2 续表

地 区	年末实有森林管护面积（公顷）		自工程实施以来累计一次性安置职工人数及费用			全部林业投资完成额（万元）	
	合 计	其中：年末个体承包管护面积	合 计（人）	其中：本年一次性安置职工人数	本年一次性安置费（万元）	合 计	其中：国家投资
全国合计	99308272	17048544	487616	138694	127379	820496	666496
北 京							
天 津							
河 北							
山 西	2415187	399388	858			13908	11258
内蒙古	14198067	2146044	45917	554	755	87667	24822
辽 宁							
吉 林	3773887	875512	74205	10539	16939	49243	43343
黑龙江	8763853	5799112	256180	111430	89995	261275	255044
上 海							
江 苏							
浙 江							
安 徽							
福 建							
江 西							
山 东							
河 南	886925		2176			4682	3926
湖 北	3216065	1477267	11892	4	9	15729	14860
湖 南							
广 东							
广 西							
海 南	459000		2733			4040	2699
重 庆	2590652	1314284	5034	68	250	15588	9074
四 川	20334971	1223267	15546	1687	3615	115101	68836
贵 州	5376000	1467872	5336	101	680	18963	14139
云 南	12412907	695591	7033			54365	50002
西 藏	126487					2357	2256
陕 西	8179182	918763	6054	103	82	40095	36239
甘 肃	3712855	140833	8050	977	1834	33208	33208
青 海	2044896		112	50	17	12925	6413
宁 夏	1000211	138	216	113		3745	3745
新 疆	1899787		6564	112	90	8684	7711
大兴安岭	7917340	590473	39710	12956	13113	78921	78921

数据来源：
林业统计年鉴

2-3-3 2007年各地区林业系统野生动植物保护及自然保护区建设工程情况

单位：个、百公顷

地区	(一)年末实有自然保护区个数		(二)年末实有自然保护区面积		(三)禁猎(伐)区	
	合计	其中:国家级	合计	其中:国家级	个数	面积
全国合计	1766	213	1215353	758360	2481	789020
北京	16	1	1270	47	16	1276
天津	6	1	672	54		
河北	17	4	4311	824	3	434
山西	45	5	11515	824		
内蒙古	136	16	98463	22663	74	313597
辽宁	64	7	13378	1906	62	4879
吉林	28	7	22246	6812	8	5529
黑龙江	95	13	29417	10440	126	14288
上海	1	1	242	242		
江苏	23	1	3920	780	4	795
浙江	17	6	928	746	57	624
安徽	26	4	3593	1124	26	1712
福建	92	9	4967	1516		
江西	132	6	8750	872	828	3129
山东	44	3	10090	1685		
河南	22	9	4708	3058	27	1935
湖北	41	4	8428	1999	58	6141
湖南	105	11	12264	4388	112	5551
广东	225	5	9588	978	492	21872
广西	56	10	14331	2138	58	1922
海南	27	5	2393	682	1	1846
重庆	44	3	8281	1855	5	1605
四川	119	15	75602	13331	118	45031
贵州	99	7	7260	2138	291	35
云南	135	13	28604	13070	68	10180
西藏	19	8	403080	370131	7	320000
陕西	39	8	9994	2946	5	305
甘肃	47	12	95365	65351	22	14956
青海	10	5	217969	204081		
宁夏	6	5	4332	4166	2	2878
新疆	22	7	88121	13548		
大兴安岭	8	2	11270	3967	11	8500

资料来源：
林业统计年鉴

2–3–3 续表

单位：个、百公顷

（四）野生动物	（五）狩猎场	（六）从事野生动植物及自然保护区建设的职工人数		（七）全部林业投资完成额（万元）	
个数	个数	合计	其中：各类专业技术人员	合计	其中：国家投资
24	214	41693	11630	79580	55464
2	1	707	186	229	100
		121	52		0
1		952	274	3198	1679
		462	127	2606	1465
	1	2582	599	3418	3022
2	1	1168	479	1168	766
	1	1861	528	2682	1053
	6	1637	306	4308	4008
1	24	67	36	859	0
		578	52	2140	1600
1	2	681	388	1521	888
1		620	268	433	381
		883	429	2883	2003
1	3	3212	749	1525	1062
2		2943	528	620	517
	4	2208	528	1233	711
1	5	1372	524	3634	1837
1	84	3767	981	2739	1096
2	2	1714	483	3200	635
		2185	498	2842	1065
1		168	16	2650	2650
1	32	847	275	1885	0
2	8	2100	682	4722	3277
1	9	797	230	227	192
1		2711	907	4396	2683
		87	10	10432	10432
1	3	938	548	2504	1150
	3	2823	466	1454	1454
	1	184	44	5538	5458
1		222	62	2596	2596
1	24	844	274	1284	1207
		252	101	654	477

资料来源：
林业统计年鉴

2-3-4 2007 年各地区退耕还林工程建设情况

地 区	(一)当年人工造林面积（公 顷）			(二)当年种草面积（公 顷）	(三) 年末实有封山(沙) 育林面积(公顷)		(四) 全部林业投资完成额 （万元）	
	合 计	退耕地造林面积	荒山荒地造林面积		合 计	其中：本年新封	合 计	其中：国家投资
全国合计	1124735	85294	1002525	36916	1487883	40742	2351366	2178614
北 京							3486	3414
天 津					24667		1180	0
河 北	69392	9229	42630	17533	134640		152951	149261
山 西	80234		80234		50264		118440	111950
内蒙古	73044	19733	47890	5421	136309	1000	221470	220642
辽 宁	46459		46459		124805		67611	65195
吉 林	8150	7123	1027		35665	26668	54195	54195
黑龙江	59805	16738	43067		86665		68287	68000
上 海								
江 苏								
浙 江								
安 徽	16557		16557		23630		52913	47634
福 建								
江 西	53333		53333		23381		46471	39193
山 东								
河 南					63497		73620	73620
湖 北	46667		46667		61868		91034	78530
湖 南	46352	6650	39702		73092		135477	97675
广 东								
广 西	54036	9096	44273	667	42023		79104	62972
海 南	5993		5993		28014		14800	14800
重 庆	60000		60000		41502		161460	150658
四 川	36961		36961		66344		325582	304470
贵 州	60002		53370	6632	151243		155441	150782
云 南	43843	9570	34273		66101		137035	114046
西 藏	10000		10000		880		6422	6374
陕 西	90050		90050		40800		76727	72786
甘 肃	75337	449	74888		59995		164713	164713
青 海	21923	3110	18813		43368	13074	57210	57210
宁 夏	24690		24690		8667		11953	11857
新 疆	41907	3596	31648	6663	100463		73784	58637
大兴安岭								

注：全国合计中包括军事管理区100000公顷荒山荒地造林。此表数据含京津风沙源工程中的退耕还林。

数据来源：林业统计年鉴

2-3-4　续表

地　区	（五）补助粮、款兑现情况							
	当年粮款兑现退耕地总面积（公顷）	自工程实施以来累计粮食兑现数量总计（吨）			自工程实施以来累计生活费兑现金额总计（万元）			当年粮款兑现涉及户数（户）
		合计	其中：当年粮食兑现数量合计		合计	其中：当年生活费兑现金额合计		
			合计	其中：当年新退耕地粮食兑现数量		合计	其中：当年新退耕地生活费兑现金额	
全国合计	8780329	9877931	2238995	80734	1113897	257441	9015	28695673
北　京	28538	31561	5862		3254	700		166172
天　津	4244	2998	898		568	128		21000
河　北	597402	451864	128295	3129	67519	18130	748	1890791
山　西	458654	434295	100644	4344	58973	13758	600	851943
内蒙古	900380	751137	188919	3372	106391	26817	483	1276587
辽　宁	232079	191636	48570	2100	27231	6948	300	386052
吉　林	154942	122534	27119	1832	20493	4207	112	169944
黑龙江	222579	199252	52754	3912	37289	7166	660	153615
上　海								
江　苏								
浙　江								
安　徽	194967	285750	64541	1159	27725	6096	113	1280698
福　建								
江　西	176092	254718	57815	3330	22552	5499	254	800210
山　东								
河　南	249059	273589	66044		31568	7470		1229548
湖　北	371268	429576	101474	210	37163	9026	278	1712172
湖　南	473249	659252	174468	26394	67040	14229	1931	2467701
广　东								
广　西	188535	363662	78422	1870	20283	5435	73	629091
海　南	40000	48900	13042		4800	1200		26518
重　庆	437840	572966	140320	6258	53809	13079	672	2519236
四　川	859854	1435830	282523	3846	130515	25798	360	5726374
贵　州	435106	370333	137059	3570	52115	13053	340	2021240
云　南	269071	619400	110638	2555	39525	9525	55	1016359
西　藏	6247	20949	1929		618	278		18906
陕　西	1152348	1185665	212394	6991	129163	27820	966	2088302
甘　肃	623009	605270	140809	3080	81928	18691	400	1425238
青　海	160255	215140	34255		25593	4818		247714
宁　夏	312120	113378	18749		33964	9344	300	342000
新　疆	232491	238277	51452	2782	33818	8227	370	228262
大兴安岭								

资料来源：
林业统计年鉴

2-3-5 2007年各地区三北、长江流域等重点防护林体系工程建设情况

单位：公顷

地区	（一）当年造林面积								
	合计	按造林方式分			按林种用途分				
		人工造林	飞播造林	无林地和疏林地新封山育林	用材林	经济林	防护林	薪炭林	特种用途林
全国合计	574219	417009	13334	143876	9791	97223	466705	348	152
北京	1028	1028			48	16	823		141
天津	1521	1521			180	270	1071		
河北	76496	29332	13334	33830	707	3746	72043		
山西	43993	30967		13026		568	43425		
内蒙古	33881	26677		7204	1218		32663		
辽宁	40603	36776		3827	438	1206	38948		11
吉林	10031	9170		861			10031		
黑龙江	29160	24026		5134	1049	287	27824		
上海	40	40					40		
江苏	9846	9846			892	48	8906		
浙江	3857	2767		1090	64	26	3767		
安徽	8358	3582		4776		5	8353		
福建	1510	1510					1510		
江西	7403	3673		3730	500	45	6858		
山东	4275	4275			102	53	4120		
河南	17473	14338		3135	960	275	16238		
湖北	9335	9335			534		8801		
湖南	13724	2717		11007		11	13713		
广东	997	497		500			997		
广西	4452	3214		1238	1444	12	2996		
海南	792	792					792		
重庆									
四川									
贵州	13332			13332		333	12999		
云南	4708	4284		424			4708		
西藏	10200	10200					10200		
陕西	36739	31215		5524		192	36547		
甘肃	32384	19931		12453		1293	31091		
青海	5508	5508					5508		
宁夏	32658	30171		2487		15725	16933		
新疆	119915	99617		20298	1655	73112	44800	348	
大兴安岭									

数据来源：
林业统计年鉴

2-3-5 续表

地 区	(二)低产低效林改造面积(公顷)	(三)年末实有封山(沙)育林面积(公顷)	(四)全部林业投资完成额(万元)	
			合 计	其中:国家投资
全国合计	21058	1663812	165879	91273
北 京		2667	7289	1790
天 津		1347	5125	1700
河 北	100	148114	12447	8172
山 西		117310	9953	9713
内蒙古		303517	4077	3716
辽 宁	478	21212	21125	19057
吉 林		7999	1750	1675
黑龙江		13067	4842	3111
上 海			392	30
江 苏	10		2155	1092
浙 江		28543	2443	2418
安 徽	262	18945	1894	997
福 建	32	1344	939	880
江 西	3772	37870	2837	2181
山 东			7668	615
河 南		28604	1650	1208
湖 北		1667	1932	1158
湖 南	1433	26948	3101	2924
广 东	6253	6654	5173	1583
广 西		13352	1282	1033
海 南			3700	2200
重 庆				
四 川				
贵 州	200	68957	1009	891
云 南		9118	640	433
西 藏		10000	1220	1220
陕 西		10659	4419	3983
甘 肃	934	152639	5152	5152
青 海	100	177120	1662	1660
宁 夏	384	25219	6936	4335
新 疆	7100	430940	43067	6346
大兴安岭				

资料来源:
林业统计年鉴

2-3-6 2007年各地区京津风沙源治理工程建设情况

指标名称	单位	全国合计	北京	天津	河北	山西	内蒙古
一、治理情况							
（一）造林面积	公顷	315132	9273	2495	100443	31159	171762
按造林方式分							
1.人工造林	公顷	133966	6673	628	40178	2532	83955
2.飞播造林	公顷	33866		1867	10666	12667	8666
3.无林地和疏林地新封山育林	公顷	147300	2600		49599	15960	79141
（二）年末实有封山（沙）育林面积	公顷	1678712	63165	24667	645706	151745	793429
（三）草地治理面积	公顷	186577	800		29565	1334	154878
（四）小流域治理	公顷	71486	6000	2212	29100	3200	30974
（五）水利设施	处	13934		1908	2195	6294	3537
（六）生态移民人数	人	14865	365		2050	3310	9140
（七）生态移民户数	户	3700	30		644	894	2132
二、全部林业投资完成额	万元	320929	18709	1005	121800	33942	145473
其中：国家投资	万元	298768	8122	939	120696	31877	137134

数据来源：
林业统计年鉴

3．2007年国家扶贫开发工作重点县主要经济指标

（河北省）

单位编码	乡（镇）个数（个）	年末总人口（万人）	其中：乡村人口（万人）	乡村从业人员数（万人）	其中：农林牧渔业（万人）	农业机械总动力（万千瓦特）	农村用电量（万千瓦时）
灵寿县	15	31.8	27.4	13.3	8.5	38.1	24865
赞皇县	11	24	21.8	11.5	4.9	39	19153
平山县	23	46.5	42	20.9	14.4	88.8	9568
青龙自治县	25	53.4	49.7	26.0	14.9	20.1	7812
大名县	20	78.2	69.1	31.8	26.3	84.4	15012
涉县	17	39.7	34.9	18.1	7.2	31.4	5148
广平县	7	25.9	23.1	10.7	6.7	28.9	6084
魏县	21	83.5	77.8	33.7	25.6	92.3	7189
临城县	8	20	18.1	8.5	6.4	21.5	3569
巨鹿县	10	37.4	34.8	19.0	12.1	51	10610
广宗县	8	28.1	27	13.2	8.1	21.4	6013
阜平县	13	21.5	18.2	8.2	5.9	14	3158
唐县	20	57	50.3	25.9	17.2	46.5	9913
涞源县	17	27.2	22.6	12.2	8.6	17.7	2781
顺平县	10	30.8	27.4	14.8	11.0	38.4	13558
张北县	18	35.6	30.7	17.7	11.9	29.1	3401
康保县	15	28.1	25.2	13.8	10.9	34.1	2354
沽源县	14	22.2	19.7	11.7	9.6	11.2	1517
尚义县	14	19.3	16.7	10.1	7.4	7.9	1727
蔚县	22	46.7	42.3	18.5	12.6	29	7220
阳原县	14	27.6	23.6	11.3	7.8	11.2	2479
怀安县	11	24.4	21	11.2	7.5	8.8	8469
万全县	11	22.4	18.9	10.4	6.9	10.8	9233
赤城县	18	29.3	26.1	11.1	8.0	21.8	1577
崇礼县	10	12.4	10.7	5.8	4.2	7.4	978
平泉县	19	47.1	41.4	22.7	11.0	28.9	11103
滦平县	21	32.6	28.8	15.2	8.2	20	37850
隆化县	25	42.5	37.8	22.1	14.2	25	4467
丰宁自治县	26	38.9	33.3	17.8	9.4	29	5348
宽城自治县	18	24	20.8	10.3	6.2	9.8	35978
围场自治县	37	52.6	46.3	23.7	18.0	39.6	6004
东光县	9	35.7	31.3	16.0	7.3	50.7	19836
海兴县	7	22.2	18.6	10.1	6.2	28.2	7483
盐山县	12	42.2	38	20.3	11.2	48	9307
南皮县	9	36.1	32.7	15.1	10.6	76.1	14145
献县	18	57.8	52.6	26.1	16.3	66.4	41244

数据来源：县（市）社会经济统计年鉴

单位编码	国内生产总值（万元）	第一产业增加值（万元）	财政总收入（万元）	其中:地方财政预算内收入（万元）	财政总支出（万元）	其中:支农支出（万元）	粮食总产量（吨）
灵寿县	437767	79278	20008	9133	39877	450	130579
赞皇县	332250	82714	16003	6791	27160	973	109790
平山县	1067155	131115	140657	44107	98760	4755	197798
青龙自治县	457523	96702	61696	26455	74508	3273	119811
大名县	560907	175503	10136	5346	61437	2933	505898
涉县	1421219	45467	161165	42340	87548	3611	87079
广平县	356477	60564	10075	4837	29432	3316	155503
魏县	681591	135951	14126	6289	58978	7296	480126
临城县	246604	39428	17676	5424	25428	1569	88508
巨鹿县	313464	63382	13121	4123	35544	4633	147458
广宗县	198697	74423	4821	1504	23407	1835	76075
阜平县	149322	34064	15850	6667	33470	1372	56812
唐县	264840	70884	11671	4402	43933	884	165402
涞源县	265046	20835	61057	20343	51852	1563	78873
顺平县	208320	57183	11667	4468	31467	885	119431
张北县	314822	108861	24009	10031	47629	3481	30926
康保县	151402	65352	6006	2238	33269	1384	10402
沽源县	120110	59754	4858	2583	28191	1589	26836
尚义县	107000	43912	5407	2275	27133	3811	3847
蔚县	457052	64345	36958	15170	63631	2080	100002
阳原县	276163	41456	35043	9386	38177	1877	47126
怀安县	162308	39732	32826	8319	41083	689	61515
万全县	181581	41372	18528	5693	30598	1037	84974
赤城县	218473	65049	42500	22900	51919	10082	21817
崇礼县	122247	26235	15866	8070	25063	696	11909
平泉县	522955	140834	56218	15605	65517	4651	231204
滦平县	580722	77222	95800	23709	68403	12510	102954
隆化县	398259	114304	46294	12583	64245	4963	237214
丰宁自治县	469573	137592	56755	23183	71368	2037	117042
宽城自治县	790309	60185	117899	30432	72282	3589	68125
围场自治县	328210	125641	18420	6364	61801	7379	106120
东光县	556923	130398	30875	7624	46206	5932	228937
海兴县	158098	34126	12868	4569	28437	4347	96801
盐山县	477533	77314	26641	7894	48676	4394	256789
南皮县	354315	89411	37554	6467	43169	2869	187600
献县	727125	178528	30364	7804	54037	5721	357819

（河北省、山西省）

单位编码	乡（镇）个数（个）	年末总人口（万人）	其中：乡村人口（万人）	乡村从业人员数（万人）	其中：农林牧渔业（万人）	农业机械总动力（万千瓦特）	农村用电量（万千瓦时）
孟村自治县	6	19.4	17.6	8.5	4.6	24.1	41221
武邑县	9	31.7	29.7	14.3	7.4	39.4	14193
武强县	6	21.4	19.4	10.0	5.9	41.1	8954
娄烦县	7	12.1	10.4	4.8	3.1	5.9	1017
阳高县	12	28.3	24.3	8.4	5.9	16.4	2517
天镇县	10	21.6	18.1	6.8	5.1	14.9	1897
广灵县	8	17.7	16	5.4	3.9	7.8	2046
灵丘县	12	23.5	20.5	8.3	5.5	14	1923
浑源县	17	34.9	29.5	13.0	8.1	14.2	2819
平顺县	11	15.5	14	6.7	4.4	9.7	1715
壶关县	12	28.7	26.2	11.8	6.5	10.5	6845
武乡县	13	20.4	17.8	8.3	5.7	12.2	2253
右玉县	9	11.1	9	3.9	2.3	15.8	762
左权县	9	16.1	13.8	6.3	3.9	13.1	2356
和顺县	9	14.2	10.9	4.5	3.2	12.6	1872
平陆县	9	24.6	22.1	11.2	8.3	35.7	4125
五台县	18	31	27.6	8.4	5.1	12.7	2304
代县	10	19.9	16.5	6.7	4.7	13.2	2339
繁峙县	12	26.3	22.8	7.4	5.5	10.3	4174
宁武县	13	15.9	11.6	4.7	2.8	6.2	634
静乐县	13	15.5	13.8	5.6	3.7	6.7	713
神池县	9	10.3	8.6	2.9	2.2	11.2	1170
五寨县	11	11.2	9.1	3.4	2.4	10.5	624
岢岚县	11	8.1	6.7	2.9	2.4	8.8	432
河曲县	12	14	11.4	4.3	2.9	5.6	1206
保德县	12	15.9	14	5.0	2.3	13.7	14528
偏关县	9	10.9	9	3.5	2.4	11.4	911
吉县	7	10.6	9.1	3.3	2.4	5	318
大宁县	5	6.7	5.1	2.0	1.5	3.7	136
隰县	7	11	8	3.3	2.5	5.9	572
永和县	6	6.2	5.5	1.7	1.4	1.8	173
汾西县	7	14.6	12.5	5.5	3.9	8.2	609
兴县	16	30.1	24.6	10.3	7.7	12.1	1205
临县	22	60.8	54.8	20.6	13.0	8.1	3416
石楼县	8	11.3	9.3	3.3	2.6	4.1	686
岚县	11	18.3	15.6	6.5	4.4	5.7	1163

单位编码	国内生产总值（万元）	第一产业增加值（万元）	财政总收入（万元）	其中：地方财政预算内收入（万元）	财政总支出（万元）	其中：支农支出（万元）	粮食总产量（吨）
孟村自治县	271392	29798	20079	5965	29519	3304	97205
武邑县	289433	108122	11809	4094	33813	3423	273335
武强县	237055	53720	10014	2972	26808	1763	200422
娄烦县	103955	3954	40158	19296	47236	10826	5600
阳高县	97506	31943	10068	3388	42082	6607	107078
天镇县	86100	28611	5458	2126	34595	4139	62918
广灵县	92389	29320	8062	2386.3	33313	5172	64467
灵丘县	171198	13962	32018	9621	38730	5957	36039
浑源县	178695	60695	14128	4963	33705	2547	85307
平顺县	81209	20239	15098	4657	29159	2416	39134
壶关县	258354	19339	35188	11116	45443	3012	84921
武乡县	208838	16415	64795	23671	48698	3196	91245
右玉县	82537	18067	16609	6140	29317	2549	12124
左权县	167464	13129	46399	23996	48783	4279	52097
和顺县	140075	16184	30098	11051	34804	5747	71258
平陆县	132141	18540	15978	4772	38268	6076	70074
五台县	142436	19200	17891	8902	53304	5324	113414
代县	213375	18043	46000	16391	38161	4860	74169
繁峙县	155300	16800	28238	10243	42242	4523	69127
宁武县	145552	5800	38122	12137	37116	4717	21486
静乐县	84144	16443	14668	7167	34300	1100	40399
神池县	48051	23052	10542	3424	18178	911	111330
五寨县	60445	19187	11406	4566	28838	451	84370
岢岚县	56511	18450	5866	2225	30286	3688	36024
河曲县	307132	14519	70970	23813	46598	3659	50364
保德县	253390	13200	76164	22912	46772	4005	33911
偏关县	115000	14749	22666	6734	31731	4327	37511
吉县	65361	14192	3259	2241	24955	1400	44001
大宁县	26626	3692	2185	949	20456	993	22611
隰县	61490	12729	4873	2036	27292	1764	59165
永和县	24024	8761	1165	684	19780	828	32967
汾西县	149457	8322	14823	7443	31315	1039	42936
兴县	89380	22751	15120	4780	44148	2827	54442
临县	137708	23780	14747	5167	74850	9237	43095
石楼县	28026	7585	2461	1161	25984	1014	12643
岚县	100126	13400	11547	3815	30833	4327	28501

（山西省、内蒙古自治区、吉林省）

单位编码	乡（镇）个数（个）	年末总人口（万人）	其中：乡村人口（万人）	乡村从业人员数（万人）	其中：农林牧渔业（万人）	农业机械总动力（万千瓦特）	农村用电量（万千瓦时）
方山县	6	14.4	12.2	3.9	2.5	9.5	968
中阳县	6	14.2	10	3.4	1.3	9.1	3478
托克托县	5	20	14.9	8.4	5.8	24.9	5173
和林格尔县	7	18.7	15.2	7.7	6.5	32.8	4196
清水河县	6	14.2	9.7	4.9	3.5	7.7	823
武川县	8	17.4	13.2	7.6	6.5	25.4	2477
固阳县	6	21.2	8.5	5.9	4.5	30.6	5133
达尔安联合旗	8	11.4	5.4	4.7	2.7	20.8	1632
巴林左旗	9	35.9	30.5	17.0	12.9	28.5	6884
巴林右旗	8	18.1	12.3	4.6	4.2	21	2908
林西县	8	23.8	18.8	9.0	6.3	21.6	7218
克什克腾旗	11	25.1	19.6	9.1	7.6	19.4	4872
翁牛特旗	12	47.5	42.1	19.4	14.0	30.6	14310
喀喇沁旗	8	34.2	30.3	14.1	9.3	17.2	7249
宁城县	13	59.8	52.1	24.7	15.4	26.8	7731
敖汉旗	16	59.5	53.6	30.1	21.5	42.4	20144
库伦旗	6	17.7	13.4	7.5	7.3	17.1	2212
奈曼旗	12	44.1	37.4	19.7	15.3	43.2	9355
准格尔旗	9	28.5	14.2	8.7	5.2	39.3	3097
鄂托克前旗	4	7.4	3.6	2.7	2.6	12.8	2487
杭锦旗	7	13.9	6.5	5.0	4.3	24.8	1903
乌审旗	6	10.3	5.5	3.9	3.1	30.5	1806
伊金霍洛旗	6	15.2	7.1	4.9	3.8	20	3985
化德县	4	17.5	8.9	5.5	4.5	10	635
商都县	9	34.7	16.1	10.4	7.8	19	4443
察哈尔右翼前旗	8	24.7	14.4	8.0	7.1	12	1505
察哈尔右翼中旗	9	21.5	15.3	8.9	7.7	23	3512
察哈尔右翼后旗	7	21.8	9.7	5.7	4.5	11.7	1405
四子王旗	11	21.1	14.9	9.5	8.4	28.9	1134
科尔沁右翼中旗	8	25.7	16.9	8.3	7.6	39.4	2319
扎赉特旗	9	39.6	30.5	15.7	14.5	63.9	4117
太仆寺旗	6	20.9	13.4	8.0	7.0	18.8	1384
多伦县	4	10.2	6.9	4.2	3.6	12.3	1147
靖宇县	8	14.5	6.2	3.4	2.6	7.3	1594
镇赉县	11	29.4	16.5	8.8	7.2	54	5048
通榆县	16	36.5	23.3	12.1	10.5	60.3	3593

单位编码	国内生产总值（万元）	第一产业增加值（万元）	财政总收入（万元）	其中:地方财政预算内收入（万元）	财政总支出（万元）	其中:支农支出（万元）	粮食总产量（吨）
方山县	85444	8180	15150	4725	30624	1854	17013
中阳县	309558	7773	62858	16914	39858	3681	15472
托克托县	1122819	97422	173534	49551	83013	7854	201667
和林格尔县	919892	117933	104686	36502	69764	20699	182455
清水河县	220976	47712	18928	8363	30586	1859	92593
武川县	297151	32508	15068	6474	37307	5764	52821
固阳县	384116	63600	55006	35196	54203	2649	91410
达尔安联合旗	663431	70800	89458	46497	77869	21273	68381
巴林左旗	417261	97065	42186	18593	74785	8831	226275
巴林右旗	207237	49701	19498	11530	72893	18894	81088
林西县	234372	52329	23544.1	9383.4	59273	5271	125133
克什克腾旗	423971	79403	75169	75013	84815	405	74466
翁牛特旗	477537	181343	25258	12780	96353	7260	445423
喀喇沁旗	371977	57512	26999	11760	73228	10064	110855
宁城县	507465	143080	35277	15588	91555	13151	526903
敖汉旗	519338	186144	33666	15002	91461	4797	515678
库伦旗	1122408	70336	12629	8017	48950	858	275108
奈曼旗	1122408	12100	30251	18749	83806	6408	572290
准格尔旗	3000267	54812	600088	246940	249900	801	107708
鄂托克前旗	228845	50102	15350	9370	39959	0	106258
杭锦旗	298142	68892	25241	15240	51534	11747	210696
乌审旗	700082	58767	72199	30187	60812	10639	108544
伊金霍洛旗	2003806	44532	308999	117936	120635	9699	90301
化德县	1122408	31692	10000	3094	41355	6040	10319
商都县	1122408	64325	49669	5017	55170	2945	25154
察哈尔右翼前旗	1122408	64000	30000	13500	44569	5554	42774
察哈尔右翼中旗	1122408	52030	46746	3425	42593	4823	21508
察哈尔右翼后旗	1122408	52000	27303	12705	43221	2240	20872
四子王旗	1122408	72200	11009	4979	59408	2311	88150
科尔沁右翼中旗	1122408	80210	5937	3133	61026	8717	234663
扎赉特旗	1122408	136572	7466	3881	78917	18756	732061
太仆寺旗	168076	60080	11093	5273	42211	5215	32837
多伦县	201471	40210	28200	8279	51353	760	33072
靖宇县	184084	31827	56126	7525	51461	6271	47299
镇赉县	372860	106407	83300	17900	75610	16054	565562
通榆县	289656	97103	80411	8945	76689	15730	88667

（吉林省、黑龙江省、安徽省）

单位编码	乡（镇）个数（个）	年末总人口（万人）	其中：乡村人口（万人）	乡村从业人员数（万人）	其中：农林牧渔业（万人）	农业机械总动力（万千瓦特）	农村用电量（万千瓦时）
大安市	18	42.1	26.3	12.3	9.1	48	4879
龙井市	8	24.1	9.2	5.0	3.6	14.8	7609
和龙市	8	20.6	6.8	3.8	2.7	8.4	8041
汪清县	9	24.7	11.2	6.7	5.3	15.7	6942
安图县	9	21.6	9.2	4.6	3.2	9.6	3842
延寿县	9	27	17	7.6	5.7	27	4585
泰来县	10	32.7	22.7	11.8	8.7	48.4	9052
甘南县	10	33.9	26.5	15.9	13.1	31.8	3343
拜泉县	16	59.6	43.4	20.1	16.9	27.3	4191
绥滨县	9	13	11	5.7	4.6	19	575
饶河县	9	7.7	4.5	3.0	2.6	12.6	807
林甸县	8	27.4	18.6	10.4	8.2	45.8	3459
杜尔伯特县	11	25.3	16.7	9.6	6.8	49.6	3895
桦南县	10	44.4	31.2	16.3	12.9	24.5	25505
桦川县	9	21.8	15.7	7.3	6.2	29.3	4687
汤原县	10	26.6	15.3	8.7	6.6	21	8566
抚远县	9	12.1	8.2	4.9	4.7	24	846
同江市	10	12.9	7	3.8	3.4	13.9	1883
兰西县	15	48.4	39.6	18.5	13.0	22.6	6367
长丰县	15	79.2	69.8	40.4	18.7	49.7	12555
枞阳县	21	96.5	85	48.8	25.2	30.7	14548
潜山县	15	57.6	54	28.0	16.5	22.8	9345
太湖县	14	56	50.7	27.8	15.8	15.7	4577
宿松县	21	81.4	69.8	42.5	18.7	26.2	12305
岳西县	23	40.1	36.1	18.9	10.8	8.4	4936
临泉县	31	210.2	192.1	103.6	50.6	120.6	12666
阜南县	28	160.9	143.4	80.8	43.9	81	11537
颍上县	29	164.6	143.2	78.0	42.0	81.9	14312
无为县	23	141.3	100.9	67.6	32.9	55.6	36800
金安区	17	84.2	71.2	40.2	18.8	67.7	10871
寿县	25	134.6	126.9	70.9	43.1	159.9	12706
霍邱县	32	160.2	148.8	76.0	45.4	97.4	14920
舒城县	21	99.3	89.4	50.4	18.3	60	6840
金寨县	26	65.4	54.5	28.4	15.8	0	4804
霍山县	16	36.6	33.4	16.6	10.0	21.7	2385
利辛县	26	150.5	139.3	76.2	45.7	115.7	9886

单位编码	国内生产总值（万元）	第一产业增加值（万元）	财政总收入（万元）	其中:地方财政预算内收入（万元）	财政总支出（万元）	其中:支农支出（万元）	粮食总产量（吨）
大安市	405922	78397	104050	20634	94272	16605	248514
龙井市	189045	39845	75613	18029	72670	9637	197974
和龙市	195024	39450	65588	11879	63124	9971	89360
汪清县	207340	54669	59317	9394	56289	11512	67443
安图县	231277	45348	57216	11278	54186	9622	76700
延寿县	204360	66508	13876	10963	47528	3572	309524
泰来县	149783	64285	10321	8630	48796	3405	468114
甘南县	188136	90888	10001	5058	37638	3010	640627
拜泉县	329220	131861	7369	4493	63745	3421	518331
绥滨县	84910	39319	5361	2811	25332	3202	255247
饶河县	57304	29780	6108	3101	26036	3930	288380
林甸县	182566	85743	22422	10626	29555	2784	409136
杜尔伯特县	240811	107000	52494	20533	48568	4706	260017
桦南县	332015	154341	11517	5929	62243	5812	676646
桦川县	82324	31711	5930	2791	29517	3990	410662
汤原县	246602	131743	7347	3700	49758	4698	535071
抚远县	108670	68362	7078	4127	44034	9891	280600
同江市	144395	65156	10345	4300	53044	9808	315031
兰西县	160625	88146	7070	3502	58580	8855	535542
长丰县	699616	205256	55188	34711	95196	6185	593030
枞阳县	687837	182243	73118	47289	103142	6674	528282
潜山县	419636	97487	23652	17172	65802	5169	253059
太湖县	345440	119804	15881	12074	59487	7339	213437
宿松县	543634	195704	20006	14220	67074	6243	321597
岳西县	250396	73200	17096	12125	54818	6096	86381
临泉县	696291	328417	26962	14059	109932	2944	944047
阜南县	523776	221310	17716	11913	97037	6928	743971
颍上县	700070	206469	60150	26520	116982	8300	962388
无为县	1262067	258367	110009	49441	143010	6662	531021
金安区	507593	131852	28685	21223	75177	0	435071
寿县	663087	241400	22420	16726	97840	10113	1406373
霍邱县	807675	265098	41000	23131	115662	10298	1465331
舒城县	608554	153448	32680	20363	84383	10033	381489
金寨县	397589	113890	21008	13760	78126	4967	149063
霍山县	462200	56905	51100	26341	70093	6763	102510
利辛县	681977	271496	18230	13919	93319	9622	981284

（安徽省、江西省、河南省）

单位编码	乡（镇）个数（个）	年末总人口（万人）	其中：乡村人口（万人）	乡村从业人员数（万人）	其中：农林牧渔业（万人）	农业机械总动力（万千瓦特）	农村用电量（万千瓦时）
石台县	8	10.9	9.8	5.7	3.4	9.4	788
泾县	11	35.4	30.5	18.5	10.0	14	8470
莲花县	13	25.5	22	10.4	6.3	24.4	1572
修水县	36	78.1	69.1	33.4	19.0	32.5	8877
赣县	19	59.2	49.6	26.4	13.7	24.6	3962
上犹县	14	29.5	25.7	13.9	6.5	13.5	2814
安远县	18	35.8	29.9	15.1	7.5	9.3	1582
宁都县	24	75	64.6	33.5	21.5	30.1	4760
于都县	23	98	76.1	36.1	18.6	23.9	7685
兴国县	25	76.3	63.9	35.1	20.1	28.4	4265
会昌县	19	46.5	40.3	22.1	13.5	10.7	3711
寻乌县	15	31.1	26.3	13.1	9.8	17.5	2932
吉安县	19	45.3	37	19.1	11.3	39	4082
遂川县	23	54.2	49	26.1	13.5	17.6	9705
万安县	16	30.3	25.1	11.9	7.7	23.8	2213
永新县	23	48.4	40.6	20.7	12.1	30.3	3818
井冈山市	17	15.6	11	5.7	3.4	5.9	1524
乐安县	15	35.6	27	13.5	8.8	28	4355
广昌县	11	23.7	19.6	9.7	6.5	14.3	2446
上饶县	23	75.2	66.8	31.2	13.8	29.3	4299
横峰县	9	20.7	17.1	8.0	4.8	8.8	2283
余干县	20	94	84.9	41.5	23.2	69.4	10958
鄱阳县	30	149.3	129.5	64.3	29.5	82.6	11661
兰考县	16	81.7	67.5	43.7	27.5	82.6	10099
栾川县	13	32.7	28.8	18.0	10.1	26.2	5548
嵩县	15	54.7	48.9	30.9	21.9	44.4	6838
汝阳县	12	45.7	38.1	24.7	16.3	33.5	10494
宜阳县	16	66.1	59.1	37.0	25.0	42.4	24760
洛宁县	17	49.3	41.3	27.1	17.6	32.7	6364
鲁山县	20	85.5	77.3	46.4	31.9	25.5	10146
滑县	21	125.8	120.5	79.6	50.8	233.2	34610
封丘县	19	75.8	68.5	36.5	24.5	94.6	8301
范县	12	52.8	42.2	25.9	18.5	70.9	5041
台前县	9	37.6	33	19.8	11.0	30.3	6358
卢氏县	19	37.6	32.9	17.6	13.6	17	2450
南召县	15	62.8	51.5	31.8	22.1	23.8	3500

单位编码	国内生产总值（万元）	第一产业增加值（万元）	财政总收入（万元）	其中：地方财政预算内收入（万元）	财政总支出（万元）	其中：支农支出（万元）	粮食总产量（吨）
石台县	67584	16000	5829	3569	23142	1392	20545
泾县	306317	77255	28117	17862	48036	3352	150770
莲花县	176223	46322	14560	8409	37122	6853	124769
修水县	392352	101804	50062	28585	85728	18745	205606
赣县	416152	96707	43645	22582	67996	12586	184599
上犹县	188690	57013	16042	9856	40958	9229	87913
安远县	192933	69954	14064	8309	46536	9873	105526
宁都县	493403	141841	24057	17771	74760	15746	360179
于都县	518775	117971	35776	21608	85409	13529	235595
兴国县	429517	144447	34803	16640	72129	13864	262817
会昌县	255711	85778	20200	12698	53128	9287	156828
寻乌县	213350	75941	15631	9350	39456	7650	95771
吉安县	385271	92104	43087	27085	70262	14497	400192
遂川县	305090	66087	24027	16930	61566	14601	206807
万安县	168960	52800	21909	11619	43541	10895	232266
永新县	286938	83375	18410	12920	57665	10018	251000
井冈山市	173780	26500	18626	13822	44892	7773	70718
乐安县	170000	51934	13159	9336	47376	9996	227202
广昌县	107544	27572	16503	12429	38178	7108	91918
上饶县	438448	66317	43664	24159	80509	11629	166366
横峰县	191544	26300	20578	11692.8	35587.3	5554	69695
余干县	413060	155780	32513	22490	98670	19041	559285
鄱阳县	515812	172163	30018	22027	132458	19462	710347
兰考县	710944	155704	20625	13711	62937	5706	444149
栾川县	1077744	81565	106878	101168	123456	9559	66464
嵩县	629216	156963	27311	23169	69486	8559	204906
汝阳县	485175	74584	62260	24068	61871	3779	167071
宜阳县	765810	179842	82155	26568	75378	7514	354120
洛宁县	531873	149596	23667	20018	65152	6682	247913
鲁山县	531787	102804	31000	29000	89023	6784	195691
滑县	943349	376540	26069	20282	101373	9504	1235429
封丘县	465584	181580	12198	12008	65078	6620	560555
范县	453763	75435	23236	12347	56689	4238	320265
台前县	317771	44705	7532	4683	45481	4933	164015
卢氏县	238184	60652	22876	14069	54086	4668	76286
南召县	702292	108241	26147	18501	64993	3295	195045

（河南省、湖北省）

单位编码	乡（镇）个数（个）	年末总人口（万人）	其中：乡村人口（万人）	乡村从业人员数（万人）	其中：农林牧渔业（万人）	农业机械总动力（万千瓦特）	农村用电量（万千瓦时）
淅川县	15	74.3	65.9	37.7	24.9	37.6	22312
社旗县	14	65.1	58.7	34.6	26.1	33.4	5121
桐柏县	15	43.8	34.7	20.6	13.5	44.6	5912
民权县	18	94	77.7	45.1	29.3	105.9	11188
睢县	20	84.4	74.6	46.0	31.3	100.2	6274
宁陵县	14	65.2	55.9	33.1	20.7	84.2	6630
虞城县	26	117.6	100.1	61.8	40.1	162.4	20923
光山县	17	86.2	69.4	41.4	22.6	23.1	11986
新县	15	36.9	28.3	17.5	7.1	9	2717
商城县	19	74.9	64.9	34.5	16.2	18.9	7258
固始县	32	165.4	146.1	83.0	43.6	49.6	13295
淮滨县	17	72	59.5	36.5	19.2	45.6	7240
沈丘县	20	129.7	113.8	66.7	41.6	95.7	17593
淮阳县	18	149.4	124	66.9	44.8	110.6	11352
上蔡县	24	139.1	128	79.3	57.6	102.7	13155
平舆县	18	96	86.2	58.8	38.8	119.1	7536
确山县	13	51	46	27.8	25.1	84.5	7813
新蔡县	22	104.6	94.8	65.0	43.6	84.5	8061
阳新县	16	99.3	71.9	35.0	14.6	21.8	28950
郧县	18	62.9	54.2	26.6	14.7	13.6	4458
郧西县	16	50.9	42.6	23.0	8.8	8.6	4586
竹山县	17	46.3	40.4	20.2	10.3	15.7	3646
竹溪县	15	36.9	30.1	14.4	7.2	13.6	2250
房县	19	48.9	39.9	22.0	9.7	10.6	3905
丹江口市	12	49.5	34.1	16.8	8.9	18.6	5813
秭归县	12	38.7	32.4	18.8	12.0	13.2	3515
长阳自治县	11	41.8	35.3	20.7	10.8	11.8	5350
孝昌县	12	65.1	58	27.3	13.2	21	4575
大悟县	17	62.9	51.6	26.9	13.3	13.9	6376
红安县	11	65.5	50.6	22.2	9.8	13.5	3938
罗田县	12	62.3	49	25.8	11.6	16.4	7141
英山县	11	39.4	32.1	18.1	9.2	15.7	5300
蕲春县	14	98.1	79.7	36.1	17.1	24.5	19960
麻城市	16	115.9	91.4	51.4	27.0	20	16246
恩施市	13	79.3	63.5	32.7	17.8	16.6	6861
利川市	12	86.9	78.2	39.3	19.7	15.3	4666

单位编码	国内生产总值（万元）	第一产业增加值（万元）	财政总收入（万元）	其中:地方财政预算内收入（万元）	财政总支出（万元）	其中:支农支出（万元）	粮食总产量（吨）
淅川县	873847	207209	35324	23096	88669	2156	253753
社旗县	541493	187786	66733	11071	63434	911	395821
桐柏县	709845	124437	27093	23037	60811	4700	216218
民权县	721719	247851	8532	8019	80008	8092	601239
睢县	676383	263779	11992	8518	75586	7738	547395
宁陵县	392305	126589	12494	7266	64650	6637	416037
虞城县	919452	353416	21539	13568	95518	6972	838604
光山县	590955	171066	21160	15163	78603	2924	550872
新县	393741	92866	12446	8810	60205	3195	117994
商城县	535601	158607	12402	10798	78666	3686	340543
固始县	1124236	406446	34691	28872	132113	6445	1150046
淮滨县	496026	145128	12637	8081	71680	4077	522435
沈丘县	799780	227942	38510	15666	95560	6880	694994
淮阳县	731078	340551	18217	14019	101176	6687	724783
上蔡县	783991	205775	17204	12666	95197	8502	856234
平舆县	614785	191000	19622	13366	76868	5551	618712
确山县	481410	144457	20943	12603	57066	6429	500553
新蔡县	571850	216319	13253	9566	78796	6881	663202
阳新县	785642	184542	50937	23258	93529	15273	343237
郧县	250068	80234	33410	10812	65655	3371	175652
郧西县	196405	74869	11252	6900	38800	1071	193759
竹山县	197298	67739	13333	7666	51021	3277.8	215441
竹溪县	176556	68177	12018	7253	46509	2013	157180
房县	193274	70015	12616	7943	69600	3000	152971
丹江口市	545033	77383	71768	25462	72882	3055	113565
秭归县	296445	67275	32197	11261	48945	3501	115401
长阳自治县	396465	95018	45566	13356	55515	882	133987
孝昌县	336700	130871	13599	9357	52621	3942	295916
大悟县	442556	129456	23954	13151	46432	8558	280084
红安县	306598	117398	41368	10888	43500	2595	266337
罗田县	283283	87496	29498	11155	53904	7695	207207
英山县	271500	123700	19746	7961	30331	1471	173089
蕲春县	578966	160038	45721	21224	70396	1484	393120
麻城市	643133	250835	53368	25241	94442	1200	495821
恩施市	528633	150633	48012	28967	95014	10893	216346
利川市	352204	169804	40120	19810	83808	6253	362410

（湖北省、湖南省、广西壮族自治区）

单位编码	乡（镇）个数（个）	年末总人口（万人）	其中：乡村人口（万人）	乡村从业人员数（万人）	其中：农林牧渔业（万人）	农业机械总动力（万千瓦特）	农村用电量（万千瓦时）
建始县	10	50.5	43	24.5	13.5	16.4	3774
巴东县	12	48.8	40.6	22.3	14.6	15.9	3566
宣恩县	9	34.9	31.9	16.5	9.8	11.2	2305
咸丰县	10	36.9	33.2	18.2	9.8	8.4	2051
来凤县	8	31.7	25.8	16.0	7.5	8.8	1638
鹤峰县	9	22	18.6	10.1	5.7	0	2104
神农架林区	8	8	4.8	2.8	1.4	4	712
邵阳县	22	98.2	88.8	51.9	38.6	30.2	5778
隆回县	26	112.8	100.6	56.8	42.0	22.6	9812
城步自治县	11	26.1	22.9	12.2	9.3	10.5	1592
平江县	27	104.3	91.6	48.0	27.3	46.3	7242
桑植县	38	44.6	40.6	22.5	13.8	20.7	2374
安化县	23	97.8	85.5	42.1	32.2	40.7	3444
汝城县	23	37	34.8	20.2	13.1	22.2	3721
桂东县	18	17.7	16.2	11.3	6.8	5.5	1177
新田县	19	37.1	36.5	20.7	12.2	20.3	1637
江华自治县	22	46.6	43.9	24.7	19.2	21	7015
沅陵县	23	65.3	57.5	32.4	21.1	24	5418
通道自治县	21	22.7	19.9	10.2	8.6	18.2	1536
新化县	26	131.9	123.7	66.5	45.3	50.2	6619
泸溪县	15	29.2	28.3	15.2	8.2	11.1	1254
凤凰县	24	38.1	35.2	19.1	15.2	12.4	1281
花垣县	18	27.8	24.4	14.0	9.1	13.3	1192
保靖县	16	29.1	26.3	14.1	11.5	10.1	2583
古丈县	12	14	12.2	7.3	5.6	6.8	391
永顺县	30	49.7	46.3	24.3	18.4	18.5	2272
龙山县	31	55.2	49.6	26.0	16.8	28.7	2368
隆安县	10	38.4	37.9	21.6	15.8	20.8	2601
马山县	11	52.4	47.7	27.3	15.5	16.4	3230
融水自治县	20	49	43.5	25.4	16.1	14.1	2818
三江自治县	15	36.6	33.8	18.6	11.2	8	5524
龙胜自治县	10	17.2	14.9	7.6	6.7	11.3	1021
田东县	10	40.6	32.3	19.7	14.4	24.6	3953
平果县	12	47.7	36.9	22.4	15.0	23.5	6392
德保县	12	35.7	30	17.6	14.3	9.1	5470
靖西县	19	60.3	50.9	30.5	18.2	13.9	2522

单位编码	国内生产总值（万元）	第一产业增加值（万元）	财政总收入（万元）	其中：地方财政预算内收入（万元）	财政总支出（万元）	其中：支农支出（万元）	粮食总产量（吨）
建始县	237596	104196	24811	12455	73232	1457	225953
巴东县	250000	99797	21560	12644	61408	355	213973
宣恩县	173751	70986	9511	5270	42871	2758	133079
咸丰县	189343	82891	15566	6884	47239	3345	144250
来凤县	157210	63057	22966	6246	45996	5130	131021
鹤峰县	161890	52170	11385	6158	39800	5484	94159
神农架林区	69590	11428	12692	6040	36366	5142	20305
邵阳县	400362	133386	18609	13247	77561	9358	424068
隆回县	478310	156426	23509	15736	83947	7585	487790
城步自治县	159351	47049	13509	6824	35727	1750	79718
平江县	736297	209015	32121	22927	89122	6695.5	490174
桑植县	247876	48798	13342	7832	56636	1690	152052
安化县	535554	186987	30002	16046	88518	11057	273640
汝城县	300390	61966	20799	9381	43203	9083	216303
桂东县	96309	22854	7468	3790	25865	1693	65566
新田县	235814	88224	11118	8268	43469	2836	164669
江华自治县	284039	96654	13388	8363	53633	2899	221776
沅陵县	608254	92612	34701	20080	72455	2578	222781
通道自治县	107250	40684	6749	4271	33445	980	82803
新化县	582251	247866	38008	23217	105171	9400	497199
泸溪县	169331	34944	16542	7968	44251	2460	74040
凤凰县	193988	41481	13062	9475	48763	3553	118644
花垣县	374848	32273	85453	32410	66526	4882	84347
保靖县	200469	39861	17009	7348	44130	3222	89061
古丈县	65395	15426	3976	2316	27617	2441	31844
永顺县	197074	78194	8662	5953	61700	4251	214953
龙山县	229831	84369	14374	9961	69735	2351	186360
隆安县	264661	103496	20088	10278	47034	3356	135800
马山县	218846	80004	12600	6916	50447	2491	135159
融水自治县	245482	77019	18408	9534	52000	3019	122281
三江自治县	134138	48043	8029	5216	38742	3124	67286
龙胜自治县	196875	44927	16440	6235	30324	1206	59966
田东县	347570	112391	62666	31678	62880	2982	128950
平果县	710232	86428	162261	90054	112849	2223	115280
德保县	180011	44722	23938	14109	50720	1975	83770
靖西县	274019	89391	28634	16283	60295	2635	204789

（广西壮族自治区、海南省、重庆市）

单位编码	乡（镇）个数（个）	年末总人口（万人）	其中：乡村人口（万人）	乡村从业人员数（万人）	其中：农林牧渔业（万人）	农业机械总动力（万千瓦特）	农村用电量（万千瓦时）
那坡县	9	20.4	18.2	10.6	8.0	13.5	697
凌云县	8	20.3	17.2	9.2	6.0	5.9	526
乐业县	8	16.1	14.5	7.3	6.5	7.5	631
田林县	14	24.6	22.2	13.0	11.6	15	902
西林县	8	14.4	12.2	7.1	6.5	11.5	1102
隆林自治县	16	38.4	31.9	18.7	15.9	17.7	3128
南丹县	11	28.8	23.6	15.3	10.9	14.1	2129
天峨县	9	16	13.8	7.1	5.5	13.3	603
凤山县	9	19.7	17.7	8.8	5.8	12.4	707
东兰县	14	28.5	27.3	13.9	9.5	17.6	2383
罗城自治县	11	37	33	17.7	12.1	16.8	3649
环江自治县	12	37.1	31.6	16.3	11.9	24	2929
巴马自治县	10	25.5	23.2	11.3	8.3	8	3453
都安自治县	19	65.7	61.7	33.2	23.7	21.6	7189
大化自治县	16	43.2	36.7	21.2	13.4	12.1	3384
忻城县	12	40.7	38.8	22.5	14.9	16.1	3003
金秀自治县	10	15.3	13.1	7.2	5.4	8.2	1775
龙州县	12	27.6	23.4	14.1	10.6	12.8	1998
天等县	13	42.3	36.3	25.2	13.5	21.8	2003
五指山市	7	12	5.7	3.2	2.9	5.2	405
白沙自治县	11	18.9	10.1	6.2	6.0	5.2	228
陵水自治县	11	38.1	27.1	13.3	10.5	7.4	3486
保亭自治县	9	21.8	8.8	4.8	3.8	4.1	1291
琼中自治县	10	21.6	9.7	5.2	4.6	6.9	520
万州区	41	173	129.9	75.4	36.5	39.6	12690
黔江区	30	51.7	47.6	28.3	19.9	27.6	2263
城口县	24	23.8	20.8	11.3	5.5	8.1	1382
丰都县	30	82	68.7	41.1	24.1	20	11042
武隆县	26	40.8	38.3	22.5	12.4	16.8	8684
开县	34	158.5	142.5	74.1	34.2	40.4	11781
云阳县	43	132.4	110.5	55.1	27.3	31.3	8849
奉节县	30	104.1	91.7	41.8	19.9	23.5	21834
巫山县	26	61.6	51.4	27.4	15.6	21.9	6635
巫溪县	29	52.9	47	23.9	11.0	17.5	4780
石柱自治县	32	52.9	44.5	28.2	20.2	18.4	7742
秀山自治县	32	64	57.8	35.2	21.3	23.1	13985

单位编码	国内生产总值（万元）	第一产业增加值（万元）	财政总收入（万元）	其中:地方财政预算内收入（万元）	财政总支出（万元）	其中:支农支出（万元）	粮食总产量（吨）
那坡县	68890	25929	5815	3635	32772	1628	50188
凌云县	92048	36213	6305	4017	31063	2472	46774
乐业县	68599	23217	6801	5221	29781	897	51009
田林县	126021	50973	15666	10351	42263	1818	85934
西林县	73358	31308	8808	4475	31076	1604	49599
隆林自治县	347145	36270	46818	18256	49263	2446	84592
南丹县	506386	57279	80068	28658	53769	2801	87164
天峨县	253962	33532	25446	9249	30644	1529	62216
凤山县	83810	26250	4880	3189	27074	1761	37356
东兰县	108531	33683	8717	4598	37103	1381	51130
罗城自治县	210637	71150	12003	5015	37506	1979	115621
环江自治县	245325	82598	24600	8293	51215	2790	114963
巴马自治县	145958	50543	10187	5296	33505	1842	58994
都安自治县	219576	72580	18180	9255	68224	5529	138687
大化自治县	243798	42425	26766	10417	61907	3539	75231
忻城县	288188	114533	18606	7475	38002	987	143171
金秀自治县	106450	38116	6534	3045	24485	934	49809
龙州县	275295	99299	23180	9985	43282	1775	64003
天等县	196533	65831	12136	5552	55708	4402	135783
五指山市	78541	24838.3	34658	4872	32401	1210	25685
白沙自治县	144841	99833	4412	3824	36016	6272	38112
陵水自治县	249618	144071.1	67482	10218	45398	3215	94719
保亭自治县	112423	63134	5211	3434	32594	5524	30253
琼中自治县	135342	87093.6	50348	4627	37842	1921	49785
万州区	1904826	249394	142019	66282	212983	12581	522834
黔江区	491267	79037	129916	34238	122098	7566	247756
城口县	137810	31286	19246	9829	49605	7076	90146
丰都县	479703	129958	24641	18217	79362	9810	342020
武隆县	400304	77822	46592	20235	74233	4356	167025
开县	914694	229487	41506	35505	142494	19017	588298
云阳县	557059	177424	31633	15776	113423	18189	434566
奉节县	619761	158419	26871	22920	90897	9476	441821
巫山县	272996	89471	16805	13688	78039	8195	225103
巫溪县	196198	69118	10968	6930	65422	1898	188117
石柱自治县	355201	99950	30667	15553	72832	9273	261275
秀山自治县	396551	83468	51149	23443	88720	7183	316277

（重庆市、四川省）

单位编码	乡（镇）个数（个）	年末总人口（万人）	其中：乡村人口（万人）	乡村从业人员数（万人）	其中：农林牧渔业（万人）	农业机械总动力（万千瓦特）	农村用电量（万千瓦时）
酉阳自治县	39	79.4	69.6	44.0	29.9	36.9	4408
彭水自治县	39	66.3	58.9	33.9	18.1	19.8	3380
叙永县	25	68.8	60.2	32.3	21.2		9396
古蔺县	26	82.3	71.8	42.6	25.6		5606
朝天区	25	20.8	19	10.6	8.1		1322
旺苍县	35	45.5	34.9	18.8	10.2		2997
苍溪县	39	77.8	62.8	35.3	23.7		6981
马边自治县	20	19.8	17.2	8.2	5.1		1460
嘉陵区	43	69.2	61.1	32.0	19.7		7972
南部县	72	127.6	113.1	73.6	38.2		5458
仪陇县	56	108.8	99.3	52.7	33.0		9310
阆中市	49	87.1	64.6	36.8	18.9		5960
屏山县	16	29.9	26.8	16.5	10.8		3264
广安区	49	125.2	103.3	51.0	32.3		9537
宣汉县	54	123.1	108.1	50.2	28.2		6928
万源市	52	59	51.1	24.7	12.5		123
通江县	49	74.1	65.9	33.3	22.4		1927
南江县	48	65.9	56.6	28.7	18.2		3005
平昌县	43	102	84.1	42.9	27.8		5559
小金县	21	8	7	3.9	2.9		307
黑水县	17	5.9	5.1	2.9	2.0		4218
壤塘县	12	3.5	2.9	2.0	1.8		299
雅江县	17	4.5	3.8	2.2	2.1		77
新龙县	19	4.4	3.8	1.6	1.4		146
石渠县	22	6.6	6.7	3.3	3.2		350
色达县	17	4	3.3	2.2	2.2		680
理塘县	24	5.3	4.7	2.6	2.4		376
木里自治县	29	13.1	11.7	7.2	6.6		177
盐源县	34	35.1	31.2	18.9	17.9		5740
普格县	34	14.8	13.4	7.6	7.0		1290
布拖县	30	15.1	14	8.5	8.0		674
金阳县	34	15.5	14.5	7.5	6.7		670
昭觉县	47	25.7	20.7	12.1	11.5		1388
喜德县	24	17.9	14.2	8.4	7.5		432
越西县	40	29.5	25.4	14.8	12.2		1967
甘洛县	28	19.4	16.7	9.2	8.1		657

单位编码	国内生产总值（万元）	第一产业增加值（万元）	财政总收入（万元）	其中:地方财政预算内收入（万元）	财政总支出（万元）	其中:支农支出（万元）	粮食总产量（吨）
酉阳自治县	276372	103254	23903	15177	97785	13004	367983
彭水自治县	376051	107023	24601	21843	79429	2738	293001
叙永县	313425	115954	26524	14068	71687	7312	281444
古蔺县	336049	105732	43922	16644	75962	6884	235494
朝天区	105059	38226	5192	3165	29453	3713	87743
旺苍县	291277	92885	19251	6739	62711	3872	168209
苍溪县	390090	164030	16945	7419	85753	7925	390090
马边自治县	116117	43390	10519	4704	31277		67102
嘉陵区	422494	120426	77631	10166	71260	6343	336084
南部县	873852	286050	42493	16296	121957		516938
仪陇县	467278	203195	15869	7958	94596	4346	510386
阆中市	604594	191945	106040	15670	105394	12159	380334
屏山县	114913	54860	7289	3146	31570	3450	125110
广安区	982402	201419	109443	19345	104127	15567	449604
宣汉县	771086	297563	40898	16115	110600	8152	550812
万源市	428099	159678	18692	8002	71800	8753	288380
通江县	344303	158083	95630	4671	95338	8521	349796
南江县	340464	151073	93047	6703	81370	5828	358970
平昌县	392366	162756	101064	6907	99196	7624	370201
小金县	44951	10224	2054	1388	24449		24504
黑水县	49366	9404	3928	2604	24478		16080
壤塘县	23962	9917	661	477	27030		3235
雅江县	24885	10044	1493	1193	20713	1304	6113
新龙县	26486	11683	294	199	20863	469	8235
石渠县	30020	17255	546	400	25621	1210	4600
色达县	21555	10948	578	372	22807	2619	2006
理塘县	33145	15595	876	567	30110	3421	8150
木里自治县	76163	25541	5874	5303	37995	2024	47606
盐源县	240608	83948	26251	15869	47892	3473	154722
普格县	98838	37943	6927	3761	25228	1814	71592
布拖县	85872	35120	5406	3009	27857	2024	68069
金阳县	83552	36008	3997	3367	34189	1988	65891
昭觉县	93119	49553	2871	1941	41832	2631	98726
喜德县	88197	30802	7466	3764	30395	1745	78100
越西县	152775	56617	10393	7018	42936	3758	114822
甘洛县	181851	32280	23225	11479	42051	2212	76231

（四川省、贵州省）

单位编码	乡（镇）个数（个）	年末总人口（万人）	其中：乡村人口（万人）	乡村从业人员数（万人）	其中：农林牧渔业（万人）	农业机械总动力（万千瓦特）	农村用电量（万千瓦时）
美姑县	36	20.7	18.5	10.3	9.5		480
雷波县	49	23.8	21.6	13.3	10.3		944
六枝特区	19	64.4	52.6	29.7	16.4	11	1995
水城县	33	79	72.2	38.1	25.3	31	4879
盘县	37	116.7	101.3	54.8	39.6	56.2	5623
正安县	19	61.1	56.9	35.7	17.4	16.7	3471
道真自治县	14	33.4	30.2	17.5	8.8	16	2545
务川自治县	15	43.5	40.3	25.0	15.7	16	980
习水县	23	68.1	61.4	33.9	18.1	28.2	2345
普定县	11	44.5	39.1	23.2	14.5	13.8	1388
镇宁自治县	16	35.5	32.8	19.4	14.4	12.1	907
关岭自治县	14	33.5	32.2	18.4	12.7	12	2273
紫云自治县	12	35.2	33.9	20.8	14.2	10	924
江口县	9	23	20.5	11.9	7.5	4.9	1298
石阡县	18	39.2	37.1	24.1	13.6	11	4598
思南县	27	65.4	60.1	35.3	19.4	10	3692
印江自治县	17	42.1	39.4	23.3	11.7	7.8	1963
德江县	20	49.2	40.4	25.1	17.9	15.6	3645
沿河自治县	22	59.3	55.7	31.0	20.1	13.6	1039
松桃自治县	28	67.9	63.3	39.7	22.4	17.8	4272
兴仁县	16	48.2	43.9	25.7	18.2	16.2	2619
普安县	14	31.1	28	15.2	10.4	14.5	907
晴隆县	14	29.9	26.7	15.2	10.5	11.5	1356
贞丰县	13	36.9	34.2	20.3	13.5	14	1142
望谟县	17	29.9	28.3	16.2	12.2	7.4	382
册亨县	14	22.9	21.4	13.2	10.0	9.9	1614
安龙县	16	43	40.4	24.5	15.9	21.3	920
大方县	36	101.3	89	60.1	37.3	25.3	5009
织金县	32	98.9	90.1	50.9	29.1	3.2	4000
纳雍县	25	84.5	79.1	43.6	26.5	10.3	4563
威宁自治县	35	118.8	108.2	64.5	45.4	21.8	3281
赫章县	27	69.2	64	34.7	22.1	15.6	6372
黄平县	14	35.9	33.5	20.3	12.2	15.8	659
施秉县	8	16	14.3	8.9	6.5	10.4	795
三穗县	9	21.3	19.1	11.1	5.6	5.2	423
岑巩县	11	22.2	20.6	11.7	7.6	15.6	999

单位编码	国内生产总值（万元）	第一产业增加值（万元）	财政总收入（万元）	其中:地方财政预算内收入（万元）	财政总支出（万元）	其中:支农支出（万元）	粮食总产量（吨）
美姑县	78525	44002	3569	2510	35875	1726	76235
雷波县	157949	55986	10410	7701	39110	2511	87301
六枝特区	297595	51369	24121	13640	58111	3768	191690
水城县	382258	63550	50354	25532	70805	4322	258291
盘县	1184426	93590	230934	81659	142789	7600	346838
正安县	180188	92704	57836	6797	54128	9385	266670
道真自治县	127848	56816	8410	4465	37877	6733	155238
务川自治县	136827	58603	10922	5653	42620	2312	179550
习水县	319368	85557	65672	13030	65098	3736	291257
普定县	203043	39185	29456	13761	43520	5842	123557
镇宁自治县	153186	33226	15030	9358	39942	2082	112121
关岭自治县	139111	46364	11592	8173	37402	2360	113596
紫云自治县	91155	43125	7173	5074	32387	4996	116463
江口县	93658	39961	5802	4443	30733	2850	94492
石阡县	133565	66267	9488	7518	46274	2630	185556
思南县	255136	126003	14802	11186	66732	4007	255462
印江自治县	156418	80820	9092	6600	46372	3718	154120
德江县	201908	108366	11606	8860	48769	6504	175604
沿河自治县	200237	95531	13008	10183	61836	4447	195087
松桃自治县	252416	101647	23400	9726	61764	3955	263002
兴仁县	206050	59026	30198	18335	46942	3652	183076
普安县	125956	33026	26988	15331	38150	3007	93431
晴隆县	97247	27983	12118	6510	33402	5459	92935
贞丰县	173178	48648	25088	12993	39480	5361	118830
望谟县	63448	29739	5088	3653	32856	5079	81082
册亨县	62225	32490	5428	2974	29137	4924	66598
安龙县	220080	57080	26600	11196	35984	6392	184197
大方县	362191	120992	51866	29844	87213	13701	345166
织金县	318536	127176	49566	32464	84682	8715	342933
纳雍县	460393	102915	58666	23045	66362	3990	296921
威宁自治县	354872	140701	35175	21029	89138	3451	355594
赫章县	212813	80923	25168	12498	64903	2765	217615
黄平县	96338	43885	6280	4377	37465	5620	110498
施秉县	82645	24651	12018	7096	24362	4399	63319
三穗县	82103	25729	4712	3466	28786	1369	61771
岑巩县	91008	32189	7183	3142	26564	1804	73632

（贵州省、云南省）

单位编码	乡（镇）个数（个）	年末总人口（万人）	其中：乡村人口（万人）	乡村从业人员数（万人）	其中：农林牧渔业（万人）	农业机械总动力（万千瓦特）	农村用电量（万千瓦时）
天柱县	16	39.7	36.2	22.5	14.5	9.9	1217
锦屏县	15	22	20.2	11.7	6.0	11.4	1668
剑河县	12	24.7	22.8	13.7	8.8	7.9	1512
台江县	8	14.6	13.4	7.4	3.9	4.6	7178
黎平县	25	50.5	47.5	28.2	17.2	16.1	3430
榕江县	19	33.9	31.5	18.3	12.5	7.9	3046
从江县	21	32.6	30.9	17.6	13.0	9.8	1613
雷山县	9	15.3	13.7	9.2	5.0	8	1480
麻江县	9	22.5	20.1	11.7	8.0	9.7	627
丹寨县	7	16.1	14.9	9.1	5.0	4.4	1021
荔波县	17	17	15.4	9.3	6.2	13.4	1268
独山县	18	34.6	30.8	18.9	11.8	17	5085
平塘县	19	31.4	30	18.9	13.2	11.9	762
罗甸县	26	33.1	29.6	16.5	10.4	7.5	1018
长顺县	17	25.7	23.6	13.3	8.9	5.4	6752
三都自治县	21	32.8	31.6	18.3	11.6	10.8	2753
东川区	8	31.1	24	14.7	9.8	15	2060
禄劝自治县	16	46.2	43	24.8	21.1	21	4322
寻甸自治县	16	51.5	48	28.5	23.9	24	6103
富源县	11	75.4	67	37.1	26.8	20	6493
会泽县	21	95.7	87	53.4	37.4	17	5790
施甸县	13	33.2	31	18.5	15.3	16	3260
龙陵县	10	27.8	25	15.0	13.3	12	1295
昌宁县	13	34.4	31	18.8	16.0	19	2249
昭阳区	20	80.3	65	35.3	26.0	16	3893
鲁甸县	12	40.8	38	19.4	16.4	9	2453
巧家县	16	54.4	51	29.1	23.2	10	4817
盐津县	10	38.5	36	17.3	11.1	4	1822
大关县	9	27.5	25	12.2	10.4	4	1615
永善县	15	44.2	39	20.9	16.3	6	1941
绥江县	5	16.2	14	6.5	4.8	2	1309
镇雄县	28	137.8	131	60.9	46.6	14	6489
彝良县	15	55.6	54	28.9	24.4	7	2567
威信县	10	40.7	38	18.0	12.3	5	2982
永胜县	15	39.7	36	22.2	18.0	12	2342
宁蒗自治县	15	25.9	23	12.7	11.2	2	945

单位编码	国内生产总值（万元）	第一产业增加值（万元）	财政总收入（万元）	其中:地方财政预算内收入（万元）	财政总支出（万元）	其中:支农支出（万元）	粮食总产量（吨）
天柱县	158980	54175	10316	7567	35333	2680	139017
锦屏县	87002	20230	8058	4575	37340	5815	68383
剑河县	81883	34035	6428	3761	34248	1615	74102
台江县	60648	27074	4192	2800	24654	4033	49891
黎平县	154883	64984	8593	5069	52449	2252	163888
榕江县	109293	58190	5606	3737	37424	2291	100303
从江县	110647	55548	5930	3663	28150	1418	125047
雷山县	52640	19693	4382	2493	25673	5000	52594
麻江县	79839	29445	7607	3777	26349	1804	76646
丹寨县	58248	23458	4353	2429	25055	5125	55757
荔波县	91475	27221	14535	6944	27217	3586	58327
独山县	141895	64425	13333	7227	45502	6491	124821
平塘县	100393	41804	7026	5245	38613	6119	116534
罗甸县	145115	53935	12022	6770	36665	1660	118957
长顺县	99646	34567	8254	5324	30802	1680	106867
三都自治县	100803	47688	5128	3463	42470	2182	100508
东川区	304288	25166	38308	37043	119985	7680	68832
禄劝自治县	217115	88391	13788	12503	57621	7841	178236
寻甸自治县	237649	87354	17853	15374	64791	9106	192599
富源县	698960	147800	109127	57494	102060	11338	267884
会泽县	668171	103515	207103	41322	112554	13815	315215
施甸县	148553	60080	12088	6117	41861	6490	125257
龙陵县	175600	60790	24556	10501	44774	3435	100112
昌宁县	220883	95749	16220	9195	42732	3480	148679
昭阳区	752107	102882	39736	22166	80270	3123	223284
鲁甸县	164807	46012	22373	8166	47633	26680	115524
巧家县	168905	74091	12428	6014	57800	2825	150605
盐津县	141356	41028	9837	5167	42318	2301	99667
大关县	84588	31928	5660	2796	35882	2477	73159
永善县	179314	58790	13736	6738	48438	2793	127347
绥江县	65284	17582	5084	2626	24292	1062	33949
镇雄县	283220	118679	22310	11699	100633	4940	304330
彝良县	166753	59193	21655	8153	51707	3185	136437
威信县	116270	31962	9183	5389	42668	2598	123313
永胜县	177281	64259	9237	6069	58983	6028	141875
宁蒗自治县	93457	29529	4626	3049	48291	6129	69308

（云南省）

单位编码	乡（镇）个数（个）	年末总人口（万人）	其中：乡村人口（万人）	乡村从业人员数（万人）	其中：农林牧渔业（万人）	农业机械总动力（万千瓦特）	农村用电量（万千瓦时）
普洱自治县	9	19.1	15	9.0	7.4	13	526
墨江自治县	15	36.2	30	17.3	15.6	13	720
景东自治县	13	35.9	33	19.1	16.1	17	1775
镇沅自治县	9	20.8	18	10.6	9.3	15	835
江城自治县	7	10.4	10	6.2	5.2	6	549
孟连自治县	6	12.4	11	6.4	6.1	7	624
澜沧自治县	20	48.6	39	23.9	22.3	16	1199
西盟自治县	7	9.1	7	3.9	3.6	2	161
临翔区	8	28.8	23	13.6	10.1	9	1278
凤庆县	13	42.7	42	21.8	16.4	11	2247
云县	12	42	38	22.4	18.5	11	1541
永德县	10	33.3	31	18.4	16.7	17	838
镇康县	7	16.6	15	8.2	7.6	8	309
双江自治县	6	16.6	15	7.1	6.1	7	519
沧源自治县	10	16.5	14	7.1	6.7	3	401
双柏县	8	15.6	14	8.7	7.9	13	984
南华县	10	23.6	22	13.2	11.2	10	3199
姚安县	9	20.8	19	12.0	9.0	7	3277
大姚县	12	28.1	26	15.8	12.9	10	3471
永仁县	7	10.6	9	5.7	5.0	9	1263
武定县	11	26.9	25	15.6	13.2	13	2616
屏边自治县	7	15.1	13	7.2	6.5	3	516
泸西县	8	39.5	35	20.9	17.5	30	10742
元阳县	14	38.7	36	21.2	19.0	3	2031
红河县	13	27.9	27	15.0	12.4	3	5185
金平自治县	13	35.1	31	17.3	15.6	10	1111
绿春县	9	21.6	20	11.5	10.3	3	817
文山县	15	45.6	36	20.2	17.1	15	4573
砚山县	11	47.1	42	23.5	20.1	36	2408
西畴县	9	25.4	23	13.8	10.6	9	1596
麻栗坡县	11	28.3	26	15.2	11.0	8	2859
马关县	13	36.4	32	19.9	16.9	11	2222
丘北县	12	47.8	44	23.2	19.7	14	3267
广南县	18	78.6	74	43.3	33.2	13	5092
富宁县	13	41.4	37	22.8	17.1	10	2903
勐腊县	10	21.3	13	7.3	7.1	36	1123

单位编码	国内生产总值（万元）	第一产业增加值（万元）	财政总收入（万元）	其中:地方财政预算内收入（万元）	财政总支出（万元）	其中:支农支出（万元）	粮食总产量（吨）
普洱自治县	152318	51030	18618	9322	82631	2675	68963
墨江自治县	158728	49825	14348	7828	50257	3349	113830
景东自治县	192262	88301	25915	11438	47392	3637	126470
镇沅自治县	95808	42576	9095	4301	34834	2690	77641
江城自治县	84824	36317	6442	3428	27501	1657	33860
孟连自治县	72700	29245	7530	3551	25884	1203	47064
澜沧自治县	176514	65283	17907	8449	69281	4760	168005
西盟自治县	30231	9304	2067	1278	22409	1549	32420
临翔区	200981	56581	18151	9660	45218	2335	77690
凤庆县	182690	81820	12774	8300	49888	2412	136653
云县	330901	104917	36577	15596	49783	3548	145069
永德县	135086	58999	9906	4649	42822	2225	116506
镇康县	105370	34055	10974	4699	33083	1369	51257
双江自治县	88462	36047	6647	2840	29832	1902	56334
沧源自治县	88448	30452	8077	3490	34288	1597	51261
双柏县	78975	36871	6958	4925	30087	2812	55549
南华县	133311	58296	12338	7711	38365	2942	98606
姚安县	136013	49706	5873	4326	31318	2575	81194
大姚县	220330	58412	14500	8008	41338	3300	107821
永仁县	74909	27385	5390	3629	25075	2572	41996
武定县	156855	60328	13173	7553	40210	4920	88862
屏边自治县	78562	24856	6988	3534	25273	1474	60044
泸西县	211546	59502	29747	15478	47104	3366	132997
元阳县	124963	47981	7937	5209	39490	3624	128901
红河县	89320	45228	3935	2217	33985	1472	87029
金平自治县	128176	34149	23707	9753	46724	3641	110025
绿春县	64697	23366	4800	4750	35071	1450	75800
文山县	622099	81995	59673	35666	69120	7303	135199
砚山县	314811	77180	30377	15551	52438	3697	176013
西畴县	95366	36041	38508	2711	37286	4576	84260
麻栗坡县	160080	47531	19799	11190	47999	4882	90089
马关县	257980	62007	37523	15007	52998	2719	128813
丘北县	168208	77166	11957	7818	54774	1968	166927
广南县	268369	123184	16756	9398	68752	3206	235124
富宁县	233501	66684	21676	10806	54194.9	6442	119448
勐腊县	276787	126690	25784	12168	40600	3353	75419

（云南省、陕西省）

单位编码	乡（镇）个数（个）	年末总人口（万人）	其中:乡村人口（万人）	乡村从业人员数（万人）	其中:农林牧渔业（万人）	农业机械总动力（万千瓦特）	农村用电量（万千瓦时）
漾濞自治县	9	10.2	9	5.1	4.4	5	1243
弥渡县	8	32.2	30	17.7	13.2	8	3542
南涧自治县	8	22.4	21	12.7	10.3	6	2155
巍山自治县	10	30.6	28	17.3	14.0	9	2700
永平县	7	17.9	14	7.7	6.4	5	4019
云龙县	11	20.4	20	10.3	8.5	5	4587
洱源县	9	27.8	26	14.5	11.7	12	2675
剑川县	8	17.2	16	8.5	6.0	7	1915
鹤庆县	9	27.1	25	14.5	11.3	16	3819
梁河县	9	16.3	15	8.6	7.2	10	783
泸水县	9	16.1	13	7.7	7.1	5	639
福贡县	7	9.8	8	4.8	4.3	1	212
贡山自治县	5	3.5	3	1.6	1.4	1	87
兰坪自治县	8	20.4	18	10.4	9.3	11	2555
香格里拉县	11	13.9	11	6.4	5.5	15	3362
德钦县	8	5.9	5	3.0	2.7	7	1249
维西自治县	10	15	14	8.0	6.7	2	1591
印台区	9	23.3	9.2	5.3	3.3	6.7	7210
耀州区	12	26	18.7	11.7	7.6	11.7	1850
宜君县	10	9.5	7.7	5.0	4.2	6.5	420
陇县	14	25.4	21.5	12.5	8.9	7.6	3146
麟游县	9	8.8	7.4	3.6	3.0	4.2	1014
太白县	7	5.2	4	2.1	1.5	1.2	575
永寿县	12	20	17.4	8.3	5.4	9.8	1692
彬县	15	33.4	29.1	14.5	11.1	4.9	5634
长武县	10	17.7	15.9	7.7	5.7	7.9	2127
旬邑县	13	27.4	25	13.5	9.0	6	2214
淳化县	14	20.8	17.5	10.2	6.6	13.1	2413
合阳县	15	44.5	39.5	20.9	15.2	23.3	3716
蒲城县	23	75.8	65.6	37.6	28.1	48	13869
白水县	13	29	24.4	13.4	8.9	19.4	4833
延长县	11	14.9	11.2	4.9	4.3	6.6	950
延川县	13	19.6	13.9	6.0	3.8	7.2	646
子长县	12	25.7	18.8	7.5	5.8	8.6	1351
安塞县	11	16.8	14.3	5.3	4.0	5.3	1145
吴旗县	11	13	10.7	4.5	3.5	12.8	849

单位编码	国内生产总值（万元）	第一产业增加值（万元）	财政总收入（万元）	其中:地方财政预算内收入（万元）	财政总支出（万元）	其中:支农支出（万元）	粮食总产量（吨）
漾濞自治县	65794	22194	8288	5042	24822	1603	47567
弥渡县	154534	55503	10766	6688	35041	2005	131837
南涧自治县	115981	48060	14011	9916	31822	2208	82823
巍山自治县	158270	64368	10577	6681	37874	2047	125148
永平县	115263	49560	8866	6133	29716	4432	70619
云龙县	118588	44416	11136	5778	34408	1693	92418
洱源县	172113	68845	14276	8556	37783.6	5116.2	138399
剑川县	100954	24853	14216	6202	31809	4038	68174
鹤庆县	142562	44412	17295	9857	38121	6000	104510
梁河县	63366	16987	6520	3700	27593	2724	40611
泸水县	118783	17500	36995	7189	37151	1991	52048
福贡县	37852	8958	24326	1470	24191	2662	30197
贡山自治县	23520	6484	2744	1309	18788	1561	9610
兰坪自治县	293977	18145	69118	29599	58620	2975	74781
香格里拉县	279685	29055	17097	10188	49936	2448	57038
德钦县	60555	8731	11153	2008	32728	1036	20574
维西自治县	104285	26436	3065	2126	35804	3605	55866
印台区	277400	16966	26331	3875	22904	1257	44625
耀州区	405610	32128	25886	10418	35560	3181	103445
宜君县	64900	21047	6756	3020	21492	688	92358
陇县	177243	70448	8815	4501	26613	2000	119276
麟游县	69054	27125	2904	1638	15099	2360	64144
太白县	47676	18188	2449	1104	15711	510	13452
永寿县	244816	44625	3864	2318	26857	3561	97253
彬县	101369	50385	41891	19340	49722	4391	108536
长武县	188532	26263	20746	16809	34017	2154	53771
旬邑县	153674	68427	11264	3741	30920	3283	105373
淳化县	327360	92669	3072	1823	23458	3301	103122
合阳县	202300	57863	8204	3272	39558	2957	203879
蒲城县	490500	96576	35903	8822	49637	2247	281705
白水县	186270	68848	13657	4100	31521	3544	111068
延长县	189021	24592	31821	18918	36019	2520	32289
延川县	443095	18950	25443	15316	44568	3410	48838
子长县	339482	34626	53033	35032	56381	4146	85536
安塞县	643080	30508	168202	66824	75735	10615	65787
吴旗县	654952	30786	228357	136888	124045	14764	57094

（陕西省、甘肃省）

单位编码	乡（镇）个数（个）	年末总人口（万人）	其中：乡村人口（万人）	乡村从业人员数（万人）	其中：农林牧渔业（万人）	农业机械总动力（万千瓦特）	农村用电量（万千瓦时）
宜川县	11	11.7	9.4	4.0	3.4	13.2	567
洋县	25	44	36.4	17.1	10.3	13.3	6639
西乡县	22	40.9	33.8	16.1	9.0	14.8	2970
宁强县	25	34	29.6	15.2	8.4	9.6	255
略阳县	20	20.2	14.4	7.0	3.9	12	2179
镇巴县	23	28.3	24.2	9.4	4.6	4.5	1084
府谷县	19	21.7	18.6	9.1	5.1	24.4	40287
横山县	17	33.9	30.9	14.9	12.5	17.2	1902
靖边县	21	30	25.7	13.0	9.7	28.4	3931
定边县	24	32	27.7	14.8	11.9	38.6	6698
绥德县	19	35.2	30.3	12.8	5.8	8.5	1879
米脂县	12	21.2	19.1	8.1	4.4	8.7	1284
佳县	19	25.4	24.6	9.6	5.5	5.3	1410
吴堡县	7	7.9	7.1	2.5	1.7	6.8	720
清涧县	14	21.5	19.3	8.1	5.5	8.5	782
子洲县	17	30.7	28.3	12.1	7.1	6.5	798
汉滨区	43	97.9	75.2	41.2	24.2	26.1	8896
汉阴县	17	29.9	26	15.1	7.6	11.4	3256
宁陕县	13	7.5	6	3.3	2.2	3.5	907
紫阳县	24	33.9	28.8	15.6	7.8	10.6	2713
岚皋县	16	17.5	15.1	7.9	4.0	3.7	1474
镇坪县	9	5.9	5	2.8	1.6	1.4	1174
旬阳县	27	45.3	39.5	21.3	13.6	8.6	3343
白河县	14	20.9	18.1	10.8	4.8	4.3	2072
商州区	26	55.1	44.8	19.6	14.4	10	3982
洛南县	24	45.1	38.2	18.7	14.3	11.5	4516
丹凤县	20	30.2	26	12.1	8.5	4	2856
商南县	16	23.9	20.3	11.1	5.4	4.8	4975
山阳县	30	44.1	39.6	16.0	9.5	15.3	2634
镇安县	24	29.5	27.4	13.3	5.3	10.1	1939
柞水县	15	15.5	13.4	7.0	5.1	4.5	1532
榆中县	23	42.4	38.5	20.3	12.6	31.1	4323
会宁县	28	58.1	55.4	29.1	22.2	28	3370
北道区	17	57.1	45.1	22.9	13.8	17.9	6032
清水县	18	30.3	29.4	17.1	10.4	8.7	1655
秦安县	17	59.2	57.2	29.2	21.0	17.6	3349

单位编码	国内生产总值（万元）	第一产业增加值（万元）	财政总收入（万元）	其中:地方财政预算内收入（万元）	财政总支出（万元）	其中:支农支出（万元）	粮食总产量（吨）
宜川县	49630	21380	3199	2106	28423	3980	40231
洋县	275500	80452	6546	4228	35632	2036	183352
西乡县	196640	63140	6190	3505	33061	1150	118271
宁强县	182720	66015	10440	7899	31083	1824	103137
略阳县	222830	31464	19974	7560	27000	2258	56443
镇巴县	130820	53406	2839	1700	28724	2216	99585
府谷县	467230	12588	128257	35262	57971	4184	63940
横山县	282050	54242	18790	5189	42913	1599	135744
靖边县	2037640	53324	142292	36175	72304	5033	195992
定边县	658530	61437	58981	26780	60077	8000	239691
绥德县	130710	40056	11385	2956	46772	3500	81180
米脂县	119480	21770	9087	2015	36455	2058	66766
佳县	74250	41036	1750	1158	34649	2209	63331
吴堡县	43300	9068	2600	1025	21412	512	12507
清涧县	72290	31612	1554	1129	34597	3446	60958
子洲县	85800	27301	6386	1766	35352	1377	71485
汉滨区	699650	123066	49840	12650	72260	5649	272037
汉阴县	152160	64207	5193	3002	30073	1497	117951
宁陕县	60430	20115	2716	1201	15225	707	24295
紫阳县	155820	70880	6224	3258	31057	1351	127576
岚皋县	84900	33905	4326	1802	25920	1249	76955
镇坪县	36762	14549	2687	1500	12142	578	32661
旬阳县	326210	65523	43460	8618	43605	2823	148983
白河县	111850	39725	6764	3208	23882	2199	70470
商州区	295000	56358	19696	8236	44798	3263	121266
洛南县	236000	68641	19897	7541	44921	4420	158516
丹凤县	160000	43577	8695	4724	34134	3112	78063
商南县	129000	41769	8920	3990	31072	3831	66655
山阳县	187000	48337	11539	4728	42408	3551	100071
镇安县	217860	57607	9695	4918	38639	2074	116655
柞水县	137000	23867	10885	4068	28156	1358	45274
榆中县	261207	62072	42690	13354	59033	7867.7	131047
会宁县	202984	67821.2	3422	1981	66106	2763	176600
北道区	526065	52845	30209	12697	67864	4224	129391
清水县	123618	45417.7	38682	4008	41827	7386	119925
秦安县	197023	63143.2	7018	6576	52936	2794	156669

（甘肃省）

单位编码	乡（镇）个数（个）	年末总人口（万人）	其中：乡村人口（万人）	乡村从业人员数（万人）	其中：农林牧渔业（万人）	农业机械总动力（万千瓦特）	农村用电量（万千瓦时）
甘谷县	15	58.4	57.2	30.6	16.4	12.6	4172
武山县	15	42.9	41.2	22.0	13.4	15.5	3491
张家川自治县	15	32	30.7	18.2	13.5	7.3	2783
古浪县	19	39.3	36.6	20.0	14.3	33	11443
天祝自治县	19	21.4	17.8	10.3	7.8	17.8	890
庄浪县	18	41.6	41.4	22.3	12.7	11.1	2843
静宁县	24	46.4	45	22.7	16.9	13.8	5029
环县	21	33.4	32.6	16.5	12.9	10.3	2100
华池县	15	12.9	11.3	5.9	5.1	8.6	3157
合水县	12	16.5	15.1	9.6	4.9	8.2	2191
宁县	18	50.6	50.1	24.9	13.9	14.8	4910
镇原县	19	49.4	49	25.5	19.4	19.4	3277
安定区	19	47	37.1	19.8	12.0	37	4463
通渭县	18	45.7	42	22.7	14.4	17.1	2707
陇西县	17	48.5	43.2	20.6	12.5	15.5	2755
渭源县	16	34.7	32.7	18.1	13.7	14.5	2074
临洮县	18	54	49.7	25.3	17.2	28.9	5913
漳县	13	19.1	18.7	9.9	5.0	8.5	768
岷县	18	44.2	43.3	22.1	16.1	10	2068
武都区	36	52	48.4	24.9	21.3	17.4	11258
文县	20	23.9	21.8	12.0	8.2	9.4	2772
宕昌县	25	30.1	28.4	16.6	12.4	7.5	1539
康县	21	19.4	17.8	9.2	4.8	6.7	910
西和县	20	40.7	38	23.3	15.0	8.3	1813
礼县	29	49.8	48.5	24.3	15.1	11.2	2997
两当县	12	5	3.8	2.2	1.4	3.5	576
临夏县	25	37.4	35.6	19.2	11.9	8.8	2218
康乐县	15	24.3	23.6	12.1	9.9	7	6937
永靖县	17	20	16.1	8.6	5.8	11.3	11112
广河县	9	21.1	20.7	10.4	7.4	10.4	7911
和政县	13	19.3	18.6	9.3	6.3	4.8	814
东乡自治县	24	27.1	26.6	13.3	9.0	10.2	5883
积石山自治县	17	23	22.7	12.1	7.7	3.9	1297
合作市	6	8	3.4	2.0	1.9	1.8	157
临潭县	16	15	13.5	7.3	4.6	5.8	1101
卓尼县	15	10.3	9	5.3	3.9	3	628

单位编码	国内生产总值（万元）	第一产业增加值（万元）	财政总收入（万元）	其中:地方财政预算内收入（万元）	财政总支出（万元）	其中:支农支出（万元）	粮食总产量（吨）
甘谷县	206651	61179.1	7798	5135	36301	1849	120779
武山县	166558	62864.4	5562	3045	43173	2020	93122
张家川自治县	88648	23958.9	3810	2331	42728	5991	89078
古浪县	188703	52122.2	5746	2741	50182	1856	158103
天祝自治县	150792	22990	10831	4748	52842	12500	38536
庄浪县	123426	51747.7	3983	2918	52123	8303	129017
静宁县	143037	59420.7	5247	3411	61631	8432	152600
环县	115089	23627	6688	4110	35306	9314	37649
华池县	336539	19524.8	6500	4321	34979	1290	69120
合水县	75650	30898.8	4100	2538	35096	1431	82390
宁县	158322	57921.7	3600	2596	54864	8027	212162
镇原县	143718	60611	9166	5116	63732	8684	200000
安定区	205069	62691.3	13514	6530	62995	3338	163203
通渭县	107950	52436	2717	1623	51096	7938	144366
陇西县	220663	59309.7	12230	5555	54620	2720	110346
渭源县	92525	49930.4	2222	1202	42228	7459	104428
临洮县	177554	69342.5	12122	6931	55201		173586
漳县	55766	30005.4	26277	1150	26497	4683	61087
岷县	115333	57383	5086	2865	42129	5373	73500
武都区	208903	57858.7	10005	4150	43069	1508	135492
文县	86506	22566.4	11099	4122	38152	1895	59968
宕昌县	63259	22170.6	3176	1488	39807	4565	72665
康县	60756	22435.4	6596	1601	31334	1961	58789
西和县	115359	30871	27124	6117	47566	3240	139155
礼县	102631	40549.2	4560	2324	53046	7986	126540
两当县	27006	9806.4	1193	645	18318	1236	29572
临夏县	102617	34550.9	2589	1568	41399	2335	113285
康乐县	64800	28254.1	2281	1393	33147	1720	70812
永靖县	159625	25690.2	25716	7447	44664	1531	70605
广河县	64236	19916.5	4185	1877	32487	2400	59800
和政县	52539	21256.6	2007	1235	32728		45593
东乡自治县	54147	19648.6	1920	970	46654	355	57902
积石山自治县	51779	20706.7	1987	1337	36975	1867	58522
合作市	80339	8172.3	7418	5734	67210	2032	8712
临潭县	44536	12860.4	2538	1228	35230	1652	20764
卓尼县	36331	15657.5	1576	582	28066	612	13786

（甘肃省、青海省、宁夏回族自治区、新疆维吾尔自治区）

单位编码	乡（镇）个数（个）	年末总人口（万人）	其中：乡村人口（万人）	乡村从业人员数（万人）	其中：农林牧渔业（万人）	农业机械总动力（万千瓦特）	农村用电量（万千瓦时）
舟曲县	19	13.5	12.2	6.8	4.9	4.1	969
夏河县	13	8	6.5	3.5	2.9	2.2	481
大通自治县	20	44.2	35	20.3	9.3	39	2613
湟中县	15	45.1	42	25.1	13.6	64	4463
平安县	8	11.7	8	4.4	2.3	6	1657
民和自治县	22	39.1	35	17.2	8.4	26	3720
乐都县	19	28.6	24	12.8	5.7	20	1588
化隆自治县	19	25.4	19	9.8	6.2	20	1993
循化自治县	9	12.7	10	4.7	2.1	7	1278
尖扎县	9	5.3	4	2.2	1.9	4	540
泽库县	7	6.5	6	2.6	2.4	1	
甘德县	7	2.8	2	1.2	1.1	0.4	
达日县	10	2.7	2	0.9	0.9	0.1	
玉树县	9	9.1	7	3.6	3.5	3	66
杂多县	8	4.9	4.7	2.3	2.2	0.3	
治多县	6	2.7	2	1.2	1.2	0.1	
囊谦县	10	6.7	6.4	3.1	3.1	2	35
盐池县	8	15.7	13.3	6.7	4.0	33.6	2446
同心县	10	34.7	25.8	16.0	10.3	17.9	4765
西吉县	19	40.9	40.9	21.4	17.2	35	1528
隆德县	13	16.4	15.7	7.6	5.3	14.4	2672
泾源县	7	11.8	11.3	5.5	3.1	12.7	842
彭阳县	12	24.9	23.1	13.0	8.4	30.2	1430
海原县	18	37.2	36	17.5	11.0	32.6	2866
巴里自治县	12	10.1	7	3.4	2.2	11.5	2190
乌什县	9	19.9	15.9	5.5	4.9	13.3	1113
柯坪县	5	4.4	3.5	1.7	1.5	3.1	857
阿图什市	7	22.5	16.9	6.0	4.1	7.2	1072
阿克陶县	13	18.1	15.3	5.0	4.5	8.2	460
阿合奇县	6	3.9	2.8	0.7	0.6	1	20
乌恰县	11	5.4	3.3	1.1	1.0	1	98
疏附县	13	30.8	26.5	8.2	6.5	15.9	1728
疏勒县	15	30.7	25.3	5.5	5.0	15.5	800
英吉沙县	14	24.1	20.4	9.5	9.1	7.6	400
莎车县	29	71.5	53.7	19.4	17.0	22.6	2213
叶城县	20	40.4	29.2	8.8	7.6	13.1	802

单位编码	国内生产总值（万元）	第一产业增加值（万元）	财政总收入（万元）	其中:地方财政预算内收入（万元）	财政总支出（万元）	其中:支农支出（万元）	粮食总产量（吨）
舟曲县	38621	15553.2	3285	1115	32838	999	30313
夏河县	41813	16372.9	1957	1236	15168	1069	10875
大通自治县	661366	48357	103526	21598	67311		81731
湟中县	386941	64225	6435	3907	64634		143502
平安县	159154	15210	5056	3735	30701	1903	43027
民和自治县	176154	37405	54033	5873	50809	8171	69583
乐都县	199882	42644	56744	4021	56346	3965	60802
化隆自治县	155818	23825	12909	4286	45081	8458	49387
循化自治县	77067	15269	24100	3750	22461	2189	27382
尖扎县	114577	9163	17958	4466	21972	1009	14099
泽库县	40152	25520	274	218	17374	1975	
甘德县	9448	4773	9678	193	9712	339	
达日县	10761	6036	11538	273	11608	501	
玉树县	30746	18596	24039	1747	24062	2691	4458
杂多县	43384	38079	12271	209	11749	1208	
治多县	20859	14112.7	11642	211	11315	1290	
囊谦县	23587	16481	17901	315	17351	2261	8656
盐池县	142494	26058	27786	10267	44859	7510	73822
同心县	154550	43188	67332	4118	58747	3580	216083
西吉县	150295	51258	3375	2318	70388	6339	220562
隆德县	66811	18840	51985	1698	38820	7568	61599
泾源县	45545	12699	1745	1545	32523	1098	38864
彭阳县	102158	46733	48304	2366	43669	8215	145813
海原县	116426	42466	70742	2020	57207	2857	160856
巴里自治县	91297	31770	9820	4834	34400	5835	45472
乌什县	80181	37020	3355	1566	31236	2278	131454
柯坪县	27527	7385	650	572	17303	3044	13884
阿图什市	119571	29901	7110	6773	94047	4721	49362
阿克陶县	59724	19820	2647	2371	39012	2281	102840
阿合奇县	20313	4585	886	847	20115	692	3211
乌恰县	31062	5861	2603	2303	25703	1555	4961
疏附县	127164	72234	43433	2285	43860	2096	203875
疏勒县	181118	88218	4125	3535	31215	2500	161493
英吉沙县	104240	58236	1744	1547	36626	3705	126728
莎车县	280920	156745	13673	7674	88699	9102	473068
叶城县	187883	105126	18865	8179	64811	3014	277223

（新疆维吾尔自治区）

单位编码	乡（镇）个数（个）	年末总人口（万人）	其中：乡村人口（万人）	乡村从业人员数（万人）	其中：农林牧渔业（万人）	农业机械总动力（万千瓦特）	农村用电量（万千瓦时）
岳普湖县	9	14.4	11.3	4.5	4.1	7.4	726
伽师县	13	35.7	32.7	9.0	8.1	15.3	3492
塔什库尔干县	12	3.4	2.4	0.8	0.7	0.7	22
和田县	11	24.8	23.2	8.9	7.1	6.2	3185
墨玉县	16	47.9	41.8	13.1	10.5	8.6	3703
皮山县	15	23.8	16.7	6.3	5.6	4.1	865
洛浦县	8	22.1	19.5	8.3	7.4	6.4	2862
策勒县	8	14.5	12.3	4.5	4.0	4.3	889
于田县	15	23.5	20.5	7.9	7.3	5.8	1965
民丰县	6	3.7	2.5	0.6	0.5	1.5	739
察布查尔县	14	18.4	12.5	4.7	4.0	12.3	695
尼勒克县	11	17.1	11.5	4.4	3.5	7.2	198
托里县	7	9.1	5.7	3.0	2.7	5.9	1520
青河县	7	6	4.2	1.7	1.4	3.4	1957
吉木乃县	7	3.6	2.3	0.8	0.7	1.8	399

单位编码	国内生产总值（万元）	第一产业增加值（万元）	财政总收入（万元）	其中:地方财政预算内收入（万元）	财政总支出（万元）	其中:支农支出（万元）	粮食总产量（吨）
岳普湖县	76356	34338	2350	1566	25911	2354	79000
伽师县	182677	120019	4535	2800	47476	3406	197640
塔什库尔干县	34178	5140	2187	1853	20554	1806	4046
和田县	89226	46979	3157	2824	39598	4195	148068
墨玉县	117636	58538	5131	3770	60972	4621	232260
皮山县	63093	30173	2641	2293	39076	2693	112310
洛浦县	69799	27748	3329	2942	37560	4218	125169
策勒县	48640	20608	1859	1593	30144	2685	79051
于田县	75189	34260	2810	2396	43806	3161	122927
民丰县	26901	9482	1512	1489	15527	1458	19847
察布查尔县	113987	54115	8491	4726	37469	5050	157278
尼勒克县	113873	35078	17393	7919	36367	2555	56505
托里县	114302	16870	6840	6403	29929	2285	42046
青河县	49936	16832	2382	1499	23184	1548	26029
吉木乃县	26061	8668.4	1905	1241	18327	1687	8864

4、扶贫重点县主要指标分组资料

4–1 2007年扶贫重点县按地势分组资料

指标名称	单位	平原	丘陵	山区
一、调查户数	户	9105	10595	33570
户均人口	人	4.2	4.1	4.4
户均劳动力	人	2.9	2.9	3.0
其中：劳动力文盲率	%	6.8	6.8	14.4
其中：当年外出打工的劳动力比例	%	17.3	21.6	21.0
二、户均住房面积	平方米	90.5	100.4	100.1
其中：钢筋混凝土结构面积	平方米	9.7	23.7	14.6
户均住房价值	元	20041.3	20047.4	16469.2
户均年末生产性固定资产原值	元	6238.3	5507.5	4661.3
其中：年末生产用房原值	元	1419.3	1593.5	1488.5
户均耕地面积	亩	12.7	12.0	7.7
其中：水田、水浇地面积	亩	6.5	3.3	1.7
梯田面积	亩	0.1	0.6	1.1
人均年末存粮	公斤	541.5	443.7	339.5
人均粮食产量	公斤	869.7	600.6	391.4
三、农民人均纯收入	元	2563.5	2444.1	2141.3
(一)工资性收入	元	762.7	892.5	754.1
其中：外出务工收入	元	426.8	485.9	371.5
(二)家庭经营纯收入	元	1599.3	1326.2	1214.0
1.第一产业纯收入		1386.5	1184.0	1070.7
(1)农业收入	元	1090.2	881.3	725.1
(2)林业收入	元	50.9	39.1	87.2
(3)牧业收入	元	236.3	249.8	254.2
(4)渔业收入	元	9.0	13.8	4.1
2.第二产业纯收入	元	46.7	42.1	31.4
(1)工业收入	元	30.6	21.0	13.6
(2)建筑业收入	元	16.2	21.0	17.8
3.第三产业纯收入	元	166.1	100.1	111.9
(1)交通.运输.邮电业收入	元	35.8	31.2	39.8
(2)批零贸易业.饮食业收入	元	53.3	27.5	39.6
(3)社会服务业收入	元	17.1	10.7	11.1
(4)文教卫生业收入	元	4.5	5.7	4.1
(5)其他行业收入	元	55.5	25.0	17.2
(三)财产性纯收入	元	77.4	63.0	41.4
(四)转移性纯收入	元	124.1	162.4	131.8
四、生活消费支出	元	1901.9	2056.0	1899.6
(一)食品消费支出	元	847.5	1031.5	998.2
(二)衣着消费支出	元	139.3	121.0	101.6
(三)居住消费支出	元	353.3	288.5	272.8
(四)家庭设备.用品消费支出	元	84.4	83.9	77.3
(五)交通和通讯消费支出	元	174.3	167.4	156.2
(六)文化教育.娱乐消费支出	元	150.1	199.8	151.7
(七)医疗保健消费支出	元	119.9	124.9	109.5
(八)其他商品和服务消费支出	元	33.0	39.0	32.3
五、家庭经营费用支出	元	1096.4	913.6	705.4

数据来源：国家贫困监测抽样调查

4-2 2007年扶贫重点县按老少边区分组资料

指标名称	单位	革命老区县	陆地边境县	少数民族聚居村
一、调查户数	户	15750	3640	18480
户均人口	人	4.2	4.4	4.6
户均劳动力	人	3.0	3.0	3.1
其中：劳动力文盲率	%	7.9	13.3	15.6
其中：当年外出打工的劳动力比例	%	24.1	10.2	17.6
二、户均住房面积	平方米	107.0	82.2	100.5
其中：钢筋混凝土结构面积	平方米	23.6	4.7	13.1
户均住房价值	元	20462.3	13528.6	15861.8
户均年末生产性固定资产原值	元	3885.2	6989.2	5648.9
其中：年末生产用房原值	元	1122.6	1559.7	1685.3
户均耕地面积	亩	7.6	17.2	8.2
其中：水田、水浇地面积	亩	2.4	6.3	3.4
梯田面积	亩	1.0	0.4	0.5
人均年末存粮	公斤	361.5	350.7	336.0
人均粮食产量	公斤	474.9	593.2	436.0
三、农民人均纯收入	元	2358.3	2066.3	2126.5
(一)工资性收入	元	936.7	365.9	566.7
其中：外出务工收入	元	494.4	122.4	265.0
(二)家庭经营纯收入	元	1231.1	1488.2	1405.3
1.第一产业纯收入		1067.6	1402.7	1263.3
(1)农业收入	元	801.5	884.9	794.6
(2)林业收入	元	64.1	99.0	120.1
(3)牧业收入	元	189.3	410.5	343.1
(4)渔业收入	元	12.8	8.3	5.5
2.第二产业纯收入	元	40.6	19.2	34.4
(1)工业收入	元	16.7	12.5	18.6
(2)建筑业收入	元	23.9	6.6	15.8
3.第三产业纯收入	元	122.9	66.4	107.6
(1)交通.运输.邮电业收入	元	42.0	15.9	32.3
(2)批零贸易业.饮食业收入	元	38.3	20.9	38.8
(3)社会服务业收入	元	16.2	3.9	9.1
(4)文教卫生业收入	元	5.9	0.4	2.4
(5)其他行业收入	元	20.5	25.3	25.0
(三)财产性纯收入	元	52.0	67.8	40.1
(四)转移性纯收入	元	138.4	144.4	114.5
四、生活消费支出	元	2036.3	1852.4	1829.6
(一)食品消费支出	元	1016.1	918.1	982.6
(二)衣着消费支出	元	107.3	124.5	104.6
(三)居住消费支出	元	301.3	344.7	286.2
(四)家庭设备.用品消费支出	元	85.8	66.0	69.9
(五)交通和通讯消费支出	元	171.7	151.8	143.2
(六)文化教育.娱乐消费支出	元	194.0	107.6	114.5
(七)医疗保健消费支出	元	122.6	114.3	98.5
(八)其他商品和服务消费支出	元	37.5	25.3	30.1
五、家庭经营费用支出	元	715.4	1080.7	825.0

数据来源：
国家贫困监测抽样调查

4-3 2007年扶贫重点县按家庭规模分组资料

指标名称	单位	单身或夫妇	夫妇与一个孩子	夫妇与二个孩子	夫妇与三个以上	单亲与孩子	三代同堂	其他
一、调查户数	户	3631	8380	15720	8375	1626	13529	2009
户均人口	人	2.1	3.1	4.0	5.1	3.2	5.4	4.9
户均劳动力	人	1.8	2.5	2.8	3.5	2.4	3.5	3.2
其中：劳动力文盲率	%	16.7	10.4	8.4	10.7	15.5	13.5	20.0
其中：当年外出打工的劳动力比例	%	7.6	17.3	21.0	22.2	21.8	22.3	18.2
二、户均住房面积	平方米	73.4	89.9	96.7	98.9	85.8	113.1	105.8
其中：钢筋混凝土结构面积	平方米	5.1	12.8	17.3	14.9	6.9	20.9	12.5
户均住房价值	元	11141.5	16364.4	18079.2	17679.1	12544.7	20852.3	17613.9
户均年末生产性固定资产原值	元	3416.6	5001.9	4924.3	5067.6	3408.3	5832.6	6475.9
其中：年末生产用房原值	元	1109.0	1422.3	1503.0	1341.3	1191.2	1709.1	1946.7
户均耕地面积	亩	8.5	10.4	9.1	9.5	7.1	9.5	10.4
其中：水田、水浇地面积	亩	2.2	3.0	2.5	3.5	2.3	3.1	2.8
梯田面积	亩	0.5	0.6	0.8	0.9	0.6	1.1	1.1
人均年末存粮	公斤	669.7	522.8	411.3	322.9	401.8	347.1	352.8
人均粮食产量	公斤	839.6	699.3	537.1	440.6	530.3	435.1	440.1
三、农民人均纯收入	元	3120.9	2777.7	2441.5	2061.3	2316.2	1989.1	2107.2
(一)工资性收入	元	826.8	958.3	911.1	700.9	730.3	676.2	616.3
其中：外出务工收入	元	209.4	446.9	446.9	402.2	404.7	379.0	324.1
(二)家庭经营纯收入	元	1792.5	1573.6	1352.8	1220.8	1379.5	1145.7	1285.6
1.第一产业纯收入	元	1648.9	1389.0	1172.3	1069.1	1255.6	1012.2	1179.2
(1)农业收入	元	1224.6	990.3	854.9	744.2	873.0	724.3	737.9
(2)林业收入	元	78.0	67.0	67.7	64.2	90.9	68.6	158.5
(3)牧业收入	元	342.4	322.5	242.7	254.5	288.3	212.1	280.7
(4)渔业收入	元	3.9	9.2	6.9	6.2	3.5	7.2	2.2
2.第二产业纯收入	元	23.7	37.6	43.8	39.1	23.2	30.7	24.6
(1)工业收入	元	6.7	16.1	21.7	20.3	9.6	16.1	13.0
(2)建筑业收入	元	17.1	21.6	22.1	18.7	13.6	14.5	11.6
3.第三产业纯收入	元	119.8	147.0	136.7	112.7	100.7	102.8	81.8
(1)交通.运输.邮电业收入	元	20.3	43.6	42.9	33.9	29.0	36.8	25.5
(2)批零贸易业.饮食业收入	元	36.3	53.6	45.6	35.1	19.9	35.4	27.2
(3)社会服务业收入	元	13.1	14.3	14.9	12.1	10.4	9.4	7.7
(4)文教卫生业收入	元	14.2	5.8	3.4	3.4	5.2	4.9	1.3
(5)其他行业收入	元	35.9	29.7	29.8	28.2	36.2	16.3	20.1
(三)财产性纯收入	元	115.1	71.8	54.3	40.8	45.5	43.2	40.6
(四)转移性纯收入	元	386.6	174.1	123.3	98.7	160.9	124.0	164.6
四、生活消费支出	元	2557.8	2381.4	2114.7	1672.5	1990.0	1713.3	1748.1
(一)食品消费支出	元	1413.9	1183.2	1037.3	842.0	1135.1	884.0	950.2
(二)衣着消费支出	元	137.4	143.6	126.2	108.2	115.3	88.3	98.3
(三)居住消费支出	元	335.1	362.4	318.7	243.2	280.0	263.5	266.5
(四)家庭设备.用品消费支出	元	100.7	115.5	88.0	65.4	72.3	68.8	63.0
(五)交通和通讯消费支出	元	184.9	201.7	182.1	130.1	123.3	150.2	142.1
(六)文化教育.娱乐消费支出	元	93.8	184.1	221.4	170.4	109.4	114.7	88.5
(七)医疗保健消费支出	元	243.8	152.4	104.7	86.7	106.4	112.8	104.2
(八)其他商品和服务消费支出	元	48.1	38.4	36.4	26.3	48.2	31.1	35.2
五、家庭经营费用支出	元	1227.9	1108.7	855.4	666.1	831.8	714.0	724.2

数据来源：国家贫困监测抽样调查

4-4 2007年扶贫重点县按文化程度分组资料

指标名称	单位	文盲、半文盲	小学程度	初中程度	高中程度	大专程度以上
一、调查户数	户	1375	10365	29741	8478	3310
户均人口	人	3.8	4.0	4.3	4.4	4.5
户均劳动力	人	2.2	2.5	3.0	3.2	3.5
其中：劳动力文盲率	%	100.0	21.4	8.4	5.3	5.9
其中：当年外出打工的劳动力比例	%	11.8	16.0	21.7	21.5	21.6
二、户均住房面积	平方米	74.2	87.0	99.5	106.9	115.0
其中：钢筋混凝土结构面积	平方米	2.6	7.7	16.9	20.8	25.3
户均住房价值	元	10551.5	12472.2	18282.8	21397.5	23804.5
户均年末生产性固定资产原值	元	4722.2	4577.2	5085.4	5713.4	5442.1
其中：年末生产用房原值	元	1444.5	1401.4	1486.3	1584.8	1698.4
户均耕地面积	亩	6.3	8.5	9.7	10.0	8.9
其中：水田、水浇地面积	亩	1.3	2.2	3.0	3.3	3.1
梯田面积	亩	0.7	0.9	0.8	0.9	0.7
人均年末存粮	公斤	300.9	368.6	397.8	420.0	383.6
人均粮食产量	公斤	339.3	452.7	529.0	543.6	493.1
三、农民人均纯收入	元	1857.6	2038.6	2245.4	2480.9	2734.6
(一)工资性收入	元	371.1	564.6	779.3	928.1	1190.9
其中：外出务工收入	元	170.8	280.3	429.8	465.2	430.8
(二)家庭经营纯收入	元	1304.8	1303.3	1285.1	1339.4	1311.3
1.第一产业纯收入	元	1239.6	1195.5	1128.1	1156.7	1083.8
(1)农业收入	元	766.8	790.8	822.5	843.2	772.9
(2)林业收入	元	74.5	93.9	64.9	64.2	91.7
(3)牧业收入	元	395.5	305.2	234.2	239.3	214.4
(4)渔业收入	元	2.7	5.5	6.6	10.1	4.8
2.第二产业纯收入	元	13.7	29.9	36.7	40.4	43.6
(1)工业收入	元	4.2	11.5	18.2	21.4	28.8
(2)建筑业收入	元	9.5	18.4	18.5	19.0	14.9
3.第三产业纯收入	元	51.5	77.9	120.3	142.3	183.9
(1)交通.运输.邮电业收入	元	13.0	29.8	40.9	34.0	46.7
(2)批零贸易业.饮食业收入	元	19.0	21.6	37.8	57.4	68.1
(3)社会服务业收入	元	5.9	7.6	11.2	18.0	18.7
(4)文教卫生业收入	元	-0.2	0.3	2.9	7.2	25.2
(5)其他行业收入	元	13.8	18.5	27.4	25.6	25.2
(三)财产性纯收入	元	47.4	38.7	52.1	66.2	46.8
(四)转移性纯收入	元	134.3	132.1	129.0	147.2	185.5
四、生活消费支出	元	1616.8	1744.4	1910.1	2120.7	2250.0
(一)食品消费支出	元	997.9	983.6	962.1	1002.0	1054.1
(二)衣着消费支出	元	96.0	101.1	111.0	119.9	130.1
(三)居住消费支出	元	244.5	246.7	296.3	306.5	319.9
(四)家庭设备.用品消费支出	元	44.3	61.5	82.1	89.6	98.2
(五)交通和通讯消费支出	元	71.3	118.0	158.9	202.7	232.6
(六)文化教育.娱乐消费支出	元	53.2	106.9	152.3	235.8	231.4
(七)医疗保健消费支出	元	82.5	98.6	113.6	127.0	141.3
(八)其他商品和服务消费支出	元	27.0	28.0	33.7	37.2	42.4
五、家庭经营费用支出	元	567.0	752.6	822.0	852.6	845.1

数据来源：国家贫困监测抽样调查

4-5 2007年扶贫重点县按农民人均纯收入分组资料

指标名称	单位	0-200元	200-400元	400-600元	600-800元
一、调查户数	户	223	533	1042	2155
户均人口	人	4.2	4.5	4.8	4.8
户均劳动力	人	2.8	3.0	3.1	3.2
其中：劳动力文盲率	%	15.4	10.9	13.8	15.4
其中：当年外出打工的劳动力比例	%	12.5	12.0	13.8	15.8
二、户均住房面积	平方米	87.0	85.8	87.5	90.9
其中：钢筋混凝土结构面积	平方米	6.6	7.6	9.2	10.0
户均住房价值	元	15296.7	15092.3	15278.1	14427.0
户均年末生产性固定资产原值	元	7974.0	6958.4	6018.0	5091.5
其中：年末生产用房原值	元	1869.6	1542.3	1720.8	1341.6
户均耕地面积	亩	13.4	11.5	10.8	9.6
其中：水田、水浇地面积	亩	2.7	2.7	2.6	2.4
梯田面积	亩	0.8	1.0	0.9	1.1
人均年末存粮	公斤	327.8	300.3	325.0	309.9
人均粮食产量	公斤	213.5	278.4	314.6	315.3
三、农民人均纯收入	元	116.7	311.7	513.6	703.5
(一)工资性收入	元	145.4	158.3	192.0	221.6
其中：外出务工收入	元	60.7	61.8	75.6	101.1
(二)家庭经营纯收入	元	-185.5	35.6	230.5	387.0
1.第一产业纯收入	元	-165.5	19.0	214.6	362.9
(1)农业收入	元	-44.4	74.6	218.2	314.5
(2)林业收入	元	8.5	9.2	9.1	25.0
(3)牧业收入	元	-131.1	-66.2	-12.4	21.1
(4)渔业收入	元	1.5	1.3	-0.3	2.3
2.第二产业纯收入	元	-3.0	2.0	0.8	3.5
(1)工业收入	元	1.8	1.4	1.5	1.4
(2)建筑业收入	元	-4.8	0.7	-0.7	2.1
3.第三产业纯收入	元	-17.0	14.6	15.0	20.6
(1)交通.运输.邮电业收入	元	-25.2	-0.4	3.6	4.2
(2)批零贸易业.饮食业收入	元	5.1	9.3	2.8	4.1
(3)社会服务业收入	元	-0.5	1.9	0.9	3.1
(4)文教卫生业收入	元	-1.2	-0.7	-0.1	0.1
(5)其他行业收入	元	4.9	4.4	7.8	9.1
(三)财产性纯收入	元	75.1	36.8	19.9	27.1
(四)转移性纯收入	元	81.7	81.0	71.3	67.9
四、生活消费支出	元	1556.1	1373.9	1245.4	1173.5
(一)食品消费支出	元	757.7	699.5	678.8	683.3
(二)衣着消费支出	元	121.8	96.3	82.7	71.8
(三)居住消费支出	元	120.3	196.4	164.1	139.2
(四)家庭设备.用品消费支出	元	76.8	57.5	41.6	43.4
(五)交通和通讯消费支出	元	129.2	110.4	91.3	73.8
(六)文化教育.娱乐消费支出	元	155.1	96.9	86.2	76.9
(七)医疗保健消费支出	元	157.6	88.5	77.3	66.8
(八)其他商品和服务消费支出	元	37.7	28.5	23.4	18.3
五、家庭经营费用支出	元	1060.9	849.2	730.4	603.2

800—1000 元	1000—1200 元	1200—1400 元	1400—1600 元	1600—1800 元	1800—2000 元
2902	3152	3576	3867	3949	3758
4.8	4.7	4.7	4.6	4.5	4.4
3.2	3.2	3.2	3.1	3.0	3.0
14.2	14.0	14.7	14.1	12.4	12.2
17.3	17.7	18.2	18.0	19.9	21.1
90.5	92.7	93.9	95.4	95.5	96.7
10.7	11.3	11.2	12.1	13.5	13.5
15023.4	14705.6	15475.2	15720.8	16035.2	16386.2
4620.0	4896.5	4656.4	4579.5	4776.8	4833.3
1359.9	1404.1	1431.1	1403.4	1394.6	1436.7
9.9	9.0	8.7	8.8	8.9	9.3
2.4	2.6	2.4	2.4	2.6	2.6
1.1	0.9	0.8	0.9	0.9	0.8
315.4	314.3	323.2	340.9	353.2	373.4
341.1	372.2	390.3	424.4	448.9	479.8
904.8	1101.0	1301.0	1500.5	1698.6	1897.3
290.4	344.1	400.8	454.2	547.0	622.8
142.9	161.6	188.5	229.0	278.7	317.5
517.1	659.1	793.1	926.4	1019.9	1124.8
474.8	609.4	725.6	854.0	932.2	1024.4
389.1	464.8	549.2	625.1	674.5	740.0
25.7	34.2	39.0	48.0	56.1	58.2
59.2	108.3	136.5	178.7	198.6	223.1
0.8	2.1	0.9	2.1	3.1	3.1
9.4	14.8	16.3	16.2	21.8	23.6
0.7	5.2	4.7	4.1	8.4	11.4
8.7	9.6	11.6	12.1	13.4	12.2
32.9	34.9	51.1	56.2	65.8	76.8
5.8	7.7	11.8	12.8	17.6	21.4
10.7	10.1	17.5	20.3	19.8	26.6
3.4	5.2	4.9	4.9	7.4	8.9
1.4	0.4	1.3	3.1	2.5	2.0
11.5	11.5	15.6	15.1	18.4	17.8
24.0	24.8	22.5	30.0	26.0	39.0
73.3	73.0	84.6	90.0	105.8	110.8
1264.1	1355.0	1436.5	1518.6	1643.3	1714.9
729.7	766.1	807.5	866.7	893.5	929.7
73.8	78.0	86.7	90.9	93.6	102.8
160.0	170.8	187.7	185.9	204.3	227.5
45.5	50.7	53.2	58.0	65.1	64.5
81.7	93.7	94.7	102.2	123.9	128.8
85.1	96.2	99.6	107.2	132.2	132.0
68.4	76.6	83.8	84.9	99.3	102.6
19.9	22.8	23.2	22.7	31.4	26.9
	613.1	598.2	626.5	672.5	702.2

4-5 续表

指标名称	单位	2000-2200 元	2200-2400 元	2400-2600 元
一、调查户数	户	3571	3286	2950
户均人口	人	4.3	4.2	4.2
户均劳动力	人	3.0	2.9	2.9
其中：劳动力文盲率	%	11.0	10.9	10.1
其中：当年外出打工的劳动力比例	%	21.7	22.2	23.1
二、户均住房面积	平方米	98.7	100.9	102.4
其中：钢筋混凝土结构面积	平方米	15.5	16.5	18.6
户均住房价值	元	16911.6	17926.7	18443.8
户均年末生产性固定资产原值	元	4801.8	4884.0	4981.1
其中：年末生产用房原值	元	1398.5	1462.0	1529.1
户均耕地面积	亩	9.8	9.0	9.1
其中：水田、水浇地面积	亩	2.7	2.8	2.9
梯田面积	亩	1.0	0.8	0.8
人均年末存粮	公斤	383.6	397.4	426.6
人均粮食产量	公斤	495.8	525.1	563.1
三、农民人均纯收入	元	2097.6	2296.9	2497.0
(一)工资性收入	元	727.7	796.3	881.3
其中：外出务工收入	元	377.7	422.4	473.5
(二)家庭经营纯收入	元	1210.4	1331.2	1430.0
1.第一产业纯收入	元	1088.1	1181.9	1270.8
(1)农业收入	元	779.9	847.5	905.3
(2)林业收入	元	66.0	76.5	71.2
(3)牧业收入	元	238.1	251.8	289.3
(4)渔业收入	元	4.1	6.1	4.9
2.第二产业纯收入	元	33.9	38.6	41.4
(1)工业收入	元	13.7	15.4	19.5
(2)建筑业收入	元	20.3	23.2	21.9
3.第三产业纯收入	元	88.3	110.6	117.8
(1)交通.运输.邮电业收入	元	26.5	35.8	34.2
(2)批零贸易业.饮食业收入	元	26.1	34.1	34.9
(3)社会服务业收入	元	8.9	15.2	15.7
(4)文教卫生业收入	元	3.1	3.8	4.9
(5)其他行业收入	元	23.7	21.8	28.1
(三)财产性纯收入	元	39.5	38.9	50.4
(四)转移性纯收入	元	120.0	130.6	135.3
四、生活消费支出	元	1842.5	1918.6	2075.7
(一)食品消费支出	元	981.2	1011.3	1049.0
(二)衣着消费支出	元	105.8	113.1	116.6
(三)居住消费支出	元	249.8	249.8	324.2
(四)家庭设备.用品消费支出	元	69.9	77.2	80.0
(五)交通和通讯消费支出	元	144.0	158.8	174.7
(六)文化教育.娱乐消费支出	元	148.0	161.6	173.6
(七)医疗保健消费支出	元	111.8	113.3	119.9
(八)其他商品和服务消费支出	元	32.0	33.5	37.7
五、家庭经营费用支出	元	743.7	770.3	811.7

2600—2800 元	2800—3000 元	3000—3500 元	3500—4000 元	4000—5000 元	5000 元以上
2448	2126	4154	2719	3236	3350
4.1	4.1	3.9	3.8	3.6	3.3
2.9	2.9	2.8	2.8	2.7	2.6
10.0	9.0	9.2	8.4	8.2	8.2
22.8	23.2	23.4	23.5	24.4	22.8
101.7	101.1	103.4	105.7	105.8	108.9
17.1	17.3	19.8	22.8	22.7	23.9
18641.5	18518.1	19849.4	20970.2	21953.8	25413.0
4852.7	4980.9	4854.6	5250.2	5443.8	6695.7
1523.8	1499.7	1444.7	1545.8	1576.3	1946.7
9.0	9.7	9.1	9.3	9.9	9.9
3.1	3.2	3.2	3.2	3.4	3.9
0.9	0.7	0.7	0.6	0.6	0.6
427.3	466.1	458.4	478.4	515.1	585.7
583.7	614.6	632.3	676.0	763.2	943.6
2697.6	2897.6	3230.8	3732.1	4427.0	6986.9
978.9	1020.3	1168.9	1388.4	1660.7	2278.3
537.4	535.5	620.6	746.8	866.3	1125.3
1530.3	1662.3	1822.5	2063.5	2403.2	4017.0
1366.0	1473.1	1590.4	1771.9	2073.5	3260.8
944.9	1032.2	1124.1	1231.0	1419.8	2102.1
75.9	92.0	87.1	99.7	118.9	305.8
337.8	342.9	366.5	431.1	520.6	808.3
7.4	6.0	12.8	10.0	14.3	44.6
34.5	45.2	54.5	71.4	59.2	188.7
17.6	21.7	27.8	38.8	33.6	110.6
16.9	23.4	26.6	32.6	25.6	78.1
129.7	144.0	177.6	220.2	270.4	567.6
35.3	34.3	53.4	74.0	81.8	241.9
44.6	57.1	60.9	69.1	109.2	179.5
15.3	11.6	17.6	20.5	25.2	49.1
4.8	4.1	7.0	10.4	9.8	24.8
29.7	37.0	38.7	46.2	44.4	72.3
47.9	52.4	65.5	73.1	99.7	283.5
140.6	162.6	174.0	207.2	263.5	408.1
2176.3	2275.4	2356.4	2640.7	2986.2	3970.5
1082.1	1103.5	1160.5	1225.3	1330.2	1561.8
125.9	128.5	137.9	151.2	166.0	210.5
330.1	335.2	338.9	453.7	513.4	916.6
92.5	95.7	101.7	114.6	166.6	176.5
191.8	243.4	216.3	255.0	297.3	389.6
184.1	194.9	220.3	244.5	281.5	390.5
129.6	133.2	139.1	148.4	182.3	247.4
40.1	40.9	41.6	47.8	48.9	77.6
848.3	855.6	941.9	1010.8	1188.2	1693.0

4-6 2007年扶贫重点县按人均消费水平分组资料

指标名称	单位	0-300元	300-600元	600-800元	800-1000元
一、调查户数	户	39	1121	2858	4788
户均人口	人	5.5	5.4	5.1	4.9
户均劳动力	人	3.6	3.6	3.4	3.3
其中：劳动力文盲率	%	20.0	15.5	14.5	13.7
其中：当年外出打工的劳动力比例	%	17.1	18.6	18.4	20.6
二、户均住房面积	平方米	76.9	84.8	86.7	91.4
其中：钢筋混凝土结构面积	平方米	3.9	6.4	7.2	10.2
户均住房价值	元	8604.0	12000.6	13463.5	14986.6
户均年末生产性固定资产原值	元	3838.2	3673.2	4208.3	4257.5
其中：年末生产用房原值	元	503.3	857.8	990.6	1083.4
户均耕地面积	亩	9.9	10.3	9.4	9.3
其中：水田、水浇地面积	亩	3.0	3.0	2.9	2.8
梯田面积	亩	0.3	1.1	0.9	0.8
人均年末存粮	公斤	228.7	268.4	288.3	326.2
人均粮食产量	公斤	158.0	333.7	368.1	416.7
三、农民人均纯收入	元	662.4	1191.9	1373.3	1529.1
(一)工资性收入	元	263.9	340.6	426.9	485.3
其中：外出务工收入	元	154.4	191.4	248.0	275.8
(二)家庭经营纯收入	元	306.5	758.9	840.6	936.4
1.第一产业纯收入	元	289.3	695.4	757.3	858.1
(1)农业收入	元	124.5	514.1	551.8	623.3
(2)林业收入	元	33.6	30.8	35.9	49.1
(3)牧业收入	元	131.2	149.8	167.7	184.5
(4)渔业收入	元	0.0	0.7	1.8	1.2
2.第二产业纯收入	元	2.3	9.5	20.2	22.4
(1)工业收入	元	0.0	5.0	9.3	9.3
(2)建筑业收入	元	2.3	4.5	10.9	13.1
3.第三产业纯收入	元	15.0	54.0	63.1	55.9
(1)交通.运输.邮电业收入	元	-0.2	9.5	21.4	11.8
(2)批零贸易业.饮食业收入	元	7.4	20.4	11.8	18.7
(3)社会服务业收入	元	0.0	3.7	7.0	5.4
(4)文教卫生业收入	元	0.0	-0.9	1.5	0.9
(5)其他行业收入	元	7.7	21.3	21.4	19.2
(三)财产性纯收入	元	36.7	34.9	30.2	27.9
(四)转移性纯收入	元	55.3	57.5	75.6	79.5
四、生活消费支出	元	249.9	503.1	711.9	904.1
(一)食品消费支出	元	173.8	354.1	488.1	606.5
(二)衣着消费支出	元	22.9	33.7	46.6	59.8
(三)居住消费支出	元	20.5	45.6	67.7	82.0
(四)家庭设备.用品消费支出	元	10.8	15.4	23.1	30.1
(五)交通和通讯消费支出	元	6.5	20.2	33.3	47.2
(六)文化教育.娱乐消费支出	元	3.2	12.0	20.8	33.9
(七)医疗保健消费支出	元	10.1	16.6	24.2	33.0
(八)其他商品和服务消费支出	元	2.1	5.6	8.1	11.5
五、家庭经营费用支出	元	153.6	346.9	426.6	501.9

1000—1200元	1200—1500元	1500—1800元	1800—2000元	2000—2500元	2500—3000元	3000—3500元	3500—4000元	4000元以上
5587	8449	7092	3860	6984	4305	2600	1659	3928
4.7	4.4	4.3	4.1	4.0	3.8	3.7	3.6	3.5
3.2	3.1	2.9	2.9	2.8	2.7	2.6	2.5	2.6
13.6	12.7	11.9	10.3	9.7	8.9	8.6	7.7	8.5
19.7	20.3	21.1	21.5	21.4	20.7	20.7	20.0	21.0
93.9	95.2	98.0	99.3	101.7	104.3	104.8	106.0	114.7
11.7	13.1	15.2	16.0	17.9	20.0	22.4	21.9	29.0
15907.8	16435.5	16876.1	17711.4	18508.5	20152.0	20810.7	21067.9	26185.8
4581.7	4675.6	5022.2	5106.6	5354.0	5712.8	5737.7	6312.9	6910.8
1246.3	1388.2	1459.6	1627.6	1590.9	1758.1	1726.6	2118.7	2232.3
9.1	9.4	9.2	9.5	9.4	10.1	9.8	9.7	8.7
2.8	2.7	2.6	2.9	2.9	3.1	3.0	3.2	3.2
0.9	0.9	0.8	0.8	0.9	0.7	0.7	0.8	0.7
351.4	381.2	404.3	415.8	429.6	458.3	466.8	464.9	502.7
462.7	483.1	515.1	556.7	559.2	601.9	624.8	649.0	668.5
1737.7	1951.7	2177.0	2447.3	2615.8	2918.1	3250.5	3490.4	4195.7
560.5	649.7	739.2	852.9	939.6	1031.0	1246.2	1256.3	1525.6
314.7	348.6	384.3	450.6	479.3	512.8	573.9	576.7	699.1
1056.5	1164.0	1263.7	1418.5	1455.8	1638.2	1706.2	1871.1	2195.4
962.9	1045.1	1122.5	1257.6	1263.1	1414.9	1466.4	1594.2	1823.7
695.2	756.9	807.6	895.0	887.5	982.8	1019.2	1075.2	1290.2
60.5	62.1	70.8	74.8	78.4	85.5	99.1	130.6	144.8
203.9	222.7	238.9	280.4	286.6	332.3	338.6	357.0	375.8
3.3	3.5	5.2	7.5	10.6	14.4	9.6	31.4	12.8
26.0	28.9	34.2	35.3	40.3	54.6	49.5	71.7	75.7
10.7	14.5	17.0	17.4	17.4	28.5	25.9	34.4	48.3
15.4	14.5	17.2	18.0	22.9	26.1	23.6	37.3	27.3
67.6	89.9	107.0	125.5	152.4	168.8	190.3	205.2	296.0
14.4	23.6	30.5	40.8	56.9	63.0	43.7	73.5	116.4
22.0	29.0	36.5	41.9	46.4	56.9	79.0	69.0	106.5
8.5	10.2	11.8	12.7	14.8	16.9	19.8	14.0	26.8
2.0	3.9	2.6	3.1	7.3	7.1	8.4	9.3	15.0
20.6	23.2	25.5	27.0	27.0	24.9	39.3	39.4	31.4
28.3	35.0	48.8	40.7	59.9	59.4	89.8	106.1	153.2
92.3	103.0	125.3	135.3	160.4	189.5	208.3	256.9	321.6
1101.8	1346.1	1642.3	1897.0	2225.8	2730.3	3226.1	3729.6	6266.2
719.3	836.0	968.5	1064.3	1177.0	1335.6	1471.9	1574.8	1825.3
74.0	90.1	108.2	124.8	139.4	162.8	183.0	196.4	224.7
100.1	125.7	158.5	192.8	238.3	321.1	420.6	571.5	2053.3
37.1	48.9	63.7	78.1	94.8	117.4	146.0	183.2	292.1
65.0	90.6	125.6	151.5	204.0	268.2	341.2	404.2	583.4
46.0	71.4	104.8	141.8	192.3	298.6	377.0	495.2	679.1
46.0	62.0	87.1	110.2	139.5	175.6	221.2	230.6	482.4
14.3	21.3	26.0	33.5	40.6	51.1	65.2	73.5	126.0
600.8	667.0	767.1	877.2	977.2	1120.8	1210.4	1374.5	1541.8

4-7 2007年扶贫重点县按生产性投入分组资料

指标名称	单位	0—500元	500—800元	800—1000元	1000—1500元
一、调查户数	户	24132	10011	4549	6776
户均人口	人	4.5	4.4	4.2	4.0
户均劳动力	人	3.1	3.0	2.9	2.9
其中：劳动力文盲率	%	13.3	10.8	10.7	10.1
其中：当年外出打工的劳动力比例	%	23.1	21.7	19.7	17.5
二、户均住房面积	平方米	96.1	100.5	100.2	101.8
其中：钢筋混凝土结构面积	平方米	15.3	16.8	15.5	16.0
户均住房价值	元	17577.0	17319.7	17206.8	17806.8
户均年末生产性固定资产原值	元	3796.2	4650.6	5152.0	6107.3
其中：年末生产用房原值	元	1126.1	1382.3	1600.6	1822.3
户均耕地面积	亩	7.0	8.3	9.6	11.0
其中：水田、水浇地面积	亩	2.0	2.8	3.2	3.3
梯田面积	亩	1.0	0.8	0.8	0.7
人均年末存粮	公斤	298.6	394.2	439.8	466.8
人均粮食产量	公斤	337.0	508.9	584.6	650.9
三、农民人均纯收入	元	2006.6	2232.8	2392.7	2548.6
(一)工资性收入	元	849.0	764.5	744.1	716.5
其中：外出务工收入	元	442.2	413.0	374.1	359.5
(二)家庭经营纯收入	元	999.9	1293.8	1456.0	1627.0
1.第一产业纯收入	元	879.9	1153.5	1291.4	1457.1
(1)农业收入	元	626.9	840.5	933.9	1017.7
(2)林业收入	元	64.5	70.3	59.5	78.5
(3)牧业收入	元	184.1	238.3	290.3	353.0
(4)渔业收入	元	4.4	4.4	7.8	7.9
2.第二产业纯收入	元	28.7	34.0	43.6	35.8
(1)工业收入	元	9.5	14.4	19.4	18.3
(2)建筑业收入	元	19.2	19.7	24.2	17.5
3.第三产业纯收入	元	91.3	106.3	121.0	134.2
(1)交通.运输.邮电业收入	元	24.5	27.6	31.5	44.9
(2)批零贸易业.饮食业收入	元	30.7	37.3	44.2	46.2
(3)社会服务业收入	元	11.1	12.5	14.4	10.4
(4)文教卫生业收入	元	4.3	3.4	3.6	5.1
(5)其他行业收入	元	20.7	25.5	27.3	27.6
(三)财产性纯收入	元	42.7	42.9	48.8	55.5
(四)转移性纯收入	元	115.0	131.6	143.8	149.6
四、生活消费支出	元	1644.3	1867.3	2017.1	2229.4
(一)食品消费支出	元	849.3	975.9	1039.7	1113.1
(二)衣着消费支出	元	100.7	105.3	111.7	121.5
(三)居住消费支出	元	240.8	270.2	289.2	345.4
(四)家庭设备.用品消费支出	元	63.8	77.2	82.0	109.0
(五)交通和通讯消费支出	元	128.2	150.1	165.8	189.2
(六)文化教育.娱乐消费支出	元	137.0	147.7	173.3	179.6
(七)医疗保健消费支出	元	96.1	106.3	120.4	132.1
(八)其他商品和服务消费支出	元	28.3	34.6	35.1	39.5
五、家庭经营费用支出	元	249.7	638.1	892.8	1217.0

1500—2000 元	2000—2500 元	2500—3000 元	3000—3500 元	3500—4000 元	4000 元以上
3220	1669	938	560	357	1058
3.8	3.7	3.6	3.5	3.4	3.4
2.8	2.8	2.6	2.6	2.6	2.6
9.6	9.0	8.5	7.2	6.4	7.2
14.7	12.5	11.5	9.9	12.6	10.2
99.5	100.9	101.5	98.6	95.5	98.6
14.1	15.7	15.0	12.9	9.6	13.5
18162.9	18217.0	20638.2	19923.2	19840.8	23416.2
6913.4	7936.7	9156.4	9400.6	11144.7	14467.7
2014.1	2314.1	2420.1	2839.0	2746.4	3730.1
13.5	15.2	17.1	18.5	21.7	26.6
3.9	4.5	5.2	5.5	6.9	7.4
0.6	0.6	0.5	0.5	0.5	0.3
557.1	621.3	691.4	721.6	837.4	886.8
822.1	924.1	1007.2	1124.7	1405.9	1509.5
2765.5	2858.5	3074.9	3032.8	3323.7	3705.6
669.3	626.5	668.3	549.4	586.2	587.1
321.6	281.6	285.2	220.2	286.8	265.2
1858.4	1960.3	2074.7	2170.3	2392.7	2579.1
1657.4	1740.0	1743.6	1908.9	2022.2	1921.9
1166.0	1222.8	1183.0	1295.1	1492.2	1376.0
98.7	94.9	119.3	164.1	79.7	113.8
384.9	411.9	430.3	432.2	422.5	365.7
7.7	10.4	11.0	17.6	27.7	66.5
40.4	41.8	60.6	38.4	67.5	184.5
22.6	33.7	52.2	52.6	69.7	191.8
17.8	8.1	8.4	−14.2	−2.2	−7.3
160.6	178.5	270.5	223.0	302.9	472.7
55.0	74.0	114.1	91.6	203.7	251.9
54.2	43.9	73.0	95.4	77.6	134.4
15.0	14.1	24.9	−0.9	−3.6	23.2
4.0	11.6	7.6	1.9	7.0	11.2
32.4	34.9	51.0	35.0	18.2	52.1
63.8	70.7	92.9	83.3	88.9	262.4
174.0	201.0	238.9	229.8	256.0	277.0
2459.0	2668.9	2912.2	3113.4	3089.4	3621.7
1220.5	1307.1	1373.2	1362.8	1469.3	1526.5
136.4	146.4	158.6	164.4	175.5	203.3
373.3	422.4	461.0	524.0	515.4	689.0
97.9	110.3	122.9	126.3	151.3	158.4
225.4	259.2	286.5	402.1	325.6	385.9
221.0	196.3	268.7	314.6	228.6	345.5
145.2	181.7	182.4	171.7	180.0	251.5
39.2	45.5	58.8	47.4	43.7	61.7
1719.1	2221.6	2723.5	3221.7	3743.7	6866.9

4-8 2007年扶贫重点县按收入五等分分组资料

指标名称	单位	20%低收入户	20%中低收入户	20%中等收入户	20%中上收入户	20%高收入户
一、调查户数	户	10654	10654	10654	10654	10654
户均人口	人	4.7	4.6	4.4	4.1	3.6
户均劳动力	人	3.1	3.1	3.0	2.9	2.7
其中：劳动力文盲率	%	14.1	13.8	11.4	9.8	8.3
其中：当年外出打工的劳动力比例	%	16.2	18.8	21.5	23.2	23.5
二、户均住房面积	平方米	90.6	95.2	98.3	102.2	106.5
其中：钢筋混凝土结构面积	平方米	10.3	12.3	15.0	18.2	22.8
户均住房价值	元	14803.1	15809.5	16957.6	18882.1	22504.8
户均年末生产性固定资产原值	元	5382.8	4640.5	4845.6	4912.3	5714.7
其中：年末生产用房原值	元	1490.7	1397.4	1435.9	1500.0	1664.0
户均耕地面积	亩	10.0	8.8	9.4	9.2	9.6
其中：水田、水浇地面积	亩	2.5	2.5	2.7	3.1	3.5
梯田面积	亩	1.0	0.9	0.9	0.8	0.6
人均年末存粮	公斤	316.8	340.1	382.3	441.6	518.8
人均粮食产量	公斤	338.3	421.7	497.7	591.5	776.6
三、农民人均纯收入	元	810.3	1504.8	2066.3	2785.2	4830.6
(一)工资性收入	元	275.1	469.0	699.9	997.7	1704.6
其中：外出务工收入	元	127.5	233.4	363.1	536.0	877.2
(二)家庭经营纯收入	元	443.8	915.4	1208.7	1586.6	2703.3
1.第一产业纯收入	元	414.6	839.0	1088.7	1405.0	2271.5
(1)农业收入	元	349.1	617.4	783.2	985.5	1530.6
(2)林业收入	元	24.8	48.0	66.0	80.7	162.6
(3)牧业收入	元	39.2	171.5	235.7	330.6	556.7
(4)渔业收入	元	1.5	2.1	3.8	8.2	21.6
2.第二产业纯收入	元	3.3	18.6	29.8	44.0	99.7
(1)工业收入	元	1.7	5.7	12.7	21.6	56.6
(2)建筑业收入	元	1.6	12.9	17.0	22.4	43.1
3.第三产业纯收入	元	26.0	57.8	90.3	137.6	332.0
(1)交通.运输.邮电业收入	元	4.7	13.9	26.9	38.6	122.6
(2)批零贸易业.饮食业收入	元	7.4	19.3	28.8	47.2	112.5
(3)社会服务业收入	元	3.3	5.6	11.1	14.3	30.4
(4)文教卫生业收入	元	0.4	2.3	2.9	5.2	13.9
(5)其他行业收入	元	10.2	16.7	20.6	32.3	52.7
(三)财产性纯收入	元	17.8	26.7	38.5	53.0	141.6
(四)转移性纯收入	元	73.5	93.6	119.2	148.0	281.2
四、生活消费支出	元	1306.0	1536.9	1807.9	2198.4	3097.2
(一)食品消费支出	元	731.8	857.8	968.2	1092.0	1347.2
(二)衣着消费支出	元	79.2	90.3	106.2	126.6	170.9
(三)居住消费支出	元	166.9	193.7	237.9	329.6	589.1
(四)家庭设备.用品消费支出	元	48.4	59.1	69.8	90.9	146.9
(五)交通和通讯消费支出	元	90.5	106.5	141.4	201.7	303.5
(六)文化教育.娱乐消费支出	元	91.3	114.2	145.6	190.5	295.2
(七)医疗保健消费支出	元	75.7	89.5	108.0	127.2	188.9
(八)其他商品和服务消费支出	元	22.0	25.8	30.8	39.9	55.4
五、家庭经营费用支出	元	675.6	631.5	732.8	859.0	1254.0

4—9 2007年扶贫重点县按农户类型分组表资料

指标名称	单位	纯农业户	农业兼业户	非农业兼业户	非农业户
一、调查户数	户	11560	26755	13813	1142
户均人口	人	4.0	4.4	4.3	3.8
户均劳动力	人	2.8	3.0	3.0	2.6
其中：劳动力文盲率	%	14.0	12.1	8.9	7.8
其中：当年外出打工的劳动力比例	%	4.4	21.9	29.8	25.1
二、户均住房面积	平方米	87.0	100.6	104.7	93.4
其中：钢筋混凝土结构面积	平方米	7.4	15.5	23.1	18.2
户均住房价值	元	14521.6	16973.0	21584.3	24188.9
户均年末生产性固定资产原值	元	6658.1	4834.6	4160.4	6871.9
其中：年末生产用房原值	元	1818.1	1508.7	1162.3	2047.8
户均耕地面积	亩	15.5	8.7	5.9	6.4
其中：水田、水浇地面积	亩	4.1	2.9	1.8	1.0
梯田面积	亩	0.7	0.9	0.8	1.1
人均年末存粮	公斤	489.3	398.4	318.2	228.6
人均粮食产量	公斤	707.4	536.5	340.7	20.8
三、农民人均纯收入	元	2036.6	2151.1	2651.4	2728.7
（一）工资性收入	元	21.1	627.7	1609.4	1826.3
其中：外出务工收入	元	3.4	310.0	871.4	782.9
（二）家庭经营纯收入	元	1763.4	1352.7	879.0	607.7
1.第一产业纯收入	元	1769.9	1259.4	519.6	–142.2
（1）农业收入	元	1174.2	895.6	440.6	–83.5
（2）林业收入	元	131.9	74.6	25.2	–2.1
（3）牧业收入	元	450.9	282.4	51.5	–56.4
（4）渔业收入	元	13.0	6.8	2.2	0.0
2.第二产业纯收入	元	–5.0	21.3	89.0	148.2
（1）工业收入	元	–1.0	8.6	46.8	74.9
（2）建筑业收入	元	–4.1	12.8	42.3	73.4
3.第三产业纯收入	元	–1.5	72.0	270.4	601.7
（1）交通.运输.邮电业收入	元	–1.8	15.2	98.2	232.5
（2）批零贸易业.饮食业收入	元	0.7	23.5	89.1	216.9
（3）社会服务业收入	元	–0.4	7.9	26.9	54.8
（4）文教卫生业收入	元	–0.1	1.8	10.9	40.3
（5）其他行业收入	元	0.1	23.6	45.3	57.2
（三）财产性纯收入	元	65.4	44.0	47.5	156.7
（四）转移性纯收入	元	186.8	126.6	115.5	137.9
四、生活消费支出	元	1849.4	1842.8	2143.4	2210.1
（一）食品消费支出	元	983.8	978.3	985.2	882.7
（二）衣着消费支出	元	108.6	98.3	134.0	193.1
（三）居住消费支出	元	269.8	267.8	343.6	331.3
（四）家庭设备.用品消费支出	元	64.7	76.6	96.0	103.9
（五）交通和通讯消费支出	元	134.6	142.0	213.0	267.0
（六）文化教育.娱乐消费支出	元	136.6	145.3	202.7	252.2
（七）医疗保健消费支出	元	122.3	102.9	127.7	142.5
（八）其他商品和服务消费支出	元	29.0	31.5	41.3	37.4
五、家庭经营费用支出	元	1179.2	797.6	552.5	683.7

5、指标解释

调查表表头部分

1. 户主姓名：户主一般是指家庭成员公认的，在家庭事务中起决定作用的，在大多数情况下，是家庭经济的主要支撑者。调查人员应根据此定义经过详细了解来确定户主，不要随便填写户主。

2. 被调查者姓名：即直接申报人，可以是户主，也可以是家庭自行确定的知情者。

3. 调查人姓名：指对贫困住户家庭成员进行访问记录的专职或兼职调查员。

4. 抽中户编码：

省码		县码				乡码				村码				户码	

省、县和村级码编码按国家统一下发国家标准行政代码填写，省码2位，县码为4位，村为6位。(详见全国贫困县编码表)。

户码由各县（市）将抽中户按统一的规定自行编排。每县共10个村，每村10户。每村户码是从01－10，户码确定后，在贫困监测期内原则保持稳定，不得随意更改，这样便于建立全国农村贫困监测数据库后的数据资料的调用、跟踪调查、对比分析研究等。

国定贫困县监测报表

一、贫困县基本情况

1. 年末乡村人口：在县（市）范围内，按年末时点统计的乡村地区常住居民户中的常住人口数量的总和。乡村地区按1993年6月关于统计上城乡划分标准划分。乡村人口统计主要依据公安部门的户籍统计。

2. 村委会个数（村数）：指农村中经上级政府批准，按居住地区设立的基层群众性自治组织（即村民委员会）的个数。含城关镇中的村委会。(表中所涉及的村数，均为村委会个数)

3. 贫困村个数：纳入全省扶贫规划的村委会数量。

4. 贫困村人口数：指贫困村乡村人口的数量。

5. 年末尚未解决饮水困难人数和牲畜头数：饮水困难指到水平距离1公里以外，垂直高度100米以上取水，或缺水时间在半年以上的，称为饮水困难。包括从未解决解决饮水困难人数和牲畜头数和曾经解决饮水困难但由于各种原因重新面临饮水困难的人数和牲畜头数。

二、扶贫投资情况

（一）扶贫资金来源

1. 扶贫投资总额：指年内贫困县从外界所得到的全部扶贫资金。包括下列2－8项内容。

2．中央扶贫贴息贷款累计发放额：累计发放额包括当年新增、收回再贷两部分。中央扶贫贴息贷款的发放主体为中国农业银行。扶贫贴息贷款主要用于国家扶贫开发工作重点县，支持能够带动低收入贫困人口增加收入的种养业、劳动密集型企业、农产品加工企业和市场流通企业，以及基础设施建设项目。

3．中央财政扶贫资金：是指当年实际安排到县使用的中央财政专项安排用于扶贫的资金，包括"三西"农业建设专项补助资金，此处不含以工代赈资金。财政扶贫资金重点用于贫困乡村发展生产，基础设施建设，科技推广与培训以及支持村级教育、医疗卫生、文化事业等。

4．以工代赈资金。是指当年计划安排到县的中央财政专项安排的以工代赈资金额。主要用于改善贫困地区生产生活条件和生态环境，包括修建县乡、乡村道路，建设基本农田，兴建小型农田水利，解决人畜饮水问题等，适当用于异地扶贫开发中的移民村基础设施建设。

5．中央专项退耕还林还草工程补贴：指中央下达的用于退耕还林还草的专项补贴，包括三个部分：用于对退耕还林还草农户的粮食补贴；种苗费补贴；管护费补贴。

6．省级财政安排的扶贫资金：纳入省级财政预算，专项安排扶持重点县、贫困村的各项扶贫资金。

7．利用外资：指以各种形式当年实际用于扶贫开发的外资（折合人民币）。

8．其他资金：除上述几项扶贫专项资金外，用于扶贫开发项目的资金。如企业在贫困县以联营方式建企业的投资额；科研单位在贫困县的科技投入，各种捐款等。

（二）扶贫资金使用

1．种植业：是指用于粮食作物、经济作物、饲料作物等农作物生产包括农户改善自己生产条件的扶贫资金。种植业具体包括谷物种植业，油料和豆类作物种植业，棉、麻等植物性纺织原材料种植业，糖料作物种植业，烟草种植业，药材种植业，蔬菜、瓜类和薯类作物种植业，茶、桑、果树种植业和其他种植业。

2．林业：是指用于培育或依法砍伐承包山林、收获林产品（不含桑叶、茶叶、水果、花卉、食用菌，它们归入种植业）、退耕还林的扶贫资金。林业具体包括采种、育苗、植树造林、森林抚育、迹地更新、森林保护、林场的经营管理以及对橡胶、漆树、咖啡、胡椒、花椒、可可、核桃、板栗等林木种植及其林产品的采集。

3．养殖业：是指用于畜禽、鱼虾以及其他经济动物、 水产品养殖生产的扶贫资金。养殖业具体包括各种牲畜饲养放牧业、家禽及珍禽饲养业、 水产品养殖业。

4．农产品加工：是指用于农林牧渔产品加工的扶贫资金。包括购置、租赁农林牧渔产品加工设备或其他固定资产的费用，购置原材料费用及经营销售费用。

5．其他生产行业：指除农产品加工外的工业、建筑业、交通运输业、批发零售贸易、生产经营服务业。

6．基本农田建设：是指利用扶贫资金进行基本农田建设的资金额。

7．人畜饮水工程：是指为解决人畜饮水困难，而利用扶贫资金建设人畜饮水工程的资金额。

8．道路修建及改扩建：是指为解决交通不便，而利用扶贫资金修建及改扩建道路的资金额。

9．电力设施：指利用扶贫资金建设、维护发电、输电、变电等电力设施的资金额。

10. 广播、电视设施：是指利用扶贫资金修建维护电视差转、卫星接收站等电视信号接收设施的资金额。

11. 学校及设施：是指利用扶贫资金建造、整修学校、购买教学设备、图书等的资金额。

12. 卫生室及设施：是指利用扶贫资金购置医疗设备、建立卫生室的资金额。

13. 技术培训／技术推广：指利用扶贫资金进行各类技术培训和技术推广的资金额。技术培 训包括教师、卫生员、接生员培训，也包括各种实用技术的培训。

14. 资助儿童入学／扫盲：是指利用扶贫资金资助贫困儿童、辍学儿童（重新）上学及成人 扫盲项目的资金额。

15. 其他：是指扶贫资金用于以上几方面投资之外的项目投资总额。

（三）在扶贫投资中农户直接贷款：在中央专项扶贫贴息贷款累计发放额中，农户直接得到的贷款累计数量。

三、扶贫成果

1. 当年实施了扶贫项目的村数：是指当年扶贫开发项目已经启动实施或虽然尚未启动但扶贫项目资金已到位的村委会个数。

2. 当年扶贫项目覆盖的农户数量：是指当年使用了扶贫资金的各类项目中，参与或受益于一个或数个项目的农户数。如果是生产项目（包括直接使用贷款或物资，扶贫企业吸收劳动力、销售或加工扶贫企业需要的原材料、初级产品等），指直接参加扶贫项目的农户数，如果是公共项目（如教育、卫生、电视接受等项目），指能受益的农户数。

3. 当年扶持人口数：是指当年上述扶贫项目中，参与或受益于项目的人口数。如果是生产项目（包括直接使用贷款或物资，扶贫企业吸收劳动力、销售或加工扶贫企业需要的原材料、初级产品等），指直接参加扶贫项目的人口数，如果是公共项目（如教育、卫生、电视接受等项目），指能受益的人口数。

4. 当年项目吸收劳动力：指在当年使用了有关扶贫资金的各类项目内，吸收的劳动力总数，包括本地劳动力和外地劳动力。

5. 当年得到扶贫贷款的农户数：指当年通过资金、实物等形式使用扶贫贷款，并直接与农业银行或其它扶贫机构有借款手续的农户数。

6. 新增基本农田：指利用扶贫资金，通过工程措施，当年新增达到《水土保持综合治理技术规范》相应标准的农田面积。基本农田是指保土、保肥、保水，能实现旱涝保收的农田（除特大自然灾害外）。

7. 新增及改扩建公路里程：是指本县（区、市、旗）范围内，当年利用扶贫资金，新增及改扩建达到交通部规定的公路技术等级标准、经交通部门验收后的公路实用里程数，包括国家干线公路，县级公路和乡村公路。

8. 新增经济林面积：指当年利用扶贫资金，新增的利用林木的果实、叶片、皮层、树液等林产品作为工业原料或食用而营造的经济林面积。如油茶林油桐林等。但不包括茶桑果树。

9. 新增及改良人工草场面积：指利用扶贫资金

10. 新增教育、卫生用房面积：指利用扶贫资金新建或改建增加的教学、卫生设施的面积。原有房屋改造面积不在统计之内。

11. 当年解决饮水困难人数和牲畜头数：是指按日历年度统计的解决饮水困难人数和牲畜头数。统计标准按照水利部制定并颁布的解决人畜饮水标准执行。指到水平距离 1 公里以外，垂直高度 100 米以上取水，或缺水时间在半年以上的，称为饮水困难。

12. 当年退耕还林还草面积：是指按国家有关规定，实际退耕还林还草的面积，包括超计划退耕面积。

13. 当年组织培训参加人次：是指农户当年实际参加各类机构、经济组织和个人举办的各种培训班的人次。

14. 向其他地区输出劳动力人数：是指当年经当地有关部门具体组织，通过各种形式向其他地区输出的平均在外劳动时间超过 3 个月以上的劳动力总数。包括到外乡、外县和外省。

社区调查表

一、基本情况

1. 地势：地势分为平原、丘陵、山区。按调查户所在村所属类型来划分。

2. 老区、边区：老区是指在第二次国内革命战争时期和解放战争时期，在中国共产党领导下，创立的革命根据地。边区是指沿陆地边境线的县所属区域，两者均按调查村的历史和现实情况来划分。

3. 少数民族聚居村：指由县人民政府认定的少数民族村。少数民族村的划分没有全国统一的明文规定，依据地方法规执行，基本原则为该村少数民族人数占总人数的比例达到30%，可以由村民委员会向县级人民政府提出申请，由县人民政府认定。

4. 自然村个数：是指所调查的行政村中自然村的个数。自然村指的村民相对集中居住自然形成的村落。村民居住户非常分散的山区、牧区按村民小组划分。

二、基础设施和社会服务

1. 通公路的自然村个数：指调查户所在行政村中能让拖拉机、汽车等机动车辆进入的自然村的个数。

2. 通电话的自然村个数：指调查户所在行政村中能用有线电话与外界联系的自然村的个数。

3. 通电的村自然村个数：指调查户所在行政村中能够使用电力资源进行生产和生活的自然村的个数。

4. 能接收电视节目的自然村个数：指调查户所在行政村中能接收到中央、省级或县级任意一级电视台电视节目的自然村个数。

5. 幼儿园、学前班：指调查户所在村中有经教育部门批准建立的幼儿园和学前班。

6. 卫生室：指调查户所在村中有经县级卫生部门批准建立的卫生室。

7. 合格接生员：是指经过卫生部门正式培训合格并取得资格证书的接生人员。

8. 乡村医生：是指经过卫生部门正式培训合格，并取得行医证明的乡医生和农村赤脚医生。

9. 距最近县城的距离：指调查户所在行政村村委会距离最近的一个县城的距

离，不管县城是否是调查户所属的县。按调查户所在行政村村委会到该地的距离填写。

10. 距乡镇政府所在地距离：指调查户所在行政村村委会距离最近的一个乡或镇政府所在地的距离，不管乡或镇政府是否是调查户所在的乡或镇政府。按调查户所在行政村村委会到该地的距离填写。

11. 距最近小学的距离：指调查户所在行政村村委会距离最近的一个小学的距离，不管小学是否是属于调查户所属行政村所办（或拥有）。按调查户所在行政村村委会到该地的距离填写。

12. 距最近初中学校的距离：指调查户所在行政村村委会距离最近的一个初中学校的距离，不管初中学校是否是属于调查户所属行政村所办（或拥有）。按调查户所在行政村村委会到该地的距离填写。

13. 距最近车站（或码头）的距离：指调查户所在行政村村委会距离最近的车站（或码头）的距离，不管车站（或码头）是否是属于调查户所属行政村所办（或拥有）。按调查户所在行政村村委会到该地的距离填写。

14. 距最近邮电所（点）的距离：指调查户所在行政村村委会距离最近的一个邮电所（点）的距离。按调查户所在行政村村委会到该地的距离填写。

15. 距最近集市的距离：指调查户所在行政村村委会距离最近的一个集市的距离。集市是指工商管理部门正式批准设立的各种农副产品和小商品交换、流通市场，有固定或不固定的周期，有固定的场所。按调查户所在行政村村委会到该地的距离填写。

三、人口、劳动力流动及资源

1. 全村总户数：调查户所在行政村农村居民的总户数。是指长期（一年以上）居住在乡镇（不包括城关镇）行政管理区域内的住户，还包括居住在城关镇所辖行政村范围内的农村住户。户口不在本地而在本地居住一年及以上的住户也包括在本地农村住户内；有本地户口，但举家外出谋生一年以上的住户，无论是否保留承包耕地都不包括在本地农村住户范围内。 不包括乡村地区内的国有经济的机关、团体、学校、企业、事业单位的集体户。

2. 全村总人口数：指调查户所在行政村农村居民总人数。参见县级表中的人口指标解释。

3. 全村总劳动力：指调查户所在行政村农村居民中劳动力总量。男子16－60周岁，女子16－55周岁，具有劳动能力的人，计算为劳动力。虽然在劳动年龄范围之内，但已丧失劳动能力的人，不应算为劳动力；在劳动年龄以外，但能经常参加劳动，能顶上一个整劳动力或半劳动力的人，应计算在劳动力数内。

4. 年末耕地总资源：指能够种植农作物的田地。包括当年实际耕种的熟地；新开荒且已种植的地；“沿海”、“沿湖”地区已围垦利用三年以上的“海涂”、“湖田”；弃耕、休闲不满三年，随时可以复耕的地；因灾害或其他因素，虽然当年内未种植农作物但仍可复耕的地；以种植农作物为主，附带种植桑树、果树和其他林的地；年年进行耕耘种草的地；南方小于1米、北方小于2米宽的沟、渠、路、田埂。不包括：因灾害或其他因素，已不能复耕的地；弃耕、休闲满三年的地，或者虽不满三年，但已经成为荒地的土地；不进行耕耘，种植牧草已成为永久性草地的土地；专业性的桑园、茶园、果园、果木苗圃地、芦苇地、天然草场等；以混凝土等铺设的温室、玻璃室，导致栽培的植物体与地面隔绝的基地。

5. 常用耕地：指耕地总资源中专门种植农作物并经常进行耕种、能够正常收获的土地。包括当年实际耕种的熟地；弃耕、休闲不满三年，随时可以复耕的地；开荒利用三年以上的地；南方小于 1 米、北方小于 2 米宽的沟、渠、路、田埂。不包括临时种植农作物的坡度在 25 度以上的陡坡地；在河套、湖畔、库区临时开发的成片或零星土地；也不包括已列为国家和省（区、市）退耕计划但仍临时耕种的土地。常用耕地分为基本农田和零星可用耕地。

6. 有效灌溉面积：指耕地面积中有效灌溉面积。　即具有一定的水源，地块比较平整，灌溉工程或设备已经配套，在一般年景下当年能够进行正常灌溉的水田和水浇地。在统计时，应注意下列问题：

灌溉工程或设备已经配套，可以灌溉，但由于雨水及时或所种作物不需灌溉等原因，当年没进行灌溉的，应统计为有效灌溉面积。

灌溉工程或设备不配套（如只有深水井，没有安装机器）、渠系不健全（如只有水库，没有修渠）、地块不平整，当年不能发挥灌溉效益的，不应统计。

北方地区没有灌溉工程或设备的引洪淤灌的耕地面积，不应统计为有效灌溉面积。

南方地区没有灌溉工程或设备，完全靠天雨蓄水的“冬水田”、“屯水田”、“望天田”、“雷响田”等面积，不应统计在内。

没有灌溉工程或设施，遇到旱年临时点种的耕地面积，不应统计为有效灌溉面积。

原有的灌溉工程或设备，由于受到破坏等原因不能起灌溉作用了，这部分耕地面积不应统计为有效灌溉面积。

7. 梯田面积：是指耕地面积中经人工作业，将坡耕地改造为水平耕地的面积。

8. 25% 以上坡耕地面积：是指坡度在 25° 以上（含 25°）的耕地面积。

9. 桑园、茶园、果园面积：是指种植桑树、茶树、果树，覆盖度大于 50%，或每亩株数达到合理株数的 70% 以上的土地面积，果园包括各种水果果园，不包括核桃、板栗、腰果、白果、杏仁等干果果园。

10. 林地面积：是指生长乔木、竹类（郁闭度在 0.　2 及以上）的土地。不包括居民绿化地以及铁路、公路、河流、沟渠的护路、护岸林。林地按用途可分为用材林、经济林、薪炭林、防护林、特种用途林等。

11. 牧草地面积：是指生长草本植物为主，专门用于放牧、饲养牲畜和收割牧草的土地，包括天然草地、改良草地和人工草地。

12. 渔业养殖面积：是指经常进行经营活动的水产品养殖的水面。养殖水面面积包括海水养殖面积（利用滩涂、浅海、港湾，放养各种水产品的人工养殖水面面积）和内陆水面养殖面积（已放养鱼苗、鱼种等水产品苗种并进行人工饲养和管理的池塘、湖泊、水库、河沟及其他养殖水面面积）。

四、村级经济、农业科技

1. 粮食播种面积：是指年内收获粮食作物的实际播种或移植面积。包括耕地和非耕地上的种植面积。

2. 其他农作物播种面积：是指年内收获的除粮食作物以外的农作物的实际播种或移植面积。包括耕地和非耕地上的种植面积。

3. 粮食生产量：是指调查户所在村集体和农户年内实际生产收获的谷类（包括稻谷、小麦、大麦、玉米、高梁、谷子等）、薯类（包括红薯、马铃薯等）和食用豆类（包括大豆、蚕豆、豌豆、绿豆、小豆等）的总量。粮食除薯类以块根重量按五斤折粮一斤计算外，其余一律按脱粒后的原粮计算（玉米按脱粒后的粒子计算。）豆类按去豆荚后的干豆计算。

4．本村企业：是指村、村民小组、联户、农户投资兴办，符合四条标准的企业。包括村与村联营，以村为主与乡镇、村民小组和农户个人联营，村与国有、城镇集体企业联营，村与外商、港、澳、台商合资（合作）的企业。也包括村民小组为主与其他单位或个人和个联营、农户为主与其他单位或个人联营的企业。

5．节水栽培技术：指调查户所在村中有应用喷灌、滴灌、渗灌等节水技术进行作物栽培的农户。

6．农、牧业新技术示范户：指调查户所在村中有县以上农技单位定点指导的农、牧业新技术示范户。

7．举办过专业技术培训：指调查户所在村中，在调查年度内有县以上各类技术技单位组织举办的专业技术培训。

五、灾害和社会保障

1．严重灾害：指当年造成全村农业生产减产达到正常年景的3成以上或有大规模生命、财产损失的灾害。

2．种植业灾害程度：指全村种植的各类作物减产达到正常年景的3成以上。

3．畜牧业灾害程度：指全村养殖的各类牲畜因自然灾害或疫情损失达存栏的3成以上。

4．住房或生产用房灾害程度：指全村的各类房屋因自然灾害造成的损失占全部房屋的3成以上。

5．地方病病（疫）区：地方病是指具有严格的地方性区域特点的一类疾病。列为我国国家重点防治的地方病有克山病、大骨节病、碘缺乏病、地方性氟中毒、地方性砷中毒、鼠疫、布氏杆菌病和血吸虫病等8种。发生上述8种地方病的地区称为地方病病区或疫区。

6．目前缺粮需要救济的农户数量：指在调查时存粮不足以支持到下一个收获季节，又无钱买粮的农村住户个数。

7．本村当年收到救济、救灾款物数额：指行政村在调查年度内收到的民政或其他单位个人用于救济、救灾的现金和实物折价总额。

8．本村当年收到过救济、救灾款物的户数：指行政村在调查年度内收到过民政或其他单位个人用于救济、救灾的现金和实物农村住户个数。

六、扶贫活动

1．扶贫活动：包括政府各部门、国际组织、各种非政府组织、单位在调查村开展的以扶持贫困地区或贫困个人为目的各种扶贫开发活动：按形式分，可以是现金、实物扶持，也可以是技术援助；按目的分，可以是促进农户各种生产能力的项目，也可以是提高村级基础设施、社会服务、自然环境和人力资源水平的项目；按对象分，可以是针对村和农户或者是针对某一人群的（如儿童，妇女等）。按性质分，可以是无偿的补助，可以是有偿的低息或无息贷款。直接以改善生活消费为目的各种救济、救灾活动不包括在内。本调查按内容将扶贫活动分为16类：(1)种植业、(2) 林业、 (3)养殖业、(4)农产品加工、(5)其他生产行业、(6) 基本农业建设、(7)　人畜饮水、(8)修建及改扩建道路、(9)电力设施、技术培训、(10)　电视接收设施　(11)学校及设备、(12)卫生及设备、(13)技术培训、(14)儿童入学和扫盲、(15)退耕还林、(16)其他。

2．省定贫困村。指已列入省、自治区、直辖市扶贫计划的贫困村。

3．当年是否参加过扶贫项目：指调查村当年是否正在进行某项扶贫活动，该项目可以是当年开始的，也可以是数年前开始并持续到当年的。

4．村里到位扶贫资金：指调查村在调查年度内是否得到扶贫资金和各种实物的折价。上年立项但本年资金到位的项目也包括在内。该项目必须是已经开始实施的项目。正在立项或虽然被批准实施但由于资金不到位或其他因素影响而未实施的项目，不包括在内。

5．扶持农户数：指当年得到过扶贫资金的农户数量。

住户基本情况调查表

一、调查户基本情况

1．个体工商户：指属于个体工商户的农村住户。既是个体工商户又是干部户的农村住户不包括在此类型中。

个体工商户是指由住户或个人兴办的从事工业、商业、建筑业、运输业、服务业等生产经营活动的个体单位。

个体工商户的条件是：

A、有固定的生产经营场所、设备和从事生产经营活动的人员；

B、常年从事生产经营活动，季节性开工的，全年开工时间在3个月以上；

C、外雇人员在7人以下(包括7人)。

2．干部户：指家庭主要常住人口中有在乡(镇)及以上各级政府中任职或在村民委员会中任职，并领取一定报酬的农村住户。既是个体工商户又是干部户的农村住户不包括在此类型中。

3．种养业大户：指种植或养殖业生产达到一定规模以上的农村住户。规模种植标准：果树在40亩以上，主要粮食品种在20亩以上，蔬菜10亩以上，特种经营如花卉、药材5亩以上。规模养殖标准：生猪年出栏20头以上（　不包括仔猪），牛存栏10头以上，羊存栏、出栏30只以上（牧区100只以上）；蛋禽存栏500只以上，肉禽出栏1000只以上。

4．五保户：五保户是指家庭全部人口中没有劳动力和生活没有依靠的鳏、寡、孤、独，生活主要依靠集体照顾，享受保吃、保穿、保烧(燃料)、保教(儿童和少年)、保葬的农户。

5．家庭结构：是指住户家庭成员的构成状况。

(1)单身或夫妇：是指由单个成年人组成的家庭或由一对夫妇组成的家庭。

(2)夫妇和一个孩子：是指由一对夫妇和一个子女所组成的家庭。

(3)夫妇和两个孩子：是指由一对夫妇和两个子女所组成的家庭。

(4)夫妇和三个以上孩子：是指由一对夫妇和三个以上(含三个)子女所组成的家庭。

(5)单亲和孩子：是指离异的夫妇中的任一方及孩子组成的家庭。

（6）三代同堂：是指由一对夫妇及其父母、子女所组成的家庭。

（7）其他：是指除上述七种类型以外的家庭。

6. 是否参加专业性合作经济组织：指调查户是否参加当地的农协会或其他专业性合作组织。

7. 是否参加合作医疗社会保障：指调查户是否参加合作医疗。

8. 是否保险：指调查户当年有没有参加任何类型的保险，如财产保险、灾害保险、医疗保险、人寿保险等，包括调查户自行购买的保险，也包括学校、单位、集体代买的保险。

9. 是否发生重大事项：指调查户是否发生了可引起生活消费支出急剧增加的事项，如盖房买房、婚丧嫁娶、上中专／大学、大病治疗等事项。购买耐用消费品和生产性固定资产不属于发生重大事件，应选填答案1。发生上述事项请选填相应编码，发生两项以上事项请选择支出额较大的一项，没有发生上述事项选填1。

二、财产及资产状况

1. 住房：是指有顶有墙，能遮风避雨，用于住人的房屋。它是反映农村住户生活水平的重要标志。

2. 住房面积：是指农村住户自有或租用的住房面积。房屋中的起居室、厨房或放置灶具的地方包括在内。但不包括仓库等作为生产用途房屋面积。多层建筑，按各层面积总和计算。

3. 住房价值：是指住户居住房屋的价值，不包括生产用房。购买房屋按购买价格计算。新建房屋价值，可按实际消耗的建筑材料和人工的报酬计算。(有的地方，人工不要报酬，由建房者提供伙食，可将伙食费用，当作报酬计入房价)。原有房屋，按房屋质量和新旧程度，根据当地实际情况进行估价。对原有房屋进行大翻修的，也应考虑在内。

4. 住房类型：即房屋结构。是按房屋的主要的承重结构（如梁、柱、承重墙等）所用建筑材料划分的。包括：

①砖（石）木结构：是指房屋的梁、柱、承重墙等主要部分是用砖、石、木料建造的，如木房架、砖、石墙、木柱、砖柱建造的房屋。

②竹草屋：是指竹篱笆墙、各种草泥墙的房屋。

③土坯屋：是指土坯建墙的竹木结构的房屋，砖、石作基础的土坯房屋也包括在内。

④钢筋混泥土结构：是指房屋的梁、柱、承重墙等主要部分是用钢筋混泥土建造的。

5. 年末拥有耐用品状况：指年末农村抽中贫困家庭在生活中多次使用而保持原有物质形态及使用价值的主要生活耐用消费资料。 如收录机、电视机、自行车、电话等。

6. 生产性固定资产：是指生产过程中使用年限较长、单位价值较高，并在使用过程中保持原有物质形态的资产，包括厂房、机器设备等。农民家庭使用的固定资产，需同时具备两个条件，即使用年限在两年以上，单位价值在50元以上。在乡村企业及其他部门中，规定单位价值在200元以上，使用年限在一年以上。如果企业的主要设备虽低于200元，但使用年限在一年以上，也划为固定资产。

（1）房屋及建筑物：用于生产的房屋及建筑物面积。

（2）汽车：指主要用于农户生产和其他经营活动的各种类型的汽车。不包括生活用车。

(3) 手扶拖拉机 / 三轮车：指发动机定额功率小于 14.7 千瓦的手扶式拖拉机、小三轮车和小型四轮拖拉机。

(4) 大中型拖拉机：指发动机定额功率在 14.7 千瓦(含 14.7 千瓦)以上的拖拉机。

(5) 胶轮大车：指农村传统上使用的胶轮大车。

(6) 其他农机具（收割机、机动脱粒机、水泵、动力机械)：收割机：指自身带动力能够完成收割作业的农业机械。包括联合收割机。机动脱粒机：指专门进行农作物脱粒的固定作业机械。动力打稻机也应作为机动脱粒机统计。水泵：指用于生产灌溉和排水的水泵。

(7) 役畜：指以使役为主要用途的大牲畜的数量。

(8) 产品畜：主要指各种产品畜的数量

7. 年末生产性固定资产原值：是指固定资产当初的购进价、新建价或开始转为固定资产的价值。自繁自养的幼畜成龄转作役畜、产品畜、种畜，按市场同类牲畜的平均价格计价。国家奖励和外单位赠送的固定资产按购置同类固定资产的价格参照其新旧程度酌情计价。

三、基础设施

1. 卫生设备：指在住房内或房屋院内有没有专门的厕所。厕所包括水冲式厕所和旱厕两种。

(1) 水冲式厕所：指有上、下水冲管道设备的厕所，如抽水马桶等。那些与沼气池或在农村推广的卫生三隔池连通的厕所，由于卫生性能较好，也统计在内。

(2) 旱厕：指有蓄粪池，且蓄粪池经过防渗漏处理的厕所。

(3) 无厕所：指住房没有水冲式厕所和旱厕。

2. 是否用电：农村住户分为用电照明户和非用电照明户。有通电设备， 年内使用过电照明的户为用电照明户，否则为非用电照明户。

3. 取暖设备：指在寒冷季节住房中取暖设备的情况。取暖设备包括空调、暖气、火炕（墙）或没有取暖设备。

4. 饮用水：分为自来水、深井水、浅井水、手压机井水、江河湖泊水、塘水和其他水等几类。如同时使用几种水源，则选取其中最常用、最主要的一种用水。

①自来水：指在公用设施处理的，经管道输送水至住宅内或院内、一户或多户合用。

②深井水：指井口与水面距离在三米以上的水井的水。

③浅井水：指井口与水面距离在三米以内的水井的水。

④手压机井水：指通过手压水泵汲水的水井。

⑤江河湖泊水：指具有流动性质的天然江、河、 湖泊水，包括水库水及泉水。

⑥塘水：指不具有流动性质的天然或人工的塘、堰等水。

⑦其他水：指上述五种水源以外的水。如窖水等。

5. 水源污染：指污染源如畜圈、厕所、粪便以及其他生活、生产废弃排放物堆、埋、排放地点（地段）离水源在 10 米之内，或饮用水中直接混有工业、农业、生活废水。

6. 饮水困难：指有下列情况之一为取水困难：取水地点离住户在 1000 米以外、或者垂直距离在 100 米以上、或者缺水时间在半年以上、或者平常单次取水时间在

1小时以上。

7．燃料：是指农户用于生活用的全部燃料，可分为煤炭、柴草、液化气（天然气）和其他等几类。选择填写一种本户日常使用最多的一种燃料类型。

8．燃料困难：指燃料缺乏越来越严重、或者采集一定量燃料时间越来越长，采集地点越来越远等。

四、土地使用情况

1．耕地总资源：是指农村住户年末经营的全部耕地面积。包括承包集体的耕地、家庭自营地（自留地、饲料地和零星开荒地）和转包他人耕地的面积，但不包括代他人临时耕种的耕地面积。包括因各种原因休闲和抛荒的耕地面积。

2．山地面积：是指农村住户年末经营的全部山地面积。包括承包集体的山地、家庭自留山和转包他人山地的面积，但不包括代他人临时经营的山地面积。

3．桑园、茶园、果园面积：是指农村住户经营的全部桑园、茶园、果园面积。

4．牧草地面积：是指是指农村住户年末经营的全部牧草地面积。包括承包集体的牧草地、家庭自留牧草地和转包他人牧草地的面积，但不包括代他人临时经营的牧草地面积。

5．养殖水面面积：是指农村住户年末经营的全部水产品养殖的水面面积。包括海水养殖面积（利用滩涂、浅海、港湾，放养各种水产品的人工养殖水面面积）和内陆水面养殖面积（已放养鱼苗、鱼种等水产品苗种并进行人工饲养和管理的池塘、湖泊、水库、河沟及其他养殖水面面积）。

其他相关的土地使用指标，参见社区表的指标解释。

6．荒山荒坡面积：指农村住户年末承包经营的可以长期使用的荒山荒坡面积。

五、借贷情况

1．借入现金来源：指调查期内，调查户借入现金的对象。包括亲戚朋友、银行及信用社一般商业贷款、国家扶贫贴息贷款、其他扶贫贷款及前面没有包括的其他来源借贷款。

2．当年借入现金：指调查期（当年）内，调查户借入的现金总额。

3．年末借贷款余额：指在年底调查时，调查户当年和以前各年借贷尚未归还的各类借贷款总额。

4．逾期未还：指年底调查时，调查户未归还的各类借贷款总额中，应归还而未归还的部分。

5．期内借入粮食：指调查期（当年）内，调查户借入的粮食总量，包括借钱所买粮食的数量。

6．期末存粮：指年底调查时，调查户实际存储的粮食总量。

7．在没有救济的情况下，粮食是否够吃：是指年底调查时，调查户实际存储或可以购买的粮食总量，能否维持调查户到下一个粮食收获季节。如果调查户虽然存粮不多，，但有能力购买粮食满足需要，应视为粮食够吃。

六、扶贫情况

1．本村当年是否正在参加或完成了某项扶贫活动：指调查村当年是否正在进行某项扶贫活动，该项目可以是当年开始的，也可以是数年前开始并持续到当年的。

2．村里当年有没有落实新扶贫开发项目或到位新的扶贫资金：指调查村当年是否得到并开始实施新的扶贫开发项目，上年立项但本年资金到位的项目也包括在内。该项目必须是已经开始实施的项目。正在立项或虽然被批准实施但由于资金不到位或其他因素影响而未实施的项目，不包括在内。

3．本户是否知道项目内容：指住户是否了解本村新落实的扶贫项目。

4．本户是如何知道的：指住户了解本村新落实的扶贫项目消息的途经。在有两个以上答案时，请选择号码小的答案。

（1）在本次调查时才知道：指调查前不知道，通过本次调查时与调查员或其他人的介绍与交流才知道本村扶贫项目的内容。

（2）通过村民大会或村委会公示：指住户通过村民大会、村民小组会议、村民代表会议、村务公开告示栏、专项告示、通知等公开途经了解扶贫项目内容。

（3）作为村干部接到上级通知：指在没有召开过村民大会和没有公开通知村民的情况下，作为村干部通过上级通知了解扶贫项目。如果无论时间顺序前后，只要村里已把项目内容通过公开途经通知全体村民，即选填2。

（4）通过村干部的个别通知：指在没有通过前三项途经了解项目内容的情况下，仅通过村干部个别通知了解情况。但是村干部、村民代表或其他人员挨家挨户通知，但大多数住户都了解情况的，应选填2。

（5）通过亲友介绍：指通过非正式途经、如聊天、亲友互通消息了解项目内容。

5．本户当年参加扶贫项目增加的净收入：指参加生产性扶贫项目的调查户，从生产中直接得到的实际收益。

住户收支情况调查表

一、收入来源

农村住户收入指标，主要反映农民全年收入水平，各项收入的来源、构成及其变化， 对研究农民脱贫致富的途径有重要的意义。

1．全年总收入：是指农村住户年内从各种来源得到的全部实际收入（包括现金收入和实物收入）。由劳动者报酬收入，家庭经营收入、转移性收入和财产性收入等四部分组成。

2．工资性收入（即劳动者报酬收入）：指农村住户成员受雇于单位或个人，靠出卖劳动而获得的收入。按来源渠道划分为在非企业组织中劳动得到的收入、在本地企业劳动得到的收入、常住人口外出务工收入和从其他单位劳动得到的收入。

（1）在非企业组织中劳动得到的收入：指农村住户成员在不具备企业性质的行政事业单位和各种组织中劳动得到的收入。包括村干部和民办教师的工资（奖金、补贴），乡及以上行政、事业单位工作人员的工资（奖金、补贴）等。

（2）在本地企业中劳动得到的收入：指农村住户成员在其所属乡（镇）地域范围内的任何企业劳动得到的收入。

（3）常住人口外出从业得到的收入：是指农村住户成员到其所属乡（镇）地域范围以外从业得到的收入。

（4）其他：指除在非企业组织劳动、本地企业劳动和外出从业以外的其他途径获得的工资性收入。如在本乡（镇）地域范围内的其他农村住户中帮工获得的收入等。

3．家庭经营收入：是指农村住户以家庭为生产经营单位进行生产筹划和管理而获得的收入。农村住户家庭经营活动按行业划分为农业、林业、牧业、渔业、工业、建筑业、以及第三产业。

（1）种植业：包括谷物种植业，油料和豆类作物种植业，棉、麻等植物性纺织原材料种植业，糖料作物种植业，烟草种植业，药材种植业，蔬菜、瓜类和薯类作物种植业，茶、桑、果树种植业和其他种植业。

（2）林业：包括采种、育苗、植树造林、森林抚育、迹地更新、森林保护、林场的经营管理以及对橡胶、漆树、咖啡、胡椒、花椒、可可、核桃、板栗等林木种植及其林产品的采集。

（3）养殖业：包括各种在陆地、海水和淡水水域中进行的各种牲畜饲养放牧业、家禽、珍禽饲养业、水生动植物养殖及其他畜牧业。在住户调查中，畜禽的繁殖和增重不作为住户本期收入；出售属于固定资产的役畜的收入不作为养殖业收入，而作为出售财物收入。养殖观赏鱼类的收入作为养殖业收入。

（4）工业、建筑业：工业包括以下几个方面：一是对自然资源的开采（如采矿、晒盐、森林采伐等），但不包括属于农业的禽兽捕猎和水产捕捞；二是对农副产品的加工和再加工（如粮油加工、食品加工、轧花、纺织、制革等）；三是对采掘品的加工和再加工（如冶金加工、石油加工、化学加工、机械加工、木材加工等，以及电力、煤气和水的生产和供应等）；四是对工业品的修理和翻新（如机械设备的修理、交通运输工具的修理等）。但农民家庭以辅助劳动力或利用农闲时间进行的一些传统生产（如竹、藤、棕、草的编制等）和农村中从事的流动性上门干活的工匠的活动不属于工业生产活动。在住户调查中，“来料加工”按本期收到的加工费计算收入，自制自用的工业产品不计收入。建筑业包括土木工程建筑业、线路、管道和设备安装业、装修装饰业。

（5）第三产业：除上述以外的其他行业。包括：

A、交通运输业、邮电业：交通运输业是指从事运输货物和旅客服务的产业。邮电业是指通过传递信息为生产和生活服务的产业。

B、批发和零售贸易、餐饮业： 批发和零售贸易包括流通环节批发、零售、采购等商业活动，也包括商品经纪商和代理商的经营。饮食业包括从事饭馆、菜馆、饭铺、冷饮馆、酒馆、茶馆及切面铺等行业。批发和零售贸易收入按毛利收入计算；餐饮业收入按营业额计算。

C、社会服务业：社会服务业包括公共设施服务业、居民服务业、旅馆业、租赁服务业、旅游业、娱乐服务业、信息、咨询服务业、计算机应用服务业和其他社会服务业。

D、文教卫生业：包括教育业、文化艺术业、广播电影电视业、卫生、体育、社会福利业。

E、其他家庭经营：农村住户除上述行业以外的其他家庭生产经营活动。

4．转移性收入：指农村住户和住户成员无须付出任何对应物而获得的货物、服务、资金或资产所有权等，不包括无偿提供的用于固定资本形成的资金。

（1）家庭非常住人口带回和寄回： 指农村住户得到的由非本住户常住人口寄给和带来的现金和实物收入。实物收入按实际购买的价格计算；如不知道实际购买的价格，按当地的零售价格计算，如无零售价，可按同类产品的合理比价推算。

（2）亲友赠送： 指农村住户通过住户和住户成员的亲友赠送而得到的现金和实物收入。

（3）农村外部亲友赠送：指农村住户通过住户和住户成员的农村以外的亲友赠送而得到的收入。

（3）调查补贴：指农村住户承担“农村贫困监测调查”的调查任务而得到的补贴收入。

（4）救济金：指农村住户和住户成员由于生活困难，国家或组织无偿给予的现金和实物。

（5）救灾款：指农村住户由于遭受自然灾害，国家或组织无偿给予的现金和实物。

（6）无偿扶贫款：指由政府各部门、国际组织、非政府组织、单位无偿补贴给住户用于扶贫开发的现金及实物折价总额。不包括扶贫贷款，也不包括直接用于生活消费的救济和救灾款物。

（7）退耕还林还草资金：指政府通过专项资金支付给住户用于补贴退耕还林还草损失的现金和粮食等实物折价。

（8）其他：上述转移性收入中未单独列出的其他收入.

5.财产性收入： 指金融资产或有形非生产性资产的所有者向其他机构单位提供资金或将有形非生产性资产供其支配，作为回报而从中获得的收入。包括：

（1）利息： 指按照债权人和债务人双方达成的金融契约的条件，有义务支付给债权人的金额。

（2）股息： 指购买的各种股票获得的利息收入。

（3）租金： 指农村住户根据与承租人达成的契约，出租其住房和其他财产得到的收入。不包括出租生产性固定资产所得到的收入。

（4）红利：指股东因将资金交由公司支配而有权获得的收入。

（5）土地征用补偿： 指农村住户拥有经营和使用权的土地被征用后获得的补偿收入。

（6）其他：除上述外的其他财产性收入。

6.出售产品量：指农村住户调查期内出售自己生产的产品数量。

7.现金收入：指农村住户和住户成员在调查期内得到以现金形态表现的收入。按来源分成工资性收入、家庭经营现金收入、财产性收入、转移性收入。

二、支出去向

1.总支出：指农村住户用于生产、生活和再分配的全部支出。家庭经营费用支出、购置生产性固定资产支出、生产性固定资产折旧、税费支出、生活消费支出、财产性支出和转移性支出。

2.家庭经营费用支出：指农村住户以家庭为基本生产经营单位从事生产经营活动而消费的商品和服务、自产自用产品。所消费的未计算为住户收入的自产自用产品，不计算为费用支出；库存的化肥、农药也不计算为本期费用支出。

（1）农业生产支出：指农村住户家庭经营农业所支付的费用。如种籽、肥料、农药、小农具购置和修理、油料费、耕畜的饲料、饲草费、机耕费、排灌费、电费等。

（2）林业生产支出：指农村住户家庭经营林业所支付的费用。如树种、树苗、肥料、农药、电费及小型工具的购置维修等开支，但不包括林业的基本建设投资。

(3)养殖业生产支出：指农村住户家庭经营养殖业所支付的费用。如购买仔畜(包括架子猪)、幼禽支出；肉用牛、羊的饲料、饲草支出；生猪、家禽等的饲料、燃料、防疫医疗费；电费和小型用具购置、维修；鱼苗、饵料、电费以及小型渔具和用具的购置、维修及油料费等支出。但耕畜的饲料费应列为“农业生产费用支”。也不包括添置的固定资产支出。

(4)工业、建筑业生产支出：指农村住户家庭经营工业、建筑业所支付的费用。包括工业生产耗用的原料、燃料、电费及小型工具的购置、维修等开支，还包括来料加工产品所耗用的燃料、电费，但不包括自产自用和来料加工产品所耗用的原材料。工业包括：采掘业，制造业，电、煤气和水的供应和生产。

(5)第三产业：除上述以外的其他行业。

3.购置生产性固定资产支出：指农村住户用于建造和购置生产性固定资产所支出的费用。

4.生产性固定资产折旧：指农村住户在家庭经营生产活动中，因使用固定资产，而转移到新产品中的那部分固定资产价值。在农村住户调查中，生产性固定资产的使用年限定为15年。

5.税费支出：指农村住户家庭经营生产活动中所缴纳税款、村提留、乡统筹和各种集资、摊派；以及农村住户缴纳的其他直接税，如所得税、利息税等。

(2)其他各项收费：指农村住户向村集体经济组织缴纳的公积金、公益金和管理费，向乡(镇)人民政府缴纳教育附加、计划生育、民兵训练、优怃和交通等民办公助事业统筹款，向集体或政府有关部门交纳的各项集资及其他临时性集资收费。

6.生活消费支出：指农村住户用于物质生活和精神生活方面的支出。生活消费支出包括食品，衣着，居住，家庭设备、用品及服务，医疗保健，交通和通讯，文化教育娱乐用品及服务，其他商品和服务等消费支出。

(1)食品消费支出：指农村居民年内消费各类食品支出。包括主食、副食、其他食品、在外饮食和食品加工费支出。

A、主食：指各种粮食和粮食复制品的消费量折价。其中粮食复制品：是指利用原粮加工而成的食品，如挂面、年糕等。但不包括用粮食加工成豆油、豆腐、粉条、酒。

B、副食：包括蔬菜、豆制品、油脂类、食糖、肉、禽及其制品、蛋类、水产品、调味品等。

C、其他食品：包括烟草类、酒类、饮料类、干鲜果品、糖果糕点、奶和奶制品、罐头类等。

D、在外饮食：包括在外面饭馆、小吃部、小卖部、茶馆、饮食摊内吃饭、喝茶、吃冷饮时消费的各种食品。开会和住院的伙食费也应包括在内。

E、食品加工费：指加工食品所需的费用，包括把原粮加工成副食品和其他食品的费用。

(2)衣着消费：指农村住户各种穿着用品及加工穿用品的各种材料。包括棉花、丝棉、化纤棉、驼毛、棉布、各种化纤布、绸、缎、呢绒、各类成衣、棉、毛、丝、麻纺织品，背心、汗衫、棉毛衫裤、卫生衫裤、袜子等针织品，毛线、毛线织品、各种鞋、帽等消费品及衣着的加工修理费(是指农村住户为加工或修补服装、鞋帽等衣着所支付的服务费)。但不包括 用各种布料做的床上用品，室内装饰品。其中：

A、 成衣服装：指以各种布及毛皮为原料加工成的各式服装及针织而成的服装。

B、 衣着材料：指以棉、麻、丝、毛和各种人造纤维纺织的及混纺纺织的各种衣着材料。包括棉布、棉花化纤混纺布、化纤布、呢绒、绸缎、毛线等。

C、 鞋袜帽类及其他衣着：指以各种材料制成的各种鞋、袜、帽。包括皮鞋、布鞋、雨鞋、凉 鞋、拖鞋，各种袜子及各种帽子。

D、 衣着加工修理费：指农村住户为加工或修补服装、鞋帽等衣着所支付的服务费。

E、 其他：指上述服装、衣着材料、鞋、袜、帽以外的其他各种衣着用品。包括各种手套、围巾、披肩、领带、塑料和胶布雨衣、胸罩、口罩、鞋垫等其他衣着。

（3） 居住消费：指与农村住户居住有关的所有支出。包括新建(购)房屋、房屋维修、居住服务、租赁住房所付的租金、生活用水、生活用电、用于生活的燃料等支出。

A、 住房支出：指农村住户用于购买建筑材料、住房装饰和装修、房租、维修、服务等支

B、 建筑材料：指农村住户用于新建房屋和维修房屋用的各种建筑材料。包括木材、钢材、水泥、水泥预制件、玻璃、砖瓦、石灰、沙石、油毡等。

C、住房装饰、装修：指农户用于房屋装饰、装修所用的各种建筑材料，及有关居住劳务支出，即因建造维修房屋而雇请人员所支付的各种劳务费用也包括在内。

D、房租：指农村住户租赁生活用房所付的租金。但不包括外出住旅店和招待所所支付的住宿费。

E、其他：指住房支出中除上述所列的支出以外的支出，如住房维修服务费等。

F、电费：指农村住户用于照明和使用家用电器所支付的电费。

G、燃料：指农村住户用于做饭、做菜、烧水和取暖用的燃料支出，包括煤炭、液化石油气、煤制品、木炭、柴草等支出。但不包括烧饲料用的燃料。

H、其他居住支出：指农村住户除上列的居住支出以外的支出。如水费支出等。

（4）家庭设备、用品及服务：指农村住户消费的各种耐用消费品、其他家庭用品及用品的加工修理费用。

A、耐用消费品：包括大型家具、家庭设备等。如洗衣机、电风扇、电冰箱、空调器、抽油烟机、吸尘器、微波炉、热水器等家庭日用机电设备。

家具：指农村住户用于学习、休息、存放物品等日常生活用具。包括组合家具、床、沙发、大衣柜、写字台、桌、椅、箱等。

家庭设备：指家用机电消费品。包括缝纫机、洗衣机、电风扇、电冰箱、冰柜、空调器、电饮具、淋浴热水器、抽油烟机、吸尘器、钟、微波炉以及其他家庭日用机电设备。

其他：指上述各项以外的其他各种家庭耐用消费品。如：水表、电表等。

B、床上用品： 指以棉、毛、丝及合成纤维等材料纺织或针织以及各种纺织品经过加工而成的各种床上用品。包括毛毯、棉毯、线毯、化纤毯、毛巾被、床单、被面、被套、棉胎、鸭绒被、床罩、各种褥子等。

C、家庭日用杂品：指包括厨房用品、日用小五金、日用百货等各类家庭日用杂品。

D、日用小五金：包括小五金工具、五金杂品等五金商品。如：铁钉、合叶、插销、各种锁、木螺丝、榔头、钳子、板子、锯条、锉刀、木石泥瓦工具等。

E、日用百货：包括除厨房用品、日用小五金以外的日用搪瓷制品、铝制品、

其他金属制品、塑料制品、玻璃器皿等。如保温瓶、保温杯、茶杯、茶盘、茶壶、口杯、糖缸、烟缸、脸盆、火柴、肥皂、香皂、药皂、洗衣粉、皂片、牙膏、鞋油、梳子、镜子、皂盒、手电筒、手电池等。

其他：指上述床上用品、日用小五金、日用百货以外的家庭日用杂品。

F、设备用品加工修理费：指农村住户家庭的各种设备、用品的加工修理所支付的费用。

G、其他：指上述各项支出外的支出。如：农村住户请保姆所支付的费用等。

（5）医疗保健：指农村住户用于医疗和保健的药品、医疗器械和服务费用。包括医药卫生保健用品、医疗保健服务费和医疗卫生设备、用品加工修理费等。

A、医药卫生保健用品：指农村住户支付的各种中药、西药、滋补品、药棉、医疗器械（如：体温计、注射器等）等支出和保健用品（如：按摩器、健身球、磁疗枕、护膝等）支出。

B、医疗保健服务费：指农村住户成员看病或住院所支付的特挂号费、手术费、打针、透视费和住院的床位费及保健服务费（如：按摩费、学习气功、太极拳的学费等）。

C、医疗卫生保健设备用品修理费：指农村住户加工修理医疗卫生设备、用品所支付的费用。

D、其他：指除上述医药卫生保健用品、医疗保健服务费、医疗卫生设备以外的用品加工修理费等其他医疗保健支出。

（6）交通通讯费：指农村住户用于交通和通讯的工具、各种服务费、维修费用支出。

A、交通工具：指农村住户家庭用汽车、摩托车、自行车及其他家庭用交通工具。

B、动力燃料：指交通用柴油、汽油等动力燃料。

C、交通费：指农村住户家庭成员外出购物、探亲访友、旅游等支付的各种交通费，包括火车费、汽车费、飞机费、轮船费等。但不包括因公出差用为家庭经营生产而外出学习等支付的交通费。

D、邮电费：指农村住户用于生活方面的通讯邮电费支出。包括邮票、包裹寄资、汇款汇费、电话费、电报费等费用。

E、交通、通讯工具修理费：指农村住户用于交通工具修理、服务（包括牌照费）等所支付的各种费用。以及家庭用电话机、手机、寻呼机及其他家庭用通讯工具支出的费用。农村住户用于通讯工具的安装、修理、服务（包括电话初装费）等所支付的各种费用也包括在内。

（7）文教娱乐用品及服务：指农村住户用于文化、教育、娱乐方面的支出。包括文化教育娱乐用品支出和文化教育娱乐服务支出。

A、文化教育娱乐用品：指农村住户用于文娱机电消费品、书报杂志、纸张文具等支出。

文化教育、娱乐用机电消费品：包括彩色电视机、黑白电视机、录放像机、影碟机、组合音响、收录机、照相机、电脑、中高档乐器等。

书、报、杂志：指农村住户支付的各种书籍、报纸、杂志等支出。

纸张、文具：指农村住户支付的各种纸张、文具的支出。

其他文化教育娱乐用品：指农村住户支付的除上述的其他文化教育娱乐用品支出。如：各种球类、棋类、照相器材、录音带、录像带等。

B、文化教育、娱乐服务：指农村住户用于文化教育娱乐方面的服务费支出。

包括学杂费、技术培训费、文娱费、文化教育娱乐用品加工修理费等。

学杂费：指农村住户成员上学读书所交的学费和杂费，但不包括购书籍、讲义和文具用品等支出。

技术培训费：指农村住户成员参加生活方面的技术培训所交的培训费，但不包括购书籍、讲义和文具用品等支出。

文娱费：指农村住户成员购买电影票、戏剧票、球票等的支出。

用品加工修理服务费：指农村住户用于加工修理文化教育娱乐用品所支付的费用。

其他：指上述各类支出以外的商品的服务支出。

（8）其他商品和服务消费：指上述各类支出以外的商品和服务支出。

A、商品性支出：包括化妆品、金银珠宝饰品和其他商品。

化妆品：指农村住户成员用来化妆、美容用的日用品。如：胭脂、唇膏、香粉、香水、头油、发乳、洗发剂以及各种美容霜、美容膏等。

首饰饰品：指以珍珠、玉器等珠宝和金银制作的或镀金、镀银的耳环、耳坠、手镯、脚镯、戒指、项链、胸针、头簪等装饰品。

其他商品：指上述商品以外的支出。如：手表、迷信用品等。

B、服务支出：指生活消费的服务。包括旅店住宿费、洗澡费、照相费、殡殓费等。

旅店住宿费：指农村住户成员外出旅游、探亲访友、购物等在外住宿的住宿，但不包括因公出差和为家庭经营而去学习所支付的住宿费。

殡殓费：指农村住户成员去世后，家属支付所的火化费等费用。

其他：是指上述服务费以外的其他服务费。

7.财产性支出：

（1）非生产性贷款利息支出：指农村住户为生活消费贷款、借款所支付的利息。

（2）其他

8.转移性支出：包括寄给和带给家庭非常住人口、赠送亲友、支付保险费、租金支出、罚款及其他转移性支出。

（1）寄给和带给家庭非常住人口：指农村住户和住户成员寄给和带给家庭非常住人口的现金和实物。实物支出按实际购买价格计算；如果是自己生产的产品，按该产品当地零售价折价。

（2）赠送亲友：指农村住户和住户成员赠送给亲友的现金和实物。

（3）赠送农村外部亲友：指农村住户和住户成员赠送给农村以外亲友的现金和实物。

（4）保险费支出：指农村住户和住户成员因购买保险而每年支付的现金。不包括与购买车票、船票、机票一起购买的保险支出，这部分支出记入相应的生活消费支出。

（5）罚款：指农村住户因违反国家、集体的有关规定而受处罚的支出（如违反计划生育罚款、交通违章罚款、违法治安条例罚款等）。

（6）其他：指上列各项转移性支出以外的其他转移性支出。

9.现金支出：指农村住户在调查期内用于生产、生活和再分配所支付的现金。包括家庭经营费用支出、缴纳的税费、购买生产性固定资产、生活消费、财产性和转移性支出。

三、农村居民食品消费情况

1．粮食：指农村住户消费的原粮数量。其中，粮食复制品指利用原粮加工而成的食品，如挂面、年糕等，不包括用粮食加工成豆油、豆腐、粉条、酒。

2．豆类及豆制品：包括大豆和杂豆，以及豆腐和各类豆制品（豆腐干、豆腐皮、千张（百叶）、豆腐丝、素鸡、豆浆粉、腐竹、酱豆腐、臭豆腐、油豆腐、豆浆、豆奶、豆腐脑等）。消费的豆制品折豆数量进行统计。

3．蔬菜及菜制品：消费的蔬菜和菜制品按鲜菜数量进行统计。鲜菜包括绿叶菜类、白菜类、瓜菜类、块根、块茎菜类、花菜类、茄果菜类、葱蒜类、菜用豆类、水生菜类、多年生菜类、食用菌类和山菜类。干菜包括黄花菜、黑木耳、蘑菇、腌干菜、萝卜干、笋干、白木耳等。菜制品包括蔬菜罐头等。

4．水果及水果制品：指各类干鲜水果及其制品，包括各种水果、果用瓜、干果、蜜饯及水果罐头等。

5．食用油：指各种食用油脂，包括植物油和动物油。

（1）植物油：包括花生油、芝麻油、菜籽油、豆油、茶油、棉籽油等食用植物油的消费量。

（2）动物油：包括猪油、牛油、羊油等食用动物油的消费量。

6．肉、禽及其制品：指家畜、野畜、家禽、野禽等各种肉食品，包括活的、鲜的、冻的以及各类制品。肉类消费量按鲜肉重量计算。消费的咸肉、腊肉、肉干、罐头等均折成鲜肉重量计算。用肥肉炼油，不应计算肉的消费量。家禽消费量按屠宰去毛和内脏重量计算。

7．蛋类及蛋制品：指各种禽蛋、禽蛋制品及罐头。消费量折鲜蛋统计。

8．水产品：指鱼、虾、蟹、贝、藻等各类海水和淡水产品及其制品，包括水产品罐头。

9．奶和奶制品：指鲜乳品、奶粉、酸奶以及其他奶制品。包括炼乳、活性乳、可可奶、麦乳精等。

10．食糖、糖果：包括白糖、红糖、冰糖、方糖、水果糖、奶糖等各类硬糖、软糖以及巧克力糖、麦芽糖等等，不包括糖精。

11．酒和饮料：包括各种白酒、黄酒、啤酒、果酒，以及茶叶、各种固、液体饮料等的消费，如：汽水、可乐、各种果汁、咖啡粉、可可粉等。

12．烟：包括各种购买的和自制的香烟、旱烟叶、水烟等。

13．其他食品：包括糕点、坚果及果仁制品、调味品等。

四、家庭经营产品的计价

农村住户收获、经营的产品凡是出售部分，按实际出售价格计算；非出售部分（包括自用的和结存的）按出售同类产品的市场综合平均出售价计算。

五、生产用固定资产折旧

是指农村住户的各种固定资产在使用过程中，因损耗而逐渐转移到新产品中的那部分价值。在计算农民纯收入时，应把这部分扣除。为了计算简便起见，生产用固定资产使用年限暂定15年。计算公式是：

生产用固定资产折旧费＝年末生产用固定资产原值／使用年限

六、全年纯收入

是总收入扣除相对应的各项费用性支出后，归农民所有的收入。它既可以用于生产、非生产投资，改善物质和文化生产， 以及用于再分配的支出和结余的收入。这个指标用来观察农民实际收入水平，以及农民扩大再生产和改善生活的能力。

纯收入＝总收入－家庭经营费用支出－生产用固定资产折旧－税费支出－调查补贴－赠送农村内部亲友的支出。

个人调查表

一、家庭基本情况

1. 问题 1-9 调查全部家庭成员，包括常住人口，也包括主要由本户提供生活资助的赡养人口、住校学生、在外打工超过本年以上的本户家庭成员。

2. 常住人口：全年经常在家或在家居住 6 个月以上，而且经济和生活与本户连成一体的人口。外出从业人员在外居住时间虽然在 6 个月以上，但收入主要带回家中，经济与本户连为一体，仍视为家庭常住人口；在家居住，生活和本户连成一体的国家职工、退休人员也为家庭常住人口。但是现役军人、中专及以上（走读生除外）的在校学生、以及常年在外（不包括探亲、看病等）且已有稳定的职业与居住场所的外出从业人员，不应当作为家庭常住人口。

3. 年龄：是指农村住户中每一成员的年龄。按公历周岁填写。

4. 与户主关系：是指农村住户成员与户主的关系，包括户主本人、配偶、子女、孙子女、父母、祖父母、其他亲属和非亲属关系。其中子女包括共同生活的儿、女和媳妇、女婿，孙子女包括共同生活的外孙子女，父母包括共同生活的岳父母，祖父母包括外祖父母。如户主的儿女就填写子女，其代号为 3，户主的祖父母，其代号为 6。

5. 在校学生：是指农村住户中的中小学生和在外上学的大中专学生。不包括学前儿童和学龄儿童中失学儿童。

6. 当年在家居住时间：指每一家庭成员在家中居住生活的时间，按月计算。

二、健康情况

问题 10-12 调查全部家庭成员，包括常住人口，也包括主要由本户提供生活资助的赡养人口、住校学生、在外打工超过本年以上的本户家庭成员。

1. 身体健康状况：划分 5 类：（1）健康；（2）体弱多病，指常年不能坚持劳动，但又没有大病或其他确诊的慢性病；（3）长期慢性病，如肝炎、肺炎、糖尿病等需要长期吃药治疗的疾病；（4）患有大病，如心脏病、癌症等需要经常住院治疗的疾病；（5）残疾，包括身体残疾和智力残疾。

2. 生病时是否及时就医：指每个家庭成员生小病时是否及时到卫生室或医院看病治疗，或及时服用药物，生大病时是否能及时到相应的医院看病治疗。

3. 不能及时就医的原因：如果上一个问题答案为“否”，需要回答本问题。不能及时就医的原因有：经济困难，医院太远，没有时间，本人不重视，小病不用医，其他。

三、成人情况

问题 13-16　调查 16 岁以上非在校人口。

1. 文化程度：是指本户 16 岁以上非在校学生的文化程度，包括文盲或半文盲、小学、初中、高中、中专和大专以上。

（1）文盲或半文盲：是指识字或识字很少，不能阅读通俗的书报，不能写便条的人。

（2）小学：是指小学毕业、肄业成相当于小学文化程度的人员。

（3）初中：是指初中毕业、肄业或相当于初中文化程度的人员。

（4）高中：是指高中毕业、肄业或相当于高中文化程度的人员。

（5）中专：是指中专毕业、肄业和农业中学毕业、肄业或相当于中专、农中文化程度的人员。

（6）大专以上：是指大专以上学校毕业、肄业或相当于大专以上文化程度的人员。电视大学、函授大学等形式的大学，凡按照大专院校的教育计划和教育大纲（全科）进行教育的毕业生应包括在年，但只学完单科课程的，则不应计算在内。

2. 是否受过专业技术培训：指家庭成员是否曾经接受过技能培训。包括种植业、林业、养殖业、工业、建筑业、交通运输业、邮电通讯业、批发零售餐饮、社会服务业、文教卫生及其他行业的培训。

3. 担当社会职务：指家庭成员在外担任的社会职务，如村及村以上干部、人大代表、村民代表、村组长、国营或集体企业领导、各种行业协会负责人等。

4. 丧失劳动能力：主要指 16 岁以上家庭成员因病、因残或年高体弱不再能从事取得报酬的劳动的情况。不包括虽然丧失体力劳动能力但正在从事脑力劳动并能够取得报酬的劳动者。

四、就业情况

问题 17-21 调查 16 岁及以上劳动力（非在校学生且没有丧失劳动力）。其中；问题 22-23　调查当年未外出的劳动力。

1. 从事的主要行业：指主要收入来源的行业或从事时间最多的行业。行业分类：1、农业 2、采掘业　3、制造业　5、建筑业　7、交通运输业　　16、其他行业

2. 从事农业生产时间：指家庭成员从事农林牧业劳动的时间，以月为单位计算，可以保留一位小数。

3. 外出打工：是指劳动力在年内是否到本乡镇以外的地区打工。　但义务到本乡镇以外的亲戚朋友家帮忙的不应该统计。

4. 返回原因：当年未外出、以前曾外出的劳动力需要回答本问题。

五、劳动力外出打工情况

问题 24-33 调查当年外出劳动力。

1. 经谁介绍外出打工（转移方式）：是指外出打工的人员是经过何种途径外出寻找工作的。

2. 在何地打工（外出地区）：是指外出打工人员在哪个地区打工。

3. 县内乡外：是指本乡以外的县内其他地区，编码为 1。

4. 省内县外：是指本县以外的省内其他地区。编码为 2。

5. 省外：指本省以外的省、自治区、直辖市，港、奥、台地区及国外，请按编码填写：

北京 11，天津 12， 河北 13 ， 山西 14 ，内蒙古 15：

辽宁 21，吉林 22，黑龙江 23，

上海 31，江苏 32， 浙江 33， 安徽 34， 福建 35， 江西 36， 山东 37，

河南 41，湖北 42， 湖南 43， 广东 44， 广西 45， 海南 46，

重庆 50，四川 51，贵州 52， 云南 53， 西藏 54，

陕西 61，甘肃 62， 青海 63， 宁夏 64， 新疆 65

港、奥、台地区及国外 99

6. 外出打工总收入：是指外出打工者年内外出打工得到的现金收入和实物折价收入合计。 包括外出打工者的收入中寄回带回的现金及用于在外生活消费的开支等。

7. 从哪一年开始外出打工：是指打工者第一次外出打工的年份。填写公历年度，如 1992 年、1999 年等。

8. 共有几个年头在外打工：是指累计的外出打工年份数，如 3 年、10 年。只要一年中曾出去打工，无论时间长短，均算一年。

9. 打工的年收入变化：分为四类：1. 年度间变化不大 2. 有的年份多、有的年份少 3. 逐年收入增多 4. 逐年收入减少。如果当年开始外出打工可以不填本问题。

六、学生上学情况

问题 24-28 调查在校学生。

1. 上学时间：走读学生选填答案 1-4，住校学生选填答案 5。

七、7-15 岁失学儿童情况

问题 29-31 调查 7-15 岁的失学儿童。